数字普惠金融的
包容性增长效应研究

温 涛 张 林 王小华 等 著

科学出版社

北 京

内 容 简 介

随着数字技术与金融的深度融合,数字普惠金融快速成长并逐渐成为普惠金融创新的重要形式,在促进实体经济高质量发展、推进全体人民共同富裕、全面推进乡村振兴等方面表现出强烈的包容性增长效应。本书对数字普惠金融的包容性增长问题予以文献梳理和推理立论,同时走出书斋,步入田间地头深入调研,并基于宏观和微观数据,在统计分析、案例分析、计量检验的基础上,形成相应的研究结论,旨在总结中国数字普惠金融发展的成功经验,发现其发展面临的现实问题并找准解决方案,最终为金融服务乡村全面振兴以及金融促进全体人民共同富裕提供理论指导和经验证据。

本书的主要使用对象包括高校经管类师生、科研机构工作者和政府职能部门决策者等。

图书在版编目(CIP)数据

数字普惠金融的包容性增长效应研究 / 温涛等著. —北京:科学出版社,2024.6

ISBN 978-7-03-077490-3

Ⅰ.①数… Ⅱ.①温… Ⅲ.①数字技术-应用-金融业-经济增长-研究-中国 Ⅳ.①F832-39

中国国家版本馆 CIP 数据核字(2024)第 011486 号

责任编辑:李 嘉 / 责任校对:姜丽策
责任印制:张 伟 / 封面设计:有道设计

科学出版社 出版
北京东黄城根北街 16 号
邮政编码:100717
http://www.sciencep.com

三河市春园印刷有限公司印刷
科学出版社发行 各地新华书店经销

*

2024 年 6 月第 一 版 开本:720×1000 1/16
2024 年 6 月第一次印刷 印张:22 3/4
字数:458 000
定价:286.00 元
(如有印装质量问题,我社负责调换)

前　言

提高居民的获得感、幸福感、安全感是不断满足人民日益增长的美好生活需要的应有之义。

本书受国家自然科学基金面上项目（编号：71773099）、文化名家暨"四个一批"人才项目（中宣办发〔2017〕47 号）、西南大学创新研究 2035 先导计划（编号：SWUPilotPlan026）和中央高校基本科研业务费专项资金项目（编号：SWU2009105）资助。研究过程中陆续在《中国农村经济》、《农业经济问题》、《数量经济技术经济研究》、*Emerging Markets Finance and Trade* 等 CSSCI（Chinese Social Sciences Citation Index，中文社会科学引文索引）、SSCI（Social Science Citation Index，社会科学引文索引）检索期刊公开发表阶段性成果四十多篇，部分学术论文被《新华文摘》、《高等学校文科学术文摘》、《社会科学辑刊》、《经济研究参考》、人大复印报刊资料以及各类经济科研相关网站转载或推送。研究过程中陆续提交政府决策咨询报告及建议二十余篇，获得省部级以上领导肯定性批示、被政府决策部门采纳应用的有十余篇。本书核心观点总结如下。

（1）数字科技逐渐改变传统普惠金融的基本信贷逻辑，给普惠金融阵地带来了巨大的市场增量和新的功能突破。首先，快速发展的数字普惠金融提高了金融服务的覆盖面和渗透率，降低了现代金融市场交易成本，扩大了数字金融服务选择范围，为缓解传统弱势群体融资难、融资贵、融资慢等问题提供了可行的解决思路和方案。其次，随着时间的推移，数字普惠金融与经济增长的关联度越来越强，数字普惠金融有效促进了经济增长，但其增长效应也存在明显的区域异质性。在初始互联网普及率、居民高等教育比例相对较低的省份，数字普惠金融的正向作用更强，形成了对传统落后地区经济发展的有力支持。最后，数字普惠金融充分发挥了对民营经济增长显著的正向促进功能。这种功能是覆盖广度和使用深度共同作用的结果，且使用深度对民营经济增长的带动作用明显大于覆盖广度。城镇化和创新水平在数字普惠金融促进民营经济增长的过程中发挥部分中介效应。数字普惠金融对于促进民营经济增长的正向影响呈现东部最大、西部次之、中部最小的分布格局。

（2）数字技术打通了普惠金融"最后一公里"，为促进城乡居民创业、农村产业融合发展，实现乡村产业振兴提供了关键动力。首先，数字普惠金融既可以直接促进居民创业，又通过带动居民收入增长和服务业发展间接促进了居民创业。

但该作用在不同省区市、不同对象、城乡之间存在异质性，同时存在基于数字普惠金融发展水平、地区市场化程度和地区创新能力的门槛效应。其次，数字普惠金融主要通过提高支付便利性和缓解流动性约束两种渠道促进农村产业融合发展，而且 2015 年开始试点以后该作用更加明显。数字普惠金融发展对周边地区的农村产业融合发展具有空间溢出效应，但其对本地的直接效应要明显高于对周边地区的间接效应。最后，数字普惠金融对试点区农村产业融合发展的影响作用大于非试点区，其影响作用存在基于数字普惠金融发展水平的单门槛效应。

（3）数字普惠金融契合了经济高质量发展对金融的本质要求，是促进农民增收、缩小城乡收入差距、实现农村共同富裕的重要驱动力。首先，数字普惠金融有助于促进农户家庭非农创业活动、提升创业绩效和非农就业水平，进而影响家庭总收入增长。而且，社区数字普惠金融水平对不使用数字普惠金融家庭的农业收入、非农收入及总收入均具有溢出效应，但对贫困类型、所属区域、文化水平、社会资本和金融知识不同的家庭的影响效应具有差异性。其次，数字普惠金融对县域产业升级和农民收入增长具有显著促进作用。而且，县域产业升级在数字普惠金融与农民收入增长之间发挥部分中介效应。最后，数字普惠金融发展有助于缩小城乡收入差距，但这一影响也存在明显的异质性。在经济较发达和发达省份，数字普惠金融发展可以显著缩小城乡收入差距，即为我国城乡收入差距缩小提供了重要的"数字机遇"。在经济欠发达省份，数字普惠金融发展反而会扩大城乡收入差距，即经济不发达省份农民面临着明显的"数字鸿沟"。

（4）数字普惠金融为促进居民消费结构升级、有效释放农村消费潜力、提高农村居民的获得感和幸福感带来了新的曙光和强大动力。首先，数字普惠金融通过抑制居民生存型消费，并同时促进发展型消费与享受型消费，带动了居民消费结构升级。而且，其对中等消费水平居民的影响最大，对农村居民消费的影响大于城镇居民，对消费结构升级的作用机制在东部、中部和西部地区存在较大差异。其次，数字普惠金融使用促进了农村居民家庭消费水平提升。不管是对生存型消费、发展享受型消费还是八大类消费，促进作用均显著，并且对发展享受型消费的促进作用明显强于对生存型消费的促进作用，说明数字普惠金融使用促进了农村消费内需动力全面释放。对于女性户主、高龄户主以及低收入家庭而言，这一促进作用明显更强。最后，数字普惠金融能够显著提升农村居民家庭幸福感。数字普惠金融主要通过提高绝对收入水平、降低收入不平等、促进消费升级和加强金融市场参与等提高农村居民家庭幸福感，其提升效果主要发生在中西部地区、受过教育的农村居民和低收入水平群体。

（5）数字技术与金融服务有机结合促进了家庭资产合理配置、提高了资产组合有效性，但这也有赖于农民金融素养和数字素养的提升。首先，数字金融能够显著提高家庭风险金融资产占比和家庭资产组合的有效性。其次，金融素养、数字素养与社会信任均能促进农户的数字金融行为。随着金融素养和社会信任水平的提高，其促进作用增强，数字素养对于数字金融是否响应和响应广度具有显著的提升效应，而金融素养对响应深度的提升效应更为明显。然而，农村地区仍存在广泛的数字金融排斥，数字素养对相对贫困户的提升效应弱于非相对贫困户，引起数字不平等现象。最后，金融素养和数字素养作为重要的人力资本，与农户降低信息搜寻成本以及做出合理财务决策的能力相关，社会信任作为重要的社会资本是农户能够放心使用数字金融产品与服务的关键。因此，要增强数字普惠金融的包容性增长效应，亟须提高农村居民金融素养、数字素养和社会信任水平，进而提升其数字普惠金融参与水平。

（6）中国特色乡村数字金融立足技术、组织、机制、产品和体系的创新实践形成了可复制的成功经验，但未来仍需针对现实障碍深化改革创新。首先，政府主导、政府与市场合作、政府与市场双轮驱动、政府搭台与市场运作四种模式虽有不同，但其成长逻辑总体一致。通过技术创新降低金融服务成本和提升服务效率；依托数字村站确保技术创新应用在农村金融落地；政府积极参与的动力传导有利于快速成长；标准化产品节约了金融市场交易成本；数字金融和传统金融线上线下的有效结合既健全了农村金融服务体系，也为农村金融市场注入强大的生命力。其次，中国特色乡村数字金融在服务"三农"（农业、农村和农民）方面实现了新突破，但仍存在诸多现实障碍亟待突破。一是乡村信息对接与共享效率不高，征信数据体系仍不完善；二是乡村数字金融产品供给与市场需求的契合度有待提高；三是村级金融服务站公共属性缺乏，服务能力有待提升；四是农业保险对普惠金融支持乡村振兴的协同不力；五是乡村数字金融人才短缺和农民数字金融素养不足；六是各类金融主体的利益共享和风险共担长效机制尚未建立；七是乡村数字金融的风险防控、数据安全存在较大隐患。最后，中国特色乡村数字金融需要在技术层面、理论层面、数据层面、平台层面、产品层面、村站层面和风控层面实现新突破，从而为健全农村金融服务体系、解决农村金融世界难题贡献中国智慧和中国方案。

需要特别指出的是，本书是集体智慧的结晶，温涛设计了本书的基本框架。各章的具体执笔人如下：第1章，张林、温涛、何茜；第2章，王永仓、温涛；第3章，张林、曹星梅；第4章，张林、温涛；第5章，张林、温涛；第6章，温涛、王永仓、王小华；第7章，张林；第8章，王小华、程琳；第9章，王小华、马小珂、何茜；第10章，张林、张雯卿；第11章，王小华、黄捷、何茜；第12章，温涛、张红静；第13章，温涛、刘亭廷；第14章，温涛、刘渊博；第15章，温涛、刘渊博、何茜。初稿完成之后，经过多次讨论，最终由温涛、张林、王小华、何茜、王永仓、刘渊博、刘亭廷、曹星梅对各章内容进行了编撰修订，在最后的修订和校稿过程中得到程琳、马小珂、张雯卿、张红静、王汉杰、甘晓龙、王刚、刘正桃、陈成、万章浩、王川、郭雅妮等老师和学生的大量帮助。同时，在研究过程中还得到了相关实务部门和研究机构的大力支持，在此深表谢意！感谢学术同行提供的大量参考文献，为本书的研究提供了重要的帮助。特别需要指出的是，书稿中可能存在的不足由作者负责，也恳请学术同行批评指正！

温　涛

2023 年 6 月

目　　录

第1章 总 论

1.1 问题提出与概念界定

1.1.1 研究问题的提出

近年来,随着互联网、大数据、区块链、人工智能等现代信息技术与传统金融的深度融合,传统普惠金融的运营逻辑因数字科技而发生重大变化,为普惠金融带来了新的市场增量。数字普惠金融快速发展并逐渐成为普惠金融的重要模式,为普惠金融发展解决"最后一公里"难点提供了关键途径。第 50 次《中国互联网络发展状况统计报告》显示,截至 2022 年 6 月,中国互联网普及率达 74.4%,互联网和智能手机等移动终端的快速普及为数字普惠金融发展创造了有利的现实条件,网上银行、手机银行、第三方支付等数字金融服务正在加速发展。

数字普惠金融与互联网金融、金融科技等是一系列金融创新的谱系概念。互联网金融这一概念最初由谢平在 2012 年中国金融四十人年会上提出,并对中国互联网金融进行了开创性和系统性研究(谢平和邹传伟,2012;谢平等,2015)。谢平等认为互联网金融是不同于商业银行间接融资也不同于资本市场直接融资的第三种金融模式。通常谈及的互联网金融,即狭义的互联网金融,主要是指电子商务企业、第三方支付企业、P2P(peer-to-peer,个人对个人)平台等互联网企业基于互联网技术开展金融业务,广义的互联网金融还包括传统金融机构利用互联网技术开展金融业务。互联网金融是传统金融互联网化所引发的业务模式变革(黄益平,2017),本质依然是金融,其使命是普惠金融和廉价金融。从更根本的角度来看,互联网只是科技因素的一种,随着大数据、云计算、区块链等数字技术在金融领域的广泛应用,互联网金融已经很难涵盖这一新的金融业态。美国将基于信息技术和互联网技术的金融创新称为"金融科技"(financial technology,FinTech),英国则将类似的业务称为"补充金融"(supplementary finance)。2016 年金融稳定委员会(Financial Stability Board,FSB)第一次在国际层面对金融科技做出定义,认为金融科技是通过技术手段推动的金融创新。由于互联网金融涵盖的内容较窄,而金融科技更强调新技术对金融业务的辅助、优化和支持,于是数字金融的概念顺势而出,成为包括互联网金融和金融科技的一个更广泛的概念。

2016 年 G20 杭州峰会正式提出数字普惠金融议题,会议通过的《G20 数字普惠金融高级原则》倡导各国根据具体情况制定国家行动计划，利用数字技术推动普惠金融发展，其成为国际上推广数字普惠金融的首个指引性文件（胡滨和程雪军，2020）。我国政府高度重视数字金融发展，把数字普惠金融作为推进金融供给侧结构性改革、改善小微企业融资困境、提升金融服务实体经济质效、促进金融资源回流农村、缓解农村金融排斥、推动城乡融合、促进乡村产业振兴和实现农民农村共同富裕的重要手段，对数字普惠金融的包容性增长效应寄予厚望。而且，已有较多研究证明，快速发展的数字普惠金融对促进企业创新和推进实体经济增长具有包容性（张勋等，2019；钱海章等，2020），对促进城乡居民创业（谢绚丽等，2018；何婧和李庆海，2019；张林和温涛，2020）、乡村产业振兴和农村融合发展（张岳和周应恒，2021；温涛和陈一明，2020；张林和温涛，2022）、农民持续增收和城乡收入差距缩小（杨伟明等，2020；张林和张雯卿，2021；宋晓玲，2017a；周利等，2020）、城乡居民消费结构升级和消费潜力释放（易行健和周利，2018；张勋等，2020；何宗樾和宋旭光，2020a），以及帮助农民提升幸福感（尹振涛等，2021；钱雪松和袁峥嵘，2022；方能胜等，2022）等方面具有重要作用。然而，数字普惠金融发展及其经济社会效应发挥均受基础设施建设、数字鸿沟和居民金融素养等诸多因素影响（星焱，2021），在基础条件差、资源禀赋少、金融素养低的农业农村领域，数字普惠金融到底对中国农业农村经济发展产生了什么样的影响？数字普惠金融是否真正能够打通金融服务的"最后一公里"，为农业经营主体提供多层次、宽领域、高质量的金融产品和金融服务，进而促进农民持续增收、乡村全面振兴和农民农村共同富裕？这些问题都有待深入研究。

　　基于此，本书将以国家相关战略规划文件、党中央关于数字经济与实体经济融合发展、数字普惠金融与乡村全面振兴、数字普惠金融与共同富裕等方面的重要部署为出发点，以宏观统计数据和微观调查数据为支撑，系统研究数字普惠金融在民营经济增长、城乡居民创业、农村产业融合发展、农民增收、城乡收入差距缩小、农民消费升级、农民主观幸福感、农户家庭资产组合、农户数字金融行为响应等方面的包容性效应，以及其具体作用机制和异质性等问题，最终为推进数字普惠金融高质量发展、金融服务实体经济高质量发展、金融服务乡村全面振兴以及金融促进全体人民共同富裕等方面提供理论指导和经验证据。

1.1.2　概念内涵与外延

　　数字普惠金融伴随着电商的兴起应运而生，并基于互联网平台的可延伸性扩展各类金融业务。从互联网企业主导的数字普惠金融发展路径来看，数字普惠金融经历了电子商务—互联网支付—互联网金融—综合性金融业务—全能型金融服务集团等几个发展阶段。其特点是伴生于电子商务平台，具有跨界性并形成数字金融生态圈，具有广泛链接性、垄断性和服务对象普惠性等特征。随着数字普惠金融的发展，传统金融机构也纷纷通过数字技术拓展金融业务，并加强与互联网科技公司的融合发展。

所谓数字普惠金融，是传统金融机构与互联网企业利用互联网、信息技术实现资金融通、支付、投资及其他金融服务的新型金融业务模式，是传统金融与现代信息技术的有机结合并应用到普惠金融领域的产物。数字普惠金融本质上还是金融，它只是利用互联网、区块链、云计算、大数据、人工智能等创新技术进行了很多金融创新，金融的核心属性——中介性与风险性并没有改变。数字普惠金融的业务种类有很多，涵盖支付、投资、融资、保险等多个领域，通常包括互联网支付、网络借贷（包含 P2P 和网络贷款）、众筹（包括产品众筹、股权众筹）、互联网基金销售、互联网信托、互联网消费金融、互联网信用评分等方面。提供普惠且精准的金融服务是数字金融的核心属性（滕磊和马德功，2020），相对于传统金融服务，数字普惠金融具有低成本、便捷性、广覆盖和可持续等优势，有助于提高金融普惠性和提升金融服务实体经济的质效。

数字普惠金融具有与传统金融相似的特征，但又比传统金融具有更多的功能和作用，可以通过场景、数据和创新来弥补传统金融服务的短板，通过网上银行、手机支付等数字金融服务为居民提供便利，可以更有效地服务普惠金融主体（黄益平和黄卓，2018），缓解低收入农户、新型农业经营主体、中小微企业等弱势群体的"融资难、融资贵、融资慢"问题（梁榜和张建华，2018）。

理论上，数字普惠金融对缓解弱势群体融资约束问题的作用主要体现在以下四个方面：第一，数字普惠金融借助现代信息技术的广触角有效缓解弱势群体所受到的地理排斥、条件排斥和价格排斥，提高金融包容性，让更多的主体尤其是偏远农村地区的居民或城镇弱势群体能够拥有容易获得金融服务的机会（Demirgüç-Kunt and Klapper，2012；Hannig and Jansen，2010；王修华等，2014；贝多广，2017；王博等，2017）。第二，数字普惠金融可以充分利用金融大数据和现代信息技术有效降低金融服务主体与客体之间的信息成本和监督成本，可以利用借贷双方的规模经济降低金融交易成本，让弱势群体也能"支付得起"。第三，数字普惠金融可有效缩短金融服务供给时间从而提高服务效率。传统金融体系下，烦琐的金融服务程序和分散化的金融服务部门导致单笔金融服务往往需要很长的时间才能完成，部分申请者特别是农业经营者有时还会由于时间原因错过最好的投资或生产机会。数字普惠金融发展能有效地缩短金融服务时间，简化金融服务程序，提高金融服务效率，降低金融服务申请者的时间成本、沉没成本。第四，数字普惠金融的供给体系既可以是商业性、合作性的，也可以是政策性、开发性的，既可以是政府主导的，也可以是市场主导的（白钦先和张坤，2017），相关金融产品不仅涉及储蓄、存款、贷款、支付、结算、理财、投资、汇兑等传统金融领域，还涉及征信体系、风险投资、创业板市场、数字金融等新兴金融市场。数字普惠金融多元化的供给体系和产品体系为弱势群体提供了更多的融资选择,拓宽了弱势群体的融资渠道。

1.2 研究目标与研究内容

1.2.1 研究目标

本书的总目标是通过理论和实证分析揭示数字普惠金融的包容性增长效应,讨论其在实体经济发展、乡村全面振兴、扎实推进共同富裕方面的内在逻辑关系与作用路径,并探究新时代新征程数字普惠金融包容性增长的模式创新与未来展望,为进一步推动金融服务实体经济高质量发展以及金融促进全体人民共同富裕提供理论支持与实证经验。为实现这一总体目标,本书需要实现如下具体目标。

(1)采用新古典经济增长理论及投入产出模型,以及以中国数字普惠金融发展事实特征为背景,探究数字普惠金融影响经济包容性增长的形成机理、传导机制、区域差异,并做相应的实证检验。

(2)在推进乡村全面振兴的背景下,通过宏观与微观经验证据以及评价指标体系的构建,分析数字普惠金融的包容性增长效应,并通过城乡居民创业、农村产业融合发展等维度揭示其实际效应。

(3)基于宏观统计数据与微观调查数据,运用计量经济学模型从“富裕”与“共享”的双重视角实证揭示数字普惠金融对农民收入增长与城乡收入差距的影响效应,并深入厘清其内在作用机制。

(4)基于宏观、微观双重视角,从消费和幸福感两个维度揭示数字普惠金融对农民的实际福利效应,为新发展阶段因地制宜开发农村地区消费市场、提高农民幸福感、获得感提供可靠的经验证据。

(5)从微观调查数据出发,基于中国现实背景的理论分析框架与应用方法体系,深入了解数字普惠金融对家庭金融行为的影响及作用机制,探究人力资本和社会资本对家庭数字金融行为响应的内在逻辑关系,为数字普惠金融的包容性增长提供微观层面的实证支持。

(6)通过分析乡村数字金融新模式的改革试点及成效,总结乡村数字金融新模式的特征属性、运行机制以及成长逻辑,归纳乡村数字金融发展面临的现实障碍,为我国乡村数字金融发展提供全新的战略思路和政策指导。

1.2.2 研究内容

本书将通过以下研究内容实现上述研究目标。

（1）数字普惠金融的经济增长效应研究。该部分将2011~2017年的北京大学数字普惠金融指数与省级层面的经济数据相匹配，实证研究数字普惠金融对经济增长的影响效应。首先利用北京大学数字普惠金融总指数及分指数研究数字普惠金融影响经济增长的总体效应，其次将总样本按照初始互联网普及程度、初始传统金融发展水平、初始居民高等教育水平及私营企业比重进行分组检验，以反映数字金融对具有不同初始社会经济特征省份的经济增长效应的异质性。

（2）数字普惠金融与民营经济增长研究。该部分利用2011~2020年北京大学数字普惠金融指数和规模以上非国有工业企业销售收入数据，实证研究数字普惠金融对民营经济增长的影响作用及区域异质性，以及城镇化和创新水平在数字普惠金融影响民营经济增长过程中的中介效应。

（3）数字普惠金融与城乡居民创业研究。该部分首先从理论上分析数字普惠金融影响居民创业的作用机理，然后利用2011~2018年中国31个省区市的面板数据实证研究数字普惠金融影响居民创业的总体效应、省际差异和城乡差异，并进一步检验居民收入增长和服务业发展对数字普惠金融影响居民创业的中介效应，以及数字普惠金融发展影响居民创业基于自身发展水平、市场化程度和创新能力的门槛效应。

（4）数字普惠金融与农村产业融合发展研究。该部分首先从理论上分析数字普惠金融对农村产业融合发展的影响机理，然后基于2008~2019年的省级面板数据，测算中国农村产业融合发展的综合指数，并分析农村产业融合发展的空间关联特征，在此基础上建立空间杜宾模型实证检验数字普惠金融影响农村产业融合发展的空间效应、作用机制和区域异质性。

（5）微观视角下数字普惠金融的增收效应研究。该部分基于2017年中国家庭金融调查（China Household Finance Survey，CHFS）数据，从数字普惠金融需求方的视角研究数字普惠金融使用对农户家庭增收的影响效应及传导机制，并进一步考察数字普惠金融促进农民增收的异质性效应。

（6）宏观视角下数字普惠金融的增收效应研究。该部分基于中国2014~2018年326个脱贫县和812个非脱贫县的面板数据，建立动态面板数据模型实证检验数字普惠金融对县域产业升级和农民收入增长的影响效应，以及县域产业升级对数字普惠金融与农民收入增长关系的中介效应。

（7）数字普惠金融与城乡收入差距研究。该部分基于中国2011~2020年省级面板数据，以经济发展水平作为门槛变量将各个省份划分为欠发达、较发达和发达三个区间，进而使用面板门槛回归模型实证考察数字普惠金融缩小城乡收入差距的作用机制和效果。

（8）数字普惠金融与农民消费水平提升研究。该部分从扩大内需、实现"双循环"新发展格局的现实背景出发，基于农村微观家庭的数字金融使用情况，检验其消费提升效应，进一步分析处于不同消费水平、收入水平和生命周期的农村群体的效应差异；从改善传统信贷约束和降低预防性储蓄的双重视角来揭示数字普惠金融对农民消费提升效应的内在作用机理。

（9）数字普惠金融与居民消费结构升级研究。该部分借助拓展的 AIDS（almost ideal demand system，近乎理想需求系统）模型，基于宏观视角对数字普惠金融的消费结构升级效应进行理论和计量分析，深入探索该效应在城乡之间、区域之间、不同群体之间的差异性；重点验证提高支付便利性、减缓流动性约束、降低预防性储蓄这三大作用机理是否成立。

（10）数字普惠金融与农民主观幸福效应研究。该部分从共同富裕的现实背景出发，厘清数字普惠金融与农民幸福感这一"隐藏的国民财富"的理论逻辑，实证检验迅猛发展的数字普惠金融是否真能给农民带来幸福效应，以及揭示该幸福效应的实际特征和作用机理，以期加深我们对数字金融的理论认识和拓展普惠成果。

（11）数字普惠金融与城乡家庭金融组合有效性研究。该部分从宏观层面探讨数字普惠金融对家庭金融资产配置的有效性的影响，从微观层面基于信息获取与金融素养两个途径探究其中的作用机制，并考察风险偏好、家庭财富水平、地区分布以及城乡差异对其影响的异质性。

（12）金融素养与社会信任对农户数字金融参与的影响研究。该部分从人力资本的金融素养和社会资本的社会信任出发，具有创新性的同时考察其对农户数字金融参与与否、参与广度及参与深度的影响，探究其影响在不同风险态度、是否为相对贫困家庭以及不同地区群体之间存在的差异。

（13）数字素养与金融素养对农户数字金融行为响应的影响研究。该部分将数字素养、金融知识和农户数字金融行为响应纳入统一的分析框架，从是否响应、响应广度和响应深度三重视角，研究数字素养、金融知识以及二者交互项对农户数字金融行为响应的影响，探究其传导机制以及不同收入水平下农户的数字金融行为与产品选择差异。

（14）乡村数字金融新模式的成长逻辑与未来展望。在上述具体内容分析的基础上，本书最后将通过广西田东县、河南兰考县、四川成都市、山东淄博市的乡村数字金融新模式改革试点的成效，构建乡村数字金融新模式的运行机制，分析不同乡村数字金融新模式的特征属性，凝练出乡村数字金融新模式的成长逻辑并进行经验总结。此外，该章还将在信息对接与征信数据体系、产品供给与市场需求契合度、村级金融服务站、农业保险支农力度、数字金融人才与农民数字金融素养、各金融主体利益共享和风险共担机制等方面梳理乡村数字金融发展面临的现实障碍，并进一步从技术层面、理论层面、数据层面、平台层面、产品层面、村站层面、风控层面分析乡村数字金融未来发展的突破方向。

1.3　研究思路与研究方法

1.3.1　研究思路

整个研究所遵循的是"问题提出→理论分析→模型构建→实证分析→政策研究"的逻辑思路，研究的具体技术路线见图1-1。其中，理论研究是本书的逻辑起点与核心，实证研究是确保理论科学应用的关键环节，应用对策则是本书研究的价值归宿，体现出本书理论研究的主旨。

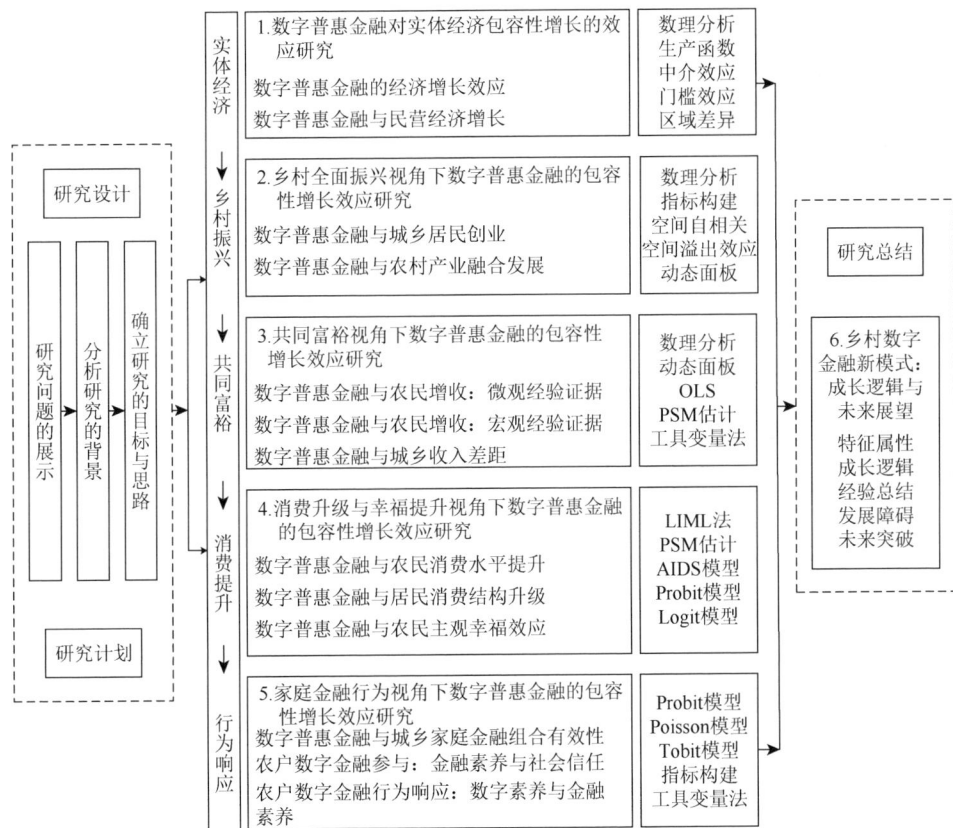

图1-1　研究的技术路线设计图

1.3.2　研究方法

根据上述研究思路和技术路线，本书各部分内容具有如下研究方法。

（1）在研究数字普惠金融对实体经济包容性增长的效应时，主要运用经济增长理论和要素配置理论，基于生产函数分析框架，运用面板模型、中介效应、门槛效应、工具变量法等方法。这部分首先将数字金融纳入产出函数，得到数字普惠金融对经济增长的理论模型，并基于省级面板数据对数字普惠金融的包容性增长效应进行总体影响与区域差异分析。其次，基于省级面板数据讨论数字普惠金融对民营经济增长的影响效应，并实证检验城镇化水平和创新水平在数字普惠金融影响民营经济增长过程中的中介效应。

（2）在研究乡村全面振兴视角下数字普惠金融的包容性增长效应时，主要使用指标构建、空间自相关、空间溢出效应、动态面板、工具变量法等方法。这部分首先采用动态面板模型和面板门槛回归模型实证检验了数字普惠金融发展影响居民创业的总效应、中介效应和门槛效应。其次，构建农村产业融合指标评价体系，并分析与数字普惠金融的空间关联网络特征，实证研究数字普惠金融对农村产业融合发展的影响效应、作用机制和区域异质性问题。

（3）在研究共同富裕视角下数字普惠金融的包容性增长效应时，主要使用 OLS（ordinary least squares，普通最小二乘法）、工具变量（instrumental variable，IV）法、倾向评分匹配（propensity score matching，PSM）、系统广义矩估计（system - generalized method of moments，SYS-GMM）、面板门槛模型等计量方法。具体而言，这部分首先基于微观和宏观经验证据，实证检验数字普惠金融的农户增收效应及其传导机制。其次，基于省级面板数据分析数字普惠金融对城乡居民收入差距的总体效应，并采用双重门槛面板模型，以经济发展水平作为门槛变量将各个省份划分为欠发达、较发达和发达三个区间，并用这三个区间来刻画不同的经济发展阶段中数字普惠金融的包容性增长效应。

（4）在研究消费升级与幸福提升视角下数字普惠金融的包容性增长效应时，首先基于 CHFS 2019 年微观家庭数据，重点将数字普惠金融区分为数字支付、数字借贷、数字理财和数字金融使用多样化程度，分别揭示各自对农村家庭消费水平的总体提升效应，利用工具变量法和有限信息最大似然（limited information maximum likelihood，LIML）法控制内生性以及 PSM 估计等进行稳健性检验。其次，以拓展的 AIDS 模型为基础，重点将城乡居民消费分为生存型、享受型和发展型消费三大类，分别利用似不相关回归法、加入交互项法、面板分位数回归方法、分组回归法揭示数字普惠金融对城乡居民消费结构升级的实际效应、作用机制、群体差异。最后，采用有序 Probit 模型和极大似然估计（maximum likelihood estimator，MLE）法估计数字普惠金融对农民幸福感的边际效用，综合逐步回归法、OLS 以及 Logit 模型深入揭示该效应的四条具体作用路径，利用分组回归法进一步探索数字普惠金融给不同类型农村居民带来的幸福效应特征。

（5）在研究家庭金融行为视角下数字普惠金融的包容性增长效应时，采用微观调查数据，构建评价指标体系，利用熵值法、因子分析法以及赋值加总法等方法计算家庭的金融素养、数字素养以及其数字金融行为响应广度和深度，运用 Probit 模型、Poisson 模型和 Tobit 模型等技术进行回归分析，采用工具变量法与合成控制函数法缓解可能存在的内生性问题，利用中介检验模型、将交互项纳入回归模型等方法进行作用机制分析，最后基于收入水平、风险偏好、家庭财富水平、地区分布以及城乡差异等进行异质性分析。

（6）在研究乡村数字金融新模式的成长逻辑与未来展望时，将采用制度经济学中以制度变迁逻辑为基础的分析范式，对政府主导逻辑与市场驱动逻辑分类讨论，并结合乡村数字金融新模式的经典案例进行归纳总结的方法。这部分重点从田东县的"六大体系"协同服务模式、兰考县的"一平台，四体系"多元化服务模式、成都市的"双平台，四创新"一站式服务模式、淄博市的"农产品数字供应链金融"智慧服务模式的改革试点及成效来分析我国乡村数字金融新模式的特征属性、成长逻辑并进行经验总结。在进行未来展望时，本书还将基于数字经济与农业农村经济相互融合发展能多方位促进农业升级、农村进步和农民发展的乡村政策环境下，从多层面提出有效推进中国乡村数字金融发展的突破方向。

1.4　研究资料与数据来源

1.4.1　研究资料

本书的文献资料包括如下三个部分。

（1）研究中必要的定性资料。其主要是国家法律和政策公开的文件、权威性的报告（如各年中央一号文件）、公告、各级政府工作报告、各年中央经济工作会议文件、各年中央农村工作会议文件、相关书籍和科学论文等。本书中凡是出现引用的文献资料，均在引用位置注明了出处。

（2）各级政府部门和研究机构的专业研究报告。其主要是中国人民银行、国家统计局、国务院发展研究中心、中国社会科学院及其相关研究机构历年发布的专业报告，包括《中国农村金融服务报告》《金融行业发展报告》《中国区域金融运行报告》《中国金融行业分析报告》《中国银行业分析报告》《金融机构贷款投向统计报告》《中国农村经济绿皮书》《"三农"贷款与县域金融统计》等，以及鉴定合格的国家和省部级相关课题研究报告。

（3）部分资料来自相关领域学者的论著，同时加以引注。引用的主要专著均列在参考文献中。引用论文主要来自权威性学术期刊，如《中国社会科学》、《经济研究》、《管理世界》、《世界经济》、《数量经济技术经济研究》、《经济学（季刊）》、

《管理科学学报》、《金融研究》、《中国软科学》、《中国农村经济》、《农业经济问题》、*The American Economic Review*、*The Journal of Finance*、*The Quarterly Journal of Economics*、*Econometrica*、*Journal of Political Economy*、*Journal of Agricultural Economics* 等。

1.4.2 数据来源

本书的数据主要来自国家法定或权威的数据资料和研究团队的实际调查数据，包括以下四个方面。

（1）统计年鉴、统计资料汇编、统计提要和报告。《中国统计年鉴》（2000～2021 年）、《中国金融年鉴》（2000～2021 年）、《中国人口统计年鉴》（2000～2006 年）、《中国人口和就业统计年鉴》（2007～2021 年）、《中国财政年鉴》（2000～2021 年）、《中国农村统计年鉴》（2000～2021 年）、《中国证券期货统计年鉴》（2000～2021 年）、《中国区域经济统计年鉴》（2000～2021 年）、《中国县市社会经济统计年鉴》（2000～2021 年）、《中国乡镇企业年鉴》（2000～2021 年）、《中国乡镇企业及农产品加工业年鉴》（2006～2021 年）、《全国农产品成本收益资料汇编》（1978～2013 年）、《中国农业年鉴》（1997～2013 年）、《全国农业统计提要》（2001～2013 年）、《新中国 50 年统计资料汇编》、《新中国六十年统计资料汇编》、《中国住户调查年鉴》（2011～2012 年）、《中国农村贫困监测报告》、《中国农村住户调查年鉴》（2006～2021 年）、《全国农村固定观察点调查数据汇编（2000—2009 年）》等，除此之外还包括各省区市历年统计年鉴。

（2）一些重要网站：中国证券监督管理委员会网站、中华人民共和国财政部网站、中华人民共和国农业农村部网站、中国银行保险监督管理委员会（以下简称银保监会）网站、国家统计局网站、中国人民银行网站以及政府相关部门的公告数据。除此之外，还包括各省份统计信息网及统计局网站。

（3）部分数据来源于全国优秀博士、硕士毕业论文。凡是引用的数据资料均在本书中引用位置注明了出处。

（4）本书还使用了大量的实际调查数据：一是西南财经大学 CHFS 数据。该数据库采用三阶段、分层、PPS（probability proportional to size，概率比例规模）抽样设计，全面收集中国家庭金融微观信息，是国内外学者研究中国家庭金融问题的高质量微观数据库。CHFS 提供的样本覆盖了全国除新疆、西藏和港澳台外的 29 个省（自治区、直辖市），355 个县（区、县级市），1428 个社区，包含了40 011 户城乡家庭的微观数据。其中农村住户12 732 户，包括家庭人口特征、就业情况、资产负债、支出与收入、金融知识与主观态度、教育水平等方面的详细信息。二是中国农村经济与农村金融调查（China rural economy and rural finance survey，CRERFS）的数据。CRERFS 是农业农村部政策与改革司委托西南大学乡村振兴与金融创新团队实施的微观调查项目，重点关注新时期中国农村金融改革与创新和推进农业农村现代化情况及其相关信息，旨在为相关学术研究和政策制定提供数据基础。CRERFS 于 2021 年完成了对云南、贵州、四川、重庆、湖南等中西部 5 省（直辖市）的首次调查，问卷包括农户问卷、新型农业经营主体问卷、村级问卷三种类型，共采集 1620 份农户样本，780 份新型农业经营主体样本，以及 156 份村级样本。调查内容具体涵盖：家庭基本结构、劳动就业、土地流转、收入与消费、资产与负债、农业及非农生产经营、绿色环保生产、金融行为、数字金融、金融素养、主观幸福感、社区治理、乡风文明、人居环境等方面。

第 2 章 数字普惠金融的经济增长效应

2.1 引　　言

近年来，中国社会经济活动呈现出网络化、数字化的新特征，经济发展正经历从资源驱动向创新驱动转型，以数字资源为生产要素、全要素全空间全过程的数字化转型已经成为经济动能转换和高质量发展的重要驱动力。2018 年，中国数字经济规模达到 31.3 万亿元，占 GDP 的比重为 34.8%，对 GDP 增长贡献率为 67.9%[①]，数字经济发展水平步入世界前列[②]；2022 年，我国数字经济进一步实现量的合理增长，数字经济规模达到 50.2 万亿元，同比名义增长 10.3%，已连续 11 年显著高于同期 GDP 名义增速，数字经济占 GDP 的比重相当于第二产业占国民经济的比重，达到 41.5%[③]。数字经济与实体经济深度融合（丁志帆，2020），成为引领社会经济创新发展与产业结构转型升级的重要引擎。依托互联网、大数据、云计算、人工智能和区块链等创新技术的应用，中国的数字金融经历了井喷式增长。从 2004 年支付宝体系上线算起，经过短短十几年，中国数字金融的发展水平和普及程度在世界范围内都处于领先地位，成为全球数字金融领域的领跑者。2016 年由中国政府主导的 G20 杭州峰会通过了《G20 数字普惠金融高级原则》，其成为国际社会在该领域最高级别的指导性文件，2017 年中国数字普惠金融的 5 项经验入选《G20 数字普惠金融新兴政策与方法》，充分体现了国际社会及组织对中国在数字金融这一领域发展的肯定。

数字金融内生于现实社会经济的发展要求，提供了包括互联网支付、网络借贷、股权众筹、互联网金融理财、互联网基金、互联网信贷、互联网金融消费及数字货币等综合性金融服务，并不断创新发展，成为不同于传统银行中介、证券和保险的新型金融业务模式（谢平等，2015），深刻地重塑了现代金融版图。通过数字技术与金融服务的跨界融合，数字金融突破物理网点和人工成本对金融服务边界的束缚，提高对风险的定价和管理能力，降低信贷服务对抵押、担保及传统

[①] 数据来源于中国信息通信研究院和华为技术有限公司共同编写的《数据基础设施白皮书 2019》。

[②] 上海社会科学院发布的《全球数字经济竞争力发展报告（2018）》显示，在全球 50 个国家中，2018 年中国数字金融竞争力排名第二，仅次于美国。阿里研究院和毕马威联合发布的《2018 全球数字经济发展指数》显示，在 150 个国家（或地区），2018 年中国数字经济发展指数位列第二，仅次于美国。

[③] 数据来源于中国信息通信研究院发布的《中国数字经济发展研究报告（2023 年）》。

征信记录的过度依赖，有效降低金融服务的成本和客户准入门槛，扩大金融服务的覆盖范围，丰富金融服务的内容，改善那些难以从传统金融机构获得金融服务的小微企业、农民及其他低收入群体的金融供给，加强对小微企业、"三农"和偏远地区的金融服务，为普惠金融发展提供了非常好的载体，从而推动中国的普惠金融进程，带来创业机会的均等化（张勋等，2019），在较大范围内提升金融对实体经济的造血功能。党和政府高度重视数字金融发展，力图通过数字金融扩展金融服务的覆盖范围，消除金融排斥，尽可能为乡村地区、农民及小微企业提供合理、便捷、安全及低成本的金融服务，促进信息、资金、技术及征信等跨部门、跨区域互联互通，保障各种生产要素在更大范围内有序高效流动，以支持实体经济发展和缩小收入差距。

数字金融的重要性在于其有助于破解普惠金融理论的潜在悖论，并与实体经济深度融合发展，对社会经济发展产生显著的影响。传统金融发展与经济增长的研究大多关注信贷规模、金融市场总量对经济增长的影响，即从金融发展的深度衡量其对经济增长的影响。随着普惠金融实践和研究的兴起，部分研究注意到金融发展广度对经济增长的影响。数字金融通过数字技术与金融服务的结合，创造了一种新的金融模式，以更低的成本，在更广阔的范围提供综合性金融服务，激发经济主体的活力，在一定程度上重塑现代经济的增长动力。考虑到当前中国经济面临下行压力，居民收入差距及区域经济差距状况并不乐观，同时数字金融领域乱象频发，因此，系统客观地讨论数字金融的经济增长效应及不同社会经济环境下的异质性作用尤为重要。

基于以上背景，本章将北京大学数字普惠金融指数与省级层面的数据结合，评估数字金融发展对经济增长的影响。一方面，基于总体样本计量分析，探索数字普惠金融发展是否能够促进经济增长，进而揭示数字普惠金融与经济增长的相关性。另一方面，基于分样本的估计，研判数字普惠金融发展是否有助于缩小地区的经济差距，实现包容性增长，并通过初始互联网普及程度、初始传统金融发展水平、初始居民高等教育水平和初始私营企业比重等控制变量的估计，揭示数字普惠金融经济增长效应的影响因素。

2.2　文献综述与研究创新

数字金融实践在世界范围内得到蓬勃发展，但现有关于数字金融对经济增长影响的研究多是理论探讨和描述性分析，或者从微观视角的某一个层面展开讨论。数字金融本质上依然具有基本的金融特性，为了探究数字金融促进经济增长在宏观层面的影响，本章将分别考虑金融发展与经济增长、数字金融与实体经济两个方面的文献。

2.2.1　金融发展与经济增长

金融发展理论认为金融发展主要通过提高储蓄向投资的转化率以及资金的配置效率进而促进经济增长。Goldsmith（1969）开创了金融发展与经济增长研究的先河，Rostow（1974）和 Shaw（1973）强调金融市场化带来的金融深化对经济增长的积极作用，Diamond（1984）认为以银行为主导的金融结构有利于经济增长，Levine（1991）认为以金融市场为主导的金融结构更有利于经济增长，Merton（1995）提出了金融在清算支付及跨期转移资源等六个方面的功能，且认为相对于金融机构和金融组织形式，金融功能更具有稳定性。Levine（1997）将金融功能归纳为资源配置和管理风险等五个方面，认为金融系统提供的服务质量非常重要，金融结构安排对经济增长的影响可以忽略。La Porta 等（2000）认为国家的法律体系是决定金融结构效率的关键因素，运行良好的法律体系有利于发挥金融中介和金融市场的功能。林毅夫等（2009）认为最优金融结构由经济发展阶段内生决定，在不同经济发展阶段，经济结构不同，从而形成对金融服务的特定需求。

中国的经济改革起源于传统计划经济体制，随着非公有制经济发展壮大，社会资本积累逐渐增长，内生于经济发展的民间金融得到迅速扩张，形成了正规金融与非正规金融并存的金融格局。Allen 等（2005）认为非正规金融部门是中国私营部门扩张的重要因素，并指出 La Porta 等有关法与金融的经典理论并不足以解释中国的现象：在相关制度不完善的情况下，中国金融市场仍能推动中国经济增长，这种现象被描述为中国式"金融发展悖论"。但是，Degryse 等（2013）利用世界银行对中国的调查数据研究表明，非正规金融仅在私营企业规模扩张时发挥作用，对创新和转型期的私营企业投资，正规金融系统的作用更加明显。余静文（2013）利用 1981~2005 年 61 个国家的数据研究表明，金融自由化改革对经济发展的影响取决于一国的最优金融条件。陈长石和刘晨晖（2015）认为金融危机前，中国正规金融与非正规金融部门的分割形成了"规模换效率"路径，为中国式"金融发展悖论"提供了经济解释。但是随着危机后国内外环境发生变化，这种分割成为私营部门转型升级缓慢的主要原因。张成思和刘贯春（2016）利用 2004~2012 年包括中国在内的 96 个国家的面板数据研究发现，金融结构、金融服务和金融法律与经济增长之间存在长期稳定的协整关系，不同金融结构理论之间是互补关系而不是相互排斥。

2.2.2　数字金融与实体经济

传统金融体系，无论是正规金融还是非正规金融，都受到物理网点、人工成本的制约，使得金融服务无法下沉到落后地区、小微企业和低收入群体，对抵押、担保和征信等方面的过度依赖使得缺乏有效抵押担保、信用记录和社会关系的小微企业、低收入群体面临更加突出的流动性约束（Honohan，2004）。上述两方面的原因叠加，使得传统金融失去完全意义上的普惠性，导致某些高收益项目难以获得足够的融资，降低资源配置效率，从而妨碍经济增长。数字金融作为数字技术与金融服务的结合体，具有更强的时空穿透力，能够降低金融服务的门槛和服务成本，提供多样化的金融服务，扩大金融服务的有效边界，形成一种全新的金融业态，实现互联网与金融功能的耦合（林章悦等，2015），提高金融服务的质量和资源配置效率，可以在更大范围内有效提升金融服务实体经济的能力。

　　王馨（2015）运用长尾理论分析数字金融解决中小企业融资问题的可行性，认为金融供给曲线呈现"臂弯"状态，数字金融的加入改变了"臂弯"曲线的位置，减轻了信贷资金配给程度，有效促进了金融资源的合理配置。谢平和石午光（2016）认为在第三方支付基础上形成的担保交易机制符合商业交易规范的制度安排，推动了电子商务领域的创业发展及普惠金融业务拓展。Huang 等（2017）基于蚂蚁金服的数据研究表明，蚂蚁小贷能够提高商户成交额、成交量和商品多样性，能够帮助商户应对财务和经营冲击，提高服务水平。黄益平等（2018）认为中国数字金融机构利用拥有上亿用户的平台，通过各种场景将大量用户牢牢地黏在平台上，有效降低金融服务的获客成本，同时大数据和人工智能等技术的广泛应用能有效缓解信息不对称问题，降低风险控制成本，提高金融服务效率。谢绚丽等（2018）将数字普惠金融指数与省级新增企业注册信息进行匹配，研究结果表明数字金融对创业有显著的促进作用，对于城镇化较低的省份、注册资本较少的微型企业，数字金融的促进作用更强。唐松等（2019）利用 2011～2015 年的省级面板数据测算金融科技对全要素生产率的影响。张勋等（2019）将数字普惠金融指数和中国家庭追踪调查（China Family Panel Studies，CFPS）数据相结合，计量结果表明，数字金融特别有助于促进低物质资本和低社会资本家庭的创业行为，显著地提升家庭收入，尤其是农村低收入群体的收入。另外，数字金融可能面临某些方面的风险，当前数字金融处于上行阶段，容易出现投资者盲目跟风、羊群效应等非理性行为，使得信贷资源不一定流入最有效率的企业。当数字金融市场出现负面信息时，容易产生投资者挤兑和互联网产品违约事件（陈荣达等，2019），导致市场风险溢价上升，资金供给减少，届时即使优质的企业也可能无法有效融得资金。

　　尽管以往研究没有直接讨论数字金融与经济增长的关系，但是金融发展与经济增长的研究可以为本章提供借鉴。另外，有关数字金融的研究已经从理论层面，或者基于微观数据及个案现象考察数字金融对小微企业融资、城乡居民创业的积极作用，部分文献还讨论了数字金融对收入增长及其包容性的影响。到目前为止，大部分文献认为数字金融有利于实体经济发展，这主要是因为数字金融减少传统金融对物理设施的依赖，具有低成本、便利性、广覆盖的优势，扩大金融服务的边界，提高了金融产品服务的可得性，带来更多公平创业的机会。此外，中国数字金融领域也存在一系列乱象，以 P2P 网贷为代表的互联网平台不断出现"爆雷"事件，校园贷、暴力催收等恶性案件频发，造成了恶劣的社会影响。这些数字金融乱象是否对经济增长造成显著的不利影响，目前并没有深入的讨论。可以预期，与先进数字技术相融合的数字金融，可以进一步拓展金融服务的覆盖范围，降低交易成本，缓解金融约束，促进资源的优化配置，从而促进经济增长，但数字金融乱象以及其他社会经济条件差异也可能影响数字金融的经济增长效应。

2.2.3　研究创新

本章有以下几个方面的创新。第一，利用北京大学数字金融研究中心发布的数字普惠金融指数，从总体及各维度层面研究数字金融对经济增长的影响效应，并采用多种方法对内生性问题进行处理。第二，讨论不同社会经济条件下，数字金融影响经济增长的异质性，有助于研判其增长效应的包容性。第三，在研究结论方面，本章认为，在传统金融信贷水平较低、小微企业比重较高的省份，数字金融的经济增长效应受到削弱，换而言之，数字金融并不能完全替代传统金融发展的作用，仅仅依靠数字金融并不能完全解决私营企业的转型升级问题。

2.3　研究设计：模型、变量与数据

2.3.1　模型构建

根据新古典经济增长理论，在劳动力和资本规模报酬不变的情况下，人均产出（y）和人均资本存量（k）具有如下关系：

$$y = Ak^{\alpha} \tag{2-1}$$

其中，A 表示索罗余值；α 表示人力资本的边际生产力。数字金融作为数字技术与金融服务高度融合的产物，借助大数据、人工智能、云计算、区块链等技术优势处理海量用户数据，有利于缓解金融服务供求双方的信息不对称，形成更大程度的公平使用金融服务的机会，并经过快速的迭代更新形成创新性的金融基础设施、金融新业态和金融新模式（唐松等，2019），在更大的范围内降低金融服务的成本，提高金融资源配置的效率。在当前数字经济高度发达的情况下，数字金融已经成为生产经营活动不可缺少的要素，借鉴以往文献的做法（程名望和张家平，2019），将数字金融纳入产出函数，对式（2-1）进行扩展，可得

$$y = Ak^{\alpha} f^{\beta} \tag{2-2}$$

其中，f 表示数字金融发展水平；β 表示数字金融的边际生产力。对式（2-2）两边取对数，可得人均产出与数字金融的基本计量模型：

$$\ln y = \ln A + \alpha \ln k + \beta \ln f \tag{2-3}$$

根据以上分析，为了检验数字金融对经济增长的影响，借鉴徐斌等（2019）的做法，本章设定如下基本检验模型：

$$\text{lngdp}_{it} = \alpha_0 + \beta_1 \text{lndigit\_finance}_{it} + \beta_2 \ln k_{it} + \gamma \text{control}_{it} + \mu_i + \varepsilon_{it} \tag{2-4}$$

其中，i 表示省份；t 表示时间；lngdp 表示人均 GDP 取自然对数；lndigit_finance 表示数字金融发展水平取对数；$\ln k$ 表示人均资本存量取对数；control 表示人力资本、对外开放等其他一系列控制变量；μ_i 表示不随时间变化的因素，以控制地区固定效应；ε_{it} 表示随机扰动项。

2.3.2　变量选取

1. 被解释变量：经济增长

本章使用经过消费者价格指数修正的人均 GDP 表示经济增长并取自然对数，原始数据来源于 2011～2017 年《中国统计年鉴》。

2. 核心解释变量：数字金融

目前，国内能够获得的较为全面地反映各省数字金融发展情况的数据是北京大学数字金融研究中心基于蚂蚁金服集团关于数字普惠金融的海量数据编制的北京大学数字普惠金融指数。该套指数采用层次分析的变异系数赋权法，兼顾了主观赋权和客观赋权的优势，从总体层面及各维度层面反映数字金融动态演化过程，具有横向和纵向的可比性。这一数据在最近有关数字金融的研究文献中得到了广泛使用。由于数字普惠金融总指数及各维度指标均包含了数字金融的有用信息，单独使用其中某一指标可能无法全面反映数字金融对经济增长的影响，从而导致对分析结果的片面解读。因此，本章采用数字普惠金融总指数（index）反映各省数字金融总体发展水平，采用覆盖广度、使用深度及数字化程度刻画数字金融在不同侧面的表现。其中，覆盖广度指数（coverage）采用电子账户数来反映居民可以在多大程度上获得数字金融服务，使用深度指数（depth）采用电子支付及货币基金等互联网金融服务的实际使用情况来衡量，数字化程度指数（digitalization）旨在反映数字金融服务的低成本和低门槛优势。使用数字金融越便利，成本越低，需求就越多；反之，则相反。为了平滑数据的波动性，数字普惠金融总指数及各维度指数取自然对数。

3. 控制变量

就其他影响经济增长的变量而言，本章构造了如下变量：反映资本深化的物质资本存量（capital）[1]，反映人力资本水平的接受高等教育人数占 6 岁以上人口总数的比重（college），反映人口年龄结构变化的总抚养比（dependency），反映政府干预程度的政府财政支出占 GDP 的比重（government），反映贸易开放程度的进出口贸易总额占 GDP 的比重（trade_openness），反映外来资本流入的外商直接投资（fdi），反映各省人口流动情况的人口净流动率（migration）[2]。此外，为了区分数字金融和传统金融对经济增长的影响，本章还控制了反映传统金融中介发展水平的银行信贷占 GDP 的比重（credit），以及反映企业在金融市场融资能力的每十万劳动力拥有上市公司的数量（public_factory）。上述变量中，除了物质资本存量（capital）取自然对数外，其他变量均用比值数据表示，原始数据来源于万得数据库、2011～2017 年《中国统计年鉴》及《中国人口和就业统计年鉴》、《中国金融年鉴》。

2.3.3 统计分析

表 2-1 给出了基于总体样本的变量描述性统计结果，可以发现，数字化程度发展领先于覆盖广度和使用深度，反映了便利性、低成本对普及和深化数字金融使用的先导性作用。在省略汇报的数字金融三个维度变量的相关性检验中，本章发现覆盖广度指数、使用深度指数和数字化程度指数之间显著正相关，两两之间的相关系数超过了 0.7 的门槛值。此外，每十万劳动力拥有上市公司的数量与高等教育人口比例的相关系数也超过 0.7，表明上市公司数量与较高的人力资本存在较好的匹配度。在回归中，本章分别使用数字金融的三个维度指数、每十万劳动力拥有上市公司的数量与高等教育人口比例，以避免多重共线性问题。

表 2-1　总体样本的描述性统计

变量		含义	样本量	平均值	标准差	最小值	最大值
被解释变量	lngdp	人均 GDP 的对数	217	10.387	0.442	9.418	11.452
核心解释变量	lnindex	数字普惠金融总指数的对数	217	4.973	0.678	2.786	5.819
	lncoverage	覆盖广度指数的对数	217	4.778	0.865	0.673	5.756

---

① 物质资本存量的估算参照张军等（2004）的方法，并用固定资产价格指数进行处理。
② 借鉴段平忠（2011）的处理方法，各省人口净流动率＝常住人口增加数/年度平均人口-人口自然增长率。

续表

变量		含义	样本量	平均值	标准差	最小值	最大值
核心解释变量	lndepth	使用深度指数的对数	217	4.965	0.646	1.911	5.982
	lndigitalization	数字化程度指数的对数	217	5.313	0.752	2.026	6.117
控制变量	lncapital	物质资本存量的对数	217	12.010	0.472	10.944	13.220
	college	高等教育人口比例	217	0.129	0.070	0.024	0.476
	dependency	总抚养比	217	0.358	0.064	0.190	0.500
	government	政府财政支出占 GDP 的比重	217	0.279	0.212	0.110	1.379
	trade_openness	进出口贸易总额占 GDP 的比重	217	0.258	0.285	0.012	1.494
	fdi	外商直接投资	217	0.020	0.016	0.000	0.080
	migration	人口净流动率	217	0.001	0.007	−0.009	0.040
	credit	信贷比例	217	1.321	0.452	0.655	3.085
	public_factory	每十万劳动力拥有上市公司的数量	217	0.395	0.437	0.096	2.454

2.4　实证过程与结果讨论

2.4.1　基于总体样本的估计结果

本章根据 Hausman 检验结果确定采用固定效应（fixed effect，FE）模型还是随机效应（random effect，RE）模型，对可能存在的异方差、组内自相关、截面同期相关则采用 SCC（spatially clustered coefficient，空间聚类系数）方法进行处理。Hausman 检验拒绝随机效应模型，Greene（2000）的组间异方差检验、Wooldridge（2002）的组内自相关检验及 Pesaran（2004）、Friedman（1937）和 Frees（1995，2004）的截面同期相关检验分别拒绝了"组间同方差""无组内自相关""无截面同期相关"的原假设。故本章采用固定效应 SCC 模型（FE/SCC）来修正固定效应模型，表 2-2 汇报了数字普惠金融总指数及各维度指标对人均 GDP 的影响。估计结果表明，无论是否控制传统金融变量（即信贷比例和每十万劳动力拥有上市公司的数量），数字普惠金融总指数与各维度指数对经济增长均有显著的正向影响，表明数字金融发展提高了资源配置效率，促进了经济增长。考虑到金融类变量对经济增长的影响具有时滞效应，且滞后期通常较短，本章采用滞后一期的数字金融指标对人均 GDP 进行估计，结果显示数字金融与经济增长存在显著的正相关关系（限于篇幅，没有汇报相应估计结果）。

表 2-2　数字普惠金融总指数及各维度指数与经济增长：基准回归

变量	模型（1）	模型（2）	模型（3）	模型（4）	模型（5）	模型（6）	模型（7）	模型（8）
lnindex	0.0400*** （0.0034）	0.0433*** （0.0040）						
lncoverage			0.0315*** （0.0025）	0.0332*** （0.0031）				
lndepth					0.0190*** （0.0044）	0.0196*** （0.0049）		
lndigitalization							0.0183*** （0.0042）	0.0214*** （0.0045）
credit		0.0183 （0.0109）		0.0070 （0.0069）		0.0158 （0.0110）		0.0313** （0.0127）
public_factory		0.0809* （0.0390）		0.0772* （0.0361）		0.0477 （0.0294）		0.0651 （0.0376）
lncapital	0.372*** （0.0175）	0.364*** （0.0223）	0.434*** （0.0269）	0.424*** （0.0236）	0.435*** （0.0173）	0.411*** （0.0235）	0.372*** （0.0175）	0.364*** （0.0223）
college	0.0655 （0.141）		0.139 （0.114）		0.0634 （0.135）		0.0594 （0.168）	
dependency	0.381*** （0.0902）	0.352*** （0.0928）	0.283** （0.0872）	0.262** （0.0880）	0.254** （0.0743）	0.219* （0.0904）	0.381*** （0.0902）	0.352*** （0.0928）
government	−1.769*** （0.306）	−1.766*** （0.276）	−1.674*** （0.277）	−1.727*** （0.245）	−1.655*** （0.303）	−1.782*** （0.250）	−1.769*** （0.306）	−1.766*** （0.276）
trade_openness	−0.446*** （0.0792）	−0.442*** （0.0820）	−0.446*** （0.0814）	−0.444*** （0.0868）	−0.404*** （0.0937）	−0.395*** （0.106）	−0.446*** （0.0792）	−0.442*** （0.0820）
fdi	2.482*** （0.459）	2.490*** （0.463）	2.550*** （0.439）	2.615*** （0.428）	2.550*** （0.423）	2.686*** （0.415）	2.482*** （0.459）	2.490*** （0.463）
migration	1.402** （0.459）	1.218** （0.494）	1.698** （0.593）	1.557** （0.634）	1.702** （0.583）	1.497* （0.630）	1.402** （0.459）	1.218** （0.494）
常数项	6.172*** （0.148）	6.250*** （0.188）	5.504*** （0.286）	5.608*** （0.227）	5.473*** （0.143）	5.733*** （0.187）	6.172*** （0.148）	6.250*** （0.188）
固定效应	控制	控制	控制	控制	控制	控制	控制	控制
Hausman 检验	0.0000	0.0000	0.0000	0.0000	0.0000	0.0000	0.0000	0.0000
观测值	217	217	217	217	217	217	217	217
R^2	0.8690	0.8706	0.8704	0.8715	0.8623	0.8630	0.8644	0.8663

注：括号内为 Driscoll-Kraay 稳健标准误差，Hausman 检验报告 p 值

***、**、*分别表示在 1%、5%、10%的水平上显著

　　控制变量的估计结果表明，信贷比例和每十万劳动力拥有上市公司的数量对经济增长的正向作用的显著性不稳定，表明数字金融对经济增长的重要性不能被传统金融发展完全替代。物质资本存量与经济增长显著正相关，高等教育人口比例与经济增长的正向效应不显著，总抚养比与经济增长显著正相关，政府财政支

出占 GDP 的比重与经济增长显著负相关,进出口贸易总额占 GDP 的比重与经济增长显著负相关,外商直接投资、人口净流动率与经济增长正相关。

就上述估计的经济显著性而言,如表 2-2 所示,数字普惠金融总指数增长 1%,可以使人均 GDP 增长 0.04%[模型(1)]和 0.0433%[模型(2)],考虑到各省数字普惠金融总指数平均值由 2011 年的 40 上升到 2017 年的 300.21,我们可以看出数字普惠金融在促进经济发展方面的作用越发重要。覆盖广度、使用深度及数字化程度的经济显著性分析与此相似,限于篇幅,不再赘述。

通常在经济发达的省份,其数字金融发展水平也相对较高,由此产生的内生性问题可能会导致估计结果出现偏差。此外,遗漏变量和测量误差也会引起内生性问题。因此,本章采用内部工具变量和外部工具变量对内生性进行处理以检验基准估计结果的稳健性。

首先,本章将数字金融指标的滞后项作为工具变量,采用过度识别的广义矩估计(generalized method of moments,GMM)法、LIML 法和两阶段最小二乘法控制内生性,对基准估计结果进行稳健性检验,表 2-3 反映了估计结果。内生性检验表明,数字普惠金融总指数和数字化程度指数在 10%的显著性水平上存在内生性问题,覆盖广度指数与使用深度指数的内生性问题则较轻。弱工具变量检验的 Cragg-Donald Wald F 统计量均大于 10,Hansen-J 过度识别检验的 p 值均大于 0.1,表明工具变量滞后期的选择是恰当的。相对于基准估计,采用工具变量的估计系数有所提高,显著性略有下降,但至少通过了 10%的显著性检验,表明数字普惠金融总指数及各维度指数与经济增长的正相关性具有稳健性。

表 2-3 数字普惠金融总指数及各维度指数与经济增长:稳健性检验(一)

变量	模型(1)	模型(2)	模型(3)	模型(4)	模型(5)	模型(6)	模型(7)	模型(8)
估计方法	GMM	LIML	GMM	LIML	GMM	LIML	GMM	LIML
lnindex	0.136* (0.0804)	0.150* (0.0835)						
lncoverage			0.119** (0.0587)	0.127** (0.0627)				
lndepth					0.129** (0.0551)	0.130** (0.0562)		
lndigitalization							0.146** (0.0602)	0.125* (0.0654)
工具变量滞后阶数	L(2/3)	L(2/3)	L(1/2)	L(1/2)	L(1/3)	L(1/3)	L(1/2)	L(1/2)
控制变量	控制	控制	控制	控制	控制	控制	控制	控制
固定效应	控制	控制	控制	控制	控制	控制	控制	控制
内生性检验	0.0415	0.0415	0.7778	0.7788	0.3761	0.3761	0.0213	0.0213

续表

变量	模型（1）	模型（2）	模型（3）	模型（4）	模型（5）	模型（6）	模型（7）	模型（8）
弱工具变量检验	100.330	100.330	91.206	91.206	84.578	84.578	13.430	13.430
Hansen-J 检验	0.4986	0.4988	0.7409	0.7409	0.9145	0.9145	0.1708	0.1724
观测值	124	124	155	155	124	124	155	155

注：括号内为稳健标准误差，内生性检验报告 p 值，弱工具变量检验报告 Cragg-Donald Wald F 统计量，Hansen-J 检验报告 p 值，限于篇幅，控制变量的估计结果未予汇报

**、*分别表示在 5%、10%的水平上显著

其次，本章引入离婚率和移动电话普及率作为外部工具变量对模型进行估计。离婚者可能花费较多的时间在网络世界寻找精神寄托和娱乐消遣，因此会从微观上影响人们的上网行为、意愿和网民比率，进而影响人们使用互联网发生支付交易的行为和规模，即影响人们对数字金融的态度和使用行为。关于离婚率的度量，本章借鉴程名望和张家平（2019）的处理办法，采用每年离婚登记对数/15～64岁人口数量。移动电话作为居民接入数字金融最重要的终端设备，已经成为大部分居民使用互联网和接受数字金融服务的必备工具。移动电话普及率采用每百人拥有移动电话数数量。考虑到当期的离婚率、移动电话普及率可能会对当期的经济增长造成影响，本章分别将它们滞后一期作为数字金融的工具变量。表 2-4 的估计结果显示，弱工具变量检验和 Hansen-J 检验均接受原假设，表明工具变量的选择是恰当的。数字普惠金融总指数及各维度指数的估计系数显著为正，进一步表明数字金融对经济增长的正效应是显著成立的。

表 2-4　数字普惠金融总指数及各维度指数与经济增长：稳健性检验（二）

变量	模型（1）	模型（2）	模型（3）	模型（4）	模型（5）	模型（6）	模型（7）	模型（8）
估计方法	GMM	LIML	GMM	LIML	GMM	LIML	GMM	LIML
lnindex	0.0950***（0.0317）	0.100***（0.0336）						
lncoverage			0.0731***（0.0255）	0.0811***（0.0278）				
lndepth					0.150**（0.0610）	0.175**（0.0707）		
lndigitalization							0.0705***（0.0235）	0.0724***（0.0246）
工具变量	上一期的移动电话普及率和离婚率							
控制变量	控制	控制	控制	控制	控制	控制	控制	控制
固定效应	控制	控制	控制	控制	控制	控制	控制	控制

续表

变量	模型（1）	模型（2）	模型（3）	模型（4）	模型（5）	模型（6）	模型（7）	模型（8）
内生性检验	0.0647	0.0647	0.1513	0.1513	0.0435	0.0435	0.0304	0.0304
弱工具变量检验	50.7620	50.7620	42.5310	42.5310	11.8960	11.8960	44.1090	13.4300
Hansen-J 检验	0.6545	0.6545	0.4804	0.4804	0.5259	0.5287	0.8020	0.1724
观测值	217	217	217	217	217	217	217	217

注：括号内为稳健标准误差，内生性检验报告 p 值，弱工具变量检验报告 Cragg-Donald Wald F 统计量，Hansen-J 检验报告 p 值，限于篇幅，控制变量的估计结果未予汇报

***、**分别表示在 1%、5% 的水平上显著

比较工具变量和基准估计的回归结果可以发现，无论采用内部工具变量还是外部工具变量，数字金融各指数的估计系数均大于基准模型，这说明基准回归可能低估了数字金融对经济增长的影响。

近年来，中国数字金融呈现爆发性增长，那么数字金融对经济增长的作用力度是否也在加强？为了反映不同年份数字金融的经济增长效应，本章分别按年度进行估计，表 2-5 汇报了数字普惠金融总指数的估计结果。基于 OLS 异方差稳健标准误的估计结果表明，数字普惠金融总指数与经济增长显著正相关，估计系数由 2011 年的 0.397 上升到 2017 年的 3.195，数字金融与经济增长的关联度越来越强，对社会经济的影响力越来越大。

表 2-5　不同年度数字普惠金融总指数与经济增长

变量	2011 年	2012 年	2013 年	2014 年	2015 年	2016 年	2017 年
lnindex	0.397*** (0.0873)	1.014*** (0.273)	1.682*** (0.270)	2.262*** (0.346)	2.737*** (0.484)	2.772*** (0.627)	3.195*** (0.581)
常数项	3.131** (1.148)	−0.615 (1.329)	−4.039** (1.679)	−7.387*** (1.907)	−9.106*** (2.878)	−13.56*** (3.525)	−13.56*** (3.525)
控制变量	控制	控制	控制	控制	控制	控制	控制
样本量	31	31	31	31	31	31	31
R^2	0.9630	0.9595	0.9624	0.9681	0.9496	0.9521	0.9453

注：括号内为异方差稳健标准误差，限于篇幅，控制变量的估计结果未予汇报

***、**分别表示在 1%、5% 的水平上显著

2.4.2　基于细分样本的估计结果

以上基于总体样本的估计结果显示，就各省份平均而言，无论是数字普惠金融总指数还是各维度指数，对经济增长均有显著的正向影响。通常认为数字金融具有成本低、速度快、地域穿透力强的特征，更有利于改善受传统金融排斥较为严重的

低收入者、低收入群体、小微企业及落后地区的金融服务可得性和普惠性，从而有利于实现均衡性经济增长。此外，就数字金融本身而言，其对经济增长的作用力度，可能受到其他社会经济条件的异质性影响。但是基于总体样本的估计结果无法揭示这一点。基于此，本章考虑了包括各省份所处区域、初始互联网普及程度、初始传统金融发展水平、初始居民高等教育水平及初始私营企业比重在内的五个分组变量，以反映数字金融对具有不同初始社会经济特征省份的经济增长效应的异质性。

第一，以不同省份所属区域作为分组变量的依据，本章构造了相应的分组变量，即各省份所属区域虚拟变量，中西部省份为1，其他省份为0，估计结果见表2-6。无论是否控制传统金融变量，数字普惠金融总指数及各维度指数与各省份所属区域虚拟变量的乘积项系数显著为正。以数字普惠金融总指数为例，在模型（1）和模型（2）中，数字普惠金融总指数与各省份所属区域虚拟变量的乘积项系数为0.0361，且通过了5%的显著性检验。此外，本章将东部与中西部地区单独回归的估计结果也表明，中西部地区数字普惠金融总指数及各维度指数的估计系数大于东部地区，表明估计结果具有稳健性。这说明与东部地区相比，数字金融对中西部地区经济增长的促进作用更为突出。

表 2-6 在不同区域数字普惠金融总指数及各维度指数与经济增长

变量	模型（1）	模型（2）	模型（3）	模型（4）	模型（5）	模型（6）	模型（7）	模型（8）
数字普惠金融总指数×各省份所属区域虚拟变量	0.0361** (0.0121)	0.0386** (0.0135)						
覆盖广度指数×各省份所属区域虚拟变量			0.0266* (0.0117)	0.0282* (0.0127)				
使用深度指数×各省份所属区域虚拟变量					0.0295** (0.0109)	0.0309** (0.0122)		
数字化程度指数×各省份所属区域虚拟变量							0.0430*** (0.0071)	0.0450*** (0.0072)
信贷比重与每十万劳动力拥有上市公司的数量	不控制	控制	不控制	控制	不控制	控制	不控制	控制
Hausman 检验	0.0000	0.0000	0.0000	0.0000	0.0000	0.0000	0.0000	0.0000
观测值	217	217	217	217	217	217	217	217
R^2	0.8731	0.8752	0.8730	0.8743	0.8647	0.8655	0.8736	0.8762

注：括号内为 Driscoll-Kraay 稳健标准误差，Hausman 检验报告 p 值，所有估计结果均控制了相应的数字金融变量、其他控制变量及省份固定效应，限于篇幅，除核心解释变量与虚拟变量乘积项外的其他解释变量的估计结果未汇报

***、**、*分别表示在1%、5%、10%的水平上显著

在数字经济时代，中西部省份具有一定的后发优势。相对于传统金融，数字金融更容易突破时空限制，使得中西部地区能够获得更多的金融服务，并具有更高的边际效应。中西部省份可以通过大力发展数字金融及数字经济，加速经济转型升级，促进经济增长，缩小与东部地区的经济差距。事实上，在 2011~2017 年，东部地区与中西部地区数字普惠金融总指数均值的比值由 1.9 下降到 1.1；人均GDP 的比值由 2.05 下降到 1.87，经济发展的相对差距有所缩小。部分中西部省份借助数字化变革的机遇，取得了不俗的经济发展成绩。例如，处于内陆深处的贵州省，其经济发展水平排名长期处于全国末端，自 2013 年扛起大数据"大旗"以来，贵州省的大数据及相关产业实现了跨越式发展，吸引了众多世界级公司投资入驻，为贵州省近年来经济的高速增长注入了强劲动力。数字金融是一种资源、一种技术、一种产业，并通过与其他产业的深度融合为中西部欠发达省份带来快速发展的机遇。

第二，建立在互联网基础上的数字金融，拥有足够规模的互联网用户基础是其持续发展的必要前提，以不同省份的初始互联网普及程度作为分组依据，本章构造了相应的分组变量，即初始互联网普及率虚拟变量，互联网普及率低于各省平均水平赋值为 1，反之为 0。从表 2-7 可以看出无论是否控制传统金融变量，数字普惠金融总指数及各维度指数与初始互联网普及率虚拟变量的乘积项系数显著为正。此外，将样本期间互联网普及率的平均值作为分组变量进行稳健性检验，也能得出同样的结论，这说明初始互联网普及率较低的省份从数字金融发展中获取的收益相对更多。

表 2-7　在不同初始互联网普及程度基础上数字普惠金融总指数及各维度指数与经济增长

变量	模型（1）	模型（2）	模型（3）	模型（4）	模型（5）	模型（6）	模型（7）	模型（8）
数字普惠金融总指数×初始互联网普及率虚拟变量	0.0375** (0.0108)	0.0412** (0.0122)						
覆盖广度指数×初始互联网普及率虚拟变量			0.0273* (0.0113)	0.0299** (0.0122)				
使用深度指数×初始互联网普及率虚拟变量					0.0305** (0.0096)	0.0305** (0.0096)		
数字化程度指数×初始互联网普及率虚拟变量							0.0413*** (0.0049)	0.0439*** (0.0054)
信贷比重及每十万劳动力拥有上市公司的数量	不控制	控制	不控制	控制	不控制	控制	不控制	控制

续表

变量	模型（1）	模型（2）	模型（3）	模型（4）	模型（5）	模型（6）	模型（7）	模型（8）
Hausman 检验	0.0000	0.0000	0.0000	0.0000	0.0000	0.0000	0.0000	0.0000
观测值	217	217	217	217	217	217	217	217
R^2	0.8740	0.8763	0.8733	0.8748	0.8655	0.8664	0.8737	0.8765

注：括号内为 Driscoll-Kraay 稳健标准误差，Hausman 检验报告 p 值，所有估计结果均控制了相应的数字金融变量、其他控制变量及省份固定效应，限于篇幅，除核心解释变量与虚拟变量乘积项外的其他解释变量的估计结果未汇报

***、**、*分别表示在 1%、5%、10%的水平上显著

在互联网经济浪潮下，各省纷纷把信息基础设施建设作为重点投资领域，越是信息基础设施较差的省份相应的投资力度越大，省份之间的数字鸿沟也越来越小，信息基础设施建设形成了较强的增长动力。事实上，2010～2016 年各省互联网普及率的变异系数由 0.36 下降到 0.19，普及率最高省份与最低省份的差值由 50%缩小到 38%。相对于传统经济，以数字金融为核心的新兴数字经济受到的物理束缚较小，在初始互联网普及率较低的省份，能够通过发挥后发优势，实现互联网信息基础设施建设与数字金融发展在时间和空间上的高度耦合，形成较大的边际效应，缩小与发达区域的经济差距。

第三，以不同省份初始传统金融发展水平作为分组依据，本章构造了相应的分组变量。由于中国居民及企业的传统融资主要依赖银行渠道，本章设置初始信贷比重虚拟变量，当银行贷款占 GDP 比重低于各省平均值时，该虚拟变量赋值为 1，反之为 0。表 2-8 的估计结果显示，无论是否控制上市公司数量，数字普惠金融总指数与初始信贷比重虚拟变量的乘积项系数显著为负，覆盖广度指数及使用深度指数与虚拟变量的乘积项系数不显著，数字化程度指数与虚拟变量的乘积项系数通过了 10%的显著性检验。以样本期间平均信贷水平作为分组依据的估计结果也得出同样的结论，这说明相对于初始信贷比重较高的省份，在初始信贷比重较低的省份，数字金融发展对经济增长的促进作用受到一定程度的削弱。

表 2-8　在不同省份初始传统金融发展水平下数字普惠金融总指数及各维度指数与经济增长

变量	模型（1）	模型（2）	模型（3）	模型（4）	模型（5）	模型（6）	模型（7）	模型（8）
数字普惠金融总指数×初始信贷比重虚拟变量	−0.0182*** （0.0041）	−0.0192*** （0.0040）						
覆盖广度指数×初始信贷比重虚拟变量			−0.0049 （0.0050）	−0.0047 （0.0049）				

续表

变量	模型（1）	模型（2）	模型（3）	模型（4）	模型（5）	模型（6）	模型（7）	模型（8）
使用深度指数×初始信贷比重虚拟变量					−0.0048（0.0055）	−0.0048（0.0054）		
数字化程度指数×初始信贷比重虚拟变量							−0.0080*（0.0038）	−0.0080*（0.0039）
每十万劳动力拥有上市公司的数量	不控制	控制	不控制	控制	不控制	控制	不控制	控制
Hausman 检验	0.0000	0.0000	0.0000	0.0000	0.0000	0.0000	0.0000	0.0000
观测值	217	217	217	217	217	217	217	217
R^2	0.8712	0.8726	0.8707	0.8717	0.8627	0.8631	0.8660	0.8669

注：括号内为 Driscoll-Kraay 稳健标准误差，Hausman 检验报告 p 值，所有估计结果均控制了相应的数字金融变量、其他控制变量及省份固定效应，限于篇幅，除核心解释变量与虚拟变量乘积项外的其他解释变量的估计结果未汇报

***、*分别表示在 1%、10%的水平上显著

理论上数字金融的长尾效应有助于缓解传统金融弱势群体的金融约束，现实中金融资源的系统性不足可能成为数字金融发挥作用的制约因素。虽然数字金融的确使得金融服务能在一定程度上摆脱传统金融物理网点和人工服务的束缚，通过海量大数据分析技术提高风险控制水平，降低对抵押、担保及传统征信记录的依赖，使得数字金融以较低的成本和较高的效率下沉客户群体，但是一旦数字金融面临的信贷资源匮乏，即使数字金融的效率再高，也不能完全解决总体信贷资金不足的问题。数字金融在一定程度上通过对现有金融资源进行重新配置，进而提高经济效率。在信贷资源相对充裕的省份，数字金融的优势可以得到更为充分的发挥。在信贷资源较为匮乏的省份，受制于可贷资金规模的束缚，数字金融的经济增长效应受到一定程度的抑制。事实上，通过分析各省银行信贷可以发现，2010 年各省金融深度的平均值为 113%，超过此值的 12 个省份的平均金融深度为 151%，低于此值的 19 个省份的平均金融深度仅为 88.6%。而根据 Arcand 等（2015）的研究，在 2010 年，位于均值以上的 12 个省份处于金融过度发展状态，而其余省份的金融发展水平则明显不足。另外，在数字金融三个维度指标的估计中，只有数字化程度指数的系数通过了 10%的显著性检验。这说明对金融资源较为稀缺的省份，数字金融降低金融成本不一定使得资金流入最有效的企业。如果没有足够的金融资源供给，企业并不能完全获取低成本带来的全部收益，进而不利于经济增长。而传统金融较为发达的省份，受到的金融资源约束较小，数字金融优化资源配置的优势能够得到较好的发挥。

第四，以不同省份初始居民高等教育水平作为分组依据，本章构造了相应的分组变量，即初始居民高等教育比重虚拟变量，当初始居民高等教育比重低于各省平均水平时，虚拟变量赋值为 1，反之为 0。表 2-9 显示，数字普惠金融总指数与初始居民高等教育比重虚拟变量的乘积项系数显著为正。以样本期间居民高等教育比重的平均值或者以居民平均受教育年限作为分组依据的估计结果也得出同样的结论。这说明，初始居民高等教育比重较低并没有阻碍相关省份从数字金融发展中获取经济增长收益。一方面，中国网民接受高等教育程度低，在教育水平较低的地方，网民的受教育程度更低，这些受教育程度较低的网民通过互联网接触数字金融，能够充分获取数字金融提供的支付、小额理财、小额借贷等服务，成为数字金融潜在的用户，使得金融资源的配置效率得到提升。另一方面，当前各数字金融平台的使用界面已经较为友好，提供的服务内容也比较丰富，使用者通过简单的学习就能使用基本的数字金融服务，而在传统金融体系中，则很难获得这种机会。此外，在当前互联网高度发达的条件下，居民通过非学历教育获取知识的门槛正逐步降低，只要具备基本的教育水平，就能通过互联网获取较新的资讯，学习需要的金融知识，享受便捷、低成本的金融服务。

表 2-9　在不同省份初始居民高等教育水平下数字普惠金融总指数及各维度指数与经济增长

变量	模型（1）	模型（2）	模型（3）	模型（4）	模型（5）	模型（6）	模型（7）	模型（8）
数字普惠金融总指数×初始居民高等教育比重虚拟变量	0.0370*** （0.0091）	0.0364*** （0.0094）						
覆盖广度指数×初始居民高等教育比重虚拟变量			0.0270** （0.0090）	0.0270** （0.0094）				
使用深度指数×初始居民高等教育比重虚拟变量					0.0320** （0.0122）	0.0314** （0.0128）		
数字化程度指数×初始居民高等教育比重虚拟变量							0.0336*** （0.0045）	0.0339*** （0.0041）
信贷比重	不控制	控制	不控制	控制	不控制	控制	不控制	控制
Hausman 检验	0.0000	0.0000	0.0000	0.0000	0.0000	0.0000	0.0000	0.0000
观测值	217	217	217	217	217	217	217	217
R^2	0.8743	0.8744	0.8736	0.8736	0.8660	0.8661	0.8713	0.8725

注：括号内为 Driscoll-Kraay 稳健标准误差，Hausman 检验报告 p 值，所有估计结果均控制了相应的数字金融变量、其他控制变量及省份固定效应，限于篇幅，除核心解释变量与虚拟变量乘积项外的其他解释变量的估计结果未汇报

***、**分别表示在 1%、5%的水平上显著

　　就样本期间的情况来看，较低的初始居民高等教育比重并没有减弱数字金融的经济增长效应。在很大程度上，数字金融为受教育程度较低的群体进入金融体系提供了机会，扩大了金融服务的边界，提高了资源配置的效率，进而有利于经济增长。但是数字金融作为数字技术与金融相结合的产物，随着数字金融发展，其创新层出不穷，相关金融服务的复杂度在不断提高，高效和合理地利用数字金融需要的知识储备量也不断增多。使用者知识储量的不足将导致数字金融供给与需求出现错配，进而不利于提高数字金融的资源配置效率。此外，中国互联网络信息中心提供的数据显示，在中国 5.41 亿非网民中因使用技能缺乏和文化程度限制而不上网的比例分别为 44.6% 和 36.8%，要使数字金融在更大的范围内发挥作用，通过教育培训等手段，使其掌握必要的数字金融使用技能尤为重要。

　　第五，以不同省份初始私营企业比重作为分组变量的依据，本章构造了相应的分组变量，即初始私营企业比重虚拟变量。当初始私营企业比重低于平均水平时，虚拟变量取值为 1，反之为 0。表 2-10 的估计结果表明，只有数字化程度指数与初始私营企业比重虚拟变量的乘积项系数显著为负，其他的乘积项系数显著性不高。在使用样本期间的平均比重作为分组依据的估计中，也得出同样的结论。这说明，与初始私营企业比重较高的省份相比，在初始私营企业比重较低的省份，数字金融发展对经济增长的促进作用受到一定程度的抑制。私营企业作为社会经济中最有活力的企业群体，在融资活动中面临着"所有制歧视"和"规模歧视"的双重困境（刘忠和李殷，2018），是面临融资约束最为严重的企业群体。

表 2-10　在不同省份初始私营企业比重的经济中数字普惠金融总指数及各维度指数与经济增长

变量	模型（1）	模型（2）	模型（3）	模型（4）	模型（5）	模型（6）	模型（7）	模型（8）
数字普惠金融总指数×初始私营企业比重虚拟变量	−0.0093* （0.0047）	−0.0063 （0.0050）						
覆盖广度指数×初始私营企业比重虚拟变量			−0.0032 （0.0039）	−0.0015 （0.0041）				
使用深度指数×初始私营企业比重虚拟变量					0.0024 （0.0045）	0.0070 （0.0044）		
数字化程度指数×初始私营企业比重虚拟变量							−0.0202*** （0.0046）	−0.0173*** （0.0045）
信贷比重及每十万劳动力拥有上市公司的数量	不控制	控制	不控制	控制	不控制	控制	不控制	控制
Hausman 检验	0.0000	0.0000	0.0000	0.0000	0.0000	0.0000	0.0000	0.0000

变量	模型（1）	模型（2）	模型（3）	模型（4）	模型（5）	模型（6）	模型（7）	模型（8）
观测值	217	217	217	217	217	217	217	217
R^2	0.8696	0.8709	0.8705	0.8715	0.8623	0.8633	0.8676	0.8685

注：括号内为 Driscoll-Kraay 稳健标准误差，Hausman 检验报告 p 值，所有估计结果均控制了相应的数字金融变量、其他控制变量及省份固定效应，限于篇幅，除核心解释变量与虚拟变量乘积项外的其他解释变量的估计结果未汇报

***、*分别表示在 1%、10%的水平上显著

通常来讲，数字金融发展能够缓解借贷双方的信息不对称，降低融资成本，拓展私营企业的融资渠道。但是本章的估计结果却与上述逻辑存在差异，原因可能在于：金融危机以后，外部经济环境发生结构性变化，全球化进程面临信任危机，贸易摩擦不断增加，对外贸易扩张的趋势大幅度放缓，税收负担重，劳动力成本急速上升，环保压力剧增，国内经济由高速增长向高质量增长转变，社会对经济增长质量要求不断提高。在上述背景下，私营企业传统上依靠劳动密集型产业实现规模扩张的机会越来越少，唯有通过不断创新，实现转型升级才能获得持久的市场竞争力。相对于依靠廉价劳动力扩大规模而实现高速度增长的阶段，在转型阶段，企业需要更多的资金以改变高度固化的生产要素配置，在产品供给结构变化和经济系统寻求新的市场均衡状态的过程中，转型企业具有路径选择的困难和转型失败的高风险（陈长石和刘晨晖，2015）。出于规避风险考虑，数字金融倾向于通过民间资金互联网化并在私营企业扩张和日常运营时提供借贷资金，但在企业创新和转型时发挥的作用极为有限。虽然数字金融在一定程度上满足了私营企业短期的资金需求，但是这些企业仍需要不断培育和增强自身能力，才能从实质上解决企业的后续发展问题。如果这些企业继续保持过去的经济活动惯性，而不是通过创新转型获取生存空间，那么数字金融提供的金融借贷仅仅是延缓这类企业退出市场的时间，对经济效率的提升起不到实质性作用。此外，数字金融领域的道德风险和违规经营问题也值得关注。各互联网平台之间出于自身利益考虑，纷纷打造自己的业务闭环，信息孤岛问题突出，部分"道德缺乏者"利用这一漏洞，多头借贷、超额借贷，导致违约事件高发。部分数字金融平台因急功近利而违规经营，给投资者带来巨大损失，影响了这一领域的良性发展，造成数字金融效率损失，随着对网贷领域的严厉整治，相当一部分平台被迫关停，收窄私营企业融资渠道，对私营企业生产经营造成巨大冲击。此外，就私营企业而言，相比于"融资贵"，解决"融资难"的问题可能更为迫切。

总结以上五组细分样本回归结果可以发现，在各省份所处区域、初始互联网普及程度、初始传统金融发展水平、初始居民高等教育水平、初始私营企业比重不同的省份，数字金融对经济增长的影响确实存在一些差异。总体而言，在中西

部省份，数字金融的经济增长效应相对较高；在初始互联网普及程度较低、初始居民高等教育比重较低的省份，数字金融的经济增长效应得到加强；在初始传统金融发展水平较低、初始私营企业比重较低的省份，数字金融的经济增长效应受到一定程度的抑制。其内在的逻辑是数字金融创造了新的支付结算等金融服务方式，在一定程度上突破了原有金融体系的束缚，有助于弥补传统金融的短板。但是在信贷方面，数字金融要发挥更大的作用还依赖于社会可贷资金规模。此外，对于转型升级中的私营企业，通过民间金融互联网化，数字金融所起的作用还相对有限。

具体来看，中西部地区的经济发展水平整体上落后于东部地区，可以通过发展以数字金融为纽带的数字经济，在资金、技术、信息和人才等方面实现全国范围内的互联互通，获得较高的边际增长效应。在传统信贷水平较低的省份，由于社会资金供给的相对不足，数字金融的作用受到一定程度的抑制。虽然私营企业和低学历、低收入人群遭受的传统金融约束均较为严重，但是企业的金融需求与个人的金融需求存在着明显差异。低收入群体的金融需求相对较为简单，融资规模较小，数字金融的发展能够满足日常支付、小额消费贷款及零星理财等基本金融服务需求。转型中的私营企业融资需求规模较大，面临较高的转型风险和路径选择困难。在私营企业比重较高的省份，企业转型升级困难与数字金融领域本身的不规范问题相叠加，使得数字金融的经济增长效应受到一定程度削弱。在互联网起步较晚的省份，居民收入水平通常较低，高等教育人口比例也相对较低，在数字金融与互联网叠加发展的作用下，原先徘徊在传统金融体系之外的那部分群体被纳入金融服务体系，形成了较高的边际效应，从而有利于经济增长。

2.5　本　章　小　结

近十几年来，数字金融在全国范围内得到广泛重视，实现了井喷式发展，使得中国成为全球范围内数字金融的领先者。数字金融究竟对中国经济增长有着什么样的影响，这种影响是否随各省社会经济条件的不同而有差异？对此，学术界并未给予较为全面的解答。本章基于省级面板的数据对上述问题进行了实证分析，并且充分考虑了数字金融的内生性问题。研究结果表明：①就样本期间而言，数字普惠金融总指数及各维度指数对经济增长具有显著且稳健的正面影响，随着时间推移，数字金融与经济增长的关联性越来越强。②进一步考虑各省份社会经济条件的差异性，可以发现在中西部地区，以及在初始互联网普及程度、初始居民高等教育比重相对较低省份，数字普惠金融总指数及各维度指数对经济增长的正向作用更强；在初始传统金融发展水平较低、初始私营企业比重较低的省份数字金融的经济增长效应受到一定程度的抑制。

本章的政策含义在于：数字金融发展确实能够促进经济增长，并有利于缩小区域经济差距、实现包容性增长，但数字金融的经济增长效应具有显著的异质性。因此，为推动数字金融高质量发展，激活经济增长潜力，应该进一步完善数字金融基础设施建设，加速互联网普及；加强数字金融知识教育培训，特别要提高文化水平低与使用技能缺乏的人群的数字金融使用技能和金融素养，有效提高数字金融的覆盖面和使用效率；完善数字金融监管，净化数字金融环境，加强金融消费者权益保护；促进金融资源向金融发展水平较低的省份流动，提高可贷资金供给；对私营企业提供更多的财税金融及技术支持，促进企业转型升级，积极引导互联网金融平台及各类金融机构携手合作，为经济实体提供全面、安全、便捷的金融服务，激活经济发展潜能，促进经济创新发展和转型升级。

第3章　数字普惠金融与民营经济增长

3.1　引　　言

自改革开放以来,中国经济高速增长并于 2010 年超越日本成为全球第二大经济体, 2021 年中国 GDP 总量达到 114.9 万亿元, 对世界经济增长的贡献率达到 25%左右, 人均 GDP 达到 80 976 元, 超过世界人均 GDP 水平。诚然, 国有经济在中国特色社会主义市场经济体制中占据主导地位, 但民营经济由小变大、由弱变强, 在中国经济快速发展过程中发挥的特有作用也不容小觑, 民营经济已经成为国民经济的重要组成部分、和谐社会的重要建设力量、产业转型的重要动力源泉、市场竞争的重要参与主体以及科技创新的重要驱动因素(王海兵和杨惠馨, 2018)。民营经济利用其特有的"四五六七八九"特征为全社会和人民做出了巨大贡献。具体来看, 民营企业拥有不足 40%的资源, 创造了 50%以上的税收贡献、60%以上的 GDP、70%以上的技术创新成果、80%以上的城镇就业岗位和 90%以上的实体企业数量。作为民营经济的重要单元体, 民营企业具有相对分散、规模小等特点, 能够充分调动所有者、经营者和广大职工的积极性, 有利于增加社会就业和提高人民生活水平与生活质量。因此, 中央及地方各级政府都高度重视民营经济发展问题。

在 2018 年 11 月 1 日的民营企业座谈会上, 习近平指出, 我国民营经济"为我国社会主义市场经济发展、政府职能转变、农村富余劳动力转移、国际市场开拓等发挥了重要作用"[①]。2021 年 4 月, 习近平在广西考察特色产业发展情况时指出, "我们鼓励民营企业发展, 党和国家在民营企业遇到困难的时候给予支持、遇到困惑的时候给予指导, 就是希望民营企业放心大胆发展"[②]。习近平总书记关于民营经济的系列重要讲话既肯定了民营经济发展的重要性, 又为未来较长时期内民营经济的发展提供了方向指引。同时, 自 2019 年以来, 国家印发了《关于促进中小企业健康发展的指导意见》《关于加强金融服务民营企业的若干意见》《关于加强新时代民营经济统战工作的意见》等系列重要文件, 对民营经济发展进行

[①]《在民营企业座谈会上的讲话》,https://www.gov.cn/gongbao/content/2018/content_5341047.htm,2018 年 11 月 1 日。

[②]《"加油、努力, 再长征!"——习近平总书记考察广西纪实》,http://news.cnr.cn/native/gd/20210429/t20210429_ 525474896.shtml, 2021 年 4 月 29 日。

了战略部署，要求加大对民营经济的金融支持力度。党的二十大报告继续强调，"毫不动摇巩固和发展公有制经济，毫不动摇鼓励、支持、引导非公有制经济发展""加快发展数字经济，促进数字经济和实体经济深度融合""优化民营企业发展环境，依法保护民营企业产权和企业家权益，促进民营经济发展壮大"[1]，再一次为大力支持民营经济发展壮大发出了最强音，为做好新阶段民营经济工作指明了前进方向、提供了根本遵循。可见，数字金融支持民营企业发展是中国未来较长一段时期内经济高质量发展的工作重点。

然而，我国民营企业成长面临着"市场的冰山、融资的高山、转型的火山"等众多难题，其中融资的高山问题尤其突出，民营企业普遍存在融资约束问题。尽管不断发展的区域金融对缓解民营企业融资约束产生了重要作用，但新时期金融支持民营企业发展仍面临供需结构失衡、违约风险高等诸多困难（蔡恒进和郭震，2019）。因此，能否有效解决民营企业的融资难题，是新发展阶段推进民营经济快速发展壮大的关键。关于如何有效解决民营企业融资难、融资贵的问题，习近平指出，"要改革和完善金融机构监管考核和内部激励机制，把银行业绩考核同支持民营经济发展挂钩，解决不敢贷、不愿贷的问题。要扩大金融市场准入，拓宽民营企业融资途径"[2]。同时，2019年2月，中共中央办公厅和国务院办公厅印发了《关于加强金融服务民营企业的若干意见》，要求"加大金融政策支持力度，着力提升对民营企业金融服务的针对性和有效性"，为新时期金融服务民营企业指明了方向。

随着金融业务的逐步深入和金融集聚度的不断提高，金融发展对民营经济增长发挥了重要作用。一方面，金融发展弱化了信贷歧视，民营企业的借款期限结构逐渐延长，与国有企业之间的差异得到缩小（陈耿等，2015），促进了民营企业的长远发展。金融发展不仅可以缓解民营企业的融资难题，还可以约束企业的税收规避行为，达到规范财税体制的目的，使得民营企业健康运行（刘行和叶康涛，2014）。另一方面，金融集聚和企业研发投入的提升对企业成长均具有正向影响（张玄等，2017），但中国省级金融集聚度由东部向中西部地区递减（张玄等，2020），导致金融集聚度对民营经济增长的促进作用在东部和中西部地区也存在显著差异。尽管如此，在金融支持民营经济增长的实践中仍存在诸多问题，尤其是融资难、融资贵、融资慢等问题特别突出，主要原因在于：一是大多数民营企业自身经济实力差、生产经营规模小、信用观念淡薄（罗党论和甄丽明，2008）、财务信息不透明、融资担保能力不足，导致其融资模式具有单一性和脆弱性。二是政府

---

① 引自2022年10月26日《人民日报》第1版的文章：《高举中国特色社会主义伟大旗帜 为全面建设社会主义现代化国家而团结奋斗》。

② 《在民营企业座谈会上的讲话》，https://www.gov.cn/gongbao/content/2018/content_5341047.htm，2018年11月1日。

干预缺位、干预过度或干预不当（崔红，2019），以及地方政策的不确定性和贸易环境的不确定性（于文超和梁平汉，2019）等多种因素都会对民营企业成长造成严重的负面影响，尤其是经济政策不确定性使得民营企业在面临市场风向波动时倾向于做出更保守的业务战略和融资决策（Bonaime et al.，2018；Pástor and Veronesi，2013）。因此，如何有效解决民营企业的融资难题成了当前及未来民营经济增长的重要工作内容。

普惠金融以低成本、广覆盖的优势为各类弱势群体提供方便、快捷的金融服务，既有助于缓解民营企业面临的资金约束问题，又有利于促进城乡居民创业（何婧和李庆海，2019；张林和温涛，2020），从而提升民营经济增长水平。近年来，随着互联网和计算机的广泛普及，以及大数据、云计算、区块链、人工智能等现代信息技术的发展，数字科技逐渐改变传统普惠金融的基本信贷逻辑（黄益平和黄卓，2018），为普惠金融这块重要阵地带来了巨大的市场增量（张林和温涛，2020）。快速发展的数字普惠金融已逐渐成为普惠金融的主要模式，是解决普惠金融发展"最后一公里"的重要途径（张林和温涛，2020），提高了金融服务的覆盖面和渗透率（Fuster et al.，2019），降低了现代金融市场的交易成本，扩大了数字金融服务的选择范围（谢平和刘海二，2013），为缓解民营企业融资困境提供了可行的解决思路和方案（钱海章等，2020）。然而可惜的是，现有文献更多关注金融集聚对民营企业成长的影响（张玄等，2020），或是研究普惠金融对民营企业、中小企业创新的影响（梁榜和张建华，2019；王霄等，2021；孙继国等，2020a），鲜有专门研究数字普惠金融对民营经济增长的影响作用及传导机制，相关政策建议也难免缺乏针对性和有效性。因此，本章将在梳理数字普惠金融影响民营经济增长的作用机理的基础上，利用 2011～2020 年中国省级面板数据，实证分析数字普惠金融对民营经济增长的影响作用及区域异质性，为健全数字金融服务体系，促进民营经济更好地发展提供理论借鉴和经验证据。

与现有文献相比，本章可能的边际贡献在于：第一，现有文献鲜有专门讨论数字普惠金融与民营经济增长之间的作用机理并进行实证检验的，本章首先对数字普惠金融发展促进民营经济增长的作用机理进行分析，然后基于 2011～2020 年中国省级面板数据，实证检验数字普惠金融对民营经济增长的影响效应，这既有助于深化相关基础理论的实践应用，也有助于拓宽关于数字普惠金融与民营经济关系的研究范畴。第二，已有研究鲜有涉及数字普惠金融影响民营经济增长的传导机制，本章实证检验了城镇化水平和创新水平在数字普惠金融影响民营经济增长过程中的中介效应，这有助于更加清晰地、系统地掌握数字普惠金融影响民营经济增长的传导机制，从而提出更高效、有针对性的政策。第三，考虑到民营经济增长与数字普惠金融自身所具有的巨大区域差异，本章将全国样本分为东、中、西部地区，以及数字普惠金融发展高水平地区和低水平地区，实证检验数字普惠金融影响民营经济增长的区域异质性，从而有助于为差异化推进数字金融服务和促进民营经济协调发展提供经验证据。

3.2 理论分析与研究假说

3.2.1 数字普惠金融促进民营经济增长的作用机制

数字普惠金融是金融机构和互联网公司依托于传统金融，以大数据、区块链、人工智能等数字技术对传统普惠金融的改造升级（Guo et al.，2016），不仅具有与传统金融相似的特征，而且具有传统金融所不具备的多种新型功能和特殊作用，在促进民营经济增长方面具有明显优势。一方面，作为数字普惠金融发展的推动力量，金融科技不仅利用现代科技手段改造或创新金融产品、金融服务、经营模式和业务流程，助力数字经济与实体经济有机融合（王小华等，2022）；还加速推动了我国金融组织形态的多样化和商业银行数字化转型，可以促进银行贷款利率定价市场化，进而间接改变民营企业的融资方式和融资效率（王小华等，2022；段永琴和何伦志，2021）。另一方面，数字普惠金融利用其独特的功能和优势有效推动了民营经济发展。

首先，数字普惠金融凭借其服务范围广泛化、客户群体大众化、交易成本低廉化以及风险管理数据化的特点（许月丽等，2022），可以通过多种途径或手段弥补传统金融服务的短板，充分发挥"门槛低、覆盖广、成本低、速度快"等优势（张勋等，2020；Demirgüç-Kunt and Klapper，2012；Moenninghoff and Wieandt，2013），可以通过"鲶鱼效应"和"技术溢出效应"促进传统金融机构降低客户门槛、创新金融产品和金融服务，为民营企业提供多元化的融资渠道和融资方式，增强长尾客户的金融服务可得性，从而有效地缓解民营企业的融资约束问题。其次，数字普惠金融发展拥有独特的信息优势，不仅可以降低金融服务中的信息不对称和道德风险（黄益平和黄卓，2018；Berg et al.，2020），从而对民营企业信贷融资产生显著的替代效应，减轻民营企业对信贷的依赖程度（李佳和段舒榕，2022），还有助于金融供给主体根据民营企业的实际情况有针对性地创新金融产品和服务，提高民营企业金融供求匹配度，进而减缓民营企业融资的结构性失衡问题（解维敏等，2021）。最后，数字普惠金融的信贷审批过程具有及时性、自动性和远程性等特征（Francis et al.，2017），可以降低金融服务的交易成本和提高金融交易的灵活性（Abraham et al.，2019），从而快速实现资金的供求匹配和有效配置，有助于缓解民营企业的流动性约束问题和提高融资效率。据此，提出本章的第一个研究假说。

H1：数字普惠金融发展有助于促进民营经济增长，缓解融资约束是其作用机制之一。

3.2.2　数字普惠金融促进民营经济增长的中介效应

改革开放至今，民营企业蓬勃发展，民营经济由小变大、由弱变强，逐渐成为促进经济社会健康发展的中坚力量。技术创新在民营企业转型升级和发展壮大的过程中起到了关键作用，是推动民营经济发展的重要因素（张慧一和张友祥，2021）。有研究表明，创新战略对民营企业的成长会起到先抑后扬的影响作用，且在董事会权力层级与民营企业成长之间存在非线性中介作用（李长娥和谢永珍，2017）。当然，创新投入水平与企业成长之间呈"U"形，只有当创新投入较高时，创新投入才能促进企业成长，当创新投入水平较低时，创新投入对企业是一种负担，会影响企业成长（霍晓萍，2019）。因此，不断增加创新投入并越过这个门槛值对民营企业成长至关重要。民营企业自身资金实力弱、融资难等困境必然影响民营企业创新投入。数字普惠金融发展无疑为民营企业技术创新创造了良好的金融环境。首先，数字普惠金融发展可以强化市场作为资源要素配置中"看不见的手"的作用，有助于拓宽民营企业的融资渠道，从而释放民营企业的技术创新活力和提高技术创新积极性。其次，数字普惠金融发展能够通过降低中小企业债务融资成本和缓解民营企业的外部融资约束，促进民营企业的创新产出（Ozili，2018；梁榜和张建华，2019；万佳彧等，2020；谢雪燕和朱晓阳，2021）。此外，数字金融发展还能助推传统工业企业技术创新（盛明泉等，2021）和企业绿色创新（顾海峰和高水文，2022），可以通过培育企业的动态能力（王霄等，2021）和缓解企业金融错配程度（赵晓鸽等，2021），对企业创新产生促进效应，而且该促进作用对于中部地区的民营企业和受金融要素扭曲影响较大的民营企业更明显（李健等，2020）。

城镇化是衡量一个国家或地区经济社会发展水平的重要标志，也是我国最大的内需潜力和发展动能所在，对于经济发展具有较强的带动作用。民营经济增长与城镇化建设之间是相辅相成、共生共荣的关系（武力超等，2014）。民营经济在数量和规模上的快速发展，为社会持续创造了更多的就业岗位，使大量劳动力向城镇聚集，推动了城镇化进程（秦尊文和龙濛，2013）。城镇化水平的提高可以扩大市场需求，可以提供更多的机会和空间，从而为民营企业成长创造良好的外部环境，推动民营经济快速发展，并且这种外部推动作用更胜于民营企业自身的内部推动作用（董倩，2018）。数字普惠金融是拓宽新型城镇化建设融资的重要途径，数字普惠金融发展可以通过就业效应、收入效应和创新效应等多种途径对新型城镇化产生显著的促进作用（王佳莹，2022），但该作用存在显著的区域异质性，东部地区主要享受数字金融技术红利，西部地区主要享受数字金融政策红利（沈洋等，2021）。反过来，新型城镇化建设也能够显著提高数字普惠金融发展水平，尤其是对三线城市、东北部和西部地区的促进作用更大（王媛媛和韩瑞栋，2021）。基于以上分析，提出本章待检验的第二个假说。

H2：地区创新水平和城镇化水平在数字普惠金融促进民营经济增长过程中发挥部分中介作用。

3.2.3　数字普惠金融促进民营经济增长的异质性

一方面，我国国土面积广袤，历史、地理位置及经济基础等原因使得民营经济增长的外部环境和增长水平都存在较大差异。东部地区因政策红利、优越的地理位置等优势，拥有丰富的人力、贸易、资金等资源要素，在发展民营经济时能够调配更多的资源。与东部相比，中、西部地区缺乏接触优质资源的条件，尤其是西部地区，资源相对匮乏，因此中、西部地区经济发展水平与东部地区的差距较为明显。因此，我国民营经济增长表现出由东部沿海至西部内陆逐步降低的变化趋势。

另一方面，各地区传统金融发展水平、数字基础设施、互联网普及率、金融市场生态和居民数字金融素养等方面的差异导致数字金融发展水平在不同区域存在显著的差异性（星焱，2021），也使得数字普惠金融发展对新型城镇化、民营企业成长和民营经济高质量发展等方面的影响存在显著的差异性、门槛效应和空间效应（张林和温涛，2020；张勋等，2020；沈洋等，2021；汤萱和高星，2022；葛和平和吴倩，2022）。在数字普惠金融发展水平较高的地区，其数字基础设施建设比较完善，居民金融素养相对较高，数字普惠金融发展可能会提高民营企业对数字普惠金融的接受度和使用率。因此，在数字普惠金融发展水平较高的地区，数字普惠金融总指数及其各分指数对民营经济增长的促进作用可能要大于数字普惠金融发展水平较低的区域。而且，数字普惠金融水平较高的地区可能会对邻近省份的民营企业产生虹吸效应，对邻近省份民营科技创新水平和转型潜力产生负向影响（葛和平和吴倩，2022）。据此，提出本章待检验的第三个假说。

H3：数字普惠金融对民营经济增长的促进作用可能在东、中、西部地区，数字普惠金融高水平地区和低水平地区存在异质性。

3.3　研究设计：模型、变量与数据

3.3.1　模型设定

为了实证研究数字普惠金融对民营经济增长的影响，本章设定如下面板数据模型：

$$PE_{it} = \alpha_0 + \alpha_1 DIFI_{it} + \beta Control_{it} + \mu_i + \tau_t + \varepsilon_{it} \qquad (3\text{-}1)$$

其中，PE 表示民营经济增长水平；DIFI 表示数字普惠金融总指数；Control 表示控制变量；i 表示第 i 个省（自治区、直辖市）；t 表示第 t 年；α、β 表示变量的回归系数；μ_i 表示个体固定效应；τ_t 表示时间固定效应；ε_{it} 表示随机扰动项。同时，本章也采用数字普惠金融的分指数来进行实证检验，包括覆盖广度指数（COV）、使用深度指数（USE）和数字化程度指数（DIG）。

进一步，为了检验城镇化水平与创新水平在数字普惠金融影响民营经济增长过程中存在的中介效应，本章借鉴 Zhao 等（2010）的思路，运用两步回归法进行实证检验。区别于温忠麟等（2004）的传统三步法检验方法，两步回归法没有三步法中的第一步，即检验数字普惠金融指数和民营经济增长水平之间的关系。模型设定如下：

$$Patent_{it} = \alpha_0 + \alpha_1 DIFI_{it} + \alpha_{it} Control_{it} + \mu_i + \tau_t + \varepsilon_{it} \qquad (3\text{-}2)$$

$$PE_{it} = \gamma_0 + \gamma_1 DIFI_{it} + \gamma_2 Patent_{it} + \gamma_{it} Control_{it} + \mu_i + \tau_t + \varepsilon_{it} \qquad (3\text{-}3)$$

$$Urban_{it} = \alpha_0 + \alpha_1 DIFI_{it} + \alpha_{it} Control_{it} + \mu_i + \tau_t + \varepsilon_{it} \qquad (3\text{-}4)$$

$$PE_{it} = \gamma_0 + \gamma_1 DIFI_{it} + \gamma_2 Urban_{it} + \gamma_{it} Control_{it} + \mu_i + \tau_t + \varepsilon_{it} \qquad (3\text{-}5)$$

其中，中介变量 Patent 和 Urban 分别表示创新水平和城镇化水平；γ 表示变量的回归系数，其他参数含义不变。在实证过程中，采用 Sgmediation 命令进行中介效应检验，中介效应的显著性检验由 Sobel 检验结果自动给出。

3.3.2 变量选择和数据说明

被解释变量：各省份民营经济增长水平（PE）。关于民营经济增长水平的衡量，张玄等（2020）采用规模以上非国有工业企业销售收入作为民营经济增长的代理变量，张慧一和张友祥（2021）选取各省份民营经济增加值占地区生产总值的比重来衡量民营经济发展。本章考虑到中国各省份民营经济增长的实际情况，选用各省份私营企业的工业销售产值作为衡量民营经济增长水平的指标。工业销售产值指工业企业在报告期内销售的本企业生产的工业产品或提供工业性劳务的总价值量。

解释变量：数字普惠金融总指数（DIFI）及其覆盖广度指数（COV）、使用深度指数（USE）和数字化程度指数（DIG）三个分指数。原始数据来源于《北京大学数字普惠金融指数（2011—2021）》，该指数主要由蚂蚁金服集团提供的互联网金融微观数据测度计算，指标从覆盖广度、使用深度、理财、保险、支付、数字化程度等多个方面刻画了数字普惠金融发展水平，有效弥补了现有研究中金融服务指标单一等方面的不足（郭峰等，2020），是目前国内比较权威且被学术界使用频率最高的数字普惠金融指数。

中介变量：城镇化水平（Urban），采用各省份城镇人口占总人口的比重来衡量；创新水平（Patent），采用各省份专利申请数来衡量。

控制变量：为了尽可能减少遗漏变量对实证结果的影响，本章选择以下五个控制变量：市场化程度（Market），采用王小鲁等（2021）发布的各省区市市场化指数来衡量；劳动投入（Labor），采用各省区市私营企业的平均用工人数来衡量，即报告期企业平均实际拥有的、参与本企业生产经营活动的人员数；公路密度（Road），采用各省区市等级公路和等外公路的总里程数与行政区划面积之比来衡量；传统金融服务水平（Loans），采用各省区市金融机构贷款余额来衡量；产业结构高级化水平（Advanced），采用各省区市第二三产业占地区生产总值之比来衡量。

鉴于数据的可得性、可比性及连续性，本章研究样本包括 2011～2020 年中国 31 个省、自治区、直辖市。被解释变量、控制变量和中介变量的原始数据来源于 2011～2021 年《中国统计年鉴》、《中国工业统计年鉴》、《中国人口和就业统计年鉴》、《中国金融年鉴》，以及各省区市 2011～2021 年统计年鉴和国家统计局官方网站数据库等，个别缺失数据采用线性插值法予以补齐。以 2011 年为基础，对所有与价格有关的变量进行平减处理，以消除价格变动的影响。同时，对所有非比值型指标取对数处理，以减少异方差对回归结果的影响。本章采用 Stata 17 软件进行数据统计分析和计量检验，所有变量的描述性统计分析如表 3-1 所示。

表 3-1　变量的描述性统计分析

变量	代码	样本量	均值	中位数	标准差	最小值	最大值
民营经济增长水平	PE	310	8.511	8.781	1.812	1.999	11.370
数字普惠金融总指数	DIFI	310	5.212	5.410	0.677	2.786	6.068
覆盖广度指数	COV	310	5.060	5.284	0.844	0.673	5.984
使用深度指数	USE	310	5.195	5.313	0.651	1.911	6.192
数字化程度指数	DIG	310	5.510	5.778	0.698	2.026	6.136
市场化程度	Market	310	7.020	6.991	2.477	0.000	12.710
劳动投入	Labor	310	8.363	8.508	1.694	2.197	10.840
公路密度	Road	310	0.808	0.799	0.455	0.052	2.194
传统金融服务水平	Loans	310	10.040	10.060	0.947	6.004	12.160
产业结构高级化水平	Advanced	310	0.903	0.907	0.051	0.739	0.997
城镇化水平	Urban	310	58.050	56.980	13.14	22.810	89.600
创新水平	Patent	310	9.964	10.120	1.620	4.796	13.470

从表 3-1 数据可知，在全样本中，民营经济增长水平均值为 8.511，标准差为 1.812，说明我国各省区市民营经济增长水平存在较大差异。从解释变量看，数字普惠金融总指数及其分指数的标准差也均超过了 0.6，说明各省区市在数字普惠金融发展中也存在明显的不平衡性，其他控制变量也呈现出一定差异。

如果解释变量和控制变量之间存在多重共线性，则回归结果的稳定性和准确性有待商榷，甚至可能得出与现实截然相反的谬论。因此本章对各自变量进行多重共线性检验，结果显示，VIF（variance inflation factor，方差膨胀系数）值为 3.37，可以认为不存在多重共线性问题，变量选择是可靠的。

为了避免伪回归现象，确保回归结果的准确性，本章对各指标进行面板单位根检验，以确保各变量是平稳的。面板数据单位根主要包括同质单位根和异质单位根两种情况，同质单位根可以采用 LLC（Levin-Lin-Chu）方法进行检验，异质单位根可以采用 ADF-Fisher 和 PP-Fisher 方法进行检验。本章同时采用这三种检验方法对所有指标进行平稳性检验，结果如表 3-2 所示。从表 3-2 中的结果可知，所有变量在 LLC 法下都通过了显著性检验，大部分变量也在 ADF-Fisher 和 PP-Fisher 法下通过了显著性检验。根据综合性判断原则，可以拒绝存在单位根的原假设，即各指标数据是平稳的，可以用于实证分析。

表 3-2　变量单位根检验结果

变量	代码	LLC	ADF-Fisher	PP-Fisher	结论
民营经济增长水平	PE	−9.0933***	6.7505***	19.0014***	平稳
数字普惠金融总指数	DIFI	−29.1204***	6.5195***	134.1113***	平稳
覆盖广度指数	COV	−110***	6.9712***	134.1113***	平稳
使用深度指数	USE	−33.0187***	5.9358***	87.1815***	平稳
数字化程度指数	DIG	−40.0989***	2.3326***	102.8276***	平稳
市场化程度	Market	−8.9103***	0.8037	17.7586***	平稳
劳动投入	Labor	−12.2231***	3.3088***	1.0657	平稳
公路密度	Road	−2.8220***	0.1066	6.4064***	平稳
传统金融服务水平	Loans	−19.8305***	2.3916***	−1.1037	平稳
产业结构高级化水平	Advanced	−5.5308***	0.5083	−0.5411	平稳
城镇化水平	Urban	−9.5692***	4.6234***	15.6690***	平稳
创新水平	Patent	−6.1576***	3.6232***	2.8329***	平稳

***表示在 1%的水平上显著

3.4　数字普惠金融影响民营经济增长的实证分析

3.4.1　基准回归

　　本章首先采用 Hausman 检验进行回归模型的选择。检验结果显示,模型在 1% 的水平上拒绝接受随机效应模型的原假设,因此本章选取面板固定效应模型来验证数字普惠金融对民营经济增长的影响,基准回归结果见表 3-3。从表 3-3 中的结果可知,数字普惠金融总指数的回归结果为正,并在 5% 的水平上显著,说明随着数字普惠金融发展水平的不断提高,地区实际使用数字金融人数和频率的增加,金融服务逐渐多样化,从而对民营经济增长产生正向促进作用。从数字普惠金融分指数来看,其覆盖广度指数和使用深度指数均在 5% 的水平上通过了显著性检验,说明数字普惠金融覆盖广度和使用深度对民营经济增长也具有正向的促进作用。从北京大学数字普惠金融分指数可知,覆盖广度指数更多体现数字普惠金融支付便利性方面的优势,使用深度指数包含了信贷业务指数、信用业务指数等,主要体现数字普惠金融发展在缓解融资约束方面的特色优势（李健等,2020）。比较模型（2）和模型（3）的回归结果可知,使用深度指数的回归系数要明显大于覆盖广度指数的回归系数,说明数字普惠金融使用深度的发展对民营经济增长的带动作用更明显。使用深度通过实际使用数字金融服务的情况来进行衡量,包括支付服务、信贷服务、投资服务、保险服务等,使用深度的发展能够降低民营经济发展的门槛限制,从而提高金融服务的触达性。综上表明,数字普惠金融发展可以通过提高支付便利性和缓解融资约束等途径促进民营经济增长,但缓解民营企业融资约束的作用更大,即本章假说 1 是成立的。在模型（4）中,数字化程度指数在 10% 的水平上显著为负,说明当前数字化程度的提高不能有效促进民营经济增长。可能的原因在于:虽然金融服务随着经济的发展已呈现出多层次、多元化的发展趋势,但银行这类传统金融机构依然是提供金融服务的主力军,特别是在广大农村地区,数字技术支持服务所助推的商业模式创新仍需要在推进数字普惠金融发展的长期过程中体现它的作用（Canales,2016）。

表 3-3　数字普惠金融对民营经济的影响:基准回归

变量	被解释变量:民营经济增长水平			
	模型（1）	模型（2）	模型（3）	模型（4）
数字普惠金融总指数	0.283[**] (2.315)			
覆盖广度指数		0.097[**] (2.284)		

续表

变量	被解释变量：民营经济增长水平			
	模型（1）	模型（2）	模型（3）	模型（4）
使用深度指数			0.155** (2.136)	
数字化程度指数				−0.123* (−1.792)
市场化程度	0.011** (2.318)	0.010** (2.309)	0.002* (1.846)	0.010** (2.027)
劳动投入	0.433*** (3.445)	0.434*** (3.076)	0.436*** (3.257)	0.426*** (3.312)
公路密度	0.145 (0.824)	0.147 (0.868)	0.180 (1.026)	0.171 (0.935)
传统金融服务水平	0.236* (1.723)	0.239* (1.831)	0.302** (2.346)	0.323*** (2.702)
产业结构高级化水平	0.732*** (3.340)	0.924* (1.904)	0.911** (2.258)	0.902** (2.121)
地区固定效应	控制	控制	控制	控制
时间固定效应	控制	控制	控制	控制
adj_R^2	0.990	0.991	0.989	0.991
F 值	1846.90	1851.48	1840.22	1735.09

注：括号内数字为 t 统计量

*、**、***分别表示在10%、5%、1%的水平上显著

　　控制变量部分，市场化程度、劳动投入、传统金融服务水平、产业结构高级化水平的回归系数在所有模型中都显著为正，说明这些因素对民营经济增长具有显著的促进作用，这与实际情况基本吻合。民营企业具有灵活性高、应变能力强的特点，能够根据市场所处环境寻求发展机遇，因此市场化发展水平越高越有利于民营经济增长。劳动是生产要素中最活跃、最重要的因素，民营企业大多是劳动密集型企业，劳动力投入越多，对民营企业扩大生产经营规模进而促进民营经济增长越具有正向促进作用。高质高效的金融服务是民营经济增长的重要保障，传统的信贷业务仍是支持民营经济发展的重要手段。随着各省份金融市场发展水平的不断提高，金融产品和服务供给增多，民营企业融资渠道随之拓宽，这有助于解决民营企业的资金约束问题。产业结构高级化水平越高，意味着该地区第二产业、第三产业发展得越好，这为民营企业发展奠定了良好的基础，为居民创业提供了更多机会，因而有助于促进民营经济增长。公路密度的回归系数在 4 个模型中均为正，但都不显著，说明公路密度的提高并没有对民营经济增长产生影响。理论上，公路密度的提高对民营企业的生产资料运输、产品销售等各方面都具有

促进作用，本章实证结果不显著的可能原因在于：民营企业大多数分布在县域及以上地区，样本期内县域及以上城市的道路交通建设已趋向成熟，交通条件不再是促进民营经济增长的关键因素。

3.4.2 内生性讨论与稳健性检验

民营经济增长和数字普惠金融可能同时受到不可观察因素的影响，这将导致数字普惠金融的回归系数估计有偏差。为较好地避免计量识别中的内生性问题，本章借鉴谢绚丽等（2018）和张勋等（2020）的方法，分别选择各省互联网普及率、省会城市到杭州的空间距离作为工具变量，采用两阶段最小二乘法进行回归分析，回归结果见表3-4。从表3-4中的结果可以看出，采用两阶段最小二乘法讨论内生性问题后，解释变量的回归系数依然显著，并且经过过度识别检验和弱工具变量检验[①]，认为各省互联网普及率和省会城市到杭州的空间距离均为外生变量，工具变量是有效的，即工具变量回归能够有效校正数字普惠金融指数的内生性问题并拟合数字普惠金融对民营经济的影响，本章的实证结果是可靠的。

表3-4 内生性讨论：工具变量法回归结果

变量	工具变量							
	各省互联网普及率				省会城市到杭州的空间距离			
数字普惠金融总指数	0.407***(3.957)				10.514**(2.453)			
覆盖广度指数		0.352***(3.943)				6.264*(1.760)		
使用深度指数			0.455***(3.934)				5.209***(2.806)	
数字化程度指数				0.422***(3.855)				4.581(1.480)
控制变量	控制	控制	控制	控制	控制	控制	控制	控制
地区固定效应	控制	控制	控制	控制	控制	控制	控制	控制
时间固定效应	控制	控制	控制	控制	控制	控制	控制	控制
adj_R^2	0.600	0.578	0.623	0.351	0.548	0.553	0.270	0.253
F值	54.31	44.18	62.44	28.20	49.79	44.48	81.72	16.41

注：括号内数字为 Z 统计量

*、**、***分别表示在10%、5%、1%的水平上显著

---

① 囿于篇幅，过度识别检验和弱工具变量检验未列出，备索。

同时，本章还做了两方面的稳健性检验：一是更换被解释变量，采用私营企业的主营业务收入衡量民营经济增长水平；二是考虑到数字普惠金融对民营经济增长影响的滞后性，将数字普惠金融指数做滞后一期处理。稳健性检验结果如表 3-5 所示，从表 3-5 中的结果可知，两种稳健性检验中，数字普惠金融总指数、覆盖广度分指数和使用深度分指数的回归系数均通过了显著性检验，数字化程度指数的回归系数仍不显著，说明本章实证结果是稳健的。

表 3-5　稳健性检验结果

变量	更换被解释变量				解释变量滞后一期			
数字普惠金融总指数	0.195*** (10.920)				0.325*** (2.923)			
覆盖广度指数		0.136*** (8.157)				0.124** (2.215)		
使用深度指数			0.179** (7.950)				0.068* (1.790)	
数字化程度指数				0.119 (8.200)				−0.003 (−1.471)
控制变量	控制	控制	控制	控制	控制	控制	控制	控制
地区固定效应	控制	控制	控制	控制	控制	控制	控制	控制
时间固定效应	控制	控制	控制	控制	控制	控制	控制	控制
adj_R^2	0.789	0.785	0.785	0.785	0.584	0.600	0.598	0.603
F 值	299.88	445.24	343.81	304.41	675.37	557.30	509.37	419.09

注：括号内数字为 t 统计量

*、**、***分别表示在 10%、5%、1%的水平上显著

3.5　中介效应分析

3.5.1　基于创新水平的中介效应

表 3-6 报告了数字普惠金融总指数及其分指数通过创新水平对民营经济产生作用的检验结果。其中，模型（1）、模型（3）、模型（5）和模型（7）为中介效应检验步骤一，检验数字普惠金融总指数及其分指数对中介变量——创新水平的影响作用。模型（2）、模型（4）、模型（6）和模型（8）为中介效应检验步骤二，结果显示，创新水平的回归系数全部显著为正，说明创新水平是影响民营经济增长的重要因素之一。研究表明 Sobel 法的检验力度高于依次检验回归系数法（温忠麟等，2004；MacKinnon et al.，2002），因此，本章在 Sgmediation 命令检验结果下给出三种显著性检验，Sobel 检验、Goodman 检验 1 和 Goodman 检验 2。结

果显示，三种检验的结果（除覆盖广度指数的回归模型中 Goodman 检验 1 结果外）均显著，说明创新水平在数字普惠金融和民营经济之间存在部分中介效应，即存在"数字普惠金融—创新水平—民营经济"这一作用机理，部分证明了本章假说2。数字普惠金融发展为民营企业技术创新创造了良好的金融环境，使得民营经济在创新水平提升的基础上能更好地发展。其中，创新水平在核心解释变量中的中介效应比例为 20.10%，在变量覆盖广度中的中介效应比例为 15.30%，在变量使用深度中的中介效应比例为 25.60%，在变量数字化程度中的中介效应比例为44.01%。

表 3-6 数字普惠金融与民营经济：基于创新水平的中介效应检验

变量	创新水平（1）	民营经济增长水平（2）	创新水平（3）	民营经济增长水平（4）	创新水平（5）	民营经济增长水平（6）	创新水平（7）	民营经济增长水平（8）
数字普惠金融总指数	−0.105**（−2.524）	0.223*（1.961）						
覆盖广度指数			0.109（1.552）	0.101**（2.324）				
使用深度指数					0.253*（1.756）	0.123*（1.671）		
数字化程度指数							−0.326***（−3.914）	−0.069（−0.875）
创新水平		0.166***（3.430）		0.168***（3.515）		0.168***（3.518）		0.166***（3.549）
控制变量	控制	控制	控制	控制	控制	控制	控制	控制
adj_R^2	0.952	0.990	0.984	0.990	0.984	0.990	0.985	0.990
F 值	1022	1968	671.7	2035	641.1	1891	741.8	1823
Sobel 检验	0.057*[z = 1.931]		0.018*[z = 1.649]		0.042**[z = 2.06]		−0.054**[z = −2.516]	
Goodman 检验 1	0.057*[z = 1.873]		0.018[z = 1.593]		0.042**[z = 2.003]		−0.054**[z = −2.473]	
Goodman 检验 2	0.057**[z = 1.995]		0.018*[z = 1.711]		0.042**[z = 2.121]		−0.054**[z = −2.56]	
中介效应系数	0.057*[z = 1.931]		0.018*[z = 1.649]		0.042**[z = 2.06]		−0.054**[z = −2.516]	
直接效应系数	0.228*[z = 1.862]		0.101**[z = 2.084]		0.123[z = 1.514]		−0.069[z = −1.021]	
总效应系数	0.285**[z = 2.319]		0.119**[z = 2.435]		0.166**[z = 2.03]		−0.123*[z = −1.862]	
中介效应比例	0.2010		0.1530		0.2560		0.4401	

注：小括号内数值为 t 统计量

*、**、***分别表示在 10%、5%、1%的水平上显著

3.5.2 基于城镇化水平的中介效应

表 3-7 报告了数字普惠金融总指数及其分指数通过城镇化水平对民营经济产

生作用的检验结果。其中，模型（1）、模型（3）、模型（5）和模型（7）为中介效应检验步骤一，检验数字普惠金融总指数及其分指数对中介变量——城镇化水平的影响作用。数字普惠金融总指数和覆盖广度指数的系数均在1%的水平上显著为正，使用深度指数的系数在5%的水平上通过了显著性检验，表明数字普惠金融发展水平越高，各省份的城镇化水平越高。模型（2）、模型（4）、模型（6）和模型（8）为中介效应检验步骤二，城镇化水平的回归系数在四个模型中显著为正，表明城镇化水平也是影响民营经济的重要因素。同理，本节依然采用 Sobel 检验、Goodman 检验 1 以及 Goodman 检验 2 三种显著性检验，结果均通过了显著性检验。检验结果表明，城镇化水平在数字普惠金融和民营经济增长之间存在部分中介效应，即存在"数字普惠金融—城镇化水平—民营经济"这一作用机制，说明本章假说 2 是成立的。数字普惠金融是拓宽新型城镇化建设融资的重要途径，城镇化水平的提高为民营企业成长创造了良好的外部环境，从而推动民营经济增长。城镇化水平在核心解释变量中的中介效应比例为 41.40%，在变量覆盖广度中的中介效应比例为 31.16%，在变量使用深度中的中介效应比例为 22.80%，在变量数字化程度中的中介效应比例为 55.10%。

表 3-7　数字普惠金融与民营经济：基于城镇化水平的中介效应检验

变量	城镇化水平（1）	民营经济增长水平（2）	城镇化水平（3）	民营经济增长水平（4）	城镇化水平（5）	民营经济增长水平（6）	城镇化水平（7）	民营经济增长水平（8）
数字普惠金融总指数	4.018***(3.706)	0.167(1.476)						
覆盖广度指数			1.262***(2.639)	0.082*(1.854)				
使用深度指数					1.131**(1.822)	0.128*(1.798)		
数字化程度指数							−2.222***(−3.238)	−0.055(−0.771)
城镇化水平		0.029***(3.437)		0.030***(3.458)		0.031***(3.690)		0.031***(3.361)
控制变量	控制	控制	控制	控制	控制	控制	控制	控制
adj_R^2	0.991	0.990	0.991	0.991	0.991	0.990	0.991	0.990
F 值	1740	2796	1934	2871	1139	2708	1392	2628
Sobel 检验	0.118***[z = 2.735]		0.037**[z = 2.504]		0.038*[z = 1.827]		−0.068***[z = −2.83]	
Goodman 检验 1	0.118***[z = 2.695]		0.037**[z = 2.456]		0.038*[z = 1.778]		−0.068***[z = −2.792]	
Goodman 检验 2	0.118***[z = 2.776]		0.037**[z = 2.555]		0.038*[z = 1.881]		−0.068***[z = −2.87]	

续表

变量	城镇化水平（1）	民营经济增长水平（2）	城镇化水平（3）	民营经济增长水平（4）	城镇化水平（5）	民营经济增长水平（6）	城镇化水平（7）	民营经济增长水平（8）
中介效应系数	$0.118^{***}[z=2.735]$		$0.037^{**}[z=2.504]$		$0.038^{*}[z=1.827]$		$-0.068^{***}[z=-2.83]$	
直接效应系数	$0.167^{***}[z=2.329]$		$0.082^{*}[z=1.668]$		$0.128[z=1.589]$		$-0.055[z=-0.817]$	
总效应系数	$0.285^{***}[z=2.319]$		$0.119^{**}[z=2.435]$		$0.165^{**}[z=2.03]$		$-0.123^{*}[z=-1.862]$	
中介效应比例	0.4140		0.3116		0.2280		0.5510	

注：小括号内数值为 t 统计量

*、**、***分别表示在 10%、5%、1%的水平上显著

3.6　异质性分析

3.6.1　基于东、中、西部地区的异质性

为验证前文假说 3，本章首先将全国 31 个省（自治区、直辖市）分为东、中、西部①，检验数字普惠金融对民营经济增长的异质性。表 3-8 中的结果显示，东部地区数字普惠金融总指数和 3 个分指数均在 1%的水平上通过了显著性检验，即数字普惠金融能够在东部地区显著促进民营经济增长水平的提高。数字普惠金融总指数每增加 1 个单位，民营经济增长水平将增加 0.603 个单位。中部地区数字普惠金融分指数——数字化程度指数在 10%的水平上通过了显著性检验，说明在中部地区数字普惠金融也有利于促进民营经济增长。西部地区数字普惠金融总指数在 1%的水平上通过了显著性检验，3 个分指数在 1%的水平上也通过了显著性检验，说明数字普惠金融的发展能够在西部地区显著促进民营经济增长。数字普惠金融总指数每增长 1 个单位，民营经济增长水平将增加 0.213 个单位。我国东部地区长期以来作为社会与经济发展最发达的地区，在利用数字金融赋能方面始终优于中、西部地区，因此，显然能更好、更快地促进民营经济增长；西部地区本身受多种因素限制，数字普惠金融发展水平较低，但本身民营经济发展水平低，发展空间大，因此数字普惠金融能显著促进西部地区民营经济增长，但增长幅度明显低于东部地区；中部地区仅有数字化程度通过了显著性检验，可能的原因是

---

① 东部地区包括北京、天津、河北、辽宁、上海、江苏、浙江、福建、山东、广东和海南，中部地区包括山西、吉林、黑龙江、安徽、江西、河南、湖北和湖南，西部地区包括内蒙古、广西、重庆、四川、贵州、云南、陕西、甘肃、青海、西藏、宁夏和新疆。

与东、西部地区相比，中部地区在数字普惠金融技术红利和政策红利上均有所欠缺。因此横向对比来看，数字普惠金融对民营经济增长的促进作用东部最大，西部次之，中部最小，存在明显的区域异质性，这说明本章假说 3 是成立的。

表 3-8　异质性检验：分东、中、西部

变量	东部地区				中部地区				西部地区			
数字普惠金融总指数	0.603***(4.327)				0.136(1.555)				0.213***(3.533)			
覆盖广度指数		0.548***(3.937)				0.112(1.440)				0.131***(3.098)		
使用深度指数			0.639***(4.004)				0.109(1.255)				0.186***(2.977)	
数字化程度指数				0.334***(4.253)				0.119*(1.691)				0.176***(2.833)
控制变量	控制	控制	控制	控制	控制	控制	控制	控制	控制	控制	控制	控制
观测数值	110	110	110	110	80	80	80	80	120	120	120	120
R^2	0.939	0.937	0.937	0.938	0.919	0.918	0.918	0.919	0.968	0.967	0.967	0.966
adj_R^2	0.935	0.933	0.933	0.935	0.912	0.912	0.911	0.912	0.966	0.965	0.965	0.965
F 值	262.1	254.7	255.9	260.7	137.3	136.6	135.7	138.2	561.3	548.0	544.6	540.7

注：括号内数字为 t 统计量

*、***分别表示在 10%、1%的水平上显著

3.6.2　基于高低水平地区的异质性

借鉴张林和温涛（2022）的做法，以数字普惠金融指数的中位数为标准，将 31 个省（自治区、直辖市）分成数字普惠金融发展高水平地区和低水平地区，检验数字普惠金融对民营经济增长影响的异质性。结果显示，无论是在高水平地区还是低水平地区，数字普惠金融总指数和三个分指数的回归系数在所有模型中都显著为正（表 3-9），说明数字普惠金融对民营经济增长具有促进作用，且在控制其他影响因素的情况下，数字普惠金融对不同区域民营经济增长的影响具有显著的区域差异，再一次验证了本章假说 3。同时，无论从数字普惠金融总指数还是其分指数来看，高水平地区的回归系数均高于低水平地区的回归系数，即高水平地区数字普惠金融发展对民营经济增长的带动力度更大。这一结果也说明，要充

分发挥数字普惠金融对民营经济增长的促进作用，需要不断提高各省份的数字普惠金融发展水平。

表3-9　异质性检验：分高低水平地区

变量	高水平地区				低水平地区			
数字普惠金融总指数	0.539*** (4.090)				0.164*** (3.312)			
覆盖广度指数		0.534*** (3.928)				0.114*** (3.112)		
使用深度指数			0.567*** (3.736)				0.160*** (3.137)	
数字化程度指数				0.288*** (3.951)				0.125** (2.522)
控制变量	控制	控制	控制	控制	控制	控制	控制	控制
观测数值	120	120	120	120	190	190	190	190
R^2	0.936	0.935	0.934	0.935	0.967	0.967	0.967	0.966
adj_R^2	0.932	0.932	0.931	0.932	0.966	0.966	0.966	0.965
F 值	273.7	270.8	267.5	271.2	900.8	894.6	895.4	878.7

注：括号内数字为 t 统计量
、*分别表示在5%、1%的水平上显著

3.7　本　章　小　结

数字普惠金融创新了金融发展模式，使得民营经济融资难问题得到缓解，使更多缺乏融资渠道和被正规金融机构拒之门外的中小企业有更多的融资机会。本章在理论分析的基础上，利用2011～2020年31个省份的面板数据，采用时间地区双固定效应模型实证考察了数字普惠金融对民营经济增长的影响及其区域异质性。研究结果表明：①数字普惠金融对民营经济具有显著的正向促进作用，这种正向促进作用是覆盖广度和使用深度共同作用的结果，且使用深度对民营经济增长的带动作用明显大于覆盖广度。经内生性讨论和稳健性检验后，该结论依然成立。②城镇化水平和创新水平在数字普惠金融促进民营经济增长的过程中发挥了部分中介效应作用。③数字普惠金融对民营经济增长的促进作用具有显著的区域异质性，数字普惠金融对于促进民营经济增长的正向影响呈现东部最大、西部次之、中部最小的分布格局；与数字普惠金融发展低水平地区相比，该促进作用在高水平地区的作用更大。

基于以上研究结论，本章认为在不断推进民营经济持续健康发展的过程中，要充分发挥数字普惠金融的独特优势，加快破解民营经济增长中的资金融通问题。

当然，这需要各方协同推进数字普惠金融发展，多措并举不断提高数字普惠金融的发展水平；也需要不断创新数字金融产品，简化数字金融服务手续和流程，提高数字金融服务效率和金融供求匹配度；还需要不断提高民营经济主体数字金融素养，使得中小企业从业者更高效地使用数字普惠金融产品和服务。具体而言，可以从以下三个方面着手。首先，加大力度支持我国数字普惠金融的发展。鼓励相关金融机构对新兴技术进行资本投入，加快民营企业信息准确化、聚集化，打造完善的数据信息共享平台；相关机构建立完善的风险提示和披露机制，加强数字普惠金融风险监测；适度放宽金融科技市场准入门槛，促进金融科技、智能金融、智慧金融在现代金融市场的长远发展，更好地促进数字金融产品和服务创新；加快完善数字普惠金融服务的配套设施建设，降低民营企业数字普惠金融使用门槛，完善数字普惠金融监管制度，加快推进互联网相关技术在数字金融领域的应用。依据民营经济的现实需求，推进数字普惠金融技术应用向简单化、便捷化的方向发展，实现金融产品生产数字化、消费网络化、交易信息化，促进数字普惠金融在实体经济中发挥作用。其次，完善外部环境促进民营经济成长。良好的政治、经济、市场环境对于发展民营经济至关重要。政府应加强法治建设，以法治手段来约束市场行为，打造公平公正的营商环境；金融科技企业和金融机构应充分发挥技术、平台和数据优势，为民营企业提供流动资金支持，缓解民营企业的融资约束。最后，促进我国数字普惠金融区域协调发展。数字普惠金融发展对民营经济的促进作用在我国存在明显的区域异质性，应重视其所带来的新一轮金融服务不均等问题，关注中、西部地区和数字普惠金融低水平地区的数字普惠金融发展水平。在政策制定时，要加大中、西部地区和数字普惠金融低水平地区的数字普惠金融基础设施建设力度，最大限度降低数字普惠金融创新对小微企业的排斥，促进我国数字普惠金融在空间上协调发展。

第4章 数字普惠金融与城乡居民创业

4.1 引 言

随着人口红利和资源红利逐步衰减、中等收入陷阱风险累积和国际经济格局深度调整等一系列内因、外因的共同作用，中国经济发展自 2012 年开始步入中高速增长（谢绚丽等，2018）。大力支持创新创业，推进经济增长动力由要素投资驱动向创新驱动转换、经济发展方式由规模速度型粗放式增长向质量效益型集约式增长转换是未来中国经济增长的主要趋势和必然选择（张林，2016a）。于此，2014 年 9 月李克强总理在达沃斯论坛上提出了"大众创业、万众创新"[①]的新口号。随后，中国政府出台了《国务院关于大力推进大众创业万众创新若干政策措施的意见》等一系列政策措施，旨在提高居民创新创业的积极性和引导社会各不同群体加强对创新创业的支持。

金融是创业环境的重要组成部分，金融服务尤其是信贷支持对推进创新创业具有重要的作用。众多已有研究表明，资金约束是影响居民创业活跃度和创业绩效的重要因素（Banerjee and Newman，1993；Nykvist，2008；Karaivanov，2012；张龙耀和张海宁，2013；彭克强和刘锡良，2016）。有关调查数据也显示，21.3%的创业者认为"资金约束"是最主要的困难，47.9%的创业者认为"资金约束"是排在前三位的困难因素，64.2%的青年认为资金短缺是创业过程面临的主要问题[②]。可见，能否解决好资金约束问题是加快推进创新创业的关键，金融机构是否愿意向创业企业提供资金以及对创业企业的友好程度将直接影响居民创业活跃度和创业性质（Ahlstrom and Bruton，2010；Welter and Smallbone，2014）。但是，单纯的金融规模扩张对居民创业的影响作用并不显著（陈刚，2015b）。因此，在强调金融深化的同时还需注重金融广化。而普惠金融发展注重强调居民获取金融服务的平等性（Sarma and Pais，2011），让金融在增进社会整体福利中发挥更加积极的作用，正是重视金融广化的表现（李建军和李俊成，2020）。2015 年国务院印发的《推进普惠金融发展规划（2016—2020 年）》明确指出，大力发展普惠金融，有利

---

① 《李克强：在第八届夏季达沃斯论坛上的致辞》，https://www.gov.cn/guowuyuan/2014-09/11/content_2748703.htm，2014 年 9 月 11 日。

② 数据来源于中国经济趋势研究院和中国社会科学院数量经济与技术经济研究所 2016 年联合发布的《创业企业调查报告》以及中国劳动和社会保障科学研究院和第三方机构联合发布的《中国青年创业现状报告（2016）》。

于促进金融业可持续均衡发展，推动大众创业、万众创新。2016 年国务院印发的《关于积极推进"互联网＋"行动的指导意见》也提出要充分发挥互联网的创新驱动作用，以促进创业创新为重点，推动各类要素资源聚集、开放和共享，大力发展众创空间、开放式创新等，引导和推动全社会形成大众创业、万众创新的浓厚氛围，打造经济发展新引擎。普惠金融以可负担得起的成本为弱势群体提供有效便捷的金融服务，有助于缓解创业者面临的资金约束问题（邓晓娜等，2019；张正平和石红玲，2019）或提高居民金融能力（李建军和李俊成，2020），从而对居民创业产生重要的推进作用。

随着互联网、大数据、区块链、云计算等现代信息技术与传统金融的深度融合，数字科技逐渐改变了传统普惠金融的信贷逻辑，为普惠金融重要阵地带来了市场增量。数字普惠金融快速发展并逐渐成为普惠金融发展的主要模式，是普惠金融发展打通"最后一公里"的重要途径。截至 2022 年 12 月，我国网民规模达 10.67 亿人，较 2021 年 12 月增长 3549 万人，互联网普及率达 75.6%[①]。互联网和智能手机等移动终端的快速普及为数字普惠金融发展创造了有利的现实条件，网上银行、手机银行、第三方支付等数字金融服务正在加速发展。数字普惠金融不仅具有与传统金融相似的特征，又比传统金融具有更多的功能和作用，可以通过场景、数据、信息和创新来弥补传统金融服务的短板，充分发挥"覆盖广、成本低、速度快"等优势（Demirgüç-Kunt and Klapper，2012；Moenninghoff and Wieandt，2013；贝多广，2017；黄益平和黄卓，2018），从而有效地缓解低收入农户、新型农业经营主体、中小微企业等弱势群体的融资约束问题（梁榜和张建华，2018）。但是，数字普惠金融与传统金融发展在理论内涵、发展目标等方面的显著差异使得二者对创业的影响作用也不尽相同，而已有相关文献尚缺乏对数字普惠金融与居民创业关系的系统研究（Bruton et al.，2015），鲜有涉及数字普惠金融影响居民创业的区域差异性、中介效应与门槛效应等问题，而且已有研究大多基于单一平台企业的微观机制研究或是采用某区域的小范围截面微观调查数据，容易受样本的限制，难以从总体上评估数字普惠金融对居民创业的影响效应。

与现有文献相比，本章可能的增量贡献在于：①本章在理论分析的基础上，利用 2011～2018 年中国 31 个省区市的面板数据进行实证研究，从总体上评估数字普惠金融发展对居民创业的影响效应和作用机制，为数字普惠金融发展与居民创业的关系提供宏观层面的经验证据。②本章实证研究了数字普惠金融发展影响居民创业的总体效应、省际差异和城乡差异，以及数字普惠金融各分指数对居民创业的影响效应，有助于丰富相关问题的研究视角和范围。③本章实证检验了居民收入增长和服务业发展对数字普惠金融影响居民创业的中介效应，以及数字普

---

① 中国互联网络信息中心发布的第 51 次《中国互联网络发展状况统计报告》。

惠金融发展影响居民创业基于自身发展水平、市场化程度和创新能力的门槛效应，有利于全面掌握数字普惠金融发展影响居民创业的作用路径以及可能受到的约束条件，可以为相关政策制定提供经验证据，从而提高政策的针对性和有效性。

4.2　文献综述与理论分析

4.2.1　数字普惠金融促进居民创业的实际效应

随着数字金融的迅速发展，数字金融对居民创业的影响作用引起了学者的广泛关注。微观层面，鲁钊阳和廖杉杉（2016）利用 15 个省区市微观调查数据的实证研究发现，P2P 网络借贷可以通过缓解信贷约束、提供多样化理财产品和个性化服务等途径促进农村电商创业发展。湛泳和徐乐（2017）利用中国家庭追踪调查 2014 年数据的实证研究发现，"互联网＋"与包容性金融的融合发展通过"信息流"融通"资金流"降低家庭创业的融资风险和增强其正规金融市场参与度，从而促进居民家庭创业。Beck 等（2018）研究发现肯尼亚的 M-Pesa 移动支付可以通过减少信息不对称等多种途径提升居民创业绩效。何婧和李庆海（2019）利用中国农业大学农村普惠金融调查数据实证研究发现，数字金融使用可以通过缓解农户信贷约束、增强农户信息可得性、提升农户社会信任感促进农户创业和提供创业绩效。

宏观层面，北京大学数字金融研究中心课题组（2017）研究表明，数字金融发展能显著提高企业的创业积极性，而且数字普惠金融的边际作用在城镇化率较低的地方更大。谢绚丽等（2018）和万佳彧等（2020）利用省际数字普惠金融指数实证研究发现，数字普惠金融及其分指数均对创新创业有显著的促进作用。张勋等（2019）将省际层面的数字普惠金融指数和中国家庭追踪调查数据相结合，研究发现数字金融发展有助于改善农村居民创业行为和带来创业机会的均等化，尤其有助于促进低物质资本或低社会资本家庭的创业行为。此外，也有学者研究发现移动支付、网络借贷等数字金融产品的广泛使用可以缓解创业家庭面临的金融排斥、降低创业家庭的融资成本和提高创业家庭的融资效率（Pierrakis and Collins，2013；Grossman and Tarazi，2014；王博等，2017）。

以上文献从微观层面和宏观层面均证明数字普惠金融发展可以通过缓解创业家庭的融资约束、提供多元化金融服务、降低融资交易成本和银企之间信息不对称、提高普惠金融服务效率等不同途径促进居民创业。但是，当前中国省际普惠金融发展水平整体偏低且呈小幅下降趋势，而且还存在较大的省际差异，东部地区普惠金融发展水平高于西部地区，东部地区多极分化现象明显，西部地区呈上升趋势且发展速度较快（刘亦文等，2018；沈丽等，2019）。此外，相关数据显示数字普惠金融发展及其创业效应均存在显著的城乡差异。中国 63% 的农村居民由于受使用技能和文化程度等因素限制而不能上网，非银行金融机构所提供的数字普惠金融在农村地区主要应用于支付结算方面，消费信贷、线上融资、投资理财等数字金融产品的使用较少（蒋庆正等，2019），农村数字普惠金融水平与城镇相比存在较大的差距。省际整体样本下，数字普惠金融发展水平每提高 1%，新增企业将增长 1.61%（谢绚丽等，2018）；农村样本下，数字金融使用概率每提升 1%，农户创业概率增加 0.44%（何婧和李庆海，2019）。据此提出本章的第一个假说。

H1：数字普惠金融及其分指数均有助于促进居民创业，但其作用效应可能存在省际差异和城乡差异。

4.2.2 数字普惠金融促进居民创业的中介效应

毋庸置疑，数字普惠金融发展影响居民创业的作用路径是多方面的，除了直接为创业家庭提供便捷、低成本的创业金融服务以外，还可以通过促进居民家庭收入增长、创造更多的创业机会、改善创业环境和支撑条件等多种路径影响居民创业。

首先，数字普惠金融发展可以通过促进家庭收入增长进而影响居民创业。数字普惠金融无疑对城乡居民收入具有显著的影响作用。譬如，宋晓玲（2017b）研究发现"互联网＋"普惠金融对城乡居民人均收入水平均具有显著的促进作用，但对城乡收入差距缩小的影响作用不显著。张勋等（2019）和尹志超等（2019a）均发现数字普惠金融对居民收入增长具有显著的促进作用，尤其有利于提高低收入家庭的收入水平。刘丹等（2019）发现数字普惠金融可以促进农民非农收入增长，而且存在显著的空间溢出效应。黄倩等（2019）发现数字普惠金融发展具有显著的收入增长效应和收入分配效应，其中收入增长效应明显大于收入分配效应。而居民家庭可支配收入的高低是决定居民创业意愿和创业成功与否的关键因素（石智雷等，2010；蒋志辉和马爱艳，2017）。一般而言，家庭收入水平越高，居民创业的原始资本积累越多，家庭抵御创业失败风险的能力越强，其创业意愿也就越强（张龙耀和张海宁，2013）；而且经济条件越好的家庭所拥有的社会资源越多，创业成功的概率也越高。当然，也有学者研究发现中国低收入群体受到严重的数字金融排斥，数字金融并未显著提高低收入群体的金融服务可得性（齐红倩和李志创，2019）。

其次，数字普惠金融发展还可以通过促进生产性服务发展改善居民创业条件，促进消费性服务发展创造更多的创业机会，进而影响居民创业。也正因此，当前中国居民创业主要集中在批发和零售业，交通运输、仓储和邮政业，住宿和餐饮业，租赁和商务服务业，居民房屋、修理和其他服务业等服务业领域，而且多表现为一些生产经营规模较小的私营企业和个体户[①]。完善的生产性服务体系是影响居民创业决策和创业绩效的关键因素，而普惠金融发展可以有效促进生产性服务业发展（林春等，2019）。同时，数字普惠金融发展可以有效地推动消费需求多元化增长和消费结构升级，进而促进消费性服务业发展，为居民创业创造新的商机。一方面，数字普惠金融发展可以通过缓解流动性约束、便利支付两种机制促进居民衣着、居住、日用品、交通通信、商品和服务的消费增长，而且这一作用对农村地区、中西部地区和中低收入水平家庭更为明显（易行健和周利，2018）。另一方面，数字普惠金融也可以增加农村消费性正规信贷需求概率，尤其是对受教育水平较高和有网购习惯的群体影响较大（傅秋子和黄益平，2018），进而促进农村消费结构升级（张李义和涂奔，2017）。此外，数字普惠金融发展尤其是支付宝的广泛使用极大地拓展了电子商务发展的维度和空间（李继尊，2015），促进了线下商务的线上化（张波，2013），释放了大量新商业机会，线上线下结合、共享经济、网约车、农村淘宝、农产品电商等新兴领域的新创企业大量涌现。据此提出本章的第二个假说。

H2：数字普惠金融发展对居民创业的影响作用存在基于居民收入增长和服务业发展的中介效应。

4.2.3　数字普惠金融促进居民创业的门槛效应

显然，数字普惠金融发展促进居民创业在很大程度上会受自身发展水平的影响。数字普惠金融发展水平越高，数字金融服务广度的提升会提高居民对数字金融的参与度（王瑶佩和郭峰，2019），数字普惠金融对居民创业的促进作用也随之增强；反之，数字普惠金融对居民创业的促进作用减弱甚至不显著。但是，中国数字普惠金融发展水平受地区经济发展水平、互联网普及程度、市场化程度、政府干预、城镇化水平等多种因素的影响（邹伟和凌江怀，2018；蒋庆正等，2019；孙英杰和林春，2018；吴金旺等，2018），尤其是地区市场化程度与地区创新能力对居民创业及金融支持的影响作用较大。首先，中国市场化进程显著改善了资源配置效率，提升了区域创业活力（樊纲等，2011；陈刚，2015a），金融市场化水平的提高可以有效缓解家庭创业的融资约束（蔡栋梁等，2018；邹文等，2020）。而且市场化程度越高的地区，创业者的创业行动速度越快（杨俊等，2014），创业企业能够更加便利地获取资源从而提升创业绩效（吴晓晖和叶瑛，2009）。其次，居民是否参与创业以及创业项目的选择在很大程度上受当地创新创业文化氛围和

[①] 统计数据显示，2018 年全国私营企业和个体户就业人数中有 67% 以上集中在第三产业。

创新能力的影响，在创业氛围浓厚、创新能力突出的地区，居民参与创业的意识和积极性更高。数字普惠金融发展及其覆盖广度、使用深度和数字支持服务程度可以通过缓解融资约束和降低债务融资成本促进企业创新，尤其对传统金融覆盖不足的民营企业和中小企业具有更强的创新激励效应（万佳彧等，2020；梁榜和张建华，2019），地区创新能力的提升又可以促进居民创业，即数字普惠金融可以通过提高创新能力促进居民创业（谢绚丽等，2018）。数字普惠金融发展促进居民创业的作用机理如图 4-1 所示，据此提出本章的第三个假说。

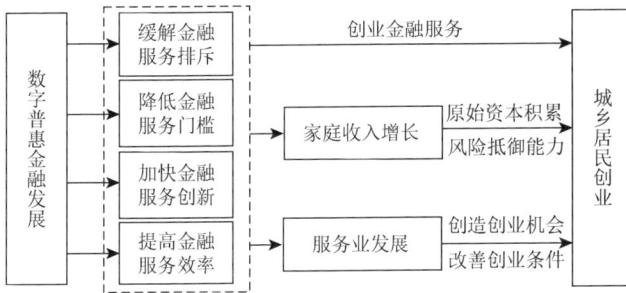

图 4-1　数字普惠金融促进居民创业的作用机理

H3：数字普惠金融发展对居民创业的促进作用可能存在基于自身发展水平、市场化程度和创新能力的门槛效应。

4.3　研究设计：模型、变量与数据

4.3.1　模型设定与估计方法

为了检验数字普惠金融发展对城乡居民创业的影响效应，首先设定如下动态面板数据模型：

$$\mathrm{CY}_{it} = \alpha_0\mathrm{CY}_{i,t-1} + \alpha_1 X_{it} + Z_{it}\beta + \mu_i + \varepsilon_{it} \tag{4-1}$$

其中，CY 表示居民创业，分别为私营企业和个体就业总人数（CY1）、私营企业和个体总户数（CY2）；核心解释变量 X 表示数字普惠金融发展，包括数字普惠金融发展总指数（DIF）、覆盖广度（Width）、使用深度（Depth）和数字化程度（Digital）共四个指标；Z 表示控制变量向量；α、β 分别表示变量的回归系数；i 表示第 i 个省区市；t 表示第 t 年；μ 表示不随时间变化的各省区市截面的个体差异；ε 表示随机扰动项。针对以上动态面板模型，本章采用 GMM 方法进行模型估计，采用杜宾-吴-豪斯曼检验方法考察模型的内生性问题，并采用工具变量识别不

足 LR 统计量检验[似然比（likelihood ratio）检验法]，过度识别采用 Hansen-J 统计量检验。

在模型（4-1）的基础上，本章采用引入交叉项的方法来检验数字普惠金融影响居民创业的中介效应，模型设定如下：

$$\text{CY}_{it} = \alpha_0\text{CY}_{i,t-1} + \alpha_1X_{it} + \alpha_2\text{Income}_{it} + \alpha_3X_{it}\times\text{Income}_{it} + Z_{it}\beta + \mu_i + \varepsilon_{it} \quad (4\text{-}2)$$

$$\text{CY}_{it} = \alpha_0\text{CY}_{i,t-1} + \alpha_1X_{it} + \alpha_2\text{Service}_{it} + \alpha_3X_{it}\times\text{Service}_{it} + Z_{it}\beta + \mu_i + \varepsilon_{it} \quad (4\text{-}3)$$

其中，中介变量 Income 和 Service 分别表示居民收入增长和服务业发展，其他参数含义不变。

为了检验数字普惠金融发展影响居民创业的门槛效应，设定如下面板门槛模型：

$$\text{CY}_{it} = \alpha_1\text{DIF}_{it}I(Q_{it} < \gamma) + \alpha_2\text{DIF}_{it}I(Q_{it} \geqslant \gamma) + Z_{it}\beta + \mu_i + \varepsilon_{it} \quad (4\text{-}4)$$

其中，Q_{it} 表示门槛变量，即影响数字普惠金融发展促进居民创业的主要因素；γ 表示需要确定的门槛值；$I(\cdot)$ 表示示性函数，当括号内的表达式为真时取值为 1，反之为 0；其他参数的含义不变。

4.3.2 指标选择与数据说明

被解释变量：居民创业（CY）。关于省际层面居民创业行为的衡量，目前尚未形成普遍认可的指标体系。邓晓娜等（2019）采用"（个体就业人数＋私营企业就业人数）/常住人口"衡量各省居民创业参与率，Chang 和 Zhang（2015）、黄亮雄等（2019）采用私营企业户数和个体户数总和来表示创业企业数量的存量，范香梅等（2018）采用每万人拥有的企业法人数来表示创业选择，古家军和谢凤华（2012）采用各地区农村私营企业投资者人数和农村个体户数之和占农村就业总数的比重来反映农村创业活跃程度。借鉴现有研究的做法，并考虑到研究目的和数据可得性问题，本章同时采用各省区市私营企业和个体就业总人数（CY1）、私营企业和个体总户数之和（CY2）来反映居民创业行为，以检验估计结果的稳健性。

解释变量：数字普惠金融发展总指数（DIF）。本章采用北京大学数字金融研究中心发布的《北京大学数字普惠金融指数（2011—2018 年）》（北京大学数字金融研究中心课题组，2019）。同时，本章还将引入数字普惠金融发展的覆盖广度（Width）、使用深度（Depth）和数字化程度（Digital）三个分指数，以进一步研究数字普惠金融各分指数对城乡居民创业的影响效应。

控制变量。居民收入增长（Income），采用居民可支配收入来衡量；服务业发展（Service），采用各省区市第三产业产值占地区生产总值的比来衡量；市场化程度（Market），采用王小鲁等（2019）所发布的各省份市场化指数来衡量；创新能力（Innovate）：采用各省区市专利申请数来衡量；经济发展水平（GDP），以各省份人均实际地区生产总值来衡量；公路密度（Road），采用各省区市等级公路和等外公路的总里程数与区域面积之比来衡量[①]；互联网使用（Internet），采用各省区市居民互联网宽带接入户数来衡量；投资水平（Invest），采用全社会固定资产投资总额来衡量；居民受教育水平（Educate），采用 6 岁及以上人口平均受教育年限来衡量，计算公式为人均受教育年限 =(小学人口×6 + 初中人口×9 + 高中人口×12 + 大专人口×15 + 本科人口×16 + 研究生人口×19)/6 岁及以上总人口数。所有变量的符号、含义和数据来源如表 4-1 所示。

表 4-1　变量与指标说明

变量类型	变量名称	符号	变量含义	数据来源
被解释变量	居民创业	CY1	私营企业和个体就业总人数	2012～2019 年《中国统计年鉴》
		CY2	私营企业和个体总户数	
解释变量	数字普惠金融发展	DIF	数字普惠金融发展总指数	北京大学数字金融研究中心发布的《北京大学数字普惠金融指数（2011—2018 年）》
		Width	覆盖广度	
		Depth	使用深度	
		Digital	数字化程度	
其他变量	居民收入增长	Income	居民可支配收入	2012～2019 年《中国统计年鉴》
	创新能力	Innovate	三种专利申请数	
	服务业发展	Service	第三产业产值占地区生产总值的比	
	经济发展水平	GDP	人均实际地区生产总值	
	互联网使用	Internet	互联网宽带接入户数	
	公路密度	Road	(等级公路里程 + 等外公路里程)/区域面积	
	投资水平	Invest	固定资产投资总额	2012～2019 年《中国固定资产投资统计年鉴》
	市场化程度	Market	市场化指数	《中国分省份市场化指数报告（2018）》
	受教育水平	Educate	6 岁及以上人口平均受教育年限	2012～2019 年《中国人口和就业统计年鉴》

考虑到数据的可得性和一致性问题，本章研究样本的时间跨度为 2011～2018 年，研究对象包括中国 31 个省（自治区、直辖市）。为了剔除价格因素的影

---

① 按照《中华人民共和国公路法》关于公路等级划分标准可知，中国公路包括高速公路、一级公路、二级公路、三级公路和四级公路共 5 个等级。

响,对所有与价格有关的变量以 2011 年为基期进行平减处理,同时对所有非比值型指标取对数处理以减少数据异方差对回归结果的影响。经过处理后的各变量描述性统计结果如表 4-2 所示。从各变量的描述性统计结果可以看出,所有主要变量均呈现出明显的差异特征。

表 4-2　各变量描述性统计

变量名称	平均值	最大值	最小值	中位数	标准差	峰度	偏度
CY1	6.39	8.43	3.83	6.50	0.94	0.13	−0.55
CY2	5.11	7.00	2.40	5.22	0.91	0.73	−0.79
DIF	187.17	377.73	16.22	203.94	85.08	−0.73	−0.29
Width	166.56	353.87	1.96	175.09	82.96	−0.83	−0.18
Depth	182.54	400.40	6.76	177.43	85.00	−0.54	0.11
Digital	263.66	453.66	7.58	294.34	116.40	−0.69	−0.62
Income	9.87	11.07	8.92	9.84	0.40	0.39	0.52
Innovate	10.42	13.58	5.14	10.67	1.61	0.75	−0.77
Service	45.70	80.98	29.70	44.71	9.47	3.19	1.48
Market	6.67	12.07	0.00	6.64	2.33	0.21	−0.31
GDP	10.76	11.85	9.71	10.68	0.43	−0.26	0.38
Internet	6.29	8.19	2.55	6.38	1.04	1.30	−0.96
Road	0.90	2.10	0.05	0.90	0.51	−0.72	0.14
Invest	9.40	10.95	6.25	9.49	0.89	0.67	−0.80
Educate	9.02	12.68	4.22	9.04	1.13	4.95	−0.54

4.3.3　数据平稳性检验

由于本章样本数据是典型的短面板数据,为了保证实证研究结果的可信性,本章对所有变量进行单位根检验,以考察各指标是否为平稳序列数据,结果如表 4-3 所示。根据表 4-3 中结果可知,所有变量都至少在其中一种检验方法下通过了显著性检验,部分变量在所有检验方法下通过了检验。基于综合性判断原则,可以认为所有变量都是平稳性序列,即可以直接进行回归估计。

表 4-3　面板数据单位根检验结果

变量	同质单位根检验		异质单位根检验			结论
	LLC	Breitung	IPS	ADF-Fisher	PP-Fisher	
CY1	−14.1360***	−1.2560	−0.3816	83.8373**	110.559***	平稳
CY2	−16.1424***	3.1887	−0.6778	94.4544***	99.5833***	平稳

续表

变量	同质单位根检验		异质单位根检验			结论
	LLC	Breitung	IPS	ADF-Fisher	PP-Fisher	
DIF	−25.1201***	−0.3456	−2.2935**	130.043***	133.441***	平稳
Width	−12.6148***	−4.4873***	0.8129	98.7009***	80.4751*	平稳
Depth	−25.8745***	−8.8070***	−1.8956**	122.417***	96.8704***	平稳
Digital	−5.6482***	4.2248	2.0453	13.5318	43.1511	平稳
Income	−69.8395***	−1.7190**	−29.8412***	217.499***	358.122***	平稳
Innovate	−14.5375***	1.0943	−0.2712	82.2758*	106.434***	平稳
Service	−13.7849***	4.1788	−0.0198	86.2297**	99.9484***	平稳
Market	−17.9079***	3.4588	0.2763	56.6770	91.1622**	平稳
GDP	−4.4167***	0.6798	0.3363	67.0757	159.118***	平稳
Internet	−6.2924***	0.0280	0.8757	55.797	55.8915	平稳
Road	−4.7016***	−1.4602*	1.0450	60.8117	111.112***	平稳
Invest	−8.2715***	−1.0736	0.4127	76.4063	108.809***	平稳
Educate	−14.1360***	−1.2560	−0.3816	83.8373**	110.559***	平稳

注：IPS 检验英文全称：Im-Pesaran-Skin test

*、**、***分别表示在 1%、5%、10%的水平上显著

4.4　实证过程与结果讨论

4.4.1　基准回归分析

首先检验数字普惠金融发展总指数（DIF）对居民创业的影响效应，以探究数字普惠金融是否可以促进创业。然后分析数字普惠金融发展三个分指数对居民创业的影响效应，以探究数字普惠金融哪些层面的发展促进了居民创业，即检验数字普惠金融对居民创业的促进作用是因为数字普惠金融服务人群增多、服务种类扩大，还是因为数字普惠金融服务效率提高，或是几种因素都有。

以私营企业和个体就业总人数（CY1）、私营企业和个体总户数（CY2）为被解释变量的估计结果分别见表 4-4 和表 4-5。从表中结果可以看出，所有模型的 Wald 值全部显著、AR(2)检验结果表明可以接受原假设"扰动项$\{\varepsilon_{it}\}$无自相关"，Sargan 检验结果表明可以接受原假设"所有工具变量均有效"，说明计量模型设定是合理有效的，估计结果是可信的。综合表 4-4 和表 4-5 中的结果可知，无论是以私营企业和个体总户数还是就业总人数来衡量居民创业，数字普惠金融发展总指数的回归系数均在 1%的水平上显著为正，说明数字普惠金融发展有助于促进居

民创业，这一实证结果与本章假说 1 完全相符，与谢绚丽等（2018）以北京大学数字普惠金融指数为基础的研究结果、何婧和李庆海（2019）以微观调查数据为样本的研究结果都完全一致。就表 4-4 和表 4-5 中结果的经济显著性而言，数字普惠金融发展总指数每增长 1 个单位，私营企业和个体总户数、私营企业和个体就业总人数均增长 0.03%，考虑到数字普惠金融指数从 2011 年的平均值 40.01 增长到 2018 年的平均值 300.21（张勋等，2019），可以看到数字普惠金融对于居民创业具有非常可观的促进作用。

表 4-4　以私营企业和个体就业总人数（CY1）为被解释变量的估计结果

变量	模型 1	模型 2	模型 3	模型 4	模型 5	模型 6	模型 7	模型 8
DIF	0.0003[***] （0.0001）							
Width		0.0006[**] （0.0003）			0.0007[***] （0.0003）	0.0011[***] （0.0004）		0.0011[***] （0.0003）
Depth			0.0002[***] （0.0001）		0.0003[***] （0.0001）		0.0002[**] （0.0001）	0.0002[**] （0.0001）
Digital				0.0001[***] （0.0000）		0.0002[***] （0.0000）	0.0001[***] （0.0000）	0.0001[***] （0.0000）
控制变量	控制	控制	控制	控制	控制	控制	控制	控制
地区固定	控制	控制	控制	控制	控制	控制	控制	控制
时间固定	控制	控制	控制	控制	控制	控制	控制	控制
Wald 值	411.79[***]	404.65[***]	326.85[***]	573.88[***]	349.34[***]	352.49[***]	368.40[***]	353.19[***]
AR(2) 检验	−1.2896 [0.1972]	−1.2674 [0.2050]	−1.2734 [0.2029]	−1.1592 [0.2464]	−1.2659 [0.2056]	−1.1521 [0.2493]	−1.2210 [0.2221]	−1.0509 [0.2933]
Sargan 检验	19.9034 [0.4640]	19.7505 [0.4736]	21.1869 [0.3862]	20.2147 [0.4446]	18.3991 [0.5611]	20.1540 [0.4483]	19.7774 [0.4719]	19.8209 [0.5000]

注：（）内数字为标准差；[ ]内数字为相应的 p 值
、*分别表示在 5%、10%的水平上显著

表 4-5　以私营企业和个体总户数（CY2）为被解释变量的估计结果

变量	模型 1	模型 2	模型 3	模型 4	模型 5	模型 6	模型 7	模型 8
DIF	0.0003[***] （0.0001）							
Width		0.0010[***] （0.0001）			0.0010[***] （0.0001）	0.0011[***] （0.0001）		0.0011[***] （0.0001）
Depth			0.0002[***] （0.0000）		0.0001[***] （0.0000）		0.0001[***] （0.0000）	0.0001[***] （0.0000）
Digital				0.0001[**] （0.0000）		0.0000 （0.0001）	0.0001 （0.0001）	0.0001 （0.0001）

续表

变量	模型 1	模型 2	模型 3	模型 4	模型 5	模型 6	模型 7	模型 8
控制变量	控制	控制	控制	控制	控制	控制	控制	控制
地区固定	控制	控制	控制	控制	控制	控制	控制	控制
时间固定	控制	控制	控制	控制	控制	控制	控制	控制
Wald 值	347.71***	407.38***	283.89***	378.81***	408.56***	341.66***	324.93***	277.30***
AR(2) 检验	1.0038 [0.3155]	0.8276 [0.4079]	0.8867 [0.3753]	0.9301 [0.3523]	0.7968 [0.4255]	0.7963 [0.4259]	0.8608 [0.3893]	0.7341 [0.4629]
Sargan 检验	26.6833 [0.1444]	22.3646 [0.3211]	23.0523 [0.2862]	24.1399 [0.2363]	22.3027 [0.3243]	22.7556 [0.3010]	23.6444 [0.2583]	20.8911 [0.4036]

注：（ ）内数字为标准差；[ ]内数字为相应的 p 值

、*分别表示在 5%、10% 的水平上显著

数字普惠金融发展分指数的检验结果表明，数字普惠金融覆盖广度、使用深度和数字化程度三个分指数的回归系数在模型 2～模型 4 中均显著为正，即各分指数也有利于促进居民创业。随着一个地区数字普惠金融发展水平不断提升，数字金融覆盖广度不断扩大，参与数字普惠金融的人数越来越多，能为创业者提供更好的金融环境。数字普惠金融支付、信贷、保险、投资、信用等各种服务功能的创新和发展可以为创业者提供资金支持，可以协助创业者分散风险和投资理财，从而增强创业动机和创业积极性。数字支付更有效率，交易更方便，金融服务效率的提升有助于降低创业者交易成本，促进商业模式创新。

4.4.2　异质性分析

1. 考虑区域差异的检验

考虑到中国数字普惠金融发展水平存在较大的区域差异，东部沿海省市数字普惠金融发展水平明显高于中、西部地区，而且西部地区部分省区市数字普惠金融发展的相对增速近年来有所放缓（北京大学数字金融研究中心课题组，2019）。同时，东部地区经济发展水平、市场化程度、创业文化环境等因素都明显优于中、西部地区。因此，本章借鉴张林（2016a）的做法，以中、西部省区市为参照，设立东部省市的虚拟变量 ［D（DIF）］来检验数字普惠金融发展影响居民创业的区域差异性，估计结果见表 4-6 中的模型 1 和模型 4。结果表明，数字普惠金融发展对东部地区居民创业具有显著的正效应（回归系数分别为 0.0014 和 0.0005，均在 1% 的水平上显著），而对中、西部地区居民创业的影响作用不显著甚至为负（回归系数分别为 –0.0010 和 –0.0001，模型 1 中在 1% 的水平上显著，模型 4 中不显著），

说明数字普惠金融发展对不同省区市居民创业的影响具有显著的区域差异，与假说 1 完全相符。中、西部地区数字普惠金融发展对居民创业的影响作用不显著甚至为负，可能的原因是中、西部地区数字普惠金融发展水平较低，尚未跨越相应的门槛值。

表 4-6　数字普惠金融对不同区域居民创业的影响效应

变量	被解释变量：CY1			被解释变量：CY2		
	模型 1	模型 2	模型 3	模型 4	模型 5	模型 6
DIF	−0.0010*** (0.0001)	−0.0008 (0.0006)		−0.0001 (0.0002)	−0.0005 (0.0004)	
D（DIF）	0.0014*** (0.0002)			0.0005*** (0.0001)		
Width			0.0006** (0.0003)			0.0010*** (0.0002)
Depth			0.0005** (0.0002)			0.0008** (0.0003)
Digital			0.0002 (0.0008)			0.0004 (0.0010)
控制变量	控制	控制	控制	控制	控制	控制
地区固定	控制	控制	控制	控制	控制	控制
时间固定	控制	控制	控制	控制	控制	控制

注：（ ）内数字为标准差

、*分别表示在 5%、10%的水平上显著

此外，本章对中西部省区市的样本数据进行了检验，表 4-6 中模型 2 和模型 3 显示了以私营企业和个体就业总人数为被解释变量的回归结果，模型 5 和模型 6 显示了以私营企业和个体总户数为被解释变量的回归结果。结果显示，数字普惠金融发展对中西部地区居民创业的影响效应不显著，覆盖广度和使用深度两个分指数的回归系数都显著为正，但数字化程度分指数的回归系数不显著，说明数字普惠金融目前主要通过提高金融服务覆盖率和增加金融服务种类促进中、西部地区居民创业。

2. 考虑城乡差异的检验

考虑到中国城镇与农村之间经济社会环境存在显著的差异，而且这些外部条件的差异无疑会影响居民创业行为。由于现有统计资料没有区分城镇和农村的私营企业与个体户数的相关数据，因此本章分别以城镇私营企业和个体就业总人数、农村私营企业和个体就业总人数为被解释变量，进一步考察数字普惠金融发展对

城乡居民创业的影响效应。为了更好地表征城乡之间外部环境的差异，同时考虑数据的可得性问题，在实证研究过程中对部分指标进行了城乡差异化处理。比如，投资水平（Invest）分别用非农户固定资产投资额和农户固定资产投资额衡量，互联网使用（Internet）分别用城镇居民和农村居民互联网接入户数衡量，受教育水平（Educate）分别用城镇居民和农村居民 6 岁及以上人口平均受教育年限衡量。估计结果见表 4-7。结果显示，在控制其他影响因素的情况下，数字普惠金融的回归系数在城镇样本模型中显著为正，在农村样本模型中为正但不显著。这说明数字普惠金融发展对城镇居民的创业行为影响作用更大，对农村居民的创业行为影响作用不显著。覆盖广度和使用深度两个分指数在城镇样本和农村样本下都通过了显著性检验，而数字化程度分指数仅在城镇样本下显著为正。可能的原因一方面是目前农村居民对数字金融的参与度较小，而且以支付宝和微信钱包使用居多，对网络借贷、众筹等其他数字金融的涉猎较少甚至没有；另一方面是与城镇居民家庭相比，农村居民家庭收入较低，创业的原始资本积累不足，加上缺乏有效的抵押物，难以获得金融机构的资金支持。

表 4-7　数字普惠金融对城乡居民创业行为的影响效应

变量	城镇样本		农村样本	
DIF	0.0004*** （0.0001）		0.0001 （0.0002）	
Width		0.0009*** （0.0003）		0.0006*** （0.0001）
Depth		0.0003** （0.0001）		0.0002** （0.0001）
Digital		0.0002*** （0.0000）		0.0003 （0.0003）
控制变量	控制	控制	控制	控制
地区固定	控制	控制	控制	控制
时间固定	控制	控制	控制	控制

注：（）内数字为标准差

、*分别表示在 5%、10%的水平上显著

3. 考虑不同类型创业主体的检验

鉴于私营企业和个体户在经营规模、融资能力等方面的差异性，本章将分别以私营企业就业人数、个体就业人数、私营企业户数和个体户数 4 个变量作为被解释变量，进一步考察数字普惠金融发展对不同类型创业主体的影响效应是否存在差异。回归结果如表 4-8 所示。从回归结果可以看出，无论是以私营企业就业

人数还是个体就业人数为被解释变量,数字普惠金融发展总指数及其三个分指数的回归系数都显著为正,说明数字普惠金融发展确实有助于促进居民创业。进一步比较经过标准化处理后的回归系数还可以发现,数字普惠金融发展对私营企业的促进作用更大,可能的原因在于私营企业相比个体户具有更高的数字经济接受度与数字金融市场参与能力和竞争能力。

表 4-8　数字普惠金融对不同类型创业主体的影响效应

变量	私营企业就业人数		个体就业人数		私营企业户数		个体户数	
DIF	0.0023** (0.0011)		0.0015*** (0.0003)		0.0012*** (0.0003)		0.0005*** (0.0001)	
Width		0.0037** (0.0017)		0.0027** (0.0013)		0.0025*** (0.0008)		0.0018** (0.0008)
Depth		0.0024** (0.0012)		0.0017*** (0.0005)		0.0029*** (0.0005)		0.0022*** (0.0006)
Digital		0.0013* (0.0006)		0.0009*** (0.0003)		0.0016*** (0.0004)		0.0013*** (0.0003)
控制变量	控制	控制	控制	控制	控制	控制	控制	控制
地区固定	控制	控制	控制	控制	控制	控制	控制	控制
时间固定	控制	控制	控制	控制	控制	控制	控制	控制

注:( )内数字为标准差

*、**、***分别表示在 1%、5%、10%的水平上显著

4.4.3　中介效应检验

首先,检验居民收入增长的中介效应,即检验数字普惠金融是否通过居民可支配收入增长促进居民创业。仍然采用 GMM 估计模型,结果如表 4-9 所示。Wald 值通过了显著性检验,AR(2)检验结果显示不存在自相关,Sargan 检验结果表明所有工具变量均有效,不存在工具变量冗余,因此可以认为模型设定是合理的,回归结果是可信的。在模型中加入居民收入增长变量后,数字普惠金融发展总指数及其三个分指数对居民创业的影响仍显著为正,居民收入增长、数字普惠金融及其各分指数与收入增长交叉项的回归系数也都显著为正,说明居民收入增长在数字普惠金融发展促进居民创业的过程中存在部分中介效应。对于低收入群体,数字普惠金融可以通过有效的金融服务缓解创业过程中的融资难题,对其创业产生"雪中送炭"的作用效应;对于高收入群体,其稳定的收入和家庭积蓄可以成为创业的原始资本积累,而数字普惠金融可以帮助其扩大生产经营规模,产生"锦上添花"的作用效应。

表 4-9　收入增长的中介效应估计结果

变量	被解释变量：CY1				被解释变量：CY2			
L-CY	0.0174 （0.0399）	0.0056 （0.0340）	0.0301*** （0.0055）	0.0268*** （0.0053）	0.7404*** （0.0293）	0.6299*** （0.0314）	0.9004*** （0.0285）	0.8399*** （0.0273）
DIF	0.0030*** （0.0003）				0.0008*** （0.0002）			
Width		0.0026*** （0.0004）				0.0015*** （0.0001）		
Depth			0.0020*** （0.0001）				0.0002** （0.0001）	
Digital				0.0005*** （0.0001）				0.0004*** （0.0001）
Income	0.1808*** （0.0597）	0.4623** （0.2166）	0.3227*** （0.0953）	0.4110*** （0.0701）	0.2462*** （0.0432）	0.2050*** （0.0783）	0.6587*** （0.0553）	0.3993*** （0.0702）
交叉项	0.4239*** （0.0427）	0.2815*** （0.0459）	0.3745*** （0.0301）	0.1604*** （0.0372）	0.0124*** （0.0017）	0.0245* （0.0143）	0.0046 （0.0126）	0.1263*** （0.0178）
控制变量	控制	控制	控制	控制	控制	控制	控制	控制
Wald 值	406.51***	218.72***	269.05***	302.21***	229.24***	288.79***	277.14***	261.20***
AR(2)检验	−1.7903 [0.0734]	−1.6723 [0.0945]	−1.3196 [0.1870]	−1.4937 [0.1353]	0.9237 [0.3557]	0.9001 [0.3839]	1.4694 [0.2388]	1.7556 [0.1499]
Sargan 检验	29.1683 [0.3035]	28.7776 [0.3213]	27.5614 [0.3488]	26.4748 [0.4373]	26.1502 [0.4549]	23.5041 [0.2647]	25.3380 [0.1888]	25.5939 [0.1796]

注：L-CY 表示 CY 滞后一期；（ ）内数字为标准差；[ ]内数字为相应的 p 值

*、**、***分别表示在 1%、5%、10%的水平上显著

其次，以第三产业产值占 GDP 的比为中介变量检验服务业发展对数字普惠金融发展影响居民创业的中介效应，模型估计结果如表 4-10 所示。同理，Wald值、AR(2)检验和 Sargan 检验的结果说明模型设定是合理的，结果是可信的。从表 4-10 中的结果可知，在加入服务业发展指标及其与数字普惠金融发展的交叉项以后，数字普惠金融发展总指数及其三个分指数的回归系数仍显著为正，服务业发展及交叉项也都显著为正（极个别情况除外），说明服务业发展在数字普惠金融发展促进居民创业的过程中存在部分中介效应，即数字普惠金融发展可以通过推动服务业发展对居民创业产生间接作用。本章进一步将服务业分成消费性服务业和生产性服务业进行检验，检验结果显示结论是稳健的。

表 4-10　服务业发展的中介效应估计结果

变量	被解释变量：CY1				被解释变量：CY2			
L-CY	−0.0133 （0.0405）	0.0211*** （0.0068）	0.0546 （0.0450）	0.0291*** （0.0075）	0.5283*** （0.0168）	0.5552*** （0.0267）	0.5733*** （0.0265）	0.7043*** （0.0247）

变量	被解释变量：CY1				被解释变量：CY2			
DIF	0.0032*** （0.0004）				0.0006*** （0.0001）			
Width		0.0028*** （0.0005）				0.0011*** （0.0002）		
Depth			0.0021*** （0.0002）				0.0002*** （0.0001）	
Digital				0.0006*** （0.0002）				0.0002 （0.0002）
Service	0.0140*** （0.0037）	0.0081* （0.0043）	0.0120*** （0.0035）	0.0114*** （0.0033）	0.0047 （0.0011）	0.0032*** （0.0011）	0.0064*** （0.0011）	0.0053*** （0.0014）
交叉项	0.4619*** （0.0666）	0.1872** （0.0740）	0.4518*** （0.0483）	0.2163*** （0.0632）	0.0347** （0.0163）	0.0121 （0.0130）	0.0797*** （0.0188）	0.0698*** （0.0180）
控制变量	控制	控制	控制	控制	控制	控制	控制	控制
Wald 值	318.41***	285.48***	339.55***	264.52***	327.13***	309.79***	411.48***	339.81***
AR(2)检验	−1.4577 [0.1449]	−1.238 [0.1545]	−1.6590 [0.0971]	−1.6174 [0.1058]	1.1057 [0.2689]	0.9450 [0.3447]	0.8053 [0.4206]	0.8683 [0.3852]
Sargan 检验	20.3593 [0.3517]	27.2075 [0.2985]	23.7453 [0.2905]	25.1251 [0.3119]	24.1216 [0.2371]	19.9555 [0.4207]	20.8339 [0.4070]	21.5071 [0.3678]

注：（）内数字为标准差；[ ]内数字为相应的 p 值

*、**、***分别表示在 1%、5%、10%的水平上显著

综上可知，在数字普惠金融发展促进居民创业的过程中确实存在基于居民收入增长和服务业发展的部分中介效应，即数字普惠金融发展一方面可以直接促进居民创业，另一方面又通过带动居民收入增长和服务业发展促进居民创业。这证明本章假说 2 成立。

4.4.4 门槛效应检验

接下来，本章以数字普惠金融发展总指数（DIF）、市场化程度（Market）、创新能力（Innovate）为门槛变量来检验数字普惠金融影响居民创业的门槛效应。首先是门槛效应检验，结果如表 4-11 所示。从门槛效应检验结果可知，无论是以私营企业和个体就业总人数（CY1）还是以二者总户数（CY2）为被解释变量，以数字普惠金融发展总指数、市场化程度和创新能力为门槛变量的模型均通过了单门槛效应检验，而双门槛效应检验均不显著，说明数字普惠金融发展对居民创业的影响确实存在基于自身发展水平、市场化程度和创新能力的单门槛效应。

表 4-11　门槛效应检验结果

门槛变量	门槛类型	F 值	p 值	临界值		
				1%	5%	10%
被解释变量：CY1						
DIF	单门槛	29.12**	0.0417	39.0874	27.9964	21.8889
	双门槛	9.18	0.1875	19.2783	13.9308	12.0575
Market	单门槛	26.68**	0.0210	29.4480	20.8028	18.3116
	双门槛	12.80	0.1467	34.3390	21.2148	14.5934
Innovate	单门槛	22.28*	0.0853	53.9845	28.8038	21.3505
	双门槛	11.72	0.3367	33.6009	23.5234	20.8894
被解释变量：CY2						
DIF	单门槛	20.15**	0.0400	23.5402	19.4421	16.8432
	双门槛	10.23	0.2485	23.3064	15.9433	14.0994
Market	单门槛	27.30**	0.0281	39.8209	30.1557	24.0660
	双门槛	15.96	0.1784	29.9065	19.8450	17.6856
Innovate	单门槛	10.79*	0.0855	17.9418	12.7550	8.5303
	双门槛	9.96	0.2011	19.4220	18.3851	13.4260

*、**分别表示在 1%、5%的水平上显著

其次是门槛值估计。表 4-12 显示了以数字普惠金融发展总指数、市场化程度和创新能力为门槛变量的门槛值估计结果及 95%置信区间。以数字普惠金融发展总指数为门槛变量的门槛值分别为 87.91 和 45.56，LR 均小于 5%显著性水平下的临界值，处于原假设接受范围内，说明以私营企业和个体就业总人数（CY1）为被解释变量与以私营企业和个体总户数（CY2）为被解释变量的估计门槛值与实际门槛值相等。同理，以市场化程度和创新能力为门槛变量的估计结果可以得出相同结论，不再赘述。

表 4-12　门槛值估计结果及置信区间

门槛变量	被解释变量：CY1		被解释变量：CY2	
	门槛值	95%置信区间	门槛值	95%置信区间
DIF	87.91	[85.83，89.32]	45.56	[41.55，60.58]
Market	4.85	[4.80，4.87]	7.54	[7.49，7.60]
Innovate	9.33	[9.24，9.35]	7.19	[6.80，7.31]

最后是对面板门槛模型进行参数估计，结果如表 4-13 所示。当数字普惠金融发展总指数低于相应的门槛值（87.91 和 45.56）时，数字普惠金融发展对居民创业的影响效应为正但不显著，当数字普惠金融发展总指数跨越相应的门槛值以后，其对居民创业的影响显著为正，且作用力度变得更大。这说明数字普惠金融发展对居民创业的影响效应存在基于自身水平的门槛效应，当数字普惠金融发展总指数越过门槛值以后，其对居民创业的正向促进作用才得以发挥，证明假说 3 是成立的。中、西部地区大多数省区市早期的数字普惠金融发展总指数相对较低，尚未跨越相应的门槛值，数字普惠金融发展对居民创业的影响作用不显著，甚至还可能产生一定的阻碍作用。近年来中、西部地区各省区市的数字普惠金融发展总指数相继跨越门槛值，其对居民创业的正向促进作用逐渐突显。

表 4-13　门槛模型估计结果

门槛变量	被解释变量：CY1			被解释变量：CY2		
	DIF	Market	Innovate	DIF	Market	Innovate
DIF I（DIF$<\gamma$）	0.0015 （0.0017）			0.0011 （0.0014）		
DIF I（DIF$\geqslant\gamma$）	0.0041*** （0.0015）			0.0038*** （0.0009）		
DIF I（Market$<\gamma$）		0.0001 （0.0001）			0.0006 （0.0004）	
DIF I（Market$\geqslant\gamma$）		0.0019** （0.0008）			0.0009** （0.0004）	
DIF I（Innovate$<\gamma$）			−0.0003 （0.0010）			−0.0001 （0.0005）
DIF I（Innovate$\geqslant\gamma$）			0.0015** （0.0007）			0.0008* （0.0004）
控制变量	控制	控制	控制	控制	控制	控制
R^2	0.2241	0.2854	0.3974	0.2013	0.2751	0.2116
F 统计值	39.15***	41.66***	38.18***	290.02	310.00	281.98

注：γ 表示需要确定的门槛值；$I(\cdot)$ 表示示性函数，（）内数值为稳健标准误

*、**、***分别表示在 1%、5%、10%的水平上显著

以地区市场化程度和创新能力为门槛变量的结果显示，在控制其他影响因素的情况下，当地区市场化程度低于相应的门槛值（4.85 和 7.54）时，数字普惠金融对居民创业的影响效应为正但不显著，当市场化程度跨越相应的门槛值以后，其对居民创业的影响效应显著为正。当地区创新能力低于相应的门槛值（9.33 和 7.19）时，数字普惠金融对居民创业的影响效应为负但不显著，当地区创新能力跨越门槛值以后，数字普惠金融发展对居民创业的影响效应显著为正。这说明数

字普惠金融发展对居民创业的影响效应确实存在基于市场化程度和创新能力的单门槛效应，证明假说 3 是成立的。数字普惠金融发展对居民创业的影响作用大小和方向在一定程度上取决于地区市场化程度和创新能力的高低，当地区市场化程度和创新能力分别跨越相应的门槛值以后，数字普惠金融发展对居民创业的促进作用将随着市场化程度和地区创新能力的提升逐渐增大。

4.4.5　进一步讨论

1. 更换被解释变量的检验

考虑到本章实证研究中被解释变量所采用的两个衡量指标"私营企业和个体就业总人数（CY1）"及"私营企业和个体总户数（CY2）"都是绝对性指标，本章借鉴邓晓娜等（2019）和范香梅等（2018）的方法采用相对指标来衡量居民创业。同时，考虑到具有创业行为的居民一般都是适龄劳动力，高中及以下的适龄学生等其他特殊群体参与创业的可能性较小，鉴于数据的可得性问题，本章分别采用"（个体就业人数 + 私营企业就业人数)/15 岁及以上人口数"和"（个体总户数 + 私营企业总户数)/15 岁及以上人口数"衡量居民创业行为来进行检验，结果如表 4-14 所示。从检验结果可知，以相对指标衡量居民创业行为时，数字普惠金融及其分指数对居民创业的影响效应、中介效应和门槛效应仍然存在，说明本章实证结论是稳健可信的，结果备索。

表 4-14　基于相对指标的稳健性检验

被解释变量	（个体就业人数 + 私营企业就业人数)/15 岁及以上人口数				（个体总户数 + 私营企业总户数)/15 岁及以上人口数			
DIF	0.0008*** (0.0001)		0.0012*** (0.0002)	0.0009*** (0.0001)	0.0016*** (0.0004)		0.0011*** (0.0003)	0.0010*** (0.0002)
Width		0.0003** (0.0001)				0.0009*** (0.0001)		
Depth		0.0002*** (0.0000)				0.0007** (0.0003)		
Digital		0.0009** (0.0004)				0.0012* (0.0006)		
Income			0.0015** (0.0006)				0.0021** (0.0011)	
DIF×Income			0.0122*** (0.0015)				0.0254*** (0.0018)	
Service				0.0025** (0.0011)				0.0102*** (0.0028)

续表

被解释变量	(个体就业人数 + 私营企业就业人数)/15 岁及以上人口数				(个体总户数 + 私营企业总户数)/15 岁及以上人口数			
DIF×Service				0.0101*** (0.0018)				0.0125*** (0.0031)
控制变量	控制	控制	控制	控制	控制	控制	控制	控制
地区固定	控制	控制	控制	控制	控制	控制	控制	控制
时间固定	控制	控制	控制	控制	控制	控制	控制	控制

注:( ) 内数字为标准差
*、**、***分别表示在 1%、5%、10%的水平上显著

2. 内生性讨论

除此之外,考虑到数字普惠金融、居民收入增长、服务业发展与居民创业行为之间可能的反向因果关系使得模型存在内生性问题,本章做了如下几个方面的检验:一是借鉴张勋等(2019)的方法,采用数字普惠金融指数的滞后一期进行回归估计;二是分别采用滞后一期的居民可支配收入和滞后一期的服务业发展进行回归,这样居民可支配收入和服务业发展均属于模型的前定变量,双向因果关系的影响相对较弱。囿于篇幅,回归结果未予列出,备索。

结果显示,数字普惠金融发展总指数及其分指数、居民收入增长及其与数字普惠金融发展总指数交叉项、服务业发展及其与数字普惠金融发展总指数交叉项的回归系数仍全部显著为正,没有发生实质性改变,说明本章的研究结论是稳健的。

4.5　本　章　小　结

本章首先从理论上梳理了数字普惠金融发展影响居民创业的作用机理并提出研究假说,然后基于北京大学数字金融研究中心 2019 年所公布的数字普惠金融指数和 2011～2018 年中国 31 个省区市的宏观统计数据,采用动态面板模型和面板门槛回归模型实证检验了数字普惠金融发展影响居民创业的总效应、中介效应和门槛效应。研究发现:①数字普惠金融及其分指数均对居民创业具有显著的促进作用,但该作用在不同省区市之间、城乡之间存在显著的异质性,在东部地区和城镇地区的影响作用更大、更显著。②居民收入增长和服务业发展在数字普惠金融发展与居民创业的作用关系中存在部分中介效应,即数字普惠金融一方面直接促进居民创业,另一方面还可以通过居民收入增长和服务业发展促进居民创业。③数字普惠金融发展对居民创业的影响存在基于自身发展水平、市场化程度和地

区创新能力的单门槛效应，数字普惠金融发展对居民创业的促进作用只有在门槛变量跨越相应的门槛值后才得以充分发挥，而且其促进作用随着门槛变量水平的提高而逐渐增大。

基于此，本章认为数字普惠金融影响居民创业的作用发挥有赖于良好的外部环境，外部环境的改善可以增大数字普惠金融对居民创业的促进作用。充分发挥数字普惠金融对居民创业的作用效应，可从以下三个方面着手。一是加强现代科学技术与金融的深度融合，多管齐下提高省际数字普惠金融发展水平，并力争缩小数字普惠金融发展水平的省际差异。适度放宽金融科技市场准入门槛，大力支持新型金融科技公司创立和发展，促进金融科技、智能金融、智慧金融在现代金融市场的规范发展，为数字金融产品和服务创新奠定基础。二是加快完善乡村数字普惠金融服务的配套设施建设，实施村级联动机制，联合基层政府和金融机构统一建设设备齐全的农村数字普惠金融服务站。力争确保农村普惠金融全覆盖，实现基础金融服务不出村、综合金融服务不出镇。三是完善数字金融使用条件，提升居民数字金融能力，改善数字普惠金融支持创业的外部环境。加大实施城乡居民家庭、小微企业互联网络提速降费优惠力度，加强数字普惠金融风险防范与市场监督。引导金融机构联合高校成立数字普惠金融大学生宣讲团和专业技能培训团，加强数字普惠金融基础知识的宣传普及和专业技能培训，提升居民金融素养，增强居民对网络骗局的辨识能力，减少居民对数字普惠金融的自我排斥，使居民对数字金融产品和服务"敢用"、"能用"和"会用"。加强数字普惠金融对企业科技创新活动的支持力度，适度放宽企业科技创新的融资门槛，对科技创新活动实施免抵押低息贷款和财政资金补贴，营造"大众创业、万众创新"的良好氛围。

第5章 数字普惠金融与农村产业融合发展

5.1 引　　言

在工业化、城镇化和农业现代化推进过程中，乡村人口尤其是青壮年劳动力"逃离式"地离开农村，乡村地区农业兼业化、农民老龄化、村落空心化等问题日益突出（陈学云和程长明，2018），农业发展既承受着价格天花板下压和成本地板抬升的双重挤压，又面临着农业价格补贴"黄线"逼近和资源环境"红灯"亮起的双重约束（王兴国，2016），农村发展不平衡和不充分问题越发严重，已经成为阻碍农业强国的关键短板，加快推进农业发展方式转型势在必行。因此，2014年底中央农村工作会议提出要大力发展农业产业化，促进一二三产业融合互动。2016年中央一号文件提出"实施农村产业融合发展试点示范工程"。此后，国务院办公厅、农业农村部、国家发展和改革委员会、中国农业发展银行等部门先后出台了一系列关于农村产业融合发展的政策文件，对农村一二三产业融合发展进行了总体部署。2017年中共十九大适时启动了乡村振兴战略，要求坚持农业农村优先发展，促进农村一二三产业融合发展。2018年《中共中央 国务院关于实施乡村振兴战略的意见》再次提出"构建农村一二三产业融合发展体系"。《乡村振兴战略规划（2018—2022年）》和2019～2021年的中央"一号文件"也多次提及农村一二三产业融合发展（以下简称农村产业融合发展）。《中华人民共和国国民经济和社会发展第十四个五年规划和2035年远景目标纲要》明确提出，推进农村产业融合发展，延长农业产业链条，丰富乡村经济业态。显然，推动农村产业融合发展是党中央对新时代"三农"工作所做出的重要决策部署，是实施乡村振兴战略、加快推进农业农村现代化的重要举措（江泽林，2021）。

自2015年开始试点以来，农村产业融合发展在推进农业发展方式转型、农村产业兴旺和农民福祉提升等方面发挥了重要的作用。农村产业融合发展是一项系统性、长期性的复杂工程，其发展水平提升和经济社会效应发挥都需要强力有效的金融支持，尤其是在金融长期处于抑制状态的偏远农村地区。为此，相关部门出台了《国务院办公厅关于推进农村一二三产业融合发展的指导意见》《中国农业银行关于做好农村一二三产业融合发展金融服务的意见》《中国农业发展银行办公室关于政策性金融支持农村一二三产业融合发展的通知》《关于金融服务乡村振兴的指导意见》等一系列文件，强调创新农村金融服务，推动新技术在农村金融领域的应用推广，都旨在加大对农村产业融合发展的金融支持力度。这些政策文件无疑从宏观层面为金融支持农村产业融合发展指明了方向，而且也取得了显著成效。但是，大多数参与农村产业融合发展的新型农业经营主体目前仍处于创业初期，资金需求量大，投资回收期长、风险系数高，以追求利润最大化的商业性金融对其总是"望而却步"或"畏首畏尾"，而中国农业产业化融资体系尚未完全建立，导致金融支持农村产业融合发展的实践中普遍存在农村金融服务供需结构性失衡、金融服务持续性差等问题（张林和温涛，2019a），金融服务数量不足和服务效率低下成了制约农村产业融合发展的最大短板（朱信凯和徐星美，2017）。针对农村产业融合发展过程中存在的困难，冯贺霞和王小林（2020）的调查研究显示，66.67%的受访从业主体认为存在资金困难。因此，如何有效解决农村产业融合发展中的金融支持问题成了当前亟待研究的重要议题。

2005 年开始发展的普惠金融旨在为弱势群体提供价格合理、安全便捷的金融产品和金融服务，对支持农村产业融合发展至关重要。近年来，随着大数据、区块链、人工智能等现代信息技术与传统金融的深度融合，数字技术逐渐改变着传统普惠金融的信贷逻辑，数字普惠金融快速发展并逐渐成为普惠金融发展的主要模式。数字普惠金融不仅具有传统金融的基本业务和功能，还可以通过场景、数据、信息和创新来弥补传统金融服务的短板，通过网上银行、手机支付等数字金融服务为居民提供便利，具有"覆盖广、成本低、速度快"等优势（Demirgüç-Kunt and Klapper，2012；Moenninghoff and Wieandt，2013；黄益平和黄卓，2018）。然而，数字普惠金融发展及其经济社会效应发挥均受基础设施建设、数字鸿沟和居民金融素养等诸多因素影响（星焱，2021），在基础条件差、资源禀赋少、金融素养低的农业农村领域，数字普惠金融发展能否打通金融服务的"最后一公里"，为农业经营主体提供多层次、宽领域、高质量的金融产品和金融服务，还有待深入研究。在中国迈进新发展阶段与构建新发展格局的关键节点上，数字经济与各行各业融合发展的步伐不断加快，建立健全适应农村实际情况的数字金融服务体系已刻不容缓。本章旨在梳理数字普惠金融影响农村产业融合发展的作用机理，并利用 2011～2019 年中国省际面板数据和空间计量分析方法，实证研究数字普惠金融对农村产业融合发展的影响效应、作用机制和区域异质性，从而为建立健全农村产业融合发展的金融服务体系提供理论借鉴和经验证据。

已有相关文献无疑为本章提供了很好的思路借鉴，但未能揭示数字普惠金融影响农村产业融合发展的作用机理，也鲜有涉及数字普惠金融对农村产业融合发展影响效应及异质性问题的实证研究。为了弥补已有文献在该领域的不足，本章可能的增量贡献在于：一是分析数字普惠金融影响农村产业融合发展的作用机理及可能存在的区域差异性，并提出相应的研究假说，这丰富了关于数字普惠金融的研究范畴；二是基于 2011～2019 年中国 30 个省区市的面板数据，在建立综合评价指标体系并测度省际农村产业融合发展水平的基础上，利用空间计量分析方法实证检验数字普惠金融发展对农村产业融合发展的影响效应及其作用机制，为优化金融支持农村产业融合的服务路径提供证据支持；三是鉴于数字普惠金融与农村产业融合发展水平存在较大区域差异的客观事实，本章将全国总样本分成农村产业融合发展试点区和非试点区、数字普惠金融发展高水平区和低水平区，实证检验数字普惠金融影响农村产业融合发展的区域异质性，为推进农村产业融合发展制定差异化的数字金融政策提供了经验证据。

5.2　文献综述与理论分析

5.2.1　文献综述

关于农村产业融合发展的研究，最早可以追溯到今村奈良臣（1996）所提出的"六次产业"概念，他认为要推进与农业相关的一二三产业融合发展，鼓励农户搞多种经营，不仅从事种养业，而且从事农产品加工和农产品流通、销售及观光旅游等二三产业，提高农产品附加值和农民收入。自2015年，首次在中央一号文件中提出"推进农村一二三产业融合发展"以后，国内政界、学界对农村产业融合发展进行了广泛的有益探索。归纳起来，相关研究主要集中在如下三个方面。

1. 关于农村产业融合发展概念内涵的研究

部分学者就农村产业融合发展的概念内涵、融合模式、推进路径与战略意义等问题进行了讨论。苏毅清等（2016）、赵霞等（2017）、肖卫东和杜志雄（2019）等对农村产业融合发展的概念及其内涵进行了详细阐述。部分学者研究认为，推进农村产业融合发展有利于促进传统产业创新、拓宽产业发展空间、产生新的产业形态（刘海洋，2016），也有助于实现农村产业兴旺，解决农村空心化和老龄化问题，缩小城乡差距和提高农业经济效益（万宝瑞，2019）。但当前中国农村产业融合发展仍然存在一二三产业融合程度不高、龙头企业带动能力弱、配套服务业发展滞后等诸多问题。在全面实施乡村振兴战略背景下，推进农村产业融合发展需要完善工商资本进入农业的相关政策、破除产业融合发展的要素制约、鼓励技术和商业模式的创新与普及（张义博，2015），需要激活能量生成机制、打通能量传导渠道、完善能量分配模式以及营造有利的外部环境（胡海和庄天慧，2020），既支持农户和合作社内生发展，又要支持龙头企业带动农村产业融合发展（王乐君和寇广增，2017）。但是，农村产业融合模式需由"接二连三"向更加紧密的"互联网＋""文化创意＋"融合模式转型，因为"互联网＋农业"和"文化创意＋农业"新型经营主体的融合效果要明显优于"接二连三"的新型经营主体（冯贺霞和王小林，2020）。

2. 关于农村产业融合发展经济社会效应的研究

王丽纳和李玉山（2019）、张林等（2020）利用中国省级面板数据研究了农村产业融合发展对农民收入增长的影响，发现农村产业融合发展对农民收入增长具有显著的促进作用，但该作用存在明显的区域异质性。李乾等（2018）、朱桂丽和洪名勇（2021）等学者基于微观调查数据或典型案例研究发现，农村产业融合发展可以通过延伸产业链、农村产业发展配套服务、提升农产品附加值、促进非农就业等多种路径促进农民收入增加，参与农村产业融合可以使农户家庭人均经营性收入显著提升 164.7%（李姣媛等，2020），而且相较于传统农业的单一发展模式，农户增收效应在 50% 以上（李云新等，2017）。但是，农村产业融合发展对农户增收的促进作用极易受制度、要素、经济社会发展水平等多种因素制约（郭军等，2019）。同时，农村产业融合发展也有助于缩小城乡收入差距（李晓龙和冉光和，2019），有助于促进农村低收入农户家庭增收进而缩小农民内部收入差距（杨晶和丁士军，2017；齐文浩等，2021），可以通过产业链延伸和多功能性发挥促进农民生活质量提高（张林等，2021）。此外，农村产业融合发展还有助于美丽乡村建设（王丹玉等，2017），而且农村产业融合发展与美丽乡村建设之间存在耦合关系（陈英华和杨学成，2017）。

3. 农村产业融合发展与金融支持问题研究

由于农业产业化是农村产业融合发展的源头和主要内容，农村产业融合发展是农业产业化的高级阶段、升级版和拓展版（王乐君和寇广增，2017）。因此，早期有大量学者研究了农业产业化的金融支持问题。有学者认为，金融支持无疑是影响农业产业化发展的关键因素，增加金融咨询服务供给、完善农村金融服务体系等措施都有助于缓解经营主体的融资难题进而促进农业产业化（O'Toole et al.，2014），而且在金融渗透水平高的地区，金融获得对农业产业化的促进作用更强（何婧等，2021），但是金融支持农业产业化必须做好金融成长周期与企业成长周期的有效衔接（王吉鹏等，2018）。21 世纪以来，快速发展的普惠金融和互联网金融对推进农业产业化产生了重要影响。普惠金融能够带动资金、人才、技术等资源要素向农业产业集聚进而促进农业产业转型升级（彭建刚和徐轩，2019），而且普惠金融发展对促进农业产业化具有显著的空间溢出效应，且该影响效应随经济发展水平的提高呈现边际效应递增（章成等，2021）。互联网金融发展不仅可以为农业产业化提供方便快捷的基础金融服务，从而降低农业经营主体的融资成本，还可以为农业产业化提供有效融资平台，通过众筹等渠道为投资者提供更加丰富多样的投资选择（郑学党，2016）。

自今村奈良臣（1996）首次提出"六次产业"以后，与之相契合的农业价值链融资模式就引起了广泛关注。2015 年中央一号文件首次提出"推进农村一二三产业融合发展"以后，学者开始转向研究农村产业融合发展的金融支持问题。张林和温涛（2019b）认为金融支持农村产业融合发展需要政府财政资金的引导和支持，财政支农有助于强化农业信贷和农业保险对农村产业融合发展的影响效应。李晓龙（2019）研究发现，农村金融深化有助于提升农村产业融合发展水平，且这种影响作用在东部地区更加显著，农业技术进步是农村金融深化影响农村产业融合发展的重要传导机制。张林和张雯卿（2021）实证研究了普惠金融与农村产业融合发展的耦合互动关系，发现二者融合互动是一种互助互利的双赢关系，普惠金融发展可以为新型农业经营主体提供价廉、质优、便捷的金融产品和服务，是推动农村产业融合发展的关键动力，农村产业融合发展过程中多元化的金融需求又倒逼普惠金融机构加快金融业务和经营模式创新，从而促进普惠金融可持续发展。何宏庆（2020）研究发现，数字金融可以通过增加金融供给、提高金融可获得性和扩大融资范围等途径为农村产业融合发展提供多元化的金融服务，是推动农村产业融合发展的重要力量，但同时也存在风险边界、成本边界、能力边界和人才边界等新困境。张岳和周应恒（2021）研究认为，数字普惠金融发展促进了农村产业融合进程，其中信贷业务的促进作用最大，传统金融竞争在数字普惠金融发展与农村产业融合之间起调节作用。唐文进等（2019）以地级市数据的实证研究表明，数字普惠金融发展对产业结构升级具有显著的非线性效应，但这种作用效应在不同区域具有异质性。杜金岷等（2020）研究认为，数字普惠金融可以通过资本积累、消费需求扩张、技术创新等中介渠道促进产业结构优化，但这种促进作用也存在显著的区域异质性。Hailu 等（2014）、温涛和陈一明（2020）认为在经济发达国家，数字经济与乡村产业的融合发展不仅可以提升乡村产业效益、竞争力和资源利用率，还有助于提高劳动生产率和经营管理效率。数字经济与乡村产业的融合发展能够通过科技创新的技术协同作用，发挥信息技术创新中的乘数和溢出效应，最终实现可持续发展，但中国现阶段二者融合发展还存在融合程度浅、范围小、方式少、支撑不足等问题（温涛和陈一明，2021）。

5.2.2　理论分析

经济是肌体，金融是血脉。金融服务对农村产业融合发展无疑具有重要作用，提高农业信贷规模和农业保险深度均有助于促进农村产业融合发展（张林和温涛，2019b）。但是，由于金融追本逐利的本性和农村产业的弱质性，各类农业经营主体都面临着不同程度的金融排斥。普惠金融旨在为弱势群体提供价格合理、安全便捷的金融服务，对缓解农业经营主体的金融排斥问题发挥了重要作用，促进了农村产业融合发展。而且，普惠金融与农村产业融合发展具有内在一致性，二者耦合互动不仅是互助互利的双赢关系，还可以辐射出更多的经济社会效应（张林和张雯卿，2021）。数字普惠金融是金融机构和互联网公司依托于传统金融，以大数据、区块链、人工智能等数字技术对传统普惠金融的改造升级（Guo et al.，2016），不仅具有传统普惠金融的基本功能，还可以调低金融服务门槛和扩大农村金融供给，提高长尾客户的金融服务可得性，有效满足参与主体的金融需求，进而促进农村产业融合发展。实践亦证明，数字普惠金融对农村产业融合发展产生了重要的影响作用。譬如，中国农业银行打造的"惠农 e 贷"采取线上线下相结合的方式办理涉农贷款，"惠农 e 付"利用多种支付方式提供了方便快捷的基础金融服务，"惠农 e 商"为农业生产经营者提供了全流程的"电商 + 金融"服务（何宏庆，2020）；京东数字科技利用数字农贷、农村众筹、京东白条等产品线，走全产业链和全产品链的农村金融战略路线，有效地促进了新型农业经营主体的成长和壮大；河南兰考县试点的综合数字金融服务平台——惠农通 APP 和四川成都试点的数字普惠金融综合服务平台——农贷通 APP，在增加农村金融服务供给、降低农村金融服务成本和有效防范农村金融风险等多个方面产生了重要影响，有效推动了农村产业融合发展。另外，数字普惠金融所依托的数字技术具有较强的正外部性，其允许信息以较低的成本、合适的方式和较快的速度在不同地区市场参与者之间自由流动（Andrianaivo and Kpodar，2012），使得数字普惠金融可以降低地理距离和经济距离在金融供给中的重要性，削弱金融服务的路径依赖效应，并有效克服传统金融的空间地理排斥，突破空间区位限制，扩大金融服务边界，从而对周边地区的农村产业融合发展产生空间溢出效应。据此，本章提出第一个假说。

H1：数字普惠金融有助于促进本地农村产业融合发展，同时对周边地区产生空间溢出效应。

现阶段中国农村金融市场仍表现为银行类金融机构"一股独大"的现实格局，非银行类金融机构发展明显滞后（温涛和何茜，2020），传统金融和普惠金融对农村产业融合发展的支持仍以涉农信贷为主。数字普惠金融发展逐渐改变着传统普惠金融的基本逻辑（黄益平和黄卓，2018），可以通过场景、数据、信息和创新来弥补传统普惠金融服务的短板，可以降低金融服务中的信息不对称和道德风险（黄益平和黄卓，2018；Berg et al.，2020），具有"覆盖广、成本低、速度快"等优势（Demirgüç-Kunt and Klapper，2012；Moenninghoff and Wieandt，2013）。因此，数字普惠金融对农村产业融合发展的作用机制也明显区别于传统普惠金融。课题组在重庆永川、四川成都、河南信阳、湖南沅陵、贵州湄潭、云南昆明、浙江宁波、广西田东等多个地区的调查发现，数字普惠金融可以通过多种途径影响农村产业融合发展，但缓解流动性约束和提高支付便利性是其中最主要的作用机制。

一方面，农村产业融合发展项目前期投资大、回收期长，专业大户、家庭农场、农民专业合作社、农业龙头企业等各类重要参与主体都面临着创业初期启动资金不足、发展时期资金周转不畅等诸多问题，能否有效解决资金约束问题是影响参与主体响应农村产业融合发展的关键因素，金融机构所提供的金融服务数量和服务质量也直接影响着参与主体的创业意愿和成功率（Welter and Smallbone，2014）。数字普惠金融发展不仅可以丰富农村金融市场的资金供给，拓展传统农村金融的服务广度和服务深度，还可以通过"鲶鱼效应"和"技术溢出效应"促进传统农村金融机构降低客户门槛、创新金融产品和金融服务，为农业经营主体提供多元化的融资渠道和融资方式，从而为农村产业融合发展提供资金支持。而且，数字普惠金融可以利用大数据技术实现企业和个人海量信息的精准抓取与有效整合，减缓金融机构与客户之间的信息不对称，快速实现资金的供求匹配和有效配置，整个信贷审批过程具有及时性、自动性和远程性等特征（Francis et al.，2017），有助于降低金融服务的交易成本和提高金融交易灵活性（Abraham et al.，2019），提高农业经营主体的融资可得性和融资效率，从而缓解农村产业融合发展的流动性约束问题。

另一方面，随着数字普惠金融的快速发展和普及，数字化支付平台因为安全、便捷等优势，已经广泛渗透到城乡居民生产生活的各个领域，为农产品加工业、乡村旅游业和农村电商等重点产业发展创造条件[①]，进而推进农村产业融合发展。CRERFS 2021 年的数据显示，使用数字支付的普通农户和新型农业经营主体占比分别为 80.19%和 93.34%，其中在农业生产经营过程中使用过数字支付的新型农业经营主体占比也高达 77%。首先，数字普惠金融发展可以为农产品加工企业在生产生活资料采购、农副产品销售、劳动者工资支付等多个方面提供支付便利性，有助于帮助农产品加工企业降低持有现金的机会成本和生产经营过程中支付结算的交易成本，加速资金周转和提高经营利润，从而不断扩大生产经营规模和范围，延伸农业产业链。其次，线上电子支付在乡村旅游景区、乡村民宿、农家乐、乡村物流超市等场所的广泛使用为城镇居民下乡旅游、消费和购物提供了支付便利性，可以有效迎合城镇居民线上支付习惯，增强城镇居民乡村旅游的舒适度和满足感，从而带动休闲乡村旅游业发展。最后，在互联网购物迅速发展的背景下，大力发展农村电商，以农村电商为平台实现农副产品产地直销、个性化定制、品牌化销售，是推进农村产业融合发展的重要方式之一（张岳和周应恒，2021）。便利的线上电子支付和网上结算为农产品线上销售、网络直播带货等新型经营模式奠定了基础，为农村电商发展创造了条件。据此，本章提出第二个假说。

① 2021 年 11 月农业农村部印发了《农业农村部关于拓展农业多种功能 促进乡村产业高质量发展的指导意见》，提出"形成以农产品加工业为'干'贯通产加销、以乡村休闲旅游业为'径'融合农文旅、以新农村电商为'网'对接科工贸的现代乡村产业体系"。2022 年的中央一号文件提出，要"持续推进农村一二三产业融合发展。鼓励各地拓展农业多种功能、挖掘乡村多元价值，重点发展农产品加工、乡村休闲旅游、农村电商等产业"。可见，大力发展农产品加工业、乡村休闲旅游和农村电商是现阶段推进农村产业融合发展的重点。

H2：减缓流动性约束和提高支付便利性是数字普惠金融促进农村产业融合发展的主要作用机制。

此外，各地区传统金融发展水平、数字基础设施、互联网普及率、农村金融市场生态和农村居民数字金融素养等方面的差异导致农村数字金融发展水平在不同区域存在显著的差异性（蒋庆正等，2019；张龙耀和邢朝辉，2021），使得其对居民收入增长、消费升级、产业发展等方面的影响效应也存在明显的区域异质性和群体异质性（张勋等，2020；唐文进等，2019）。同时，数字普惠金融经济社会效应的发挥可能存在基于数字普惠金融自身发展水平的门槛效应（张林和温涛，2020），当数字普惠金融发展水平低于门槛值时，其经济社会效应难以正常发挥，而数字普惠金融发展水平越过门槛值以后方可有效发挥作用。在数字普惠金融发展水平较高的地区，其数字基础设施建设、农村金融市场体系等各方面比较完善，农村居民金融素养相对较高，数字普惠金融服务广度的提升会提升居民对数字普惠金融的接受度和使用率。因此，在发展水平较高的地区，数字普惠金融各分指数的发展都有助于促进农村产业融合发展，而在数字普惠金融发展水平较低的区域，其对农村产业融合发展的作用可能不太明显。

在农村产业融合发展试点区，中央及地方财政都设立专项资金支持农村产业融合发展试点，同时政府也出台了系列相关政策引导和鼓励金融机构加强对农业农村领域的金融服务投放，多项举措协同发力促进了农村产业融合发展。同时，农村产业融合发展中的多元化金融需求倒逼农村金融机构加快产品和服务创新，金融机构与农业经营主体的互动交流又提高了金融产品的针对性和有效性，增强了农村金融产品和服务的供求匹配度，提高了数字普惠金融的服务质量和效率。相对而言，非试点区农村产业融合发展起步较晚、水平较低，大多数农业经营主体尚处于创业初期，其使用数字普惠金融的主要目的在于获得项目融资，因此数字信贷、数字信用等方面的快速发展可能有助于促进农村产业融合发展，而数字普惠金融其他方面的发展对非试点区农村产业融合的影响作用可能会不太明显。据此，提出本章的第三个假说。

H3：数字普惠金融对农村产业融合发展的影响效应及作用机制可能存在区域异质性。

5.3　农村产业融合发展的水平测度与分析

5.3.1　农村产业融合发展的评价指标体系

农村产业融合发展是指通过农业产业链延伸、农业多功能拓展、农业服务业融合、产业组织创新等手段打破产业边界，推动农业生产、农产品加工与销售、农村休闲旅游与餐饮服务等农村一二三产业有机整合、紧密相连、交叉互动与协同发展,从而最终实现农业强大、农村振兴、农民富裕的一种动态化农村产业发展方式(姜长云,2016;苏毅清等,2016;王乐君和寇广增,2017)。试点和推进农村产业融合发展的主要目的是以农业产业为基础,以适度规模经营的新型农业经营主体为引领,以农村兼业农户为补充,以紧密的利益联结机制为纽带,通过发展新产业、新业态、新模式推动农村一二三产业有机融合与渗透,从而促进返乡农民工充分就业和农民收入持续增长,进而实现乡村产业振兴和农民生活富裕。

经过几年试点和实践探索,农村产业融合发展逐渐形成了具有中国特色的三产融合模式和商业模式,包括农业内部融合模式、农业产业链延伸模式、农业多功能拓展型模式、新技术渗透型模式、农业产业集聚型模式、产城融合型模式等(张林等,2020;江泽林,2021)。其中,农业内部融合模式是农业内部子产业之间以种养结合、林养结合等多种方式进行系统性融合,实现农业内部紧密协作和循环发展。农业产业链延伸模式是指通过农产品生产、加工、储运、销售等的串联与整合,将农业产业向产前产后纵向延伸,从而形成农工商全产业链以增加农产品附加值,同时将农业产业的增值收益留在农村并留给农民,拓宽农民增收渠道。农业多功能拓展型模式是指拓展农业经济、社会、文化和生态功能,促进农业与旅游、教育、文化、健康等产业融合,培育生态农业、循环农业、休闲农业、旅游农业、生物农业、智慧农业、文化农业、创意农业等新业态。新技术渗透型模式是指农业生产经营领域引入互联网、物联网、云计算、大数据等现代信息技术,实现农业生产经营的数据化、智能化和农产品销售的线上化。农业产业集聚型模式以农业产业链中的核心企业为依托,打造出集生产加工、仓储物流、商务会展、生态旅游等于一体的复合型农业综合体和农业产业园区。产城融合型模式以农村新型城镇化为基础,通过产业在农村优化组合和空间重构,以及生产要素在城乡之间的充分流动和优化配置,加快农业发展方式转型和城乡一体化发展。

可见,无论哪种融合模式,农业发展转型都是农村产业融合发展的基础,农业产业链延伸、农业多功能性发挥和农业服务业融合发展是推进农村产业融合发展的重要方式和手段,通过推进农村三次产业融合发展,从而拓宽农民增收渠道和促进农民收入持续稳定增长、创造更多就业岗位促进农民就近转移就业、促进城乡居民收入差距不断缩小和城乡资源要素自由交互流动,实现城乡经济社会一体化发展是农村产业融合发展的最终目标(张林和张雯卿,2021)。其中,农业产业链延伸重点是以农民专业合作社为依托大力发展农产品加工业,支持农产品精深加工,提高农产品商品化率和副产物综合利用率,从而促进农业产业快速发展并将更多的农业增值收益留在农村并留给农民。农业多功能性发挥是在保障粮食安全和保护生态环境的目标下,利用现代生产技术推进农业与旅游、教育、文化、历史、康养等其他产业有机融合,全面挖掘农业的生产、生活、生态功能。农业服务业融合发展是指农业信息服务、金融保险服务、农资配送、农技推广等各类农业生产性服务业协调配合，为农业产前、产中、产后各环节提供中间服务。

目前，关于省际农村产业融合发展水平测度的研究主要可以分为两大类。一是专门就某个省份或某个区域的农村产业融合发展水平进行测度。比如，李芸等（2017）从农业产业链延伸、农业多功能性发挥、农业服务业融合发展、农民增收与就业、农业增效、城乡一体化发展 6 个维度设计了包含 18 个具体指标的评价体系，测算了北京市的农村产业融合发展水平。陈国生（2019）从农业产业链延伸、农业多功能性、农业服务业一体化发展、农民收入与就业、社会效益 5 个维度设计了包含 24 个具体指标的评价体系，并采用层次分析法测算了湖南省各地级市的农村产业融合发展水平。陈盛伟和冯叶（2020）从农业产业链延伸、农业多功能性、农业服务业融合、农民增收、农业增产、农村经济繁荣等 6 个维度设计了包含 40 个具体指标的评价体系，采用熵值法和 TOPSIS（technique for order preference by similarity to ideal solution，逼近理想解排序）法测算了山东省的农村三产融合发展水平。程莉和孔芳霞（2020）从农业内部整合、农业产业链延伸、农业功能拓展、先进技术渗透 4 个维度构建评价指标体系，并采用熵值法和耦合协同模型测算了长江上游地区的农村产业融合发展水平。余涛（2020）从产业融合的基本类型，即产业重组、产业延伸、产业交叉、产业渗透 4 个维度设计了包含 8 个具体指标的评价体系，采用熵值赋权法和线性加权求和法测算了中国省际农村产业融合发展水平。二是在实证研究农村产业融合发展的影响因素及经济社会效应等问题时对省际农村产业融合发展进行了测度。比如，李晓龙和冉光和（2019）从农业产业链延伸、农业多功能性拓展、农业新业态培育、农业服务业融合发展和利益联结机制完善 5 个维度设计了包含 5 个具体指标的农村产业融合发展水平评价体系。李晓龙和陆远权（2019）从农业产业链延伸、农业多功能性发挥和农业服务融合发展 3 个维度构建了包含 5 个指标的农村产业融合发展水平评价体系。张林等（2020）在实证研究农村产业融合发展的增收效应时，从农业产业链延伸、农业多功能性发挥和农业服务业融合发展 3 个维度设计了包含 6 个具体指标的农村产业融合发展水平评价体系。张林和温涛（2019b）、张林和张雯卿（2021）从农业产业链延伸、农业多功能性发挥、农业服务业融合发展、农民增收与就业、城乡一体化发展 5 个维度设计了农村产业融合发展水平的评价指标体系。

综上可知，无论是从农村产业融合发展的基本内涵来看，还是从已有文献关于农村产业融合发展的测度指标体系来看，农村产业融合发展应该包括农业产业链延伸、农业多功能性发挥、农业服务业融合发展、农民增收与就业、城乡一体化发展 5 个维度，其中农业产业链延伸、农业多功能性发挥、农业服务业融合发展是农村产业融合发展的方式和手段，农民增收与就业、城乡一体化发展是农村产业融合发展的最终目标。因此，本章在参考以上已有文献（张林和温涛，2019b；

张林和张雯卿，2021）的基础上，综合考虑指标科学性、系统性、全面性和数据可得性、可比性等基本原则，从农业产业链延伸、农业多功能性发挥、农业服务业融合发展、农民增收与就业、城乡一体化发展 5 个维度构建了包含 15 个具体指标的农村产业融合发展综合评价指标体系，具体如表 5-1 所示。

表 5-1　农村产业融合发展水平的评价指标体系

目标	二级指标	代码	三级指标	指标含义或算法	指标属性
农村产业融合发展	农业产业链延伸	X_1	人均第一产业总产值	第一产业总产值/农村人口数	+
		X_2	农村每万人拥有农民专业合作社数量	农民专业合作社数量/农村人口数	+
		X_3	人均农副产品加工业总产值	农副产品加工业总产值/农村人口数	+
	农业多功能性发挥	X_4	人均主要农产品产量	主要农产品人均产量加总	+
		X_5	设施农业面积占比	设施农业总面积/耕地面积	+
		X_6	农作物化肥使用强度	农作物化肥使用量/农作物种植面积	−
	农业服务业融合发展	X_7	人均农林牧渔服务业产值	(农林牧渔总产值−第一产业总产值)/农村人口数	+
		X_8	农村信息化发展水平	农村平均每百户拥有电话和计算机数	+
		X_9	农村金融支持力度	(农林牧渔业贷款＋农业保险保费收入)/农林牧渔业总产值	+
	农民增收与就业	X_{10}	农民人均纯收入增长率	本年农户人均纯收入增加量/上年农户人均纯收入	+
		X_{11}	农民非农收入占比	1−农户家庭经营收入/人均纯收入	+
		X_{12}	乡村非农就业占比	(乡村就业人数−第一产业就业人数)/乡村就业人数	+
	城乡一体化发展	X_{13}	城乡居民人均收入比	城镇居民可支配收入/农村居民人均纯收入	−
		X_{14}	城乡居民人均消费支出比	城镇居民人均消费支出/农村居民人均消费支出	−
		X_{15}	城乡居民人均固定资产投资比	城镇居民人均固定资产投资/农村居民人均固定资产投资	−

注：＋表示正向指标，−表示负向指标

相关指标的内涵和解释如下。

（1）农业产业链延伸方面。本章选择人均第一产业总产值、农村每万人拥有农民专业合作社数量和人均农副产品加工业总产值 3 个指标来评价农业产业链延伸。农民专业合作社数据来源于各地区市场主体发展报告和原工商行政管理局的网站报道，农副产品加工业总产值用规模以上农副产品加工业总产值代替，原始数据来源于 2009～2020 年各省（自治区、直辖市）统计年鉴，手工搜集整理得到。第一产业总产值和农村人口数直接从 2009～2020 年《中国统计年鉴》获得。

（2）农业多功能性发挥方面。限于数据可得性问题，本章选择人均主要农产品产量、设施农业面积占比和农作物化肥使用强度 3 个指标来评价农业多功能性发挥。人均主要农产品产量采用粮食、棉花、油料、猪牛羊肉、水产品、牛奶的人均产品加总得到；设施农业面积采用温室总面积予以替代，数据来源于农业农村部农业机械化管理司的全国温室数据系统。耕地面积、农作物化肥使用量和农作物种植面积直接从 2009～2020 年《中国统计年鉴》获得。2019 年的设施农业面积数据暂未公布，采用移动平均法予以补齐。

（3）农业服务业融合发展方面。本章主要选择人均农林牧渔服务业产值、农村信息化发展水平和农村金融支持力度 3 个指标来评价农业服务业融合发展。农林牧渔服务业产值采用农林牧渔总产值减去第一产业总产值得到，原始数据来源于 2009～2020 年《中国统计年鉴》。农村信息化发展水平采用农村平均每百户拥有电话和计算机数来衡量。现有统计资料中缺失 2013 年和 2014 年农村平均每百户拥有电话和计算机的数量，本章采用前后相邻 2 年的数值近似计算得到。农村金融对农村产业融合发展的支持主要包括农业信贷和农业保险，农业信贷采用农林牧渔业贷款来衡量，农业保险采用农业保险保费收入来衡量，相关数据来源于 2009～2020 年《中国金融年鉴》、Wind 资讯数据库和 EPS 数据库。

（4）农民增收与就业方面。拓宽农民增收渠道和促进农民收入持续稳定增长，以及创造更多就业岗位促进农民就近转移就业是农村产业融合发展的重要目标。本章选择农民人均纯收入增长率、农民非农收入占比和乡村非农就业占比 3 个指标来评价农民增收与就业。农民人均纯收入、农户家庭经营收入等相关数据均可以直接从 2009～2020 年《中国统计年鉴》中获得。第一产业就业人数和乡村就业人数均来自 2009～2020 年各省区市的统计年鉴，通过手工搜集整理得到。

（5）城乡一体化发展方面。推进农村三次产业融合发展的最终目标是促进城乡居民收入差距不断缩小和城乡资源要素自由交互流动，实现城乡经济社会一体化发展。本章选择城乡居民人均收入比、城乡居民人均消费支出比和城乡居民人均固定资产投资比 3 个指标来评价城乡一体化发展。城镇居民可支配收入和人均消费支出、农村居民人均纯收入和人均消费支出数据均来源于 2009～2020 年《中国统计年鉴》。城乡居民人均固定资产投资比 =(非农户固定资产投资额/城镇人口)/(农户固定资产投资额/农村人口)。

尽管 2015 年中央一号文件才首次提出"农村一二三产业融合发展"的概念，但纵观中国农业发展历程可知，农村产业融合发展与农业产业化之间存在空间上的并存性和时间上的继起性（国家发展改革委宏观院和农经司课题组，2016），农业产业化是农村产业融合发展的源头和主要内容，农村产业融合发展是农业产业化的高级阶段、升级版和拓展版（苏毅清等，2016；王乐君和寇广增，2017）。鉴于中央一号文件从 2004 年开始持续"姓农"，同时考虑到数据的可得性、可比性与连续性等问题，本章将研究时间区间确定为 2008～2019 年，研究对象包括除西藏、香港、澳门、台湾以外的其他 30 个省（自治区、直辖市）[①]。

5.3.2 农村产业融合发展水平的评价方法

由于农村产业融合发展评价指标体系中基础指标之间具有明显的不可公度性，本章将采用最大最小值法对各指标的原始数据进行无量纲化处理和平移处理[②]。指标数据标准化处理的计算公式为

$$S_{ij} = \begin{cases} \dfrac{X_{ij} - \min(X_{ij})}{\max(X_{ij}) - \min(X_{ij})} + 0.0001(\text{正向指标}) \\ \dfrac{\max(X_{ij}) - X_{ij}}{\max(X_{ij}) - \min(X_{ij})} + 0.0001(\text{负向指标}) \end{cases} \tag{5-1}$$

其中，S_{ij} 表示标准化值，且 S_{ij} 取值为[0, 1]，其值越大表示该指标对农村产业融合发展综合指数的贡献度越大；X_{ij} 表示各指标的实际值，$i = 1, 2, \cdots, m$，$j = 1, 2, \cdots, n$，m 和 n 分别表示样本数和指标数；$\max(X_{ij})$ 和 $\min(X_{ij})$ 分别表示当年 30 个样本中第 j 个指标的最大值和最小值。

关于指标权重的确定，目前主要有主观赋权法和客观赋权法，但无论是主观赋权法还是客观赋权法都各有利弊。因此，本章借鉴沈丽等（2019）所采用的主客观综合赋权法予以克服，计算公式为：综合权重 = 主观权重×0.5 + 客观权重×0.5，其中主观权重采用层次分析法来确定，客观权重采用熵值赋权法来确定。主客观综合赋权法既可以有效克服层次分析法的主观性及其对专家经验和知识的依赖性，又可以利用原始数据和数学模型来提高指标权重确定的科学性，即主客观综合赋权法兼具经验性和科学性[③]。囿于篇幅，指标赋权过程及结果均未列出，备索。

在对指标数据进行标准化处理和指标赋权以后，本章采用 TOPSIS 法测度中国各省区市农村产业融合发展水平。TOPSIS 法通过比较各评价对象与正理想解及负理想解的欧氏距离，计算各评价对象与理想解的相对贴近度并进行量化排序。同时，本章还参考联合国构建人类发展指数（human development index，HDI）时

[①] 若以 2015 年为研究起始年，数据的可得性问题将导致研究样本太少，研究结论缺乏说服力。由于西藏、香港、澳门和台湾地区的统计数据存在不同程度的缺失，因此未被纳入本章研究样本。

[②] 无量纲化处理得到的标准化数据存在部分零值，会影响熵值取对数的计算，因此采用平移的办法予以解决。

[③] 囿于篇幅，指标赋权法的计算过程未详细阐述，指标赋权过程和历年各指标的权重备索。

采用的欧氏距离函数法计算各省区市农村产业融合发展综合指数，以检验结果的稳健性。比较两种方法的测算结果发现，尽管两种方法的测算结果有细微差别，但并不影响本章的研究结论。囿于篇幅，欧氏距离函数法的测算过程和结果未列出，备索。TOPSIS 方法的计算过程如下。

（1）构建农村产业融合发展水平测度指标的加权矩阵 R，公式为

$$R = (r_{ij})_{n \times m} \tag{5-2}$$

其中，$r_{ij} = \lambda_j \times S_{ij}$，$\lambda_j$ 表示第 j 个指标的权重。

（2）根据加权矩阵 R 确定正理想解 Q_j^+ 与负理想解 Q_j^-：

$$Q_j^+ = (\max r_{i1}, \max r_{i2}, \cdots, \max r_{im}) \tag{5-3}$$
$$Q_j^- = (\min r_{i1}, \min r_{i2}, \cdots, \min r_{im})$$

（3）计算各评价对象与正理想解 Q_j^+ 及负理想解 Q_j^- 的欧氏距离 d_i^+ 和 d_i^-：

$$d_i^+ = \sqrt{\sum_{j=1}^{m}(Q_j^+ - r_{ij})^2}$$
$$\tag{5-4}$$
$$d_i^- = \sqrt{\sum_{j=1}^{m}(Q_j^- - r_{ij})^2}$$

（4）测算各评价对象与理想解的相对贴近度 C_i：

$$C_i = \frac{d_i^-}{d_i^+ + d_i^-} \tag{5-5}$$

其中，相对接近度 C_i 介于 0～1，C_i 值越大表明省份 i 的农村产业融合发展水平越高；反之，则省份 i 的农村产业融合发展水平越低。

5.3.3　农村产业融合发展的空间关联特征

本章根据设定的综合指数测度模型，测算了 2008～2019 年中国省际农村产业融合发展的综合指数，囿于篇幅，本章未列出历年各省区市的农村产业融合发展指数，备索。从综合指数的测度结果可以看出，中国农村产业融合发展水平整体偏低，2008～2019 年平均值超过 0.5 的仅有北京、天津、辽宁 3 个省市，平均值低于 0.3 的包括湖南、广西、重庆、四川、贵州、云南、陕西等省区市。其中，内蒙古、江西、江苏、河南、广西、甘肃、新疆等多数省区表现出了不同程度的增长态势，而北京、上海、辽宁等省市表现出了明显的下降趋势，吉林、湖南、四川等省份的农村产业融合发展水平在整个样本期内相对比较稳定，增长较慢。

不同区域之间的农村产业融合发展水平差距较大，同一区域不同省份之间也

存在差异，而且不同省份之间表现出了一定的空间关联特征，即农村产业融合发展具有明显的区域差异和空间相关性。为了更加全面地刻画农村产业融合发展的空间特征，本章参考王兆峰和刘庆芳（2021）的做法，利用修正后的引力模型建立各省区市农村产业融合发展的关系矩阵，并以此为基础进一步分析农村产业融合发展的空间网络关联特征。

（1）空间网络特征分析。表 5-2 显示了农村产业融合发展的整体空间网络特征分析结果。从表 5-2 中的结果可知，2008～2019 年农村产业融合发展的网络关联数集中在 180～230 个，网络密度介于 0.17～0.23，且都呈现出先上升后下降的倒"U"形变化趋势，其中在 2011～2017 年保持基本稳定。另外，整个样本期内的关联度始终为 1，说明农村产业融合发展过程中的网络关联性和连通性较强，没有孤立发展的地区。网络等级度一直小于 0.5，且总体上呈下降趋势，尤其是 2011 年出现大幅下降，表明农村产业融合发展的空间溢出效应并不是"等级森严"的，各省份都可能产生空间溢出效应。关联网络的网络效率均大于或等于 0.7，说明农村产业融合发展的空间关联网络存在较多冗余的线，有较强的多重叠加效应，这也在一定程度上增强了关联网络的稳定性。

表 5-2　农村产业融合发展的整体空间网络特征

年份	网络关联数/个	网络密度	关联性分析		
			关联度	网络等级度	网络效率
2008	183	0.176	1	0.469	0.764
2009	189	0.183	1	0.469	0.751
2010	197	0.192	1	0.436	0.732
2011	224	0.223	1	0.241	0.709
2012	223	0.222	1	0.241	0.704
2013	227	0.226	1	0.241	0.700
2014	224	0.223	1	0.241	0.707
2015	227	0.226	1	0.241	0.702
2016	218	0.220	1	0.187	0.717
2017	221	0.220	1	0.187	0.717
2018	207	0.203	1	0.241	0.734
2019	204	0.203	1	0.246	0.734

表 5-3 显示了各省区市农村产业融合发展的网络中心度。从表 5-3 中的结果可以看出，北京、上海、天津、江苏、浙江等省区市的度数中心度、接近中心度和中间中心度都位列前五，入度明显高于出度，说明这些省份处于空间关联网络

的相对中心位置，具有较强的控制能力，该省的农村产业融合发展对其他省份具有较强的虹吸效应，在农村产业融合发展过程中发挥着较强的掌控和支配作用。云南、四川、新疆、广西、海南等省区市的出度明显大于入度，说明这些省区市在农村产业融合的关联发展过程中主要向其他省区市溢出关系，较少接受其他省区市的关系，在整个关联发展过程中获益最少。河北、吉林、辽宁、山西等省份的接近中心度较低，在整个空间关联网络中处于边缘位置。

表 5-3　农村产业融合发展的网络中心度分析

地区	度数中心度				接近中心度		中间中心度	
	出度	入度	中心度	排序	中心度	排序	中心度	排序
北京	5.083	24.167	83.333	2	85.788	2	16.957	2
天津	4.167	21.750	75.000	3	80.814	3	13.186	3
河北	2.917	3.833	14.080	30	52.111	30	0.081	30
山西	4.750	3.083	17.816	28	54.928	27	0.218	26
内蒙古	5.667	7.000	31.322	9	59.870	7	1.674	6
辽宁	5.083	2.000	18.391	27	54.818	28	0.147	27
吉林	5.000	1.333	17.241	29	54.724	29	0.091	28
黑龙江	5.833	1.250	20.115	25	55.611	24	0.302	22
上海	5.917	25.083	86.782	1	88.510	1	18.679	1
江苏	3.917	19.833	68.391	4	75.630	4	8.857	4
浙江	3.500	14.417	50.287	5	65.564	5	3.595	5
安徽	3.917	5.917	22.127	22	56.050	23	0.240	25
福建	8.583	6.250	39.080	6	62.169	6	1.265	7
江西	7.167	4.667	24.713	17	57.067	17	0.331	19
山东	5.417	4.333	22.414	21	56.341	21	0.530	11
河南	6.250	4.083	22.989	20	56.498	20	0.358	17
湖北	5.833	3.750	25.287	15	57.301	15	0.377	16
湖南	7.083	2.083	24.425	18	56.961	18	0.329	20
广东	8.000	6.833	32.471	7	59.126	9	1.089	8
广西	7.750	2.000	26.724	13	57.731	13	0.413	14
海南	7.083	1.500	24.425	18	56.961	18	0.306	21
重庆	8.917	3.750	31.609	8	59.394	8	0.443	13
四川	7.500	1.000	25.862	14	57.432	14	0.407	15
贵州	8.417	3.000	29.597	10	58.699	10	0.578	10

地区	度数中心度				接近中心度		中间中心度	
	出度	入度	中心度	排序	中心度	排序	中心度	排序
云南	8.167	1.667	28.161	12	58.209	12	0.521	12
陕西	7.083	2.333	28.448	11	58.368	11	0.793	9
甘肃	5.583	1.500	19.253	26	55.337	26	0.087	29
青海	5.667	3.000	25.000	16	57.162	16	0.343	18
宁夏	5.750	0.833	20.115	24	55.601	25	0.257	24
新疆	6.250	0.000	21.552	23	56.053	22	0.289	23

（2）核心-边缘结构分析。农村产业融合发展的核心区省份在地理空间上呈明显的集聚分布状态。2008 年共有 12 个省份处于核心区，2015 年和 2019 年分别有 17 个和 15 个省份位于核心区，位于核心区域的省份数量总体上呈增长趋势，说明农村产业融合发展的空间关联强度在逐渐增强。北京、天津、河北、山西、内蒙古、江苏、上海、浙江、安徽、江西、重庆等省区市一直处于农村产业融合空间关联发展的核心区域，海南、四川、陕西、甘肃、青海、宁夏、新疆等省区市一直处于边缘区域，广东在研究样本期前期处于核心区域，后期在省域关联发展中的作用和地位有所下降，进入边缘区；湖北、广西、贵州随着产业融合发展水平的提升，在关联发展中所起到的作用也越来越大，逐渐进入核心区。空间网络关联核心-边缘结构的密度矩阵也显示，边缘区和核心区内部网络密度都呈现增大趋势，核心区对边缘区的网络密度也呈现增大趋势，但边缘区对核心区的网络密度不断减小，说明各地对边缘区的空间溢出作用不断提升，边缘区在省际产业融合空间关联发展中受益不断增大，且各区域依然以区域内部的关系为主。

5.4 研究设计：模型、变量与数据

5.4.1 模型设定与估计方法

数字普惠金融发展可以突破空间局限，不仅对本地农村产业融合发展产生影响，还会对周边省区市的农村产业融合发展产生影响，而且农村产业融合发展本身也具有一定的空间溢出效应，因此需要设定空间计量模型来进行实证检验。空间计量模型主要包括空间滞后模型（spatial lag model，SLM）、空间误差模型（spatial error model，SEM）和空间杜宾模型（spatial Dubin model，SDM），其中空间杜宾模型同时包含了被解释变量和解释变量的滞后项，是空间滞后模型的拓展。而且

Elhorst（2010）也指出，如果同时存在空间误差和空间滞后效应，并且 LM 检验结果拒绝 OLS 模型，则应该选择空间杜宾模型。因此本章借鉴 Fischer 等（2009）的思想，设计以下空间杜宾模型，并采用 MLE 方法进行估计：

$$C_{it} = \rho \sum_{j=1}^{N} W_{ij} C_{it} + \beta \sum_{j=1}^{N} W_{ij} \text{DF}_{it} + \gamma \text{DF}_{it} + \varphi \sum_{j=1}^{N} W_{ij} X_{it} + \kappa X_{it} + \alpha_i + \mu_i + \varepsilon_{it}$$

（5-6）

$$\varepsilon_{it} = \lambda \sum_{j=1}^{N} W_{ij} \varepsilon_{it} + v_{it}$$

其中，C_{it} 表示省份 i 在第 t 年的农村产业融合发展水平；DF_{it} 表示省份 i 在第 t 年的数字普惠金融指数；X 表示控制变量；α_i、μ_i、ε_{it} 分别表示个体效应、时间效应和随机误差项；W_{ij} 表示空间权重矩阵；ρ、β、γ、φ、κ、λ 分别表示各变量的系数。

当空间面板模型存在空间滞后项时，可以使用微积分方法将总效应分解为直接效应和间接效应（Monfort and Nicolini，2000），以避免利用点估计方法检验空间溢出效应所导致的偏误。将偏微分矩阵主对角线上的所有元素进行平均则可得到变量的平均直接效应，即该变量对本地区被解释变量的影响效应；将偏微分矩阵非对角线上的所有元素进行平均则可得到变量的间接效应，即该变量对其他地区解释变量的影响效应。

合适的空间权重矩阵对于刻画省份间的相互关联程度至关重要。常见的空间权重包括两类：一类是基于空间邻接或空间距离设定的地理空间权重矩阵，另一类是基于经济社会因素设定的经济空间权重矩阵，但大多数情况下经济空间权重矩阵都不满足外生性假设，而空间邻接矩阵假定只要两个省份相邻，其关联程度都是相同的权重，这与实际情况不太相符。因此，本章将采用基于空间距离平方的倒数来设定空间权重，计算公式如下：

$$W_{ij} = \begin{cases} \dfrac{1}{d_{ij}^2}, & i \neq j \\ 0, & i = j \end{cases}$$

（5-7）

其中，d 表示各省会城市之间的公路距离，表明距离越近的省份之间联系越紧密。

5.4.2 变量选择与数据说明

本章实证研究的被解释变量即为前文所测算的各省区市农村产业融合发展水平，这里不再赘述。核心解释变量为各省区市的数字普惠金融指数，采用北京大学数字金融研究中心公布的中国数字普惠金融发展指数来替代。图 5-1 显示了2019 年中国数字普惠金融指数及其三个分指数的发展水平及省际差异情况。结合其他年份的数字普惠金融指数可知，各省数字普惠金融指数均表现出稳定的增长态势，其中上海、北京、浙江等省市增长较快，全部样本中历年最大值为410.28，最小值为18.33，平均值为172.66，中位数为214.46。不同地区数字普惠金融发展表现出明显的区域差异性，东部地区的数字普惠金融发展水平明显高于中、西部地区。不同省份的数字普惠金融发展表现出一定的空间关联性和集聚性。在实证研究过程中，为了便于分析，本章借鉴傅秋子和黄益平（2018）、杜金岷等（2020）的做法，将各省区市数字普惠金融指数及各分指数均取对数处理。

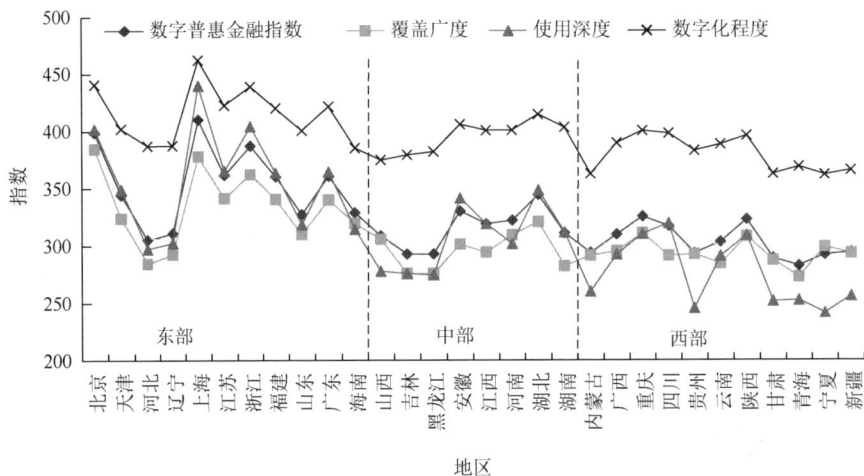

图 5-1　中国数字普惠金融及不同方面的发展（2019 年）

　　为了保证回归结果的可信性，需要控制影响农村产业融合发展水平的其他因素。根据课题组实地调研所了解到的基本情况，并借鉴已有的相关文献，本章选取以下控制变量：财政支农强度（FIS），采用各省区市财政农林水事务支出与农林牧渔业总产值之比来衡量；农业保险深度（AID），采用各省区市农业保险保费收入与农林牧渔业总产值之比来衡量；产业结构高级化（INS），采用各省区市第二三产业总产值之和占地区生产总值的比来衡量；公路密度（GL），采用各省区市农村公路里程数与农村面积之比来衡量，计算公式为 GL = (等级公路里程−高速公路里程−一级公路里程−二级公路里程 + 等外公路里程)/(地区面积−建成区面积)；农村人力资本（RHC），采用各省区市农村劳动力平均受教育年限来衡量；互联网普及率(IT)，采用各省区市互联网宽带接入用户数占比来衡量，其中2017～2019 年的数据来源于网宿科技发布的《网宿·中国互联网发展报告》。

　　本章实证研究数据主要来源于历年《中国统计年鉴》《中国农村统计年鉴》《中国人口和就业统计年鉴》《中国金融年鉴》《中国农产品加工业发展报告》，以及各省区市统计年鉴、中国经济与社会发展统计数据库、Wind 资讯数据库和 EPS 数据库；设施农业面积数据来源于农业农村部农业机械化管理司的全国温室数据系统，农民专业合作社数据来源于各地区市场主体发展报告和原工商行政管理局。缺失的个别数据采用线性插值法予以补齐处理，对所有与价格有关的变量以 2011 年为基期进行平减处理，对非比值型指标均取对数处理。各变量的描述性统计分析结果如表 5-4 所示。

表 5-4 变量描述性统计结果

变量	符号	平均值	最大值	最小值	中位数	标准差	样本量
农村产业融合发展水平	C	0.3901	0.6453	0.1993	0.3717	0.0935	270
数字普惠金融指数	DF	5.1513	6.0168	2.9085	5.3681	0.6701	270
财政支农强度	FIS	0.2501	2.0753	0.0748	0.1610	0.2916	270
农业保险深度	AID	0.5204	3.2504	0.0182	0.3451	0.5206	270
产业结构高级化	INS	0.9027	0.9973	0.7389	0.9081	0.0512	270
公路密度	GL	0.8093	1.9969	0.0797	0.7957	0.4223	270
农村人力资本	RHC	7.7810	9.8009	5.8783	7.8360	0.6084	270
互联网普及率	IT	50.2201	78.0000	24.2000	50.1000	12.1484	270

资料来源：作者根据 Stata 软件计算结果整理得到

5.5 实证过程与结果讨论

5.5.1 空间相关性检验

空间计量模型要求核心变量具有空间相关性，因此本章首先计算样本期内数字普惠金融指数与农村产业融合发展水平的 Moran's I 指数，以判断其是否具有空间相关性。Moran's I 指数的计算公式为

$$I = \frac{\sum_{i=1}^{N}\sum_{j=1}^{N} W_{ij}(C_i - \overline{C})(C_j - \overline{C})}{S^2 \sum_{i=1}^{N}\sum_{j=1}^{N} W_{ij}} \tag{5-8}$$

其中，$S^2 = \frac{1}{N}\sum_{i=1}^{N}(C_i - \overline{C})^2$；$C_i$ 仍表示省份 i 的农村产业融合发展水平；$\overline{C}$ 表示当年各省区市农村产业融合发展水平的平均值；W_{ij} 仍表示空间权重矩阵。Moran's I 指数取值范围为[-1, 1]，大于 0 表示正自相关，小于 0 表示负自相关，等于 0 表示不存在空间自相关。

表 5-5 显示了 2011~2019 年数字普惠金融指数与农村产业融合发展水平的 Moran's I 指数测算结果。由表 5-5 中的结果可知，历年数字普惠金融指数与农村产业融合发展水平的 Moran's I 指数全部为正，且都在 1% 的水平上通过了显著性检验，说明中国各省区市的数字普惠金融与农村产业融合发展并非表现出随机状态，而是存在显著的空间正相关性，即与具有相似空间特征的地区密切相关，在地理空间上表现出明显的集聚现象。

表 5-5　数字普惠金融指数与农村产业融合发展水平的 Moran's I 指数

变量	2011 年	2012 年	2013 年	2014 年	2015 年	2016 年	2017 年	2018 年	2019 年
DF	0.342*** (3.869)	0.419*** (4.736)	0.401*** (4.552)	0.396*** (4.508)	0.339*** (3.920)	0.397*** (4.536)	0.406*** (4.638)	0.418*** (4.724)	0.431*** (4.848)
C	0.480*** (5.298)	0.461*** (5.100)	0.425*** (4.787)	0.333*** (3.790)	0.342*** (3.915)	0.273*** (3.231)	0.212*** (2.586)	0.248*** (2.969)	0.240*** (2.867)

注：括号内为 Z 统计量

***表示在 1% 的水平上显著

为了更加全面地考察数字普惠金融与农村产业融合发展的空间集聚特征，以及空间相关模式是否存在异质性，表 5-6 和图 5-2 分别显示了 2019 年数字普惠金融与农村产业融合发展的空间集聚类型和 Moran's I 散点图。Moran's I 散点图的 4 个象限分别对应 4 种局部空间集聚类型：第一象限为"高-高"集聚类型，第二象限为"低-高"集聚类型，第三象限为"低-低"集聚类型，第四象限为"高-低"集聚类型。综合表 5-6 和图 5-2 可以看出，中国数字普惠金融和农村产业融合发展都主要表现为东部地区的"高-高"集聚和西部地区的"低-低"集聚两种类型。以数字普惠金融发展的集聚类型为例，分布在第一象限的包括北京、天津、上海、江苏、浙江、安徽、福建、山东、湖北共 9 个省市；分布在第二象限的包括河北、内蒙古、江西、河南、湖南共 5 个省区；分布在第三象限的包括山西、辽宁、吉林、黑龙江、广西、四川、贵州、云南、陕西、甘肃、青海、宁夏、新疆共 13 个省区；分布在第四象限的包括广东、海南、重庆共 3 个省市。数字普惠金融与农村产业融合发展所表现出的"高-高"和"低-低"两种模式分化现象，基本符合中国经济发展水平从东到西呈阶梯状分布的空间格局，说明数字普惠金融与农村产业融合发展在空间地理分布上存在明显的依赖性和异质性。

表 5-6　2019 年数字普惠金融与农村产业融合发展的空间集聚类型

集聚类型	象限	数字普惠金融	农村产业融合发展
"高-高"集聚类型	第一象限	北京、天津、上海、江苏、浙江、安徽、福建、山东、湖北（9 个）	北京、天津、内蒙古、辽宁、吉林、黑龙江、浙江、山东、河南（9 个）

续表

集聚类型	象限	数字普惠金融	农村产业融合发展
"低-高"集聚类型	第二象限	河北、内蒙古、江西、河南、湖南 （5 个）	河北、山西、上海、安徽、江西 （5 个）
"低-低"集聚类型	第三象限	山西、辽宁、吉林、黑龙江、广西、四川、贵州、云南、陕西、甘肃、青海、宁夏、新疆（13 个）	湖南、广东、广西、海南、重庆、四川、贵州、云南、陕西、甘肃、青海、新疆（12 个）
"高-低"集聚类型	第四象限	广东、海南、重庆（3 个）	江苏、福建、湖北、宁夏（4 个）

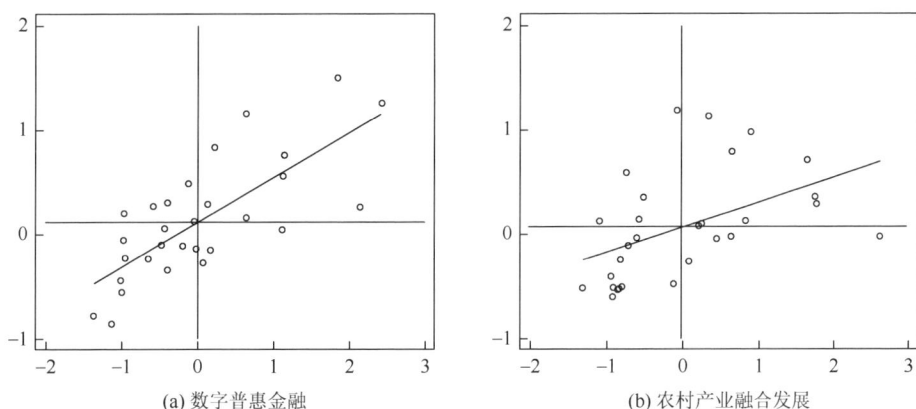

(a) 数字普惠金融　　　　　　　　　　　(b) 农村产业融合发展

图 5-2　2019 年数字普惠金融与农村产业融合发展的 Moran's I 散点图

5.5.2 基准回归分析

1. 总效应检验

表 5-7 显示了全国样本下空间滞后模型、空间误差模型和空间杜宾模型三类空间面板模型的估计结果。经过空间滞后模型和空间误差模型的 Wald 检验和 LR 检验后发现，本章将空间杜宾模型作为最终的空间计量模型。从表 5-7 中结果可以看出，在控制其他影响因素的情况下，数字普惠金融的回归系数全部显著为正。以空间杜宾模型的结果为例，数字普惠金融指数（DF）的回归系数为 0.0625，数字普惠金融指数空间滞后项（$W \times$ DF）的回归系数为 0.0746，且均在 1%的水平上显著。这说明数字普惠金融发展不仅对本地农村产业融合发展产生重要影响，还会对周边地区的农村产业融合发展产生促进效应，即数字普惠金融对农村产业融合发展的影响作用具有明显的空间溢出效应。这说明本章假说 1 是成立的。

表 5-7 全国样本的空间计量估计结果

变量	空间滞后模型		空间误差模型		空间杜宾模型	
	系数	标准误	系数	标准误	系数	标准误
DF	0.0656**	0.0268	0.0697***	0.0255	0.0625***	0.0169
FIS	0.0538***	0.0193	0.0296**	0.0117	0.0553**	0.0235
AID	0.0491**	0.0243	0.0511**	0.0253	0.0240	0.0206
INS	0.3624**	0.1722	0.4074**	0.1790	0.0583**	0.0248
GL	−0.0243	0.0252	0.0245*	0.0140	0.0241*	0.0134
RHC	0.0005	0.0104	0.0005	0.0108	0.0112*	0.0061
IT	0.0031***	0.0007	0.0035***	0.0009	0.0022***	0.0008
$W \times$ DF					0.0746***	0.0275
$W \times$ FIS					−0.0082**	0.0039
$W \times$ AID					0.0163	0.0166
$W \times$ INS					0.0206**	0.0086
$W \times$ GL					−0.0640*	0.0313
$W \times$ RHC					0.0871**	0.0432
$W \times$ IT					0.0017**	0.0007
ρ / λ	0.3337***	0.0826	0.2704***	0.0920	0.2378***	0.0912
时间固定	控制		控制		控制	
地区固定	控制		控制		控制	
LogL	493.3929		489.3504		589.6363	
R^2	0.2032		0.2307		0.2589	

注：W 是空间权重矩阵；LogL 是自然对数似然函数值

*、**、*** 分别表示在 10%、5%、1% 的水平上显著

接下来，本章将比较数字普惠金融影响农村产业融合发展的直接效应、间接效应和总效应，回归结果见表 5-8。从表 5-8 中的结果可知，数字普惠金融指数对农村产业融合发展水平的直接效应、间接效应和总效应全部显著为正，这进一步验证了本章假说 1。比较发现，直接效应的回归系数和显著性水平都明显高于间接效应，说明数字普惠金融发展对本地农村产业融合发展的直接效应更大。这意味着要充分发挥数字普惠金融对农村产业融合发展的促进作用，各地区不能等待周边地区大力发展数字普惠金融从而"坐享其成"，而应该积极主动采取措施加快数字普惠金融发展，各地区协同发力从而产生"1＋1＞2"的作用效应。

表 5-8　空间杜宾模型的直接效应、间接效应和总效应

变量	直接效应		间接效应		总效应	
	系数	标准误	系数	标准误	系数	标准误
DF	0.0608**	0.0265	0.0160*	0.0093	0.0768**	0.0318
FIS	0.0573**	0.0236	−0.0692	0.0562	−0.0119*	0.0067
AID	0.0232	0.0228	−0.0311	0.0381	−0.0079	0.0451
INS	0.0256**	0.0127	0.0128*	0.0054	0.0384**	0.0191
GL	0.0251**	0.0117	−0.0167	0.1081	0.0084**	0.0035
RHC	0.0023**	0.0011	0.0016**	0.0008	0.0039**	0.0018
IT	0.0022**	0.0010	0.0013*	0.0007	0.0035**	0.0016

*、**分别表示在 10%、5%的水平上显著

　　在控制变量方面，财政支农强度对农村产业融合发展水平的直接效应显著为正，但其间接效应不显著，总效应显著为负。这说明地方财政对农业农村的支持具有一定的地方保护主义，各地方政府更加关注本地的经济增长，难以与周边地区在产业政策制定、基础建设投资等方面达成共识，而且地方政府之间难免存在资源要素竞争的情况。因此，各地方政府在制定财政支持农村产业融合发展的相关战略和政策措施时，不仅需要考虑自身的优势和特色，还需要考虑周边地区的实际情况，及时对周边地区在产业、资本、人才等方面的发展策略做出积极响应。这也从另外一个角度印证了当前加快发展城市经济圈的重要性，要加快经济圈内各城市统筹协同发展。农业保险深度对农村产业融合发展水平的直接效应、间接效应和总效应都不显著。这说明当前阶段农业保险对农业产业发展的"保驾护航"作用并不显著。根据课题组在全国多个地区的调研，究其原因主要在于：一是当前农业保险发展相对滞后，在没有政府财政支持的情况下，农户购买农业保险的意愿仍较低，保险公司经营农业保险的积极性也不高；二是农村产业融合发展模式较多，农业保险的大多数产品都主要针对种养殖业，对其他行业的覆盖面较小。产业结构高级化对农村产业融合发展水平的直接效应、间接效应和总效应全部显著为正，这说明产业结构高级化有助于促进本地农村产业融合发展，而且有助于促进周边地区农村产业融合发展。虽然农村产业融合发展以农业产业为基础，但其核心和关键在于"接二连三"，第二产业和第三产业的快速发展，尤其是当地农产品加工业、乡村旅游业、农业生产性服务业的发展对本地农村产业融合发展具有较强的带动作用。公路密度对农村产业融合发展水平的直接效应和总效应显著为正，但间接效应为负且不显著，这意味着公路密度对本地农村产业融合发展具有显著的促进作用。实践中亦如此，农村产业融合发展过程中的农业生产资料运输、农产品加工与销售、乡村旅游等都离不开便利的交通，当前农村硬化公路进

村入户已经基本实现，便利的交通条件在推进农村产业融合发展的过程中发挥了重要作用。从农村人力资本和互联网普及率的估计结果可知，二者对农村产业融合发展水平的直接效应、间接效应和总效应全部显著为正。说明农村劳动力受教育程度和互联网普及率的提高对促进本地及周边地区的农村产业融合发展具有重要作用。一般情况下，农村劳动力的综合素质与其受教育程度呈正相关关系，受教育程度高的农民对新事物、新技术、新理念的接受度更高，模仿能力、学习能力、创新能力和金融素养都更强，参与农村产业融合发展项目的积极性和成功率更高，同时还会对周边地区产生示范效应。但是当前留守农村从事农业生产经营的更多是一些文化程度不高的中老年农民和少数返乡创业的大学生、退伍军人及农村能人，在未来推进农村产业融合发展过程中还必须加强从业者的基础知识和专业技能培训。互联网普及是数字普惠金融发展的基础，数字金融尤其是移动支付的使用在很大程度上都受限于互联网络。调研发现，互联网普及率越高和网络速度越快的地区，农村居民使用数字金融的频率越高。在数字经济时代，加快农村互联网普及和网络提速降费对农村数字金融发展至关重要。

2. 政策效应检验

为了考察数字普惠金融对农村产业融合发展的影响效应在试点前后两个阶段是否具有一致性，本章首先以 2015 年为基准生成哑变量（Dummy），2015 年以前该变量取值为 0，2015 年及以后该变量取值为 1，模型估计结果见表 5-9 中的第 2 列。从结果可以看出，哑变量（Dummy）的回归系数为 0.0129，在 5%的水平上显著，其空间滞后项的回归系数为 0.2711，在 5%的水平上显著。这说明从 2015 年开始的试点政策对推进农村产业融合发展产生了显著的促进作用。事实上，从农村产业融合发展指数的变化趋势也可以看出，2015 年开始推进试点以后，由于多项政策的协同支持与实践部门的不断探索创新，农村产业融合模式层出不穷，大多数省份农村产业融合发展水平增长速度明显加快，而且区域差异也呈现出收敛态势。

表 5-9　农村产业融合发展试点政策效应检验

变量	试点政策效应		试点前（2011~2014 年）		试点后（2015~2019 年）	
	系数	标准误	系数	标准误	系数	标准误
DF	0.0769***	0.0219	0.0508**	0.0202	0.3085***	0.1083
Dummy	0.0129**	0.0057				
FIS	0.0603**	0.0246	0.0129***	0.0037	0.0299*	0.0166
AID	−0.0231	0.0249	−0.0062	0.0363	0.0410**	0.0212
INS	0.0288**	0.0130	0.0284**	0.0141	0.0179	0.0216

续表

变量	试点政策效应		试点前（2011~2014 年）		试点后（2015~2019 年）	
	系数	标准误	系数	标准误	系数	标准误
GL	0.0394*	0.0218	0.0172	0.0345	−0.0206	0.0244
RHC	0.0095**	0.0041	0.0338*	0.0179	0.0148**	0.0071
IT	0.0015**	0.0007	0.0028*	0.0015	0.0011**	0.0005
$W \times DF$	0.1263**	0.0545	0.0598**	0.0272	0.3065**	0.1409
$W \times Dummy$	0.2711**	0.1128				
$W \times FIS$	−0.0005	0.0470	−0.0590**	0.0257	−0.0536	0.0375
$W \times AID$	−0.0814***	0.0297	0.0427	0.0533	0.0094*	0.0051
$W \times INS$	0.3575	0.5937	0.0146	0.0106	0.0278	0.0520
$W \times GL$	−0.2920***	0.1109	−0.2363**	0.0981	−0.0929	0.0705
$W \times RHC$	0.0613**	0.0277	0.0051***	0.0016	0.0179***	0.0042
$W \times IT$	−0.0095***	0.0033	0.0012	0.0030	0.0016**	0.0007
ρ	0.2959***	0.0336	0.2785***	0.0917	0.2801***	0.0674
时间固定	控制		控制		控制	
地区固定	控制		控制		控制	
LogL	594.3958		225.0837		310.4401	
R^2	0.3320		0.2997		0.3572	

*、**、***分别表示在 10%、5%、1%的水平上显著

接下来，本章将以 2015 年为时间节点，将总样本分成试点前和试点后两个子样本，试点前样本的时间区间为 2011~2014 年，试点后样本的时间区间为 2015~2019 年，两个样本的估计结果分别见表 5-9 中的第 4 列和第 6 列。从表 5-9 中结果可以看出，无论是试点前还是试点后，数字普惠金融指数及其空间滞后项的回归系数都显著为正，这再次说明数字普惠金融的快速发展可以对本地及周边地区农村产业融合发展产生促进作用。但是，比较试点前后数字普惠金融指数的回归系数大小可知，试点后数字普惠金融指数的回归系数（0.3085）要大于试点前的回归系数（0.0508），而且显著性水平也有所提高。说明数字普惠金融对农村产业融合发展的影响作用在试点政策推出以后变得更加强烈，可能的原因在于：一是政府相关政策对金融机构支农的支持和引导作用不断加强，金融机构投向农业农村领域的金融服务数量和质量都有所提高；二是在经济效应逐渐显现的"诱使"下，农业经营主体向金融机构"主动出击"的意愿和频率更强，农村金融服务供求的结构性失衡有所减缓，使得金融支持农村产业融合发展的质量和效率不断提高。

3. 稳健性检验

为了保证实证结果的科学性，本章做了如下三方面的稳健性检验。一是调整被解释变量——农村产业融合发展水平的测度方法。参考联合国构建人类发展指数时采用欧氏距离函数法测度各省区市的农村产业融合发展水平。二是更换核心解释变量——数字普惠金融指数的处理方式。参考已有文献的做法，对北京大学数字金融研究中心公布的省际数字普惠金融指数及其分指数均除以 100，以减少异方差的影响。三是在空间面板模型估计时，考虑农村产业融合发展的动态性，在模型中加入农村产业融合发展的滞后项，采用动态空间面板模型进行回归分析。三种稳健性检验的结果见表 5-10。从表 5-10 中的结果可知，数字普惠金融指数及其空间滞后项的回归系数都显著为正，这说明本章的实证结果是稳健的。

表 5-10　稳健性检验结果

变量	调整被解释变量的测度方法		更换核心解释变量的处理方式		动态空间面板模型	
	系数	标准误	系数	标准误	系数	标准误
$C(-1)$					0.1256***	0.0121
DF	0.1460**	0.0575	0.0283**	0.0132	0.0185***	0.0053
FIS	0.0024**	0.0011	0.0694**	0.0341	0.0163**	0.0076
AID	−0.0037	0.0056	−0.0173	0.0244	0.0291	0.0240
INS	0.0294	0.0262	0.0165**	0.0075	0.0109	0.0121
GL	0.0107*	0.0063	−0.0260	0.0286	−0.0115	0.0168
RHC	0.0073**	0.0034	0.0048**	0.0019	0.0118**	0.0057
IT	0.0013*	0.0007	0.0028***	0.0010	0.0020**	0.0008
$W \times C(-1)$					0.0258**	0.0126
$W \times$ DF	0.0626**	0.0305	0.0348**	0.0167	0.0201**	0.0099
$W \times$ FIS	−0.0232*	0.0127	−0.0122**	0.0057	−0.0236**	0.0112
$W \times$ AID	−0.0367	0.0069	0.0092	0.0311	0.0104	0.0082
$W \times$ INS	0.1692	0.2120	0.0821**	0.0395	0.0191	0.0312
$W \times$ GL	−0.0351**	0.0169	−0.0537	0.0850	−0.0752	0.0800
$W \times$ RHC	0.0188**	0.0085	0.0884**	0.0431	0.0143***	0.0037
$W \times$ IT	−0.0025*	0.0014	0.0010	0.0023	0.0017**	0.0008
ρ	0.2026**	0.0786	0.2595***	0.0690	0.2676***	0.0654
时间固定	控制		控制		控制	
地区固定	控制		控制		控制	
LogL	392.1652		502.3250		548.0312	
R^2	0.3018		0.3559		0.3011	

注：$C(-1)$表示农村产业融合发展水平的滞后项

*、**、***分别表示在 10%、5%、1%的水平上显著

5.5.3　作用机制检验

根据理论分析，数字普惠金融可能通过提高支付便利性、减缓流动性约束对农村产业融合发展产生影响。本节将采用数字普惠金融分指数对研究假说中的作用机制进行验证，以厘清数字普惠金融主要通过何种渠道影响农村产业融合发展。

1. 支付便利性

为了验证支付便利性这个作用机制是否成立，本章利用数字普惠金融的分指数来开展分析。数字普惠金融指数包括覆盖广度、使用深度和数字化程度三个分指数，其中覆盖广度主要由支付宝账号、支付宝绑定银行卡用户比例、支付宝绑定银行卡数量等指标来反映，使用深度又可以分为支付服务、信贷服务、保险服务、投资服务、信用服务等细分指数，数字化程度包含了能够反映支付便利性的移动支付、扫码支付等重要变量，具体又分为移动化、实惠化、信用化和便利化等四个细分指数。在所有这些分指数中，覆盖广度、支付服务和数字化程度三个指数可以反映支付便利性（张勋等，2020）。因此，本章采用数字普惠金融的覆盖广度、数字支付和数字化程度三类分指数来检验支付便利性对农村产业融合发展的影响效应。

表 5-11 显示了支付便利性影响农村产业融合发展的模型估计结果。之所以将这三类分指数分别代入模型，是因为这三类分指数均包含支付便利性的信息，统一纳入模型可能存在共线性问题。从表 5-11 中的结果可知，在控制其他影响因素的情况下，覆盖广度指数（Width）的回归系数为 0.0150，在 5% 的水平上显著；数字支付指数（Pay）的回归系数为 0.0106，在 1% 的水平上显著；数字化程度指数（Digital）的回归系数为 0.0101，在 5% 的水平上显著，而且三个分指数空间滞后项的回归系数也都显著为正，说明数字普惠金融的覆盖广度、数字支付、数字化程度均一致且显著地影响本地农村产业融合发展，还同时对周边地区的农村产业融合发展产生促进效应，即数字普惠金融通过提高支付便利性促进农村产业融合发展，假说 2 中的支付便利性机制是成立的。

表 5-11　支付便利性与农村产业融合发展

变量	模型 1		模型 2		模型 3	
	系数	标准误	系数	标准误	系数	标准误
Width	0.0150**	0.0071				
Pay			0.0106***	0.0035		
Digital					0.0101**	0.0049
FIS	0.0626***	0.0197	0.0682***	0.0201	0.0601***	0.0205

续表

变量	模型 1		模型 2		模型 3	
	系数	标准误	系数	标准误	系数	标准误
AID	−0.0190	0.0146	0.0152	0.0147	0.0199	0.0148
INS	0.0145*	0.0076	0.0125**	0.0051	0.0171**	0.0083
GL	0.0225	0.0245	−0.0258	0.0248	−0.0249	0.0246
RHC	0.0057*	0.0032	0.0041*	0.0023	0.0044**	0.0018
IT	0.0024***	0.0008	0.0030***	0.0007	0.0031***	0.0008
$W \times$ Width	0.0205*	0.0116				
$W \times$ Pay			0.0097**	0.0043		
$W \times$ Digital					0.0107*	0.0056
$W \times$ FIS	−0.0163**	0.0067	−0.0201**	0.0075	−0.0042**	0.0018
$W \times$ AID	0.0157	0.0135	−0.0134	0.0244	−0.0214	0.0256
$W \times$ INS	0.0114**	0.0049	0.0225**	0.0109	0.0122**	0.0058
$W \times$ GL	−0.0095	0.0079	−0.0121	0.0084	0.0044	0.0083
$W \times$ RHC	0.0122**	0.0057	0.0142**	0.0064	0.0138**	0.0058
$W \times$ IT	0.0013**	0.0006	0.0015**	0.0007	0.0013**	0.0006
ρ	0.2447***	0.0919	0.2723***	0.0917	0.2410***	0.0922
时间固定	控制		控制		控制	
地区固定	控制		控制		控制	
LogL	503.2972		502.4280		502.9859	
R^2	0.3668		0.3569		0.3639	

*、**、***分别表示在 10%、5%、1%的水平上显著

2. 流动性约束

本节依然采用数字普惠金融的分指数来验证流动性约束机制。金融发展之所以能够实现资源的优化配置，其本质是允许有流动性约束的个体进行借贷，从而能够缓解或消除流动性约束（张勋等，2020）。实践中，尽管有各项政策的加持，从事农业产业融合发展的经营主体仍面临着不同程度的资金周转和融资约束等问题。数字普惠金融独特的优势能否帮助那些在传统金融市场上受到融资约束的农业经营主体获得低成本、便捷的融资服务，有效缓解农业经营主体的流动性约束，从而扩大生产和投资，还需进一步验证。

本节采用数字普惠金融的信贷业务指数来检验数字普惠金融是否通过放松流动性约束来促进农村产业融合发展，回归结果见表 5-12 中的第 2 列。从结果可以看出，信贷业务指数（Credit）的回归系数为 0.0141，且在 5%的水平上显著，说明

信贷业务发展有助于促进农村产业融合发展。在数字普惠金融的各分指数中，除信贷业务以外，信用业务也可以反映数字普惠金融发展对居民流动性约束的影响，但北京大学数字普惠金融指数中的信用业务指数仅有 2015~2019 年的数据，因此本章将利用试点以后的样本数据进行实证检验，回归结果见表 5-12 中的第 4 列。从结果可以看出，信用业务指数（Credit-Inv）的回归系数为 0.0135，在 5%的水平上显著，但信用业务指数空间滞后项的回归系数不显著，说明信用业务的发展有助于本地促进农村产业融合发展，但对周边地区农村产业融合发展的影响作用不明显。为了检验该结果的稳健性，本章将包含信用业务指数的使用深度指数纳入全样本的模型进行分析，回归结果见表 5-12 的第 6 列和第 8 列。从第 6 列和第 8 列的结果可以看出，使用深度指数的回归系数分别为 0.0074 和 0.0087，且均在 10%的水平上显著，其空间滞后项的回归系数都不显著，即该结果是稳健的，数字普惠金融的使用深度可以促进本地农村产业融合发展。综上表明，数字普惠金融发展可以通过减缓流动性约束来促进农村产业融合发展，即假说 2 中的流动性约束机制是成立的。

表 5-12　流动性约束与农村产业融合发展

变量	模型 1		模型 2		模型 3		模型 4	
	系数	标准误	系数	标准误	系数	标准误	系数	标准误
Credit	0.0141**	0.0069					0.0272**	0.0134
Credit-Inv			0.0135**	0.0064				
Depth					0.0074*	0.0039	0.0087*	0.0047
FIS	0.0204***	0.0057	0.0228**	0.0113	0.0166***	0.0051	0.0171**	0.0081
AID	−0.0128	0.0169	0.0378**	0.0156	−0.0165	0.0148	−0.0129	0.0148
INS	0.0147**	0.0072	0.0288*	0.0151	0.0178*	0.0101	0.0133*	0.0069
GL	−0.0254	0.0248	−0.0181	0.0245	−0.0247	0.0238	−0.0256	0.0241
RHC	0.0027*	0.0014	0.0095*	0.0051	0.0038*	0.0021	0.0022*	0.0012
IT	0.0031***	0.0008	0.0019**	0.0009	0.0029***	0.0008	0.0029***	0.0009
$W\times$Credit	0.0156*	0.0083					0.0233*	0.0124
$W\times$Credit-Inv			−0.0308	0.0928				
$W\times$Depth					0.0009	0.0012	0.0127	0.0168
$W\times$FIS	−0.0211*	0.0081	−0.0544**	0.0248	−0.0198*	0.0104	−0.0135**	0.0066
$W\times$AID	−0.0151	0.0242	0.0044	0.0242	−0.0141	0.0242	−0.0198	0.0122
$W\times$INS	0.0104**	0.0047	0.0135*	0.0072	0.0171*	0.0091	0.0183**	0.0079
$W\times$GL	−0.0146	0.0153	−0.0198	0.0359	−0.0155	0.0285	−0.0251	0.0169
$W\times$RHC	0.0138***	0.0038	0.0118***	0.0028	0.0108***	0.0028	0.0124***	0.0036
$W\times$IT	0.0019*	0.0011	0.0018	0.0017	0.0014*	0.0008	−0.0011	0.0012

变量	模型 1		模型 2		模型 3		模型 4	
	系数	标准误	系数	标准误	系数	标准误	系数	标准误
ρ	0.2778***	0.0909	0.2627***	0.0665	0.2551***	0.0922	0.2664***	0.0918
时间固定	控制		控制		控制		控制	
地区固定	控制		控制		控制		控制	
LogL	503.0029		308.4294		502.2589		504.1555	
R^2	0.3583		0.3420		0.3582		0.3652	

*、**、***分别表示在 10%、5%、1%的水平上显著

5.5.4 异质性检验

1. 基于试点区与非试点区的比较

2016 年，为了贯彻落实《国务院办公厅关于推进农村一二三产业融合发展的指导意见》精神，中央财政专项安排 12 亿元，重点支持安徽、重庆、贵州、黑龙江、江苏、江西、辽宁、山东、河南、湖北、湖南、浙江共 12 个省市开展农村产业融合发展试点工作。因此，本章将以上 12 个省市作为试点区，将其他 18 个省区市作为非试点区，以此检验数字普惠金融对农村产业融合发展的影响效应在不同区域的异质性。从农村产业融合发展综合指数的变动趋势（图 5-3）来看，试点区各省区市农村产业融合发展的平均值明显高于非试点区，而且两者之间的绝对差距略有扩大趋势。

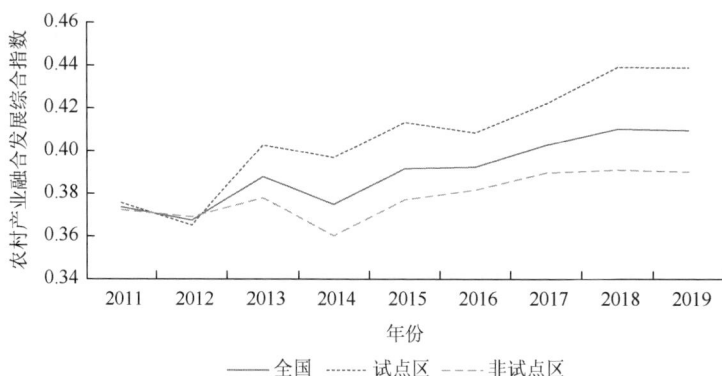

图 5-3　2011~2019 年全国及各区域农村产业融合发展水平变化趋势

首先，检验数字普惠金融对农村产业融合发展的影响效应在试点区与非试点

区的异质性，回归结果见表 5-13 中的（1）列和（5）列，控制变量及其滞后项的回归结果未列出，备索。从结果可知，在试点区和非试点区样本下，数字普惠金融指数的回归系数分别为 0.0419 和 0.0201，其空间滞后项的回归系数分别为 0.0292 和 0.0277，且全部通过了显著性检验，说明无论是试点区还是非试点区，数字普惠金融均有助于促进本地和周边地区的农村产业融合发展。横向比较两个样本下的回归系数可知，试点区数字普惠金融对农村产业融合发展的作用效应明显高于非试点区，而且空间溢出效应也略强于非试点区。在试点区，中央和地方财政都投入了大量专项资金支持农村产业融合发展，对传统金融机构支持农村产业融合发展产生了重要的引导作用和强化作用（张林和温涛，2019b）。鉴于数字金融与传统金融在发展目标、信贷模式等方面都存在较大差异，数字普惠金融对农村产业融合发展的促进作用在试点区更强的原因是否为财政支持的强化作用，还有待进一步检验。

表 5-13　基于试点区与非试点区的比较

变量	试点区				非试点区			
	（1）	（2）	（3）	（4）	（5）	（6）	（7）	（8）
DF	0.0419*** (0.0103)				0.0201** (0.0097)			
Width		0.0086** (0.0039)				0.0071 (0.0050)		
Depth			0.0526** (0.0217)				0.0356** (0.0163)	
Digital				0.0062*** (0.0013)				0.0056 (0.0045)
$W \times$ DF	0.0292** (0.0141)				0.0277* (0.0157)			
$W \times$ Width		0.0114* (0.0640)				0.0170 (0.0197)		
$W \times$ Depth			0.1112* (0.0606)				0.1452*** (0.0411)	
$W \times$ Digital				−0.0153 (0.0491)				−0.0075 (0.0227)
控制变量	控制	控制	控制	控制	控制	控制	控制	控制
ρ	0.2244*** (0.0733)	0.2294*** (0.0735)	0.2250*** (0.0770)	0.2358*** (0.0746)	0.1267** (0.0611)	0.1328** (0.0656)	0.1487** (0.0699)	0.0768** (0.0341)
时间固定	YES	YES	YES	YES	YES	YES	YES	YES
地区固定	YES	YES	YES	YES	YES	YES	YES	YES
LogL	211.5849	254.7480	255.4993	254.4058	312.6717	310.1771	310.7043	313.0434
R^2	0.3721	0.2455	0.1978	0.1364	0.3287	0.3107	0.3127	0.3396

注：括号内为稳健性标准误

*、**、***分别表示在 10%、5%、1%的水平上显著

其次，本章将进一步检验数字普惠金融影响农村产业融合发展的作用机制在试点区与非试点区是否存在异质性。囿于篇幅，本章仅显示采用覆盖广度、使用深度和数字化程度三类分指数对作用机制异质性的检验结果，表 5-13 显示，在试点区，覆盖广度、使用深度和数字化程度的回归系数都显著为正，说明在试点区支付便利性机制和流动性约束机制均成立。在非试点区，使用深度指数的回归系数显著为正，覆盖广度和数字化程度的回归系数均为正，但不显著，说明在非试点区流动性约束机制成立，而支付便利性机制不成立。可能的原因在于，试点区农村产业融合发展水平高，经济效益逐渐突显，项目资金周转顺畅，同时在相关政策尤其是财政专项资金的引导和支持下，各类金融机构对农业农村领域的金融产品和金融服务投放逐渐增多，数字金融支农效率和服务质量不断提升，数字普惠金融与农村产业融合发展之间逐渐形成良性互动关系。在非试点区，大多数省份农村地区偏远落后，农业基础比较薄弱，农村产业融合发展仍处于多样化产业融合模式探索阶段，相关农业经营主体也仍处于创业初期，资金需求量大，数字信贷、数字金融、数字保险等数字金融服务的快速发展为其提供了更多的融资选择，可以在一定程度上缓解农业经营主体的融资难、融资贵、融资慢问题。

2. 基于数字普惠金融发展水平的分组比较

已有相关研究表明，数字普惠金融在对产业结构升级、居民创业、农业产业化等多个方面产生影响时均存在基于自身水平的门槛效应，即数字普惠金融在不同的发展水平阶段对产业发展产生的影响效应各不相同，只有超过相应的门槛值后才能真正发挥出正向作用（唐文进等，2019；张林和温涛，2020；章成等，2021）。鉴于此，本章首先采用面板门槛模型检验数字普惠金融对农村产业融合发展的影响作用是否也存在门槛效应。基于全样本的门槛效应检验结果显示，数字普惠金融对农村产业融合发展的影响作用也存在基于自身发展水平的单门槛效应，门槛值为 5.1009（对应的数字普惠金融发展指数为 164.17）。当数字普惠金融发展水平超过门槛值后，其回归系数显著为正，即数字普惠金融对农村产业融合发展具有促进作用；当数字普惠金融发展水平低于门槛值时，其回归系数为正，但不显著，即数字普惠金融没能有效促进农村产业融合发展。

在此基础上，本章以门槛值为分组依据，将 30 个省区市分为数字普惠金融高水平区域和低水平区域，数字普惠金融指数历年平均值低于门槛值的为低水平区域，历年平均值高于门槛值的为高水平区域。基于数字普惠金融高水平分组的检验结果如表 5-14 所示。在实证研究过程中，我们也使用数字普惠金融的历年均值（5.1513）进行了分组处理，发现两种情况下的结果基本一致，因此本章仅以第一种分组进行检验。从表 5-14 中结果可以看出，在数字普惠金融指数相对较高的区域，在控制其他影响因素的情况下，数字普惠金融指数、覆盖广度、使用深度和数字化程度三个分指数及其空间滞后项的回归系数全部显著为正，说明数字普惠金融对本地及周边地区农村产业融合发展具有显著的促进作用，支付便利性机制和流动性约束机制在高水平区域均成立。在数字普惠金融指数相对较低的区域，数字普惠金融指数及其空间滞后项的系数都为正，但不显著，说明在低水平区域，数字普惠金融尚未对农村产业融合发展产生明显的促进效应。这也印证了门槛模型的回归结果。分指数方面，仅有使用深度指数的回归系数显著为正，而覆盖广度和数字化程度的回归系数为正，都不显著。这说明在数字普惠金融发展水平较低的区域，流动性机制成立，而支付便利性机制不成立，即数字普惠金融发展主要通过减缓流动性约束来影响农村产业融合发展。

表 5-14　基于数字普惠金融发展的高水平区域和低水平区域的比较

变量	数字普惠金融高水平区域				数字普惠金融低水平区域			
	（1）	（2）	（3）	（4）	（5）	（6）	（7）	（8）
DF	0.0519*** (0.0113)				0.0125 (0.0109)			
Width		0.0151** (0.0076)				0.0167 (0.0145)		
Depth			0.0322** (0.0158)				0.0256** (0.0124)	
Digital				0.0074** (0.0035)				0.0061 (0.0042)
$W \times DF$	0.0178** (0.0076)				0.0089 (0.0072)			
$W \times Width$		0.0044* (0.0025)				0.0056 (0.0041)		
$W \times Depth$			0.0125** (0.0059)				0.0166** (0.0079)	
$W \times Digital$				0.0028** (0.0013)				−0.0033 (0.0025)
控制变量	控制	控制	控制	控制	控制	控制	控制	控制
ρ	0.2574*** (0.0735)	0.2469*** (0.0698)	0.2388*** (0.0714)	0.2501*** (0.0752)	0.1984*** (0.0694)	0.1266* (0.0692)	0.2012*** (0.0671)	0.1640** (0.0759)
时间固定	YES	YES	YES	YES	YES	YES	YES	YES
地区固定	YES	YES	YES	YES	YES	YES	YES	YES
LogL	280.5109	278.4462	283.1278	270.1436	250.1126	244.6518	249.1855	256.1324
R^2	0.3125	0.3243	0.2987	0.3017	0.3046	0.2875	0.2154	0.2649

注：括号内为稳健性标准误
*、**、***分别表示在 10%、5%、1%的水平上显著

结合数字普惠金融的指标体系和农村数字金融使用的实际情况可知，这一结果是比较符合农村实际的。数字普惠金融指标体系中，覆盖广度的具体衡量指标主要包括 3 个，分别为"每万人拥有支付宝账号数量""支付宝绑定银行卡用户比例""平均每个支付宝账号绑定银行卡数"，数字化程度的具体衡量指数主要包括10 个，分别为移动支付笔数和金额的占比、小微经营者和个人的平均贷款利率、花呗支付笔数和金额的占比、芝麻信用免押笔数和金额占比、用户二维码支付笔数和金额占比。在数字普惠金融发展水平相对较低的省份，农村居民使用移动支付、二维码支付主要集中于日常消费的小额零星收支，而且使用微信钱包支付的比例明显高于支付宝，花呗的信用额度比较小、周期短，也只能满足一些短期小额资金需求，农业生产经营投资的大额资金需求只能通过银行贷款等方式解决。所以，在低水平区域数字普惠金融的覆盖广度和数字化程度对农村产业融合发展的作用不显著。使用深度中的信贷业务、信用业务发展为农业经营主体提供了更方便的融资服务，拓宽了农业经营主体的融资渠道，可以减缓农业生产经营过程中的流动性约束，进而促进农村产业融合发展。

5.6　本章小结

本章首先从理论上阐释了数字普惠金融影响农村产业融合发展的作用机理并提出研究假说，然后利用 2011～2019 年 30 个省区市的面板数据建立空间杜宾模型，实证研究了数字普惠金融对农村产业融合发展的影响效应、作用机制和区域异质性问题。研究发现：①中国数字普惠金融与农村产业融合发展均存在显著的空间集聚特征，且主要表现为"高-高"和"低-低"两种集聚类型。②考察期内，数字普惠金融有助于促进农村产业融合发展，而且 2015 年开始试点以后该作用更加明显；数字普惠金融发展对周边地区的农村产业融合发展具有空间溢出效应，但其对本地的直接效应要明显高于对周边地区的间接效应。作用机制方面，数字普惠金融主要通过提高支付便利性和缓解流动性约束两种渠道对农村产业融合发展产生影响作用。③分样本的进一步研究发现，数字普惠金融对试点区农村产业融合发展的影响作用大于非试点区；数字普惠金融对农村产业融合发展的影响作用存在基于数字普惠金融发展水平的单门槛效应，在数字普惠金融低水平区域，其对农村产业融合发展的影响作用不显著，在数字普惠金融高水平区域，其对农村产业融合发展的影响作用显著为正。数字普惠金融影响农村产业融合发展的作用机制也存在显著差异性，在农村产业融合发展试点区和数字普惠金融高水平区域，支付便利性机制和流动性约束机制均成立，在农村产业融合发展非试点区和数字普惠金融低水平区域，只有流动性约束机制发挥作用，支付便利性机制不成立。

　　因此，本章认为要充分发挥数字普惠金融对农村产业融合发展的促进作用及其空间溢出效应，首要任务在于解决农村产业融合发展中的资金需求问题，这需要各地区协同发力加快推进数字普惠金融发展并跨越门槛值，提高农村数字普惠金融的覆盖广度和使用深度，同时为数字普惠金融支持农村产业融合发展创造良好的外部条件，从而充分发挥数字普惠金融的流动性约束减缓作用，缓解农业经营主体融资难问题。具体而言，可以从以下几个方面着手：一是各地方政府协同推进农村数字普惠金融发展，多措并举不断提升数字普惠金融覆盖广度，助力数字普惠金融低水平区域跨越门槛值。以城市经济圈为基础，联合制定数字普惠金融发展战略，各地方政府联合其他相关部门共同发力，协同推进区域内各省份或各城市的数字普惠金融发展水平，提升农村数字普惠金融覆盖广度，实现数字普惠金融"1＋1＞2"的空间溢出效应。在数字普惠金融发展水平较低的省份，地方财政资金引导，农业部门、通信部门、科技部门等多方联合出资出力，实施村级联动机制，统一规划建立设备先进、服务齐全的农村数字普惠金融服务站（室），并配置专业工作人员，提高农村数字普惠金融覆盖面，同时不断加快推进农村 5G 网络、互联网终端建设，强化农村地区信号基站布局，提高农村互联网普及率，助力数字普惠金融发展跨越门槛值。二是设计与农村特征相符合的数字金融产品与服务，提高农村数字普惠金融供求匹配度，有效解决农业经营主体融资难、融资贵、融资慢的问题。在风险可控的前提下，鼓励各类金融机构下沉创新权限，允许县域金融机构根据当地实际情况，设计操作简单、交易便捷、"接地气"的数字信贷产品与数字金融服务，简化数字普惠金融服务手续和流程，减缓数字普惠金融的供需结构性失衡。加快推进电子签名、视频签约、人脸识别等信息技术在数字普惠金融领域的合法应用，开发可以简单几步完成甚至一键完成的数字金融移动终端，提供跨地域电话支付结算、视频转账等金融服务，实现金融产品生产数字化、消费网络化、交易信息化，提高金融服务效率和降低农业经营主体的融资成本。三是加强农业经营主体数字金融素养培训，减少农村居民对数字普惠金融的自我排斥，提升农村数字普惠金融使用深度。组建数字普惠金融宣讲团和专业技能培训团，或是开办数字普惠金融夜校，发放数字普惠金融基础知识宣传小册子，制作关于数字普惠金融使用的讲解视频，加强对农村居民尤其是新型农业经营主体负责人的数字金融基础知识教育和基本操作技能培训，帮助农村居民逐渐跨越数字鸿沟，提高农村居民对网络诈骗的鉴别与防范能力，从而使农村居民"会使用""想要用""敢于用""愿意用"数字普惠金融产品和服务，最终提高农村数字普惠金融使用深度。

第6章 数字普惠金融与农民增收：微观经验证据

6.1 引　言

随着互联网、云计算、大数据、人工智能和区块链等数字技术的快速发展和广泛应用，人类社会逐步迈入数字经济时代。数字普惠金融作为数字技术与金融服务高度融合的产物，有望通过金融组织与金融服务等方面的创新，不断缩小数字鸿沟，解决农村普惠金融发展长期面临的收益低、成本高、效率与安全难以兼顾等瓶颈问题，缓解小微企业及农村地区"融资难、融资贵"的难题，为打通农村金融服务"最后一公里"提供新的解决思路，为全面实施乡村振兴战略提供金融支持。2019年印发的《人民银行 银保监会 证监会 财政部 农业农村部关于金融服务乡村振兴的指导意见》明确提出，到2020年"基本实现乡镇金融机构网点全覆盖，数字普惠金融在农村得到有效普及"。2020年中央一号文件则明确提出"开展国家数字乡村试点"。数字经济、数字普惠金融正成为促进农村经济发展和提高农村居民生活水平的关键力量。

在政策引导及互联网快速普及的推动下，我国农村数字普惠金融发展如火如荼。根据中国互联网络信息中心提供的数据，2020年6月，我国农村地区网民规模为2.85亿人，农村地区互联网普及率达到52.3%，农村网络支付用户预计在1.96亿~2.44亿人[①]，占农村人口的比重为35.97%~44.82%；截至2022年6月，我国农村地区网民规模上升到2.93亿人，占网民整体的27.9%，农村地区互联网普及率为58.8%，农村网络支付覆盖率大幅提高[②]。蚂蚁金服、京东金融等综合性数字普惠金融平台积极开拓农村市场，翼龙贷、农信互联等涉农网络借贷平台已经在多个省份向农村地区累计提供上千亿元的信贷资金[③]，新希望、伊利集团等龙头企业纷纷设立互联网金融平台，中国农业银行、农村商业银行等传统涉农机构也在加速金融业务数字化布局，大力拓展农村金融服务渠道，降低服务成本。数字普惠金融表现出极强的生命力，在农村地区发展势头强劲，深受广大农村居民喜爱，对居民的生产和生活至关重要。在新冠疫情

---

① 中国互联网络信息中心发布的第46次《中国互联网络发展状况统计报告》。
② 中国互联网络信息中心发布的第51次《中国互联网络发展状况统计报告》。
③ 根据《中国"三农"互联网金融发展报告（2017）》的统计数据，截至2016年底，翼龙贷等涉农数字金融机构向"三农"领域累计提供信贷资金超过1050亿元。

全球肆虐的背景下，数字普惠金融有力地促进了企业复工复产，成为各级政府救助小微企业及困难群体、促进消费复苏的重要渠道。可以预期，在后疫情时代用户对无接触式金融服务的价值认同会进一步提高，金融数字化转型必将进一步加速。

数字普惠金融具有低成本、广覆盖、可持续的优势，在很大程度上突破了物理网点、人工成本的束缚。快捷便利的数字支付激发了居民网上购物行为，并催生了在线投融资、保险、证券、基金等各项金融服务，便利居民缴纳水、电、燃气等生活费用。这一方面降低了交易成本和金融门槛，另一方面也可以积累信用，提供征信记录，为居民保持良好信用记录提供激励。数十亿数字金融用户高频、广泛的线上行为积累了海量数据，数字普惠金融机构通过大数据、云计算、人工智能等创新技术深度挖掘用户的各种在线金融交易与其他行为数据以形成信用评分，进而为借贷款的审核、发放以及风险控制等金融业务提供依据。这极大突破了传统金融对合格抵押物、征信记录、政府担保等信息的依赖，降低了信贷服务的获得成本，提高了受众范围和风控能力，有利于实现金融资源的精准投放和提高信贷资金的配置效率。这说明数字普惠金融发展有助于提高金融可得性和普惠性，可以惠及被传统金融排斥的大量农村居民，有助于缓解他们的金融约束，获得便利低成本的支付、投融资服务，并改善他们的消费行为，促进他们的创业、投资、经营及就业活动，进而促使家庭收入增长。

农民增收关系着我国几亿农村居民的社会福祉，是提高农村居民生活水平和缩小城乡差距的重要基础，也是乡村振兴最核心的任务。首先，经过改革开放四十余年的发展，农村居民收入水平有较大提高，但相对于城市居民，其收入水平依然较低，城乡收入差距依然较大。其次，大量的农村低收入人口使得农村地区成为我国脱贫攻坚阶段的主战场和全面建成小康社会的重要挑战，也是解决相对贫困的主战场。最后，随着宏观经济的转型及增速减缓，农民收入持续增长面临着严峻挑战。当前，国际政治经济环境不断恶化，我国经济发展仍然面临转型升级压力，经济增速持续放缓，农村经济发展状况并不乐观，农民持续增收面临多重压力，系统、客观地讨论农户数字普惠金融使用对其家庭增收的影响，从数字普惠金融、数字经济的发展中，寻找促进农民收入增长的新渠道显得极为重要。现有关于数字普惠金融影响农户增收的实证研究依然不足，以往研究大多基于理论分析和政策讨论，偶有实证研究也仅从供给方的视角进行讨论（张勋等，2019），从需求主体，即数字普惠金融使用的视角探讨数字普惠金融影响农户家庭增收及传导机制的文献较为缺乏。基于上述背景，本章利用2017年CHFS数据，从数字普惠金融需求方的视角研究数字普惠金融使用对农户家庭增收的影响效应及传导机制，对现有文献作一个有益的补充。

6.2　文献综述与研究创新

6.2.1　文献分析

首先是金融发展影响农民收入增长的文献。经典文献认为金融发展可以优化资源配置，进而有助于促进经济增长（King and Levine，1993），农民由于自有资本极为有限，信贷资金投入对农民收入提高是必不可少的。金融发展是解决现代经济中贫困问题的重要手段，是提高农村资源配置效率和促进农民收入增长的重要途径。农村金融市场向农民提供资金支持，增加了化肥和拖拉机的使用，带来更高的农业生产率，促进农民收入增长。然而，温涛等（2005）研究表明，我国金融发展对农民收入增长表现出显著的负效应，金融发展与经济增长的正向关系不能直接替代金融发展与农民收入增长的关系，需要防止中国金融发展中存在的结构和功能失衡。也有研究表明，农村金融发展对农民收入的影响不能一概而论。余新平等（2010）研究发现，农村存款、农业保险赔付与农民收入增长呈正相关，而农村贷款、农业保险收入与农民收入增长呈负相关。丁志国等（2012）研究发现，我国农村信贷存在结构失调和产出效率"瓶颈"，进而制约了农村金融对经济发展的促进作用，需要创新农村金融机构和避免农村经济发展过程中存在的资金"失血"问题。

由此可见，传统金融在促进农民增收方面存在着不足。建立在互联网等创新技术基础上的数字普惠金融，可以降低金融对物理网点的依赖，具有更强的时空穿透力和低成本优势，为欠发达地区提供金融服务创造了条件，从而有助于改善农村地区金融资源可得性，缓解中小企业及农户的融资约束，改善资源配置效率，为落后地区实现经济赶超提供了可能（李继尊，2015）。张勋等（2019）研究表明，数字普惠金融显著地提升了家庭收入，尤其是农村低收入群体的收入。刘丹等（2019）利用中国 2011～2015 年 29 个省（自治区、直辖市）的面板数据，采用空间计量模型分析表明，数字普惠金融对农民非农收入增长具有显著的空间溢出效应。任碧云和李柳颖（2019）基于京津冀地区 2114 位农村居民的调查数据研究表明，数字支付、数字借贷和数字服务可得性有助于促进农村包容性增长。显然，数字普惠金融对农户收入增长效应及微观传导机制的研究还有待加强。

其次是非农就业的相关文献。舒尔茨指出提高农村居民非农就业水平是提高农民收入的重要途径。长期以来，我国农业部门、农村地区存在大量剩余劳动力，创造更多的非农就业岗位，实现劳动力由产出效率较低的农业部门向非农部门转移对提高农民收入具有重要意义。林毅夫（2002）认为农村劳动力流动极大促进了城乡社会经济的共同发展，并有助于促进农民收入水平提高。钱文荣和郑黎义（2011）认为农村劳动力外出务工总体上对农民收入增长产生了不利影响，主要原因在于务工人员向农村的汇款不足以抵补劳动力流失带来的消极影响。肖卫和肖琳子（2013）的研究表明农业劳动力流向现代部门对农民家庭收入产生了显著的正向影响。方观富和许嘉怡（2020）基于中国数字普惠金融指数和中国家庭追踪调查数据的研究表明，数字普惠金融促进了居民就业，增加了工作收入。何宗樾和宋旭光（2020b）的研究显示数字经济能够促进非农就业，特别是受雇型非正规就业。很明显，关于数字普惠金融对农户非农就业影响的研究并不多见，但是结合上述数字普惠金融与居民创业活动以及数字普惠金融与产业结构的研究（唐文进等，2019；杜金岷等，2020），可以预期数字普惠金融能够提高农户非农就业水平，进而提高农户家庭收入。

上述分析表明，关于数字普惠金融影响居民创业、家庭收入的文献也逐渐增加，但是这些研究更多是从金融供给方的视角针对全体居民家庭进行研究的（张勋等，2019），专门针对农村家庭的研究较少。少数研究从需求方的角度探讨数字普惠金融使用对家庭增收的影响（尹志超等，2019b），但是它们考察的范围仅限于京津冀地区，从非农就业的视角讨论数字普惠金融影响农户收入的文献则更为少见。此外，现有文献可能忽略的一个问题是：不使用数字普惠金融的家庭是否能从数字普惠金融发展中获得收益？就本章的研究内容而言就是不使用数字普惠金融的农户，其家庭收入是否受到其他农户数字普惠金融使用行为的影响。对此，现有文献并没有给出明确回答。

6.2.2　研究创新

本章力图在以下几个方面有所创新，以丰富数字普惠金融、家庭创业和非农就业与农户增收的文献。第一，利用 CHFS 数据，从微观层面讨论农户数字普惠金融使用对家庭收入以及收入结构的影响（即农业收入和非农收入），并从农户非农就业的视角讨论内在的机制。第二，通过引入社区数字普惠金融水平这一变量，讨论其他农户的数字普惠金融行为对不使用数字普惠金融农户的家庭增收、创业行为及非农就业的影响，同时考察社区数字普惠金融水平提升给使用数字普惠金融的农户增收带来的影响，发现农户数字普惠金融行为具有显著的外溢效应。第三，通过分位数回归（quantile regression）、分组估计的方法讨论了数字普惠金融影响异质性农户家庭增收效应的多维特征。

6.3　研究设计：模型、变量与数据

6.3.1　模型设定

1. 收入效应分析：数字普惠金融与农户家庭收入

首先建立数字普惠金融使用与农户家庭收入增长之间的模型，采用 OLS、

2SLS（two stage least squares，两阶段最小二乘法）、PSM 等方法进行估计，以检验数字普惠金融使用对农户家庭收入的影响。y_i 表示农户家庭总收入，家庭成员是否使用数字普惠金融用 df_i 表示。农户家庭总收入取对数，实证模型如下：

$$y_i = \gamma_0 + \gamma_1 \mathrm{df}_i + \gamma_2' X_i + \varepsilon_i \tag{6-1}$$

其中，γ_1 表示数字普惠金融使用对农户家庭总收入的影响；X_i 表示户主信息、家庭层面及所在地区的控制变量；ε_i 表示随机扰动项。

其次是社区数字普惠金融水平与农户家庭收入增长。数字普惠金融发展能够降低金融门槛，缓解弱势家庭面临的金融约束，通过大数据、人工智能等创新技术以及金融产品服务、流程和组织的创新，能够更准确地识别出效率更高的生产部门和经济主体、还款能力和还款意愿更强的金融消费者，有助于扩大消费、促进更有效的投资，从而促进经济增长和就业机会的增加。因此，农户数字普惠金融行为可能对其他农户家庭收入具有溢出效应，即使这些家庭不使用数字普惠金融也可以因其他家庭的数字普惠金融行为而获益。此外，在互联网经济环境中，网络产品具有兼容性，任何市场主体的经济行为都与别人的经济结果相联系，外部性问题普遍存在。建立在互联网基础上的数字普惠金融具有金融的属性，也具备网络经济的外部性特征，农村居民家庭收入增长除了与家庭数字普惠金融使用有关，还与他人的数字普惠金融使用行为有关。换句话说，其他家庭的数字普惠金融行为会影响农户家庭使用数字普惠金融获得的收入。为了检验社区数字普惠金融水平对不使用数字普惠金融农户家庭收入增长的溢出效应，构建如下实证模型：

$$y_i = \gamma_0 + \alpha p_j + \gamma_1 \mathrm{df}_i + \gamma_2' X_i + \varepsilon_i \tag{6-2}$$

其中，j 表示社区；p 表示社区数字普惠金融水平；α 表示社区数字普惠金融水平对不使用数字普惠金融家庭收入增长的溢出效应。更进一步，对社区数字普惠金融水平进行分组，考察不同水平下社区数字普惠金融的溢出效应差异。

2. 传导机制：数字普惠金融与家庭非农就业水平

农户工商企业经营活动和经营水平的提高为农村居民带来更多非农就业机会，进而提升农村创业家庭和非创业家庭的非农就业水平。此外，数字普惠金融缓解了金融约束，有助于提高农村居民消费水平、加速人力资本积累、增加财经信息的接触和感知力度，进而提高农村居民非农就业的能力。因此，数字普惠金融使用可能通过非农就业水平影响农户家庭收入，为检验这一机制，本章用 job 表示农户非农就业水平，建立如下模型：

$$\mathrm{job}_i = \beta_0 + \beta_1 \mathrm{df}_i + \gamma_2' X_i + \mu_i \tag{6-3}$$

蓬勃发展的数字普惠金融不可避免地对传统金融行业造成冲击（战明华等，2018），加速了中国利率市场化进程，加剧了金融市场的竞争程度，导致银行资产端风险承担偏好上升，借贷利率和净息差有所下降（邱晗等，2018），这有助于提升农村地区信贷获得水平。此外，农村家庭之间存在学习效应以及就业机会在非创业家庭之外的溢出效应，不使用数字普惠金融的农户在非农就业方面可能受到其他农户数字普惠金融行为的影响。本章将社区数字普惠金融水平引入式（6-3），考察社区数字普惠金融水平对不使用数字普惠金融农户的非农就业水平是否具有溢出效应。

6.3.2 变量选择

1. 农户家庭总收入

本章采用 CHFS 数据库中农村居民家庭总收入作为农户家庭总收入的代理指标，并将其分解为家庭农业收入和非农收入两个部分。借鉴尹志超等（2019b）的做法，若农户家庭总收入大于零，则对家庭总收入取对数；若农户家庭总收入小于零，则先将负值取绝对值再取其对数的负值。

2. 数字普惠金融

黄益平和黄卓（2018）指出数字普惠金融是互联网公司和传统金融机构利用互联网及现代信息技术提供支付、融资、投资及其他新型金融服务的业务模式。随着现代经济信息化、数字化的快速演进，数字普惠金融，特别是数字支付已经成为数字经济时代的金融基础设施，成为推进金融普惠和包容性增长的重要手段。本章从两个层面考察数字普惠金融，农户层面的数字普惠金融使用和社区层面的数字普惠金融水平。就农户层面的数字普惠金融使用，参照已有文献（尹志超和张号栋，2018）的做法，如果家庭成员在购物时选用"刷卡""电脑支付""移动终端"中的任意一种，则认为家庭使用数字普惠金融，即"数字普惠金融使用"＝1，否则为 0。就社区层面而言，本章将社区家庭数字普惠金融使用比重作为社区数字普惠金融水平的代理变量，取值范围为 0～1。

3. 非农就业水平

非农就业一般是指农村居民在农业以外的其他行业就业，长期以来，我国农村家庭人均耕作土地面积较小，农业经济效益较低，寻找农业以外的就业机会成为农村家庭收入增长的重要来源。CHFS 问卷调查了家庭成员工作单位的类型，本章将样本农村家庭成员中除了"耕作经营承包土地"的就业人数占家庭 16 岁及以上人口的比值作为农户家庭非农就业水平的代理指标，取值为 0～1。

4. 其他变量

参照以往研究家庭收入的相关文献（张勋等，2019；尹志超等，2019b），本章的研究中，控制了户主特征（年龄及年龄的平方、性别、文化程度、政治面貌、婚姻状况及风险态度）、家庭特征（家庭人口、少儿比例、老年比例、不健康比例）、上网行为、物质资本、社会资本及所在区域的经济政策特征（地区经济发展、财政支农）。此外，本章在回归中还加入了地区虚拟变量，以控制不同省份的情况差异。

6.3.3　数据来源

本章使用的微观数据来自西南财经大学 2017 年的 CHFS 数据。该数据库采用三阶段、分层、PPS 抽样设计，全面收集中国家庭金融微观信息，是国内外学者研究中国家庭金融问题的高质量微观数据库。CHFS 提供的样本覆盖了全国除新疆、西藏、香港、澳门和台湾外的 29 个省（自治区、直辖市），355 个县（区、县级市），1428 个社区，包含了 40 011 户城乡家庭的微观数据。其中农村住户12 732 户，包括家庭人口特征、就业情况、资产负债、支出与收入、金融知识与主观态度、教育水平等方面的详细信息。数据库汇总了家庭总收入和农业收入的情况，记载了家庭是否经营工商企业及项目的经营情况，家庭成员工作单位的类型，家庭在购物时使用的支付方式。这些详尽的调查资料为本章研究数字普惠金融、农户非农就业和农户家庭增收提供了有效的数据支持。由于农户家庭收入可能受到宏观经济发展和政府农村政策的影响，本章还控制了地区经济发展水平和财政支农水平，这部分数据来自国家统计局网站。

6.3.4　变量描述性统计

CHFS 数据库已经对家庭总收入、项目营业收入和经营利润进行了缩尾处理，本章剔除关键变量缺失值和户主年龄小于 16 岁的样本，共得到全国 12 724 个农村家庭的样本数据。此外，项目营业收入和经营利润仅存在于创业家庭样本，且存在数据缺失，营业收入和经营利润的样本分别为 1174 个和 1012 个。表 6-1 汇报了变量定义及描述性统计结果。数据显示，非农收入是农户家庭收入最重要的组成部分；使用数字普惠金融的农户占全部农户的 13.6%，社区数字普惠金融水平差异较大；家庭平均非农就业水平为 0.294。

表 6-1　变量描述性统计

变量名	定义	观测值	平均值	标准差	最小值	最大值
家庭总收入	家庭总收入的对数值	12 724	9.452	3.278	−13.816	15.425
农业收入	农业收入的对数值	12 724	5.161	5.556	−13.026	14.374
非农收入	非农收入的对数值	12 724	8.974	2.791	−13.816	15.425
数字普惠金融使用	数字普惠金融使用 = 1，否则 = 0	12 724	0.136	0.343	0.000	1.000
社区数字普惠金融水平	社区使用数字普惠金融家庭占比	12 724	0.136	0.124	0.000	0.810
营业收入	项目营业收入的对数值	1 174	10.646	1.529	6.735	15.895
经营利润	项目盈利金额的对数值	1 012	10.130	1.404	2.565	15.425
非农就业水平	非农就业比例	12 724	0.294	0.320	0.000	1.000
性别	男性 = 1，否则 = 0	12 724	0.888	0.315	0.000	1.000
年龄	2017−出生年份	12 724	56.951	12.300	17.000	117.000
文化程度	教育年限	12 724	6.987	3.460	0.000	19.000
政治面貌	中共党员 = 1，否则 = 0	12 724	0.108	0.310	0.000	1.000
婚姻状况	结婚 = 1，否则 = 0	12 724	0.873	0.333	0.000	1.000
风险偏好	风险偏好 = 1，否则 = 0	12 724	0.065	0.246	0.000	1.000
风险厌恶	风险厌恶 = 1，否则 = 0	12 724	0.627	0.484	0.000	1.000
家庭人口	家庭总人口数	12 724	3.539	1.760	1.000	15.000
少儿比例	16 岁以下人口/总人口	12 724	0.113	0.163	0.000	0.833
老年比例	60 岁及以上人口/总人口	12 724	0.363	0.397	0.000	1.000
不健康比例	不健康人口/总人口	12 724	0.253	0.327	0.000	1.000
物质资本	家庭城镇房产的数量	12 724	0.054	0.241	0.000	3.000
上网行为	上网 = 1，否则 = 0	12 724	0.232	0.422	0.000	1.000
社会资本	给予非家庭成员的支出	12 724	5.025	3.688	0.000	12.206
地区经济发展	人均地区生产总值	12 724	10.837	0.335	10.227	11.680
财政支农	财政支农/人均地区生产总值	12 724	0.348	0.379	0.174	3.417

注：根据问卷及数据库提供的数据，营业收入包括收入为零的项目，经营利润反映利润为正的项目，数据库没有提供项目利润小于或等于零的资料

表 6-2 和表 6-3 汇报了分组描述性统计结果。表 6-2 显示，使用数字普惠金融及存在非农就业农户的家庭总收入、农业收入、非农收入及非农收入占比均高于不使用数字普惠金融及不存在非农就业的家庭。表 6-3 显示，使用数字普惠金融农户的项目营业收入、经营利润和非农就业水平均高于不使用数字普惠金融的农

户。数字普惠金融使用与农户家庭非农就业水平、家庭总收入的正相关性非常明显。但是数字普惠金融使用是否通过非农就业影响农户家庭收入，以及不使用数字普惠金融的家庭是否能从其他家庭的数字普惠金融行为中获得收益，还需要运用计量模型进行严格的实证分析。

表 6-2　收入分组描述统计

变量	是否使用数字普惠金融		是否存在非农就业	
	使用数字普惠金融	不使用数字普惠金融	存在非农就业	不存在非农就业
家庭总收入/元	117 384.7	38 964.0	72 267.7	21 929.9
农业收入/元	22 650.2	9 552.5	12 462.7	9 954.9
非农收入/元	94 734.5	29 411.5	59 805.0	1 1975.0
非农收入占比	80.70%	75.48%	82.76%	54.61%

表 6-3　家庭创业和非农就业分组描述

变量	营业收入/元	经营利润/元	非农就业水平
使用数字普惠金融	287 315.6	114 845.8	0.492
不使用数字普惠金融	90 031.68	47 280.1	0.263

6.4　数字普惠金融与农民收入

6.4.1　数字普惠金融使用与农户家庭收入

1. 基准结果分析

本章按收入来源将家庭总收入分解为农业收入和非农收入，表 6-4 报告了基于 OLS 估计的结果，初步反映了数字普惠金融使用对农户家庭收入增长的影响。模型（1）～（3）是基于全样本的估计结果。模型（1）显示数字普惠金融使用对家庭总收入估计系数为 0.346，且通过了 1% 的显著性水平检验，与不使用数字普惠金融的家庭相比，使用数字普惠金融可以使农户家庭总收入增长了 41.3%[①]。模型（2）显示数字普惠金融使用对农业收入的估计系数为–0.694，且通过了 1% 的显著性水平检验，使用数字普惠金融使农户家庭农业收入下降了 50%。模型（3）显示数字普惠金融使用对非农收入的估计系数为 0.523，且通过了 1% 的显著性水

---

① 根据 exp(x)–1，其中 x 为数字普惠金融使用的系数。

平检验，使用数字普惠金融可以使非农收入增长 68.71%。模型（4）～模型（6）采用剔除家庭总收入小于或等于零的样本对模型进行估计，结论与全样本的分析结论基本一致。这说明数字普惠金融使用总体上促进了农户家庭收入增长，并改变了家庭收入结构。具体来看，数字普惠金融使用与农业收入显著负相关，与非农收入显著正相关。这可能是使用数字普惠金融的家庭有更多非农就业和工商企业经营的机会，与此同时减少了农业生产经营活动，形成了非农收入对农业收入的替代，并且非农收入增长大于农业收入的减少，最终形成了农户家庭总收入的增长。

表 6-4　数字普惠金融使用与农户家庭收入（OLS 估计）

变量	全样本			家庭总收入大于零		
	模型（1）	模型（2）	模型（3）	模型（4）	模型（5）	模型（6）
	家庭总收入	农业收入	非农收入	家庭总收入	农业收入	非农收入
数字普惠金融使用	0.346^{***} (3.69)	-0.694^{***} (−4.09)	0.523^{***} (7.16)	0.350^{***} (9.93)	-0.745^{***} (−4.61)	0.565^{***} (9.62)
控制变量及常数项	控制	控制	控制	控制	控制	控制
样本量	12 724	12 724	12 724	12 341	12 341	12 341
R^2	0.091 6	0.070 2	0.168 0	0.344 6	0.085 8	0.197 9

注：括号内数值为异方差稳健标准误对应的 t 值

***表示在 1%的水平上显著

2. 工具变量分析

表 6-4 中数字普惠金融使用对农户家庭收入的影响可能因为遗漏变量和反向因果而存在内生性问题。首先，农户家庭收入受到性格特征、适应能力、民族习惯及自然环境等因素的影响，而这些因素通常难以观测。其次，收入高的家庭更有能力支付数字普惠金融的使用成本进而有可能开始使用数字普惠金融。因此，需要采用工具变量对模型进行处理，以缓释内生性问题。关于数字普惠金融使用的工具变量，尹志超等（2019b）将同社区其他家庭参与第三方支付的平均情况作为家庭使用第三方支付的工具变量。本章认为数字普惠金融具有外部性特征，同社区其他家庭数字普惠金融水平不适合作为家庭数字普惠金融使用的工具变量，因此选择智能手机作为数字普惠金融的工具变量。智能手机是农村家庭使用数字普惠金融最重要的终端设备，在控制了家庭互联网行为等其他变量后，智能手机对家庭收入难以产生直接影响。在表 6-5 的模型估计中，考虑到使用农户家庭拥有智能手机作为工具变量时，不能通过弱工具变量 F 检验，因此选择社区智能手机拥有水平作为数字普惠金融使用的工具变量。内生性检验显示模型存在内生性

问题，弱工具变量检验的 Cragg-Donald Wald F 值显示不存在弱工具变量问题，因此工具变量的选择是适当的。表 6-5 的 2SLS 估计结果表明，数字普惠金融使用降低了农业收入、增加了非农收入，并最终促进了家庭总收入增长。由于截面数据存在异方差，采用 GMM 比 2SLS 更有效率，因此本章也采用了最优的 GMM 估计，得到的估计结果与上述结论一致。

表 6-5　数字普惠金融使用与农户家庭收入（2SLS 估计）

变量	全样本			家庭总收入大于零		
	家庭总收入	农业收入	非农收入	家庭总收入	农业收入	非农收入
数字普惠金融使用	4.361** (2.51)	−6.068** (−2.06)	5.752*** (3.66)	4.187*** (4.85)	−6.326** (−2.31)	4.936*** (3.70)
控制变量	控制	控制	控制	控制	控制	控制
内生性检验	0.016 2	0.059 7	0.000 2	0.000 0	0.036 2	0.000 0
弱工具变量检验	40.390	40.390	40.390	41.022	41.022	41.022
样本量	12 724	12 724	12 724	12 341	12 341	12 341

注：括号内数值为异方差稳健标准误对应的 z 值，内生性检验报告 p 值，弱工具变量检验报告 Cragg-Donald Wald F 值

***、**分别表示在 1%、5%的水平上显著

3. PSM 模型分析

采用工具法可以缓解逆向因果、遗漏变量等因素导致的内生性问题，但是不能解决样本自选择所导致的偏差。通常受访农户数字普惠金融使用状况并不满足随机抽样的规则，也就是说农户是否使用数字普惠金融可能是自我选择的结果。事实上，经济条件好、文化程度高以及年轻群体使用数字普惠金融的可能性较大。对此，进一步使用 PSM 纠正可能存在的选择性偏差。由于存在较多具有可比性的对照样本组，为了避免匹配到倾向得分差异较大的邻近和提高匹配效率，本章主要采用卡尺内的 4 近邻匹配和核匹配进行估计。样本匹配后损失了两个处理组样本，样本平衡性检验结果显示匹配后大多数变量的 t 检验结果均支持处理组与控制组无差异的原假设（篇幅所限，未列出相应结果），表明使用 PSM 方法是恰当的。表 6-6 的估计结果表明，在考虑样本选择性偏差后，两种匹配方法下农户数字普惠金融使用的平均处理效应均通过了 1%的显著性检验，系数的大小与表 6-4 的估计结果基本相近。本章还采用邻近匹配、卡尺匹配、局部线性回归匹配、样条匹配和马氏距离匹配进行估计，结果与上述结果趋于一致（篇幅所限，未列出相应结果）。此外，本章也采用剔除总收入小于或等于零的样本进行 PSM 估计，估计结果基本一致，这进一步说明上述结论具有稳健性。

表 6-6　数字普惠金融使用与农户家庭收入（PSM 估计）

变量	家庭总收入		农业收入		非农收入	
匹配方法	卡尺内的 4 近邻匹配	核匹配	卡尺内的 4 近邻匹配	核匹配	卡尺内的 4 近邻匹配	核匹配
数字普惠金融使用	0.321*** (2.76)	0.400*** (3.90)	−0.749*** (−3.73)	−0.783*** (−4.35)	0.508*** (5.33)	0.559*** (5.90)
控制变量	控制	控制	控制	控制	控制	控制
控制组	10 992	10 992	10 992	10 992	10 992	10 992
处理组	1 730	1 732	1 730	1 732	1 730	1 732

注：括号内数值为异方差稳健标准误对应的 t 值

***表示在 1%的水平上显著

综上所述，数字普惠金融使用提高了农户非农收入、降低了农业收入，形成了非农收入对农业收入的替代，并提高了农户家庭总收入。换而言之，数字普惠金融使用通过促进农村家庭的非农收入增长进而使农户总收入增加。

6.4.2　社区数字普惠金融水平对农户家庭收入的溢出效应

在控制数字普惠金融使用变量后，表 6-7 汇报了社区数字普惠金融水平对农户家庭收入的影响，表 6-8 汇报了使用社区智能手机水平作为社区数字普惠金融水平的工具变量的 2SLS 估计结果，由于内生检验没有拒绝不存在内生性的原假设，本章用表 6-7 的估计结果进行分析。估计结果表明，社区数字普惠金融水平提高能够有效促进不使用数字普惠金融家庭的总收入和非农收入，降低农业收入。此外，与上文估计结果相比，数字普惠金融使用的估计系数的符号和显著性并未发生明显变化，再一次表明相对于不使用数字普惠金融的家庭，使用数字普惠金融农户的家庭总收入和非农收入增长更快，农业收入下降更多。

表 6-7　社区数字普惠金融水平与农户家庭收入（OLS 估计）

变量	全样本			家庭总收入大于零		
	家庭总收入	农业收入	非农收入	家庭总收入	农业收入	非农收入
社区数字普惠金融水平	1.433*** (6.00)	−1.196*** (−2.70)	1.744*** (8.49)	1.146*** (10.78)	−1.373*** (-3.21)	1.529*** (8.63)
数字普惠金融使用	0.213** (2.22)	−0.584*** (−3.34)	0.362*** (4.80)	0.244*** (6.83)	−0.618*** (−3.72)	0.424*** (7.11)
控制变量及常数项	控制	控制	控制	控制	控制	控制
样本量	12 724	12 724	12 724	12 341	12 341	12 341
R^2	0.093 7	0.070 7	0.172 4	0.351 1	0.086 6	0.202 2

注：括号内数值为异方差稳健标准误对应的 t 值

***、**分别表示在 1%、5%的水平上显著

表 6-8　社区数字普惠金融水平与农户家庭收入（2SLS 估计）

变量	全样本			家庭总收入大于零		
	家庭总收入	农业收入	非农收入	家庭总收入	农业收入	非农收入
社区数字普惠金融水平	1.221** (2.41)	−1.647* (−1.88)	1.593*** (3.73)	1.207*** (5.92)	−1.736** (−2.10)	1.360*** (3.66)
数字普惠金融使用	0.289*** (2.68)	−0.578*** (−2.99)	0.441*** (5.03)	0.251*** (6.27)	−0.663*** (−3.58)	0.501*** (7.20)
控制变量及常数项	控制	控制	控制	控制	控制	控制
内生性检验	0.380 1	0.844 3	0.340 4	0.819 9	0.565 3	0.258 1
弱工具变量检验	3 965.318	3 965.318	3 965.318	3 848.251	3 848.251	3 848.251
样本量	12 724	12 724	12 724	12 341	12 341	12 341

注：括号内数值为异方差稳健标准误对应的 z 值，内生性检验报告 p 值，弱工具变量检验报告 Cragg-Donald Wald F 值

***、**、*分别表示在 1%、5%、10%的水平上显著

进一步地，本章按照社区数字普惠金融水平的中位数（0.1）将社区分为低数字普惠金融水平社区和高数字普惠金融水平社区。由于是否剔除家庭收入小于或等于零的样本对估计结论不会造成根本性的影响，且短期内农户家庭出现收入为负值的情况也是真实存在的，限于篇幅，后文均不再单独汇报家庭总收入大于零的样本估计结果。

表 6-9 汇报了社区数字普惠金融水平发展对农户家庭收入的分组估计结果。低水平社区的估计结果表明，社区数字普惠金融水平对不使用数字普惠金融的农户家庭总收入、农业收入、非农收入的影响不显著；相对于不使用数字普惠金融的家庭，使用数字普惠金融降低了农户的农业收入、提高了非农收入，但是对家庭总收入的正向影响不显著。这说明在数字普惠金融水平较低的社区，社区数字普惠金融水平对不使用数字普惠金融家庭溢出效应不明显，并且数字普惠金融使用对家庭总收入的增长也不明显。高水平社区的估计结果与表 6-7 基本一致。

表 6-9　社区数字普惠金融水平与农户家庭收入：按照社区数字普惠金融水平分组

变量	家庭总收入		农业收入		非农收入	
	低水平社区	高水平社区	低水平社区	高水平社区	低水平社区	高水平社区
社区数字普惠金融水平	1.235 (0.93)	1.160*** (3.83)	1.203 (0.54)	−1.533** (−2.49)	0.776 (0.74)	1.502*** (5.45)
数字普惠金融使用	0.227 (0.94)	0.239** (2.25)	−0.210 (−0.53)	−0.568*** (−2.87)	0.489*** (2.64)	0.332*** (3.97)
控制变量及常数项	控制	控制	控制	控制	控制	控制
样本量	5773	6951	5773	6951	5773	6951
R^2	0.0850	0.0975	0.0767	0.0773	0.1458	0.1815

注：括号内数值为异方差稳健标准误对应的 t 值

***、**分别表示在 1%、5%的水平上显著

综合两组样本的估计结果可以发现，当社区数字普惠金融水平较低时，数字普惠金融使用对农户非农收入具有正向促进作用，但是对家庭总收入的促进作用不显著；社区数字普惠金融水平对不使用数字普惠金融农户的农业收入、非农收入及家庭总收入的影响均不显著。当数字普惠金融发展处于较高水平时，使用数字普惠金融和不使用数字普惠金融的农户均能从数字普惠金融发展中获得好处，且相对于不使用数字普惠金融的家庭，使用数字普惠金融家庭的总收入增长更快。

6.4.3　农户异质性分析

1. 分位数分析

上述研究仅仅考察了数字普惠金融对农户家庭收入的平均影响，当因变量存在极端值时，普通回归难以反映自变量对因变量影响的全貌。本章进一步使用 Koenker 和 Bassett（1978）提出的分位数回归，以准确、全面地描述数字普惠金融使用、社区数字普惠金融水平对农户家庭总收入的变化范围及条件分布形状的影响[①]。表 6-10 汇报了数字普惠金融使用、社区数字普惠金融水平在 0.05、0.10、0.25、0.50、0.75、0.90、0.95 七个分位点上对家庭总收入的估计结果。结果表明，除了在 0.05 分位点上数字普惠金融使用的估计系数没有通过 10%的显著性检验外，在其他的分位点上，数字普惠金融使用对农户家庭增收具有显著的正向影响，且随着分位点的提高，数字普惠金融使用的系数表现为先下降后缓慢上升的趋势。社区数字普惠金融水平在所有分位点上的估计系数均通过了 1%的显著性检验，随着分位点提高社区数字普惠金融水平的估计系数表现为先下降然后缓慢上升的趋势。总体上，数字普惠金融对中等收入以下农户的增收效应更强，对高收入农户的增收效应强于中高收入农户。这可能是因为高收入农户大多经营工商企业，数字普惠金融增强了企业的营利机会和营利能力，大多数中高收入家庭则不然。这说明，数字普惠金融对中等收入以下家庭有较大的边际增收效应，进而有利于缩小农村家庭的收入差距，但是高收入农户较高的边际收入增长效应则可能进一步加速收入和财富的集中。

表 6-10　数字普惠金融对农户家庭总收入影响的分位数估计

变量	低收入	中低收入		中等收入	中高收入		高收入
	0.05 分位点	0.10 分位点	0.25 分位点	0.50 分位点	0.75 分位点	0.90 分位点	0.95 分位点
数字普惠金融使用	0.387 (1.37)	0.380*** (3.45)	0.337*** (6.37)	0.237*** (7.12)	0.194*** (5.78)	0.214*** (4.53)	0.300*** (4.39)

[①] 根据上文的分析，社区数字普惠金融水平、数字普惠金融使用通过降低农业收入、提高非农收入，进而对家庭总收入产生影响，限于篇幅，此处仅讨论数字普惠金融对家庭总收入的影响。

续表

变量	低收入	中低收入		中等收入	中高收入		高收入
	0.05 分位点	0.10 分位点	0.25 分位点	0.50 分位点	0.75 分位点	0.90 分位点	0.95 分位点
社区数字普惠金融水平	1.908*** (3.24)	1.472*** (5.99)	1.224*** (8.63)	1.029*** (10.75)	0.858*** (9.00)	0.957*** (6.25)	1.021*** (5.16)
控制变量和常数项	控制	控制	控制	控制	控制	控制	控制
样本量	12 724	12 724	12 724	12 724	12 724	12 724	12 724

注：括号内数值为异方差稳健标准误对应的 t 值

***表示在 1%的水平上显著

2. 农户异质性分组回归

数字普惠金融发展有助于让受传统金融排斥或者服务不足的农户家庭获得更多金融服务的机会。因此，数字普惠金融的重要价值在于为弱势家庭提供更多创业、就业等方面的机会，提高弱势家庭获取收入的能力，从而有助于家庭收入包容性增长。农户家庭的弱势地位不仅体现在收入上，还体现在其他非收入层面。本章从家庭类型、区域特征、文化水平、社会资本和金融知识五个方面对农户家庭进行分组。表 6-11 的估计结果表明，相对于不使用数字普惠金融的家庭，数字普惠金融使用对脱贫、中西部地区、高文化水平和低文化水平、高社会资本、高金融知识农户的家庭收入增长影响不显著；社区数字普惠金融水平对脱贫家庭的溢出效应不显著，对东部地区、高文化水平、低社会资本、低金融知识农户家庭的溢出效应更明显。

表 6-11　家庭异质性检验①：数字普惠金融与农户总收入（OLS 估计）

变量	家庭类型		区域特征		文化水平		社会资本		金融知识	
	脱贫	非贫困	东部	中西部	低	高	低	高	低	高
数字普惠金融使用	0.086 (0.28)	0.238** (2.35)	0.373*** (3.02)	0.071 (0.50)	0.233 (1.32)	0.140 (1.23)	0.370** (2.03)	0.134 (1.20)	0.280** (2.02)	0.146 (1.08)
社区数字普惠金融水平	0.832 (1.44)	1.521*** (5.75)	1.531*** (5.04)	1.316*** (3.50)	1.225*** (3.45)	1.433*** (4.37)	1.598*** (4.36)	1.228*** (3.88)	1.783*** (5.90)	0.987** (2.48)
控制变量	控制	控制	控制	控制	控制	控制	控制	控制	控制	控制
样本量	2 686	10 038	4 819	7 905	6 757	5 967	6 362	6 362	8 063	4 661
R^2	0.083 8	0.094 1	0.114 0	0.082 3	0.102 1	0.074 7	0.083 2	0.074 0	0.095 8	0.088 5

注：括号内数值为异方差稳健标准误对应的 t 值

***、**分别表示 1%、5%的显著性水平

---

① 贫困家庭指纳入精准扶贫的农户家庭，否则为非贫困家庭；小学及以下文化程度为低文化水平组，初中及以上文化程度为高文化水平组；社会资本中位数水平及以下为低社会资本组，反之为高社会资本组；金融知识答题完全不正确为低金融知识组，反之为高金融知识组。

上述估计结果表明，在多维度异质性分析视角下，数字普惠金融对农户家庭增收效应同时具有包容性和马太效应。数字普惠金融对农户家庭增收的包容性特征体现为：在分位数估计中，在 0.75 分位点之前，总体上数字普惠金融使用对较低分位点上的农户家庭增收效应更强；在分组回归中，数字普惠金融使用对低社会资本、低金融知识农户的家庭增收效应更强，体现出数字普惠金融使用在降低农户参与金融活动的金融知识门槛和突破传统社会关系网络方面的重要作用。与此同时，对不使用数字普惠金融的农户，社区数字普惠金融水平的提高对这些弱势家庭的收入增长效应更为明显。数字普惠金融的马太效应体现为：在分位数估计中，当分位点超过 0.75 后，数字普惠金融对农户的增收效应逐渐增强，在 0.05 分位点上数字普惠金融使用的估计系数不显著；在分组估计中，数字普惠金融使用对非贫困农户、东部地区农户的增收效应较强，而对脱贫农户、中西部地区农户的增收效应却不显著，社区数字普惠金融水平的溢出效应也相对较弱。王修华和赵亚雄（2020）认为，虽然脱贫农户和非贫困农户都受到传统金融排斥，但是两者存在着不同。相比脱贫农户，非贫困农户更具有资源优势。随着数字普惠金融发展，非贫困农户可以凭借自身优势突破地理、价格、评估等方面的金融排斥，更加有效地利用数字普惠金融，而脱贫农户，在资源禀赋及发展能力等方面存在系统性低下的情况，在数字普惠金融发展中存在数字鸿沟和知识鸿沟，数字普惠金融发展对其家庭收入增长的作用微乎其微，甚至不显著。

6.4.4 基于农户非农就业的传导机制分析

表 6-12 报告了数字普惠金融对非农就业水平的影响。对于数字普惠金融使用而言，采用社区智能手机作为工具变量的内生性检验结果表明模型存在内生性，弱工具变量检验 F 值表明模型不存在弱工具变量问题。综合 OLS 和 2SLS 估计结果可以发现，相对于不使用数字普惠金融的家庭，数字普惠金融使用能够显著提高农户家庭非农就业水平。

表 6-12 数字普惠金融与农户非农就业水平

变量	全样本（一）		家庭类型				全样本（二）	
			创业家庭		非创业家庭			
模型	OLS	2SLS	OLS	2SLS	OLS	2SLS	OLS	2SLS
数字普惠金融使用	0.077*** (8.84)	0.970*** (5.62)	0.031* (1.69)	0.013 (0.05)	0.064*** (6.57)	3.494*** (45.53)	0.055*** (6.17)	0.047*** (4.85)
社区数字普惠金融水平							0.234*** (9.75)	0.324*** (6.94)

续表

变量	全样本（一）		家庭类型				全样本（二）	
			创业家庭		非创业家庭			
控制变量	控制	控制	控制	控制	控制	控制	控制	控制
样本量	12 724	12 724	1 233	1 233	11 491	11 491	12 724	12 724
内生性检验		0.000 0		0.945 2		0.000 0		0.022 8
弱工具变量检验		52.697		6.739		44.373		4 248.199
R^2	0.258 1		0.177 1		0.235 9		0.264 0	

注：括号内数据为异方差稳健标准误对应的 t/z 值，内生性检验报告 p 值，弱工具变量检验报告 Cragg-Donald Wald F 值

***、*分别表示在 1%、10%的水平上显著

进一步地，将农户家庭分为创业家庭和非创业家庭。对创业家庭而言，工具变量的内生性检验结果表明模型不存在内生性。OLS 估计表明数字普惠金融使用的估计系数通过了 10%的显著水平检验，数字普惠金融使用有助于促进创业家庭非农就业水平。对非创业家庭而言，工具变量模型内生性检验表明模型存在内生性，弱工具变量检验 F 值表明不存在弱工具变量问题。OLS 和 2SLS 估计显示数字普惠金融使用的估计系数均通过了 1%的显著性水平检验。结合两种方法的估计结果可以发现，数字普惠金融使用有助于促进非创业家庭的非农就业水平。比较创业家庭和非创业家庭的估计结果可以发现，数字普惠金融使用对非创业农户家庭的非农就业水平的影响效应更大，显著性更高。这可能是由于创业家庭的非农就业水平原本较高，受家庭劳动力上限的影响，数字普惠金融使用对创业农户的非农就业水平的边际效应不如对非创业家庭的影响那么突出。更为重要的是，农户创业活动为其他非创业农户提供了工作岗位，使其有了更多获得工资性收入的机会。

更进一步地，本章通过控制家庭数字普惠金融使用，探讨社区数字普惠金融水平对不使用数字普惠金融家庭非农就业水平的影响。工具变量模型的内生性检验表明，模型存在内生性，弱工具变量检验 F 值表明不存在弱工具变量问题。综合 OLS 和 2SLS 估计结果可以发现，社区数字普惠金融水平有助于提高不使用数字普惠金融家庭的非农就业水平，表明社区数字普惠金融水平提高对不使用数字普惠金融农户家庭的非农就业水平具有溢出效应。此外，数字普惠金融使用的系数依然显著，表明相对于不使用数字普惠金融的家庭，使用数字普惠金融能提高农户家庭非农就业水平。

6.5　本 章 小 结

本章采用 CHFS 的微观数据，运用多种实证方法研究了数字普惠金融的农户增收效应及其传导机制。①增收效应分析表明，数字普惠金融使用有助于促进农户家庭收入增长，社区数字普惠金融水平提高对农户家庭增收具有显著的溢出效应。具体来看，相对于不使用数字普惠金融的家庭，数字普惠金融使用降低了农户的农业收入，提高了非农收入，进而促进了农户家庭增收并改变了收入结构；社区数字普惠金融水平提高对所有农户的家庭增收均具有显著的正向溢出效应。②异质性分析表明，除了在 0.05 分位数上数字普惠金融使用的增收效应不显著外，数字普惠金融使用、社区数字普惠金融水平的增收效应随分位点的上升表现出先下降，后缓慢上升的特征，对非贫困户、东部地区的农户以及低社会资本和低金融知识农户的收入增长效应更强。③传导机制分析表明，社区数字普惠金融水平对家庭非农就业水平具有显著的正向溢出效应，数字普惠金融通过促进非农就业不仅对使用数字普惠金融的家庭具有增收效应，对不使用数字普惠金融的家庭也具有正向的溢出效应，但是使用数字普惠金融的家庭获益明显更多，贫困农户、中西部农户的获益相对较少。

本章的政策启示在于：一是加速推进数字乡村建设，缩小数字鸿沟，提高数字金融在乡村地区，尤其是中西部乡村地区的普及程度。二是加强对农户创业活动的支持和指导，促进创业意愿向创业活动转化，提高创业项目的绩效。三是加大对农村低收入群体和相对贫困群体、文化程度较低等弱势农户的扶持力度，提升农户的互联网及数字金融的使用技能，提高创业能力和非农就业水平。四是提高数字金融普惠程度，通过数字普惠金融服务创新促进弱势农户家庭收入持续增长，不断缩小农村居民内部收入差距。

第 7 章 数字普惠金融与农民增收：宏观经验证据

7.1 引　　言

在我国的经济体系中，县域是联结城市和农村的重要中心环节，是实现共同富裕的重难点——"三农"问题的集中区域。县域经济在整个国民经济发展中具有举足轻重的作用，是中国经济发展的最好抓手，是中国跨越中等收入陷阱的重要突破口，县域经济发展速度和质量在很大程度上决定了国民经济发展速度和质量。改革开放以来，中国经济快速发展并出现"中国增长之谜"的主要原因之一是县域地区之间的竞争引致县域经济的快速发展[①]。根据《中国县域统计年鉴（县市卷）2021》，2020 年我国县域户籍人口数量 89 076 万人，占全国人口的比例为 63.08%，县城及县级市城区人口占全国城镇常住人口近 30%；我国县域经济生产总值从 2011 年的 20.18 万亿元上升至 2020 年的 39.12 万亿元，其占全国 GDP 比重变化不大。县域经济已成为我国最大的内需潜力和动能所在，当然也是我国解决相对贫困问题的主战场（张孝成，2019）。因此，中央高度重视县域经济的发展；党的十六大首次提出"壮大县域经济"[②]；党的十七大提出要"以促进农民增收为核心，发展乡镇企业，壮大县域经济，多渠道转移农民就业"[③]，2015～2019 年国务院和农业部等部门相继提出要加快推进县域农村产业融合发展，助推县域经济增长；随后《关于县域创新驱动发展的若干意见》《关于推进以县城为重要载体的城镇化建设的意见》等文件相继发布，为新时代县域经济发展指明了方向；党的二十大强调了"促进区域协调发展"，提出"加快农业转移人口市民化""推进以县城为重要载体的城镇化建设"[④]。

中国县域经济能够得到迅速发展，一方面是由于要素投入的增加和生产效率的提高，另一方面是县域产业升级所释放的结构红利（王振华，2014）。在县域资源要素总量有限和县域企业技术创新能力后劲不足的约束下，县域产业升级成了

[①] 中国人民大学国家发展与战略研究院副院长聂辉华教授在 2017 年首届中国县域经济高峰论坛上的报告。

[②] 引自 2002 年 11 月 18 日《人民日报》要闻版的文章：《全面建设小康社会，开创中国特色社会主义事业新局面（一）》。

[③] 引自 2007 年 10 月 25 日《人民日报》第 1 版的文章：《高举中国特色社会主义伟大旗帜 为夺取全面建设小康社会新胜利而奋斗》。

[④] 引自 2022 年 10 月 26 日《人民日报》第 1 版的文章：《高举中国特色社会主义伟大旗帜 为全面建设社会主义现代化国家而团结奋斗》。

县域经济增长的主要动力，对农民收入增长也具有显著的正向影响（王海平等，2019）。县域地区产业升级以农村工业化和城镇化推动为主导，助推传统农业和低端制造业向以服务业为主的现代产业升级（毛丰付和潘加顺，2012）。无论是以农村工业化推动还是以城镇化推动，金融资源匮乏都是限制县域产业升级的重要因素。随着现代信息技术和互联网金融的快速发展，数字普惠金融有效提高了小微企业、农村低收入群体等弱势群体的金融可获得性，对产业结构升级和农民增收发挥了重要的作用（唐文进等，2019；彭建刚和徐轩，2019；张勋等，2019；尹志超等，2019c；刘丹等，2019）。然而，现有文献鲜有将数字普惠金融、县域产业升级和农民收入增长纳入同一分析框架进行系统性的理论与实证研究。那么，数字普惠金融如何影响县域产业升级和农民收入增长，三者之间的逻辑关系是什么？数字普惠金融对县域产业升级和农民收入增长影响效应是否存在区域差异？本章试图利用中国 1138 个县的面板数据来验证和分析以上几个问题，以期真实反映数字普惠金融对县域的包容性增长效应，并为各级部门在制定相关政策时提供理论借鉴和经验证据支持。

本章与现有文献相比仍有以下边际贡献：第一，现有文献鲜有从县域视角来研究数字普惠金融、县域产业升级和农民收入增长三者之间的逻辑关系并进行实证检验的，本章在三者理论关系梳理的基础上采用 2014～2018 年中国 1138 个县域（包括县、区、县级市、旗、自治县）的面板数据开展实证研究。第二，本章不仅检验了数字普惠金融对县域产业升级和农民收入增长的影响效应，以及县域产业升级对数字普惠金融与农民收入增长关系的中介效应，还将全样本分为脱贫县（326 个）与非脱贫县（812 个）两个子样本进行比较研究，发现数字普惠金融对农民收入增长和县域产业升级的促进作用在非脱贫县大于脱贫县，而县域产业升级对数字普惠金融与农民收入增长关系的中介效应在脱贫县大于非脱贫县。

7.2　文献综述与理论分析

7.2.1　文献综述

归纳起来，目前国内外相关研究主要集中在以下几个方面：一是关于金融与产业结构调整优化之间的关系。孙晶和李涵硕（2012）、邓向荣和刘文强（2013）、杨义武和方大春（2013）、施卫东和高雅（2013）实证研究了金融集聚与产业结构优化之间的关系，结果发现金融集聚有助于促进产业结构优化升级。王立国和赵婉妤（2015）实证研究了金融发展规模和金融发展结构对产业结构升级的影响，发现金融规模扩大和金融结构合理化对产业结构升级具有积极的促进作用。李媛媛等（2015）对金融创新与产业结构调整之间的关系进行了理论和实证研究，发现金融创新有利于促进产业结构升级。王定祥等（2017）比较研究了金融资本深化对产业结构升级的影响，发现银行资本深化对产业结构合理化和高级化产生显著的促进作用，但证券资本深化仅对产业结构高级化产生显著的促进作用，对产业结构合理化的影响不显著。鲁钊阳和李树（2015）实证研究了省际农村正规与非正规金融对区域产业结构升级的影响效应，发现农村正规与非正规金融发展有利于产业结构升级，而且两者在促进区域产业结构升级方面具有明显的互补效应。Wurgler（2000）、Fisman 和 Love（2003）实证研究了金融发展与产业结构升级之间的线性关系，发现金融发展水平的提高对产业结构升级具有显著的促进效应。与之不同，Binh 等（2008）、陶爱萍和徐君超（2016）研究发现金融发展与产业结构优化之间存在门槛效应。二是数字普惠金融对产业升级的影响。唐文进等（2019）基于 283 个地级以上城市的面板数据实证研究了数字普惠金融及其各维度发展与县域产业升级之间的非线性关系，发现数字普惠金融发展对县域产业升级的影响存在门槛效应和区域异质性。彭建刚和徐轩（2019）运用综合指标评价体系和系统耦合协调模型实证研究了湖南省农业产业化与普惠金融的耦合协调关系，发现农业产业化与普惠金融的相对滞后交替变化，两者的耦合协调度不断提高，已由过渡阶段转变到了协调阶段。三是数字普惠金融对居民收入增长和城乡收入差距的影响。刘丹等（2019）实证研究发现数字普惠金融发展对本省和邻近地区农民非农收入增长均存在正向溢出效应。尹志超等（2019d）和张勋等（2019）研究发现普惠金融发展更有利于提高低收入家庭的收入水平。关于数字普惠金融与城乡收入差距的关系，现有研究认为数字普惠金融发展可以兼顾效率和公平，通过收入增长和收入分配的改善来减缓贫困和缩小居民内部收入不平等（黄倩等，2019），可以通过门槛效应、减贫效应、排除效应、包容效应和增长效应显著缩小城乡居民收入差距（宋晓玲，2017a；张贺和白钦先，2018）。除此之外，还有部分学者研究了数字金融对实体经济增长和传统金融市场的影响（黄益平和黄卓，2018）、中国普惠金融发展水平测度及区域差异（齐红倩和李志创，2019；沈丽等，2019）、农村数字普惠金融发展水平及其影响因素（蒋庆正等，2019；张珩等，2017）、数字普惠金融对企业创新行为（梁榜和张建华，2019）和居民消费行为的影响（易行健和周利，2018）、数字普惠金融对农村包容性增长的直接促进作用（任碧云和李柳颖，2019）、数字普惠金融对农村金融需求的异质性影响（傅秋子和黄益平，2018）、区域数字普惠金融发展对农户数字金融参与决策的影响（王瑶佩和郭峰，2019）等。

7.2.2　理论分析与研究假说

数字普惠金融是传统金融与现代信息技术的有机结合，是将数字技术等金融科技应用到普惠金融领域，具有与传统金融相似的特征，但又比传统金融具有更多的功能和作用，可以通过场景、数据和创新来弥补传统金融服务的短板，充分发挥"覆盖广、成本低、速度快"等优势，从而更有效地服务普惠金融主体（黄益平和黄卓，2018），缓解农村低收入群体、新型农业经营主体、中小微企业等弱势群体的"融资难、融资贵、融资慢"问题。

鉴于数字普惠金融发展的独特优势和重要作用，其影响县域产业升级和农民收入增长的传导机理和实现路径可用图 7-1 表示。毋庸置疑，享受金融服务是需要付出成本的，农村低收入群体、中小微企业、新型农业经营主体等弱势群体由于自身经济实力较弱，缺乏支付能力，无法像城镇居民、高收入群体一样满足金融服务的获得条件，很难从以营利为目的的商业性金融机构获得金融服务。同时，农村信用环境差、居民可供抵押资产少、贷款风险大，较多的商业性金融机构为降低风险、降低成本、增加盈利而不断缩减甚至关闭县域以下地区的分支机构，县域以下地区农民直接被排除在金融覆盖范围外。首先，数字普惠金融发展可以有效缓解县域金融排斥、降低金融服务门槛、降低金融服务成本、提高金融产品多元化程度和金融服务效率，金融供给的不断增加将有效满足农村低收入群体、新型农业经营主体和中小微企业的多元化金融需求，缓解弱势群体"融资难、融资贵、融资慢"问题，最终促进农民收入持续增长和中小微企业、新型农业经营主体快速成长与发展壮大。与此同时，随着数字普惠金融的发展和推广普及，中小微企业可以更容易获得信贷支持并加快原始资本积累，金融机构可以利用信息优势强化金融要素的精准配置，优化稀缺性金融资源在不同产业、不同部门之间的科学配置，从而促进县域产业升级（Bruhn and Love，2014）。其次，金融业是一种先导性产业，金融资源的流动和配置将带动劳动、技术、土地等其他生产要素的流动，因此金融资源的高效配置将促进其他生产要素的高效配置，从而通过高资源配置效率促进县域产业升级。金融服务的高获得性、便利性、多样性和低

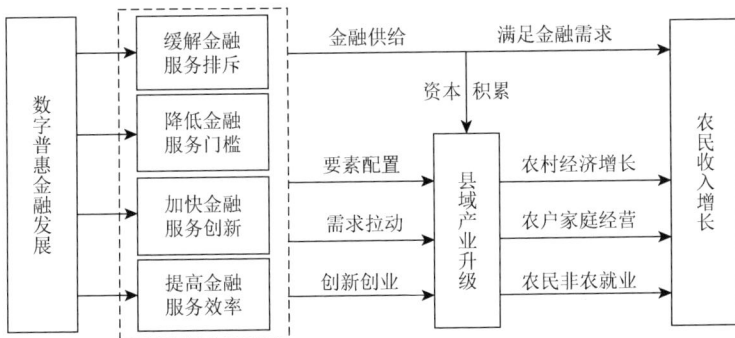

图 7-1　数字普惠金融影响县域产业升级和农民收入增长的作用机理

成本性将刺激居民消费增长和消费升级，居民消费需求的多样化和消费层次升级将拉动县域产业尤其是第三产业快速发展，进而促进县域产业转型升级。数字普惠金融发展和推广改善了企业创新创业的金融环境，可以通过信贷约束缓解机制、信用约束缓解机制、社会信任提升机制等途径提高中小微企业的金融获得性和融资效率，降低创新融资门槛和融资成本，从而释放中小微企业等科技创新活跃群体的创新活力，提高其创新创业的积极性。

县域产业升级也将从多个层面影响农民收入增长，即县域产业升级在数字普惠金融与农民收入增长关系中可能存在中介效应。已有研究表明，县域产业升级是县域经济增长的关键动力，产业结构红利占县域地区生产总值的 4.44%，对县域地区生产总值增长的贡献将达到 24.35%（张广胜和王振华，2014）。县域主要覆盖乡镇及广大的农村区域，具有以农业和农村经济为主的特点。因而县域产业升级将带动农村经济快速增长，进而促进农民收入增长。随着县域产业升级的不断加快，城镇第二产业、第三产业不断向农村地区延伸，带动农村产业融合发展，农村乡村旅游、农事体验等新产业、新业态、新模式不断涌现，吸引越来越多的城镇居民下乡消费和投资，农村外出能人返乡创业，农村地区休闲农家乐、乡村民宿等新型农村创业主体发展壮大，农户家庭经营收入稳定增长。与此同时，县域产业升级尤其是第三产业的快速发展将创造更多的就业岗位，不同类型的农村转移劳动力可以根据自己的能力、需求寻找合适的就业岗位，更多的农村劳动力可以就近转移就业，从而拓宽农民收入增长渠道，促进农民工资性收入持续稳定增长。

综上，本章提出以下三个待检验假说。

H1：数字普惠金融发展有助于促进农民收入增长。

H2：数字普惠金融发展有助于促进县域产业升级。

H3：县域产业升级在数字普惠金融发展与农民收入增长之间具有中介效应。

7.3　研究设计：模型、变量与数据

7.3.1　模型设定与估计方法

为了检验数字普惠金融对县域产业升级和农民收入增长的影响效应、县域产业升级的中介效应，同时考虑到收入增长和县域产业升级的动态发展过程，以及为了克服模型内生性问题和遗漏重要解释变量问题，本章拟建立动态面板数据模型进行实证研究。为了减少异方差给模型估计结果带来的负面影响，本章对所有非比值型变量取对数变换。因此，本章分别设置 3 个动态面板回归模型构成联立方程组，如下：

$$\mathrm{NI}_{i,t} = \alpha_1 + \varphi_1 \mathrm{NI}_{i,t-1} + \beta_1 \mathrm{DFI}_{i,t} + \gamma_1 \mathrm{Con}_{i,t} + \mu_i + \varepsilon_{i,t} \qquad (7\text{-}1)$$

$$\mathrm{IS}_{i,t} = \alpha_2 + f_2 \mathrm{IS}_{i,t-1} + \beta_2 \mathrm{DFI}_{i,t} + \gamma_2 \mathrm{Con}_{i,t} + \mu_i + \varepsilon_{i,t} \qquad (7\text{-}2)$$

$$\mathrm{NI}_{i,t} = \alpha_3 + \varphi_3 \mathrm{NI}_{i,t-1} + \beta_3 \mathrm{DFI}_{i,t} + \lambda_3 \mathrm{IS}_{i,t} + \gamma_3 \mathrm{Con}_{i,t} + \mu_i + \varepsilon_{i,t} \qquad (7\text{-}3)$$

其中，NI 表示农民收入增长；DFI 表示数字普惠金融；IS 表示县域产业升级；Con 表示影响农民收入增长的控制变量；α、β、γ、λ、f、φ 分别表示变量的回归系数；i 表示第 i 个县域地区；t 表示第 t 年；μ_i 表示不随时间变化的各省区市截面的个体差异；$\varepsilon_{i,t}$ 表示随机扰动项。方程（7-1）中的 β_1 是数字普惠金融对农民收入增长的总效应；方程（7-2）中的 β_2 是数字普惠金融对县域产业升级的影响效应；方程（7-3）中的 β_3 是在控制了县域产业升级的影响后，数字普惠金融对农民收入增长的影响效应；λ_3 是在控制了数字普惠金融的影响后，县域产业升级对农民收入增长的影响效应。根据 Mackinnon 等（2002）的观点，β_1、β_2、β_3 和 λ_3 之间的关系为：$\beta_1 = \beta_3 + \beta_2 \lambda_3$。检验中介效应最常用的方法就是逐步回归法。如果 β_1、β_2 和 λ_3 全部显著，则中介效应显著。若 β_3 不显著，则是完全中介效应；若 β_3 显著，则是部分中介效应（温忠麟和叶宝娟，2014）。由于本章实证研究的面板数据是典型的短面板数据，采用 SYS-GMM 方法来估计模型既能很好地反映县域产业升级和农民收入增长的动态发展过程，又能有效处理动态面板数据研究中的内生性问题和遗漏重要解释变量问题。

7.3.2 指标选择与数据说明

（1）数字普惠金融（DFI）。参考目前学界的普遍做法，采用北京大学数字金融研究中心发布的县域数字普惠金融指数予以衡量。数字普惠金融指数的编制基础是蚂蚁金服集团的海量互联网金融数据，包括数字金融覆盖广度、数字金融使用深度、数字化程度 3 个维度和 33 个具体指标。该指标的编制弥补了现有研究中金融服务比较单一、指标体系维度不够全面、创新性互联网金融因素缺失等不足（张贺和白钦先，2018），是目前国内较权威、被使用较频繁的数字普惠金融指数。

（2）县域产业升级（IS）。现有文献主要采用包括"第三产业人均产值/(第一产业人均产值 + 第二产业人均产值)""第三产业产值/第二产业产值""(第一产业产值 + 第二产业产值)/地区生产总值"等指标衡量产业升级。考虑到我国县域产业升级的经济服务化特征和服务业的高增长率，以及数据的可得性，本章拟采用第三产业增加值与第一二产业增加值之和的比值来衡量县域产业升级，计算公式为：$\mathrm{IS} = Y_3 / (Y_2 + Y_1)$，$Y_1$、$Y_2$、$Y_3$ 分别表示第一产业、第二产业和第三产业的增加值，IS 的值越大表明县域产业升级越快。相关数据主要来源于 2014～2018 年的《中国县域统计年鉴（县市卷）》。

（3）农民收入增长（NI）。采用农民人均纯收入或农村居民人均可支配收入来衡量农民收入增长情况。根据现有统计资料，2015 年以前的统计数据为农民人均纯收入，2015 年及以后的统计数据为农民人均可支配收入。相关数据主要来源于 2014～2018 年各省区市统计年鉴或各省地级市统计年鉴，手工搜集整理得到。

鉴于数据的可得性问题，本章主要选择县域经济发展水平、县域财政支农、县域金融发展、投资水平、信息化水平等几个控制变量。县域经济发展水平（GDP）采用人均地区生产总值来衡量，采用地区生产总值与户籍人口相除计算得到并取对数处理。县域财政支农（CZ）采用各县域地区公共财政支出占地区生产总值的比作为替代指标，该指标越大表示财政服务强度越大。县域金融发展（FD）采用"(居民储蓄存款余额 + 年末金融机构各项贷款余额)/地区生产总值"来衡量，该指标数值越大表示金融发展水平越高。投资水平（TZ）采用各县域全社会固定资产投资的存量进行替代并取对数处理，采用永续盘存法进行核实，折旧率取 9.6%。信息化水平（TX）采用各县域固定电话用户数近似替代并取对数处理。控制变量的相关数据主要来源于 2014～2018 年的《中国县域统计年鉴（县市卷）》。

鉴于数据的可得性和一致性，本章拟以中国县域数据为研究对象，剔除数据不全的县域，最终获得 1138 个样本。其中脱贫县 326 个，非脱贫县 812 个。由于北京大学数字金融研究中心仅公布了 2014～2018 年的县域数字普惠金融指数，因此本章研究的样本时间跨度为 2014～2018 年，因此总的数据样本为 1138×5 = 5690。少数区县的部分数据来源于地方政府工作报告或官方网站，个别缺失数据采用插值法进行补齐。所有变量的描述性统计分析结果如表 7-1 所示。

表 7-1　指标数据的描述性统计分析

变量	平均值	最大值	最小值	标准差	峰度	偏度	中位数
DFI	87.4400	146.8700	10.2400	1.9528	62.1548	5.8624	82.1578
NI	9.4852	10.4851	8.8345	0.6824	1.8247	2.4214	9.2985
IS	0.5818	6.9839	0.0811	0.3563	74.2679	5.9761	0.6327
GDP	0.3669	4.1302	0.0177	0.4026	19.0014	3.2644	0.2972
CZ	0.2519	3.0131	0.0302	0.2349	35.4865	4.2243	0.2133
FD	1.3189	6.8972	0.0989	0.6018	12.2238	1.7131	1.2413
TZ	10.2551	13.3631	8.5290	0.5983	0.7839	0.4849	10.2737
TX	7.5694	10.7231	2.6182	1.2017	0.62121	−0.4700	7.5608

7.4　实证过程与结果讨论

7.4.1　基于全样本的回归结果分析

根据前文设定的计量经济模型和估计方法，本章首先利用全部 1138 个县域的样本数据对方程进行回归分析，估计结果如表 7-2 所示。从表 7-2 中的结果可知，3 个模型全部通过显著性检验（Wald 值）、自相关 AR(2)检验和工具变量有效性 Sargan 检验，表明 3 个模型的设定是合理的，回归结果是可信的。农民收入增长滞后项 NI_{t-1} 和县域产业升级滞后项 IS_{t-1} 的回归系数均显著为正，说明农民收入增长和县域产业升级是动态发展变化的，受前期水平的正向影响。

表 7-2　基于全样本的回归结果

变量	农民收入增长 模型 1	县域产业升级 模型 2	农民收入增长 模型 3
NI_{t-1}	0.2503*** （0.0102）		0.5523*** （0.1001）
IS_{t-1}		0.0613*** （0.0082）	
DFI	0.0082*** （0.0029）	0.0064*** （0.0021）	0.0039*** （0.0014）
IS			0.5584*** （0.0085）
GDP	0.0276*** （0.0018）	0.0327*** （0.0095）	0.0409*** （0.0014）
CZ	0.2051*** （0.0143）	0.2124*** （0.0092）	0.1525** （0.1011）
FD	0.1139*** （0.0181）	0.1040*** （0.0182）	0.0619*** （0.0110）
TZ	0.0113 （0.0593）	0.0218** （0.0107）	0.1151 （0.1143）
TX	0.0431*** （0.0087）	0.0431*** （0.0050）	0.0189*** （0.0046）
Wald 值	482.65***	406.88***	379.42***
AR(2)检验	−0.0284 [0.3543]	−0.0159 [0.2488]	0.1128 [0.1491]
Sargan 检验	24.1514 [0.1187]	28.1725 [0.1249]	25.1154 [0.1190]
样本量	1138	1138	1138

注：（）中数值表示该回归系数相应的标准差，[ ]内数字为相应的 p 值

、*分别表示在 5%、1%的水平上显著

考察数字普惠金融影响农民收入增长的回归结果见模型 1，考察数字普惠金融影响县域产业升级的回归结果见模型 2，考察县域产业升级的中介效应的回归结果见模型 3。从模型 1 中的结果可以看出，数字普惠金融的回归系数为 0.0082，在 1%的统计水平上显著，说明在控制了其他影响因素以后，数字普惠金融发展确实对农民收入增长具有显著的促进作用，证明本章假说 1 是成立的。同理，模型 2 中数字普惠金融的回归系数为 0.0064，在 1%的统计水平上显著，说明在控制了其他影响因素以后，数字普惠金融对县域产业升级具有显著的正向促进作用，证明本章假说 2 是成立的。模型 3 中县域产业升级的回归系数为 0.5584，在 1%的统计水平上显著，说明在控制了其他影响因素后，县域产业升级对农民收入增长具有显著的正向促进作用；数字普惠金融的回归系数为 0.0039，在 1%的统计水平上显著。比较 3 个模型中的回归系数可知，与没有加入县域产业升级这一中介变量的模型 1 相比，模型 3 中数字普惠金融回归系数的大小有所降低。根据温忠麟等（2004）所提出的中介效应分析程序可知，数字普惠金融发展对农民收入增长的正向促进作用部分是通过县域产业升级这一中介变量传导的，即数字普惠金融发展一部分直接对农民收入增长产生正向促进作用，另一部分通过县域产业升级间接对农民收入增长产生正向促进作用，这证明本章假说 3 是成立的。

为了防止逐步回归可能出现的错误，本章同时进行 Sobel 检验和 Bootstrap 检验。Sobel 检验计算出的 z 值为 3.0540，相应的 p 值为 0.0010，在 1%的统计水平上显著。Bootstrap 检验计算出的 z 值为 2.8940，相应的 p 值为 0.0020，在 1%的统计水平上显著。综上表明，县域产业升级在数字普惠金融与农民收入增长关系中的部分中介效应确实存在，中介效应占总效应的比例为 43.58%（0.0064×0.5584/0.0082 = 43.58%）。

控制变量中，县域经济发展水平、县域财政支农、县域金融发展和信息化水平的回归系数在 3 个模型中全部显著为正，说明县域经济增长、财政支农、金融发展和信息化对县域产业升级与农民收入增长均具有正向促进作用。投资水平的回归系数在模型 2 中显著为正，在模型 1 和模型 3 中不显著，说明县域地区固定资产投资对县域产业升级具有正向促进作用，但其对农民收入增长的作用不显著。

7.4.2　基于中国 2014～2018 年脱贫县和非脱贫县的比较分析[①]

为了进一步考察数字普惠金融、县域产业升级与农民收入增长三者关系的区域异质性，本章按照国务院扶贫开发领导小组办公室公布的脱贫县名单将全样本分为脱贫县和非脱贫县 2 个子样本，其中脱贫县 326 个，非脱贫县 812 个。仍采

---

① 2021 年中国脱贫攻坚战取得了全面胜利，现行标准下 9899 万农村贫困人口全部脱贫。

用 SYS-GMM 对两个子样本进行估计，结果见表 7-3。同全国样本的回归结果一样，分样本情况下 6 个模型的 Wald 检验、AR(2)检验和 Sargan 检验全部通过，说明模型设定是科学合理的。

表 7-3　基于脱贫县与非脱贫县的比较

变量	脱贫县			非脱贫县		
	农民收入增长模型 1	县域产业升级模型 2	农民收入增长模型 3	农民收入增长模型 4	县域产业升级模型 5	农民收入增长模型 6
NI_{t-1}	0.6023*** （0.0102）		0.5128*** （0.0046）	0.6243*** （0.0082）		0.7011*** （0.0043）
IS_{t-1}		0.0547*** （0.0108）			0.0584*** （0.0123）	
DFI	0.0063*** （0.0013）	0.0052*** （0.0015）	0.0048*** （0.0015）	0.0075*** （0.0018）	0.0066*** （0.0011）	0.0057** （0.0025）
IS			0.5475*** （0.0271）			0.4566*** （0.0218）
GDP	0.0246*** （0.0058）	0.0249*** （0.0017）	0.0421*** （0.0032）	0.0307*** （0.0085）	0.0325*** （0.0023）	0.0406*** （0.0026）
CZ	0.2111*** （0.0143）	0.1585*** （0.0011）	0.1141*** （0.0099）	0.0924*** （0.0392）	0.0234** （0.0122）	0.0922*** （0.0070）
FD	0.0789** （0.0381）	0.0659*** （0.0080）	0.1235*** （0.0096）	0.1540*** （0.0082）	0.0816*** （0.0044）	0.1473*** （0.0108）
TZ	0.0183 （0.0593）	0.1111*** （0.0043）	0.0148 （0.0350）	0.0208 （0.0507）	0.0834*** （0.0066）	−0.0092 （0.0131）
TX	0.0354*** （0.0057）	0.0279*** （0.0046）	0.0308*** （0.0052）	0.0371*** （0.0055）	0.0293*** （0.0071）	0.0292*** （0.0062）
Wald 值	285.85***	315.84***	264.19***	298.45***	301.04***	291.07***
AR(2)检验	−1.1582 [0.1085]	−0.3574 [0.1128]	0.1583 [0.2014]	−0.2874 [0.1252]	0.0283 [0.2625]	0.1951 [0.2122]
Sargan 检验	19.5842 [0.1982]	18.7786 [0.2079]	24.0815 [0.1692]	20.1004 [0.1921]	21.2578 [0.1759]	25.0057 [0.1614]
Sobel 检验	2.9410 （0.0003）			3.0130 （0.0002）		
Bootstrap 检验	2.7660 （0.0012）			2.9420 （0.0002）		
样本量	326	326	326	812	812	812

注：（ ）中数值表示该回归系数相应的标准差，[ ]内数字为相应的 p 值
、*分别表示在 5%、1%的水平上显著

农民收入增长滞后项 NI_{t-1} 和县域产业升级滞后项 IS_{t-1} 的回归系数均显著为正。无论是脱贫县样本还是非脱贫县样本，数字普惠金融的回归系数在模型 1～

模型 6 中全部显著为正，这与全国样本的回归结果是一样的。说明无论是脱贫县还是非脱贫县，数字普惠金融发展对县域农民收入增长和县域产业升级均具有显著的正向促进作用，县域产业升级对数字普惠金融发展与农民收入增长的关系存在部分中介效应，即数字普惠金融一部分直接促进农民收入增长，另一部分通过县域产业升级促进农民收入增长。另外，比较脱贫县与非脱贫县的回归结果还可以发现，数字普惠金融对农民收入增长和县域产业升级的促进作用要略小于非脱贫县地区，可能的原因在于数字普惠金融促进农民收入增长和县域产业升级存在基于自身水平的门槛效应，而数据显示脱贫县的数字普惠金融发展水平要明显低于非脱贫县地区。县域产业升级对脱贫县农民收入增长的促进作用大于非脱贫县。脱贫县样本下，Sobel 检验的 z 值为 2.9410，相应的 p 值为 0.0003；Bootstrap 检验的 z 值为 2.7660，相应的 p 值为 0.0012，中介效应占总效应的比例为 45.19%（0.0052×0.5475/0.0063 = 45.19%）。非脱贫县样本下，Sobel 检验的 z 值为 3.0130，相应的 p 值为 0.0002；Bootstrap 检验的 z 值为 2.9420，相应的 p 值为 0.0002，中介效应占总效应的比例为 40.18%（0.0066×0.4566/0.0075 = 40.18%）。综上，县域产业升级的中介效应在脱贫县最大，其次是全国，非脱贫县最小（45.19%＞43.58%＞40.18%）。

7.4.3　稳健性检验

为了进一步检验实证结果的稳健性，本章首先采用文献常用的交叉项来进行稳健性检验，检验结果如表 7-4 所示（囿于篇幅，所有模型的 Wald 检验、AR 检验和 Sargan 检验结果均未列出，备索）。模型 1 是仅加入其他控制变量的基准模型，在模型 2～模型 4 中依次加入数字普惠金融、县域产业升级及其二者的交叉项。在模型 2～模型 4 中，数字普惠金融和县域产业升级的回归系数都显著为正，而且依次递减，模型 4 中二者交叉项的回归系数为 0.3453，在 1%的统计水平上显著，这说明本章实证结果是稳健的，即县域产业升级在数字普惠金融与农民收入增长关系间的中介效应稳定存在。

表 7-4　稳健性检验结果

变量	模型 1	模型 2	模型 3	模型 4	模型 5
NI_{t-1}	0.2811*** (0.0206)	0.2711*** (0.0119)	0.2717*** (0.0196)	0.2622*** (0.0075)	0.2457*** (0.0059)
DFI		0.0073*** (0.0021)	0.0062*** (0.0018)	0.0048*** (0.0009)	0.0041*** (0.0011)
IS			0.4251*** (0.0185)	0.4089*** (0.0210)	0.3759*** (0.0865)

续表

变量	模型 1	模型 2	模型 3	模型 4	模型 5
DFI×IS				0.3453*** (0.1014)	0.2115*** (0.0954)
Dummy					0.0284*** (0.0011)
GDP	0.0281*** (0.0092)	0.0277*** (0.0048)	0.0294*** (0.0053)	0.0301*** (0.0017)	0.0258*** (0.0101)
CZ	0.2544*** (0.0052)	0.2761*** (0.0121)	0.2914*** (0.0087)	0.2755*** (0.0113)	0.2611*** (0.0099)
FD	0.1256*** (0.0111)	0.1127*** (0.0114)	0.1219*** (0.0078)	0.1147*** (0.0105)	0.1096*** (0.0124)
TZ	0.0852 (0.1078)	0.0785 (0.1245)	0.0812 (0.1138)	0.1105 (0.1364)	0.1102 (0.1066)
TX	0.0674*** (0.0081)	0.0585*** (0.0025)	0.0591*** (0.0032)	0.0493*** (0.0128)	0.0501*** (0.0115)

注：( ) 中数值表示该回归系数相应的标准差
***表示在 1%的水平上显著

此外，考虑到我国东、中、西部地区县域经济发展的巨大区域差异，稳健性检验过程中在计量模型中加入东部县域的虚拟变量，东部县域赋值为 1，非东部县域赋值为 0，检验结果如表 7-4 中的模型 5 所示。结果显示，虚拟变量 Dummy 的回归系数显著为正，主要解释变量的系数符号和显著性水平都没有发生实质性改变，再次证明本章实证结果是稳健的。

7.5　本章小结

县域经济是国民经济发展的重要组成单元，同时也是"三农"问题的集中区和相对贫困治理的主战场。因此，基于宏观层面研究县域地区数字普惠金融、县域产业升级和农民收入增长的关系对促进县域经济增长和相对贫困治理具有重要的意义。本章在回顾现有相关研究的基础上，首先从理论上分析了数字普惠金融、县域产业升级与农民收入增长三者之间的逻辑关系，然后基于中国 2014～2018 年 326 个脱贫县和 812 个非脱贫县的面板数据，建立动态面板数据模型实证检验了数字普惠金融对县域产业升级和农民收入增长的影响效应，以及县域产业升级对数字普惠金融与农民收入增长关系的中介效应。研究结果表明：①数字普惠金融对农民收入增长和县域产业升级均具有正向促进作用，但这种促进作用在非脱贫县大于脱贫县。②县域产业升级对数字普惠金融与农民收入增长的关系具有部分中介效应，即数字普惠金融一部分直接促进农民收入增长，另一部分通过县域产业升级间接促进农民收入增长。县域产业升级在数字普惠金融与农民收入增长关系中的中介作用在脱贫县最大，全国次之，非脱贫县最小。此外，县域经济发展水平、县域财政支农、投资水平、信息化水平等因素都会影响农民收入增长。

基于此，本章认为宏观层面通过发展数字普惠金融促进农民收入稳定增长，不仅需要多措并举不断提升数字普惠金融发展水平以释放其对农民收入增长的直接效应，还需要多方协同不断加快产业转型升级，充分发挥县域产业升级对农民收入增长的间接效应。具体可以从以下两个方面入手：一方面，强化数字技术研发、基础设施建设完善、居民金融素养培养和营商环境优化，加快推进县域地区数字普惠金融体系建设。中央统筹地方执行，加快数字普惠金融改革试点，总结经验并复制推广，提升数字普惠金融的覆盖广度。高度重视并加大数字化技术的研发经费投入，完善个人支付、小微信贷和基本保险业务的数字化功能，夯实普惠金融的数字支持程度。进一步完善县域地区支付清算、信息通信等基础设施，加强农村 5G 网络、互联网建设和智能手机、计算机的普及使用，鼓励金融机构下沉服务网点或增设专门的普惠金融设备和服务人员配置。加强金融基础知识、网络支付安全知识和风险防范意识的宣传与专题培训，提高农村居民金融素养。优化数字普惠金融营商环境，加强数字普惠金融监管体系和市场准入体系，构建系统性的数字普惠金融风险防范体系和风险分担机制。另一方面，加快数字普惠金融产品和服务创新，加大对小微企业、民营企业、新型农业经营主体的支持力度，推进县域产业转型升级，引导农民就近转移就业，拓宽农民收入增长渠道。小微企业、民营企业和新型农业经营主体是县域地区产业升级的中坚力量，也是农民转移就业和工资性收入的重要来源。各类银行、保险公司等主要金融机构根据当地企业实际情况和典型特征研发数字普惠金融新产品和新服务，提高数字普惠金融产品和服务的供需匹配度；引导不同类型金融机构建立分工机制和合作机制，防止出现数字普惠金融服务叠加与缺位、闲余与不足并存现象，提升数字普惠金融服务效率，缓解企业融资难、融资贵、融资慢的问题。整合县域财政涉农资金，将直接现金拨付改为利息补贴、保费补贴等其他方式，鼓励和支持金融机构开设绿色通道，将一定比例的普惠金融产品和服务投向小微企业、民营企业和新型农业经营主体，尤其是市场前景好、带动能力强、营利能力强且主要雇用当地城乡居民的本土企业。

第8章　数字普惠金融与城乡收入差距

8.1　引　　言

改革开放以来，中国经济实现持续高速增长，居民收入水平总体大幅提高。然而伴随产业结构的改变与廉价资源的减少，我国经济增速逐渐步入放缓新阶段，分配、就业、税收等方面的隐性矛盾不断显现（钞小静和沈坤荣，2014），其中不断扩大的城乡收入差距更是成为社会关注的焦点。国家统计局数据显示，2020年我国城乡居民人均可支配收入分别为 43 834 元和 17 131 元，两者比值仍然高达2.56，虽然相较于2009年的3.33有明显的降低，但综合而言依然处于高位水平，同时我国基尼系数也一度超过国际公认警戒线。城乡收入差距的存在和长期高位徘徊不仅成为社会和政治不稳定的潜在因素，更造成了经济效率的损失（蔡昉和杨涛，2000），不利于共同富裕目标的实现。特别是中国的脱贫攻坚战取得伟大胜利后，新时代高质量发展目标已经转移到解决发展不平衡不充分问题、缩小城乡区域发展差距、实现人的全面发展和全体人民共同富裕上来，深入探讨如何进一步缩小城乡收入差距、扎实推进共同富裕具有重要的现实意义和实践价值。

作为要素流通和资源配置的重要途径，农村金融是支持贫困地区经济发展、帮助农村人口实现脱贫的重要举措之一（温涛和刘达，2019），而普惠金融的提出与实践，则为农村金融更好地促进农村居民收入增长提供了新的方向。作为一种新型金融服务模式，普惠金融强调金融服务的广度和机会的平等，使那些原本被传统金融排斥在外的群体能够以可负担的成本实现金融需求。近年来，我国通过金融机构调整和改革，在构建普惠金融体系方面做出了一系列的尝试，金融服务在广度和深度上都有明显改善（王婧和胡国晖，2013）。特别是伴随移动互联网、云计算、区块链等技术在我国的高速发展，普惠金融现已进入了全新数字阶段。随着数字化进程的加快，普惠金融逐步发展为数字普惠金融的新业态。数字普惠金融和传统普惠金融相比无疑在金融服务的可复制性、可获得性上具有巨大优势（张贺和白钦先，2018）。但考虑到数字普惠金融依靠数字技术作为媒介发挥作用，不同经济发展水平下数字普惠金融对城乡收入差距的影响必然受到该地区数字技术发展状况的影响而存在差异性。同时受我国城乡二元经济结构环境影响，农村地区在经济发展水平、受教育程度、信息化基础设施等方面都与城镇存在巨大差异，尤其是经济发展水平较低的地区农村居民对以互联网为代表的数字技术接触和使用程度较低（程名望和张家平，2019）。因此城乡数字鸿沟的存在可能会进一步减弱数字普惠金融给农民带来的增收效应。

2016 年二十国集团会议上《G20 数字普惠金融高级原则》正式提出"数字普惠金融"的概念："'数字普惠金融'泛指一切通过使用数字金融服务以促进普惠金融的行动。它包括运用数字技术为无法获得金融服务或缺乏金融服务的群体提供一系列正规金融服务，其所提供的金融服务能够满足他们的需求，并且是以负责任的、成本可负担的方式提供，同时对服务提供商而言是可持续的。"

《中华人民共和国国民经济和社会发展第十四个五年规划和 2035 年远景目标纲要》指出："加快推进数字乡村建设，构建面向农业农村的综合信息服务体系，建立涉农信息普惠服务机制，推动乡村管理服务数字化。"面对传统金融服务农业农村经济发展存在的农业农村金融服务的供需错位严重、政策落地难、供给成本较高、可持续性不足和边际效率低等问题，数字普惠金融可以通过突破金融服务成本约束、赋能农业金融市场、完善农业社会化服务体系等方式促进农业增效和农民增收，进而推动农业农村高质量发展，推进巩固脱贫攻坚成果与乡村振兴有效衔接。本章通过研究数字普惠金融与城乡收入差距的关系及作用机制，论证加快数字金融发展顶层设计和创新研究，加强农村数字金融的基础设施建设，以及推进乡村金融服务从业主体的人力资本改造的重要作用，对未来进一步深化农村金融改革创新，推进农业农村高质量发展有着重要的意义。

数字普惠金融凭借其独特优势迅速进入大众视野并获得广泛关注。然而，关于数字普惠金融，学界仍存在大量疑问。数字普惠金融是否有利于缩小城乡收入差距？在经济发达程度不同的省份，其作用是否存在差异？数字鸿沟的存在是否会影响数字普惠金融缩小城乡收入差距的效果？如何发展才能更有针对性地解决城乡收入差距过大的问题？为解决这些问题，本章将以我国的省际面板数据为样本，构建面板门槛模型，探讨数字普惠金融的发展对城乡收入差距影响的双重门槛效应，并根据研究结论提供缩小城乡收入差距的建议。

与现有研究相比，本章的边际贡献在于以下两个方面：①选用人均地区生产总值指标作为划分不同经济发达程度省份的门槛变量，现有的部分研究虽然区分了不同的经济发展水平，但是较多地按照地理意义上的分类方法，人为地将区间划分为东部、中部和西部进行回归，从经济水平的角度看缺少一定的科学性。根据陆铭等（2019）的研究，用各省份的人均地区生产总值指标来替代经济总量的分布，可以更好地考虑经济集聚和人口流动的影响，是判断经济发展平衡程度的重要指标。②使用 Hansen 的面板门槛模型分析数据的特点来找到门槛值（而不是人为地划分经济发达程度），进而科学地分析数字普惠金融在不同发达程度的省份的作用效果。与现有研究直接根据全国样本或按照地理标准划分区间进行回归分析相比，本章基于我国各个省份经济发展程度和人口分布不同的现实,使用双重面板模型按照经济发达程度将全国各省份划分为三个区间进行研究,有针对性地探讨数字普惠金融缩小城乡收入差距的作用机制和效果。本章将充分总结已有文献中有关城乡收入差距的研究,厘清理论逻辑,构建面板门槛模型,以经济的发达程度区分不同的区间,对数字普惠金融与城乡居民收入差距进行研究,以揭示在经济发达程度不同的各个省份中两者之间的关系。

8.2　文献综述与理论分析

8.2.1　文献回顾及综述

国内外学者关于数字普惠金融与城乡收入差距的研究大致经历了三个阶段:从研究金融发展与收入不平等的理论与实证分析开始,接着证实了普惠金融显著的减贫效应,到目前研究数字普惠金融通过各种金融服务的延伸来实现减贫增收效应的途径与机制,按照该逻辑梳理相关文献。

有关金融发展与收入分配的研究,主要产生了三种类型的结论:第一种结论是以 Greenwood 和 Jovanovic(1990)为代表提出的倒"U"形理论,该理论认为城乡收入差距随金融发展表现为先扩大再缩小。第二种结论是 Galor 和 Zeira(1993)认为金融发展有助于缩小收入差距。金融发展可以通过经济增长、收入分配途径提高低收入群体的收入水平,但金融波动会抵消金融发展的减贫效果(崔艳娟和孙刚,2012),金融发展通过初次分配路径影响收入分配的效应显著,区域金融发展水平由低到高,其劳动收入占比缩小居民收入差距的能力由强转弱(何秋琴等,2018)。第三种结论则认为,金融发展只会导致城乡收入差距的进一步扩大(Townsend and Ueda,2006),原因是金融市场引导金融资本向有抵押品的高收入群体流动,低收入群体由于缺乏抵押品、信息不对称程度高的情况难以获得金融服务。在金融门槛效应存在的情况下,农村资金的不断外流和非正规金融不规范发展现象的存在,以及我国经济的"双重二元结构"特征和所有制结构特点,金融发展和金融城乡结构会扩大城乡收入差距(张立军和湛泳,2006;王小华和温涛,2021)。进一步研究我国"三农"政策和金融体制改革作用机制,结果表明金融发展所导致的农村正规金融机构增加和资本配置效率的改善远大于消极的影响,对农户增收有直接的积极作用(米运生和李丹,2009)。总体而言,经济发展早期数字普惠金融对城乡收入差距的作用因为相对复杂和分散的作用路径而难以定论。

普惠金融与收入差距这一阶段的大量实证研究表明普惠金融能够显著降低贫困(Park and Mercado,2018)。在数字普惠金融的作用路径方面,微型金融和普惠金融可以通过提高家庭储蓄额，增加健康保障投入和收入水平，扩大妇女参与权，降低家庭的脆弱性等直接途径缩小城乡收入差距（陈银娥和师文明，2011），同时也能通过提供更多经济机会（如信贷）、促进包容性增长等多种方式间接作用于贫困减缓，从而缩小收入差距。值得一提的是，在这一阶段中，金融资源在农村地区实现相对完整的普及和应用（欧阳志刚，2014），由于资金的边际效用递减原理，数字普惠金融对农民的增收作用效果更明显，这有利于缩小城乡收入差距。此外，谭燕芝和彭千芮（2018）发现普惠金融能够通过空间溢出效应显著降低邻近地区的贫困率。从农村金融扶贫途径进行研究，温涛和刘达（2019）认为可从法律体系、创新驱动、供求双方的协同发展、完善配套措施方面进行机制创新。

在数字普惠金融和城乡收入差距的研究阶段，互联网相关技术的飞速发展使得数字普惠金融能够更好地为个人、企业和国家服务（Ozili，2018）。在借鉴国际经验的基础上，结合中国的特色实际进行研究，目前学界已证实我国数字普惠金融的发展对农村金融需求（傅秋子和黄益平，2018；王小华等，2021a）和居民消费（易行健和周利，2018）、微型企业创业动力（谢绚丽等，2018）和农户创业（何婧和李庆海，2019；张林和温涛，2020）等方面都有着显著的积极影响，尤其是数字普惠金融和经济发展的优势地区，以其优越的发展基础和鼓励创新的政策等条件，形成了马太效应（王修华和赵亚雄，2020），进而不利于城乡和区域差距的缩小。

现有文献从多个方面研究了普惠金融、数字普惠金融对城乡收入差距的影响，但大多只考虑了数字普惠金融对城乡收入差距的线性影响，并未对其发展过程中的非线性影响进行细致的讨论，导致研究结论相对单一。另外，没有充分考虑城乡二元经济结构的制度背景和市场化水平逐渐提高的经济背景，在异质性的研究中往往采用人为划分东部、中部和西部地区的方法，难以准确反映经济发展与集聚的事实，也就无法深入讨论数字普惠金融在不同市场化水平下作用于城乡收入差距的具体机制和细微差异。本章基于北京大学数字普惠金融研究中心发布的第三期数据（2011～2020 年），使用面板门槛模型探讨数字普惠金融对城乡收入差距的非线性影响，在此基础上按经济发展水平进行分类后，将不同面板门槛区间视为市场化程度发展的不同水平，研究数字普惠金融在发展过程中对城乡收入差距的影响差异。

8.2.2　理论分析与研究假说

考虑到我国经济发展的实际情况，城乡居民收入自 1978 年改革开放后开始出现差距，伴随着市场经济体制、城乡二元制度结构和政府政策将资源从农村配置到城市，市场化、城市化和工业化程度不断提高，城市的产业收入弹性更大，城乡收入差距也逐渐变大（蔡昉和杨涛，2000）。直到党的十六大以后，政府相继出台政策进行调整，提出工业反哺农业、城市支持农村的政策，才改变了农村资源向城市单向流动的局面，并进行户籍和土地制度改革，提高了农业农村的战略地位，激活了农村资源，活跃了农村经济。也就是在这一时期，普惠金融被提出并广泛推广，对于收敛城乡收入差距起到了一定的作用。进入 20 世纪后，得益于互联网技术和网络的迅速普及，形成了数字普惠金融的新业态，数字化赋予普惠金融更强的能量，能够更好地发挥农业农村相关政策的效果，帮助农民提高收入，缩小城乡收入差距。在上述背景下，1998～2020 年的城乡收入差距呈现出先增大再缩小的趋势。

在我国的城乡二元经济结构背景下，充分考虑要素流动、产业变迁和城镇化水平等影响城乡收入差距的因素，结合数字普惠金融的发展和演进，以市场化程度将经济发展与集聚的过程划分为三个阶段，探讨数字普惠金融对城乡收入差距的作用机制。随着数字普惠金融的演进和发展，生产要素流动、产业结构变迁、金融资源集聚、城镇化水平提高，综合体现为经济不断发展和集聚。

在第 I 阶段，市场化程度较低，经济发展与集聚处于前期，数字普惠金融处于发展早期，此时生产要素相对单一、匮乏，产业结构不完善，城镇化水平低，农民难以享受城镇的发展红利，增收渠道相对狭窄。在这一阶段，金融发展以其优势主导着城乡收入差距，传统金融服务的长尾客户群开始接触到数字普惠金融服务（张立军和湛泳，2006）。得益于互联网技术的发展和数字化程度的提高，越来越多的金融服务环节实现了网络化，数字普惠金融服务的成本显著低于传统金融服务，这使得数字普惠金融的门槛大大降低，绝大部分农村居民和城镇低收入居民等弱势群体都有机会享受借贷、小额理财等金融服务，并留下了线上购物、移动支付、地理位置、转账缴款等一系列行为信息。由于城镇地区相对于农村地区具备信息优势、市场优势和机会优势（陆铭和陈钊，2004），部分城镇居民能够更好地创新数字普惠金融用途进行创业（何婧和李庆海，2019），并以其资金量等优势实现财产性收入的增长，这一阶段数字普惠金融的主要作用有三个：第一个是以低成本的方式获取长尾客户群体，并向其提供基础的借贷等金融服务，满足其原有的资金需求，因为城市的长尾客户群体相对农户有熟人借贷等社会关系优势，故这里主要体现为向农户提供生产资金，提高其农业经营收入；第二个是持续收集客户的互联网行为信息，进行用户画像，并初步建立客户信用评分；第三个是为低收入群体提供小额资金，促进农户在教育、健康等方面的消费，体现为内需消费的提升和增长。可以发现，这一阶段的数字普惠金融更多的是普及和接触长尾群体，对于农民增收的作用有限，短期内难以缩小收入差距（王修华和赵亚雄，2020）。

在第Ⅱ阶段，市场化水平提高，经济发展水平提高，数字普惠金融进一步发展的同时，生产力水平进一步提高，数字普惠金融前期促进农户的消费体现为后期人力资本的积累和提升，人均生产率随之增加。同时，农户虽然缺失征信记录信息、缺乏有效抵押物等传统信贷体系的贷款条件，但数字普惠金融以其前期收集的海量用户行为信息进行建模分析，加工聚合甚至根据用户间的资金往来建立信用关系网络，对传统金融所排斥的弱势群体进行信用价值评估和授信，大大降低信息不对称程度、信贷风险和信贷成本，使得原来无法获取有效金融服务的农村居民群体能够得到资金进行生产、就业、培训、创业等一系列的增收活动（傅秋子和黄益平，2018；王小华等，2021b），在这一阶段生产要素积累的同时，要素间的结合方式增加，对收入分配的贡献变大，农村居民借助数字普惠金融服务更好地发挥劳动力要素、土地要素的生产率，提升务工收入和农业经营收入（米运生和李丹，2009）。随着农村地区基础设施的不断完善、数字普惠金融服务的不断推进和产业结构的扩展，城乡经济一体化持续推进，数字普惠金融以其典型的普惠性更好地实现金融资源配置，将城市的民间存量资金聚集起来并向农村配置，帮助农民培育旅游观光、绿色食品等优势产业（何婧和李庆海，2019；张林和温涛，2020），促进农民多渠道收入增加。总之，这一阶段的数字普惠金融通过前期人力资本积累和信用数据收集的滞后优势体现，并通过经济发展程度提高所体现的生产要素积累和产业结构完善等渠道帮助农民增收，充分发挥资金效用的边际递减规律，即对农户的增收效果更加明显，从而缩小城乡收入差距。

在第Ⅲ阶段，市场化程度进一步提高，经济集聚特征显著，数字普惠金融在各地充分发挥作用，社会生产力进一步释放，原有的生产要素在充分发挥作用的同时开始出现创新性的生产要素，部分产业结构相对成熟，城镇化水平进一步提高，金融资源相对丰富。在经济充分发展的条件下，农村居民继续利用数字普惠金融进行要素积累、产业发展的同时，数字普惠金融出现溢出效应（谭燕芝和彭千芮，2018），有助于城乡收入差距的减小。

在第Ⅲ阶段之后，进入经济发展与集聚后期，生产要素、产业结构、金融资源和城镇化都将在集聚中走向平衡和稳态（陆铭等，2019）。整个发展过程见图 8-1，横坐标为数字普惠金融发展，纵坐标为经济发展与集聚、城乡收入差距两条曲线。伴随着生产要素流动、产业结构变迁、金融资源集聚、城镇化水平提高，综合体现为经济不断发展和集聚，城乡收入差距不断缩小。

综上所述，提出本章的研究假说，如下所示。

H1：数字普惠金融发展有助于缩小城乡收入差距。

H2：由于经济发展与集聚阶段不同，数字普惠金融发展缩小城乡收入差距存在明显的差异。

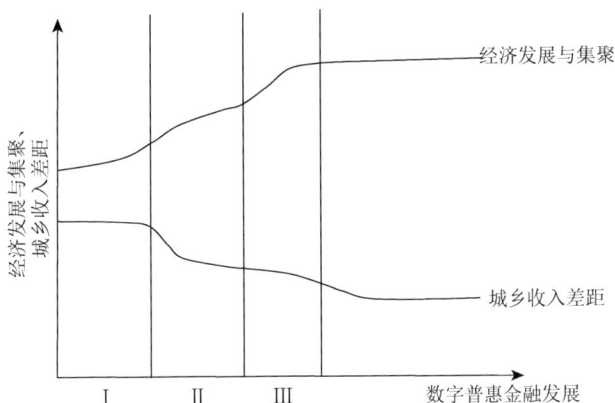

图 8-1　经济发展与集聚、城乡收入差距曲线

H3：数字普惠金融作用于城乡收入差距的过程会体现出不同的边际效果特征。

8.3　研究设计：模型、变量与数据

8.3.1　模型构建

本节主要研究数字普惠金融在作用于城乡收入差距中的门槛效应，即在金融抑制的条件下，经济发达程度较低的省份由于自身的限制而无法达到门槛水平，因此得不到高收益的回报；而经济发达程度高的省份以其自身优势可以享受到高收益的回报。为了能够较为深入地探究数字普惠金融对城乡收入差距的门槛效应，本章初步设计如下面板门槛计量模型：

$$\text{GAP}_{i,t} = \beta_1 \text{INDEX}_{i,t} I\left(g_{i,t} \leqslant \gamma\right) + \beta_2 \text{INDEX}_{i,t} I\left(g_{i,t} > \gamma\right) + \theta \sum_{k=1}^{7} \text{Control}_{ki,t} + u_i + \varepsilon_{i,t}$$

$$(8\text{-}1)$$

其中，i 和 t 分别表示第 i 个省份和第 t 年；GAP 为被解释变量，表示城乡收入差距；INDEX 为核心解释变量，表示数字普惠金融指数；Control 表示一系列控制变量；g 表示门槛变量，在本章中为人均地区生产总值；γ 表示特定的门槛值；I 表示面板门槛模型中的指标函数；u 表示固定效应；$\varepsilon_{i,t}$ 表示随机误差项。

8.3.2　估计方法的选择与说明

门限效应的含义是：当模型中的一个经济参数达到特定的数值后，导致另外一

个经济参数出现与达到数值前不同的表现，前者称为门槛变量，后者的系数随门槛变量的变化而变化，为解释变量，二者之间存在动态关系。基于本章研究不同经济发展与集聚水平下数字普惠金融对城乡收入差距影响的目的，选择人均地区生产总值衡量经济发展水平作为门槛变量。在进行面板门限回归分析时不仅需要联合估计模型的门槛值 γ，还需要估计模型的参数值 β_1 和 β_2，同时采用 Bootstrap 计算检验统计量的渐近分布，从而检验门槛效应的显著性，并检验门槛值的真实性。

实际上我国各个省（自治区、直辖市）都有特定的个体固定效应（u），只有消除个体效应的影响后，才能得到有效的参数估计值。通过组内变换（within transformation）法，用观测值减去所有平均值来消除个体效应，得到变换后的模型：

$$\text{GAP}_{i,t} = \theta \sum_{k=1}^{7} \text{Control}_{ki,t} + \beta_1 \text{INDEX}_{i,t} I(g_{i,t} \leqslant \gamma) + \beta_2 \text{INDEX}_{i,t} I(g_{i,t} > \gamma) + \varepsilon_{i,t} \quad (8\text{-}2)$$

在得到消除个体效应的模型后，将式（8-2）变换成矩阵形式：

$$\text{GAP}^* = \text{Control}^*(\gamma)\beta + e^* \quad (8\text{-}3)$$

对于任意给定的门槛值 γ，使用 OLS 估计式（8-3），从而得到参数 β 的一致估计量和相应的残差向量，其中对应的残差平方和 $S_1(\gamma)$ 为

$$S_1(\gamma) = \hat{e}^*(\gamma)' \hat{e}(\gamma) \quad (8\text{-}4)$$

用相同的方法在取值范围内可以选取多个 γ，并通过计算得到多个不同的残差平方和 $S_1(\gamma)$，根据估计方法的原理，其中使得残差平方和最小的门槛值就是该模型的门槛值估计值，此时：

$$\hat{\gamma} = \arg \min S_1(\hat{\gamma}) \quad (8\text{-}5)$$

通过式（8-5）能够得到模型的门槛值，接着估计出相应的系数值，但面板门槛模型的确定还需要检验门槛效应的存在性和门槛值与真实值是否相等。门槛效应存在性的原假设和检验统计量分别为

$$\text{H}_0 : \beta_1 = \beta_2 \quad (8\text{-}6)$$

$$F_1 = (S_0 - S_1(\hat{\gamma})) / \hat{\sigma}^2 \quad (8\text{-}7)$$

其中，S_0 表示在原假设下进行回归估计得到的残差平方和，且存在 $S_0 > S_1(\hat{\gamma})$；$\hat{\sigma}^2$ 表示对随机扰动项的一致估计，当拒绝原假设时，说明模型存在门槛效应。由于在原假设的条件下，门槛值 γ 是无法识别的，因此统计量 F_1 并不服从标准的 X^2 分布，但 Hansen（1999）提出 Bootstrap 可以模拟出统计量的渐近分布，从而得到对应的概率值，以此验证门限变量的显著性。

当确定面板模型确实存在门槛效应，即找到模型的门槛值之后，下一步是检验门槛值的真实性，即是否与真实值相等。采用的方法是构建 LR 统计量，此时原假设和检验统计量是

$$\text{H}_0 : \hat{\gamma} = \gamma_0 \quad (8\text{-}8)$$

$$LR_1(\gamma) = (S_1(\gamma) - S_1(\hat{\gamma})) / \hat{\sigma}^2 \qquad (8\text{-}9)$$

其中，LR 统计量的分布仍然不服从正态分布，但 Hansen 给出了计算其拒绝域的公式和方法：在显著性水平 α 下，当 $LR_1(\gamma_0) \leqslant -2\ln(1-\sqrt{1-a})$ 时，不能拒绝原假设，此时门槛值为真。

当检验了模型的单一门槛值后，如果拒绝了原假设则说明该模型至少存在一个门槛值，就需要再次检验第二个门槛值的存在。进一步而言，若仍然拒绝原假设则需要检验是否存在第三个门槛值。将这个过程类推下去，直到模型无法拒绝原假设为止，本章仅简要介绍双重门槛模型的结构，其他多重门槛模型可以在此基础上进行扩展：

$$\begin{aligned}
GAP_{i,t} = {} & \theta\sum_{k=1}^{7} Control_{ki,t} + \beta_1 INDEX_{i,t}I(g_{i,t} \leqslant \gamma_1) + \beta_2 INDEX_{i,t}I(\gamma_1 < g_{i,t} \leqslant \gamma_2) \\
& + \beta_3 INDEX_{i,t}I(g_{i,t} > \gamma_2) + u_i + \varepsilon_{i,t}
\end{aligned}$$

$$(8\text{-}10)$$

8.3.3　变量说明和数据来源

1. 被解释变量

现有研究中衡量收入差距的指标主要有城乡居民人均可支配收入比、基尼系数和泰尔指数三种。综合来看，对于城乡居民人均可支配收入比这一指标而言，仅能反映居民的可支配收入，难以体现城乡之间人口的流动和迁徙的具体情况（王少平和欧阳志刚，2008）；基尼系数反映总体的收入差距，又对整个社会的中等收入群体较为敏感，对于城乡收入差距的研究主体而言，其收入处于两端，故基尼系数存在较大的局限性；泰尔指数则充分考虑了收入水平两端的情况和人口流动的因素，所以更适合本章的研究，因此本章选择泰尔指数作为被解释变量城乡收入差距的具体衡量指标（欧阳志刚，2014）。图 8-2 展示了我国 1998~2020 年泰尔指数的变化趋势，可以发现，在党的十六大召开之前，城乡收入差距处于持续扩大的状态，此后的七年基本保持稳定且高位徘徊，直到 2010 年开始，泰尔指数才持续降低，2020 年已明显低于 1998 年的最初值。

2. 核心解释变量

这里的核心解释变量为数字普惠金融指数，数据直接来源于北京大学数字金融研究中心和蚂蚁金服集团利用蚂蚁金服海量数据编制的北京大学数字普惠金融指数 2011~2020 年省级指数。另外，分别绘制了 2011~2020 年各省级层面的泰尔指数和城乡居民人均可支配收入比两个指标与数字普惠金融指数的散点图（图 8-3），可以发现，2018 年及以后数字普惠金融发展明显更有利于缩小城乡收入差距。

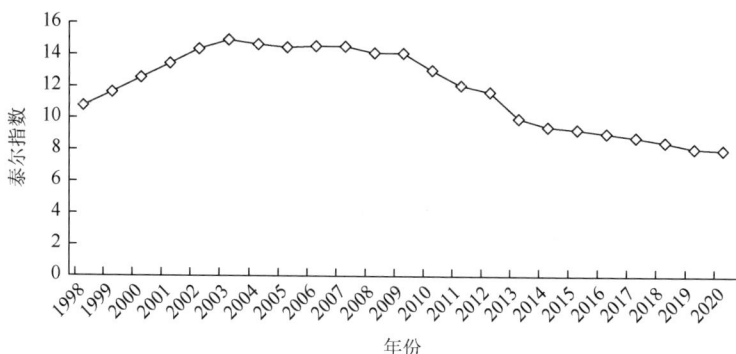

图 8-2　1998~2020 年城乡收入差距（泰尔指数）图

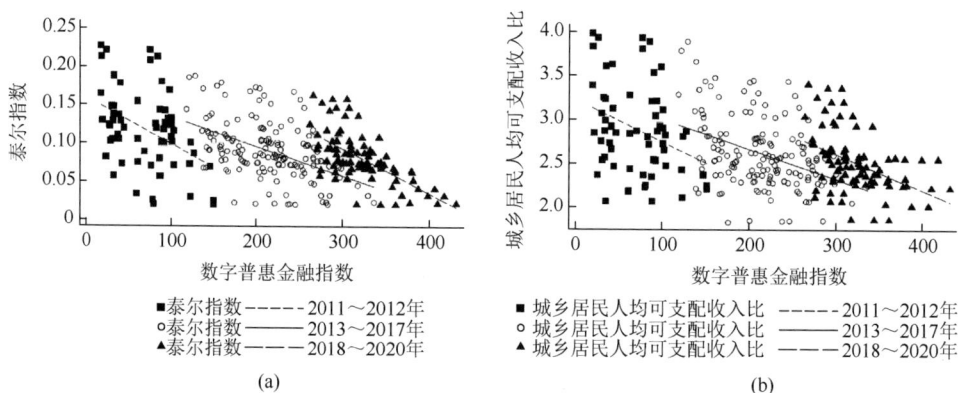

图 8-3　2011~2020 年城乡收入差距（泰尔指数）散点图

3. 控制变量

为避免遗漏变量偏误，选择 7 个具有代表性的指标作为其他影响城乡收入差距的控制变量：①城镇化率，城镇化是指农村人口转变为城镇人口的过程。在我国城镇化进程的加快过程中劳动力的流动性加强，大量研究均认为这对城乡收入差距有缩小作用（陆铭和陈钊，2004）。②经济发展水平，陈斌开和林毅夫（2013）、邵红伟和靳涛（2016）的研究分别发现城乡收入差距在经济发展过程中呈现正"U"形和倒"U"形曲线关系，因此将该指标作为控制变量和门槛变量。③政府财政支出，作为社会财富再分配的重要工具，已有研究表明财政支出规模与结构对城乡收入差距具有显著影响（莫亚琳和张志超，2011）。④金融机构贷款，信贷水平和信贷习惯长期以来都被认为是影响我国居民收入的密切因素，普遍观点认为二者呈正相关关系，同时居民的信贷行为和信贷习惯对于城乡收入差距也有一定的影响，因此将金融机构贷款作为控制变量。⑤受教育年限，研究表明教育水平差异是影响中国城乡收入差距最重要的因素之一（陈斌开等，2010），高教育投入往往意味着人力资本质量的提高。⑥互联网普及率,程名望和张家平(2019)研究互联网普及与城乡收入差距的关系时发现二者呈现出倒"U"形关系,现阶段而言互联网技术或为缩小我国城乡收入差距提供重大机遇。⑦固定资产投资,作为影响收入的重要因素,固定资产投资对城乡收入差距的影响也不可忽略。此外,对部分控制变量进行了取对数处理,变量说明如表 8-1 所示。

表 8-1　主要变量定义

变量类型	变量名称	变量符号	变量描述
被解释变量	城乡收入差距	GAP	泰尔指数
核心解释变量	数字普惠金融指数	INDEX	北京大学数字金融研究中心和蚂蚁金服编制的数据指数
控制变量	城镇化率	URBAN	城镇人口数/地区总人口数×100%
	经济发展水平	PGDP	人均地区生产总值
	政府财政支出	FIN	人均财政支出
	金融机构贷款	CR	人均金融机构贷款余额
	受教育年限	EDU	平均受教育年限 = 文盲比例×1 + 小学比例×6 + 初中比例×9 + 高中比例×12 + 中专比例×12 + 大专及其以上比例×15.5
	互联网普及率	INTER	中国互联网络信息中心发布的权威互联网发展数据报告
	固定资产投资	INV	人均固定资产投资额

数据来源主要是北京大学数字普惠金融指数(2011~2020 年),同时使用《中国统计年鉴》和中国互联网络信息中心发布的《中国互联网络发展状况统计报告》中的部分数据。考虑到变量数据值的匹配问题,在实证研究过程中将北京大学数字普惠金融指数的值进行了正规化方法的标准化处理。由于西藏的数据有所偏差,将其剔除。上述指标的描述性统计分析见表 8-2。

表 8-2　主要变量的描述性统计

变量	平均值	最小值	下四分位数 (P25)	中位数 (P50)	上四分位数 (P75)	最大值
GAP	0.093	0.020	0.068	0.087	0.116	0.227
INDEX	217.246	18.330	149.510	224.105	294.095	431.930
Standardized INDEX	0	−2.055	−0.700	0.071	0.794	2.218
URBAN	4.038	3.451	3.902	4.030	4.151	4.495
PGDP	10.835	9.707	10.517	10.774	11.113	12.009
FIN	9.445	8.418	9.083	9.386	9.754	11.147
CR	11.144	8.121	10.718	11.118	11.664	13.535
EDU	8.091	5.924	7.606	7.912	8.558	9.847
INTER	3.890	3.187	3.757	3.913	4.039	4.354
INV	12.511	4.836	11.920	13.139	14.026	15.090

8.4　实证过程与结果讨论

8.4.1　基准回归模型

　　在使用面板门槛模型之前，先对核心变量作回归分析，判断数字普惠金融对城乡收入差距的影响方向，以验证本章的假说 1。由于数字普惠金融的普惠性、数字化等优势特点，其发展有助于缩小城乡收入差距。基准模型分别使用泰尔指数和城乡居民人均可支配收入比两个变量来表示城乡收入差距，同时考虑数字普惠金融的总指数，以及覆盖广度（guangdu）、使用深度（shendu）和数字化程度（shuzihua）三个不同的分指数，考察数字普惠金融的不同方面作用于城乡收入差距的不同效果，回归结果见表 8-3 和表 8-4。

表 8-3　泰尔指数的基准回归模型结果

变量	模型（1）	模型（2）	模型（3）	模型（4）	模型（5）
lnINDEX	-0.029^{***} (-8.94)	-0.010^{***} (-3.97)			
lnguangdu			-0.007^{***} (-3.13)		
lnshendu				-0.011^{***} (-4.61)	
lnshuzihua					-0.007^{***} (-3.39)
URBAN		-0.169^{***} (-13.16)	-0.163^{***} (-12.81)	-0.167^{***} (-13.49)	-0.169^{***} (-12.77)
PGDP		-0.528^{***} (-5.04)	-0.498^{***} (-4.58)	-0.555^{***} (-5.38)	-0.580^{***} (-5.55)
EDU		-0.002^{*} (-1.78)	-0.003^{**} (-1.97)	-0.002 (-1.62)	-0.003^{**} (-2.34)
INTER		0.038^{***} (3.56)	0.034^{***} (3.15)	0.036^{***} (3.54)	0.034^{***} (3.18)
INV		-0.001^{**} (-2.23)	-0.002^{**} (-2.50)	-0.001^{**} (-2.19)	-0.001^{**} (-2.06)
常数项	0.243^{***} (14.37)	3.612^{***} (6.36)	3.438^{***} (5.83)	3.759^{***} (6.74)	3.914^{***} (6.92)
观测值	300	300	300	300	300
R^2	0.211	0.825	0.822	0.828	0.823

　　注：括号内数值为 t 值

　　*、**、***分别表示在 10%、5%、1%的水平上显著

表 8-4 城乡居民人均可支配收入比的基准回归模型结果

变量	模型（1）	模型（2）	模型（3）	模型（4）	模型（5）
lnINDEX	-0.270^{***} (-7.99)	-0.171^{***} (-4.46)			
lnguangdu			-0.114^{***} (-3.52)		
lnshendu				-0.175^{***} (-4.79)	
lnshuzihua					-0.120^{***} (-3.92)
控制变量	控制	控制	控制	控制	控制
常数项	4.048^{***} (22.79)	58.415^{***} (6.82)	55.466^{***} (6.22)	61.151^{***} (7.24)	63.533^{***} (7.44)
观测值	300	300	300	300	300
R^2	0.176	0.623	0.613	0.626	0.617

注：括号内数值为 t 值
***表示在 1%的水平上显著

由基准回归模型结果可知，无论是使用泰尔指数还是使用城乡居民人均可支配收入比来衡量城乡收入差距，数字普惠金融均能从整体上降低城乡收入差距，且均在 1%的水平上显著，后者的系数绝对值比前者更大，但在引入一系列控制变量后，系数值都相应变小。从覆盖广度、使用深度和数字化程度这三个分指数来看，使用深度降低城乡收入差距的作用在两个模型中都更大，而另外两个指标的作用效果有所不同：泰尔指数的回归模型中，覆盖广度和数字化程度的作用效果相同，城乡居民人均可支配收入比的回归模型中，数字化程度的作用效果优于覆盖广度。以上结果验证了前述的假说 1，从总体上来看，数字普惠金融的发展有利于缩小城乡收入差距，后文将使用面板门槛模型探究这一作用效果在不同经济发展水平地区的差异。

8.4.2 双重门槛模型与门槛值的确定

根据前文的理论分析，借鉴陆铭等（2019）的做法，选择人均地区生产总值代表经济发展水平作为门槛变量，使用泰尔指数衡量城乡收入差距。在使用 Hansen 的面板门槛模型检验数据存在门槛后，分别使用不同门槛个数的模型进行估计。表 8-5 为门槛效果自抽样检验的结果，当自抽样法的 BS 值为 300 时，根据表 8-5 中各门槛检验 F 统计量和 p 值可以判断，双重门槛模型的效果最显著，其次是单一门槛模型，单一、双重和三重门槛检验对应的 p 值分别为 0.060、0.017 和 0.893。所以选择双重门槛，并基于对应的模型进行分析。

表 8-5　门槛效果自抽样检验（一）

门槛检验	临界值					
	F 值	p 值	BS 次数	1%	5%	10%
单一门槛检验	21.995*	0.060	300	33.871	22.886	18.787
双重门槛检验	14.366**	0.017	300	15.805	4.936	2.005
三重门槛检验	0.000	0.893	300	0.000	0.000	0.000

*、**分别表示在10%、5%的水平上显著

图 8-4 至图 8-7 的 LR 曲线图直观地展示了不同个数的门槛模型的效果。图 8-4 为单一门槛模型的估计值和置信区间，由图可知该模型有较明显的单一门槛效应。进一步报告双重门槛的估计值和置信区间的构造过程，图 8-5 和图 8-6 分别展示了双重门槛的第一个门槛和第二个门槛的 LR 曲线，第一个门槛的模型结果表明有双重门槛效应，第二个门槛是在固定了第一轮门槛值的基础上进行的，门槛参数的估计值是指似然比检验的统计量 LR 为 0 时门槛值的具体取值。图 8-7 是三重门槛模型的 LR 曲线，门槛效应不显著。

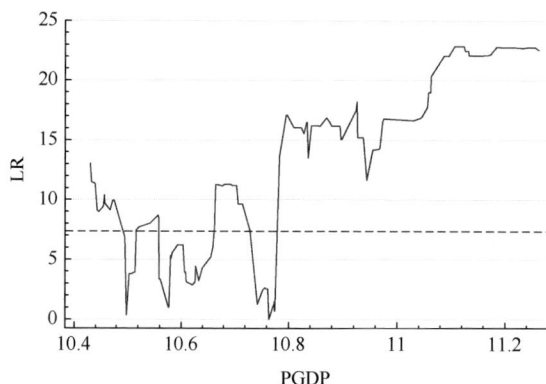

图 8-4　单一门槛模型的估计值和置信区间（一）

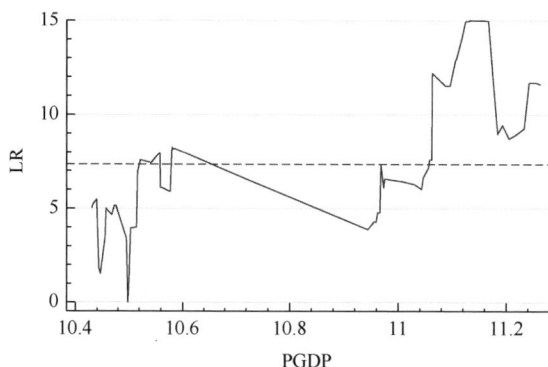

图 8-5　双重门槛的第一个门槛的估计值和置信区间（一）

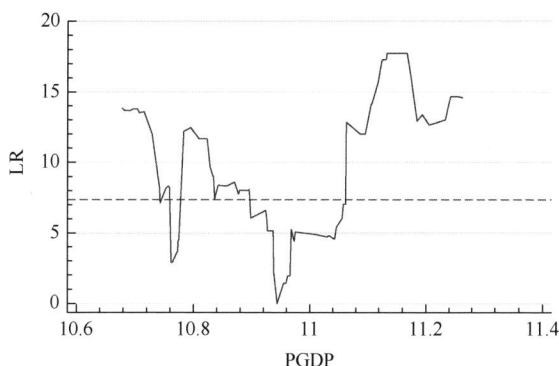

图 8-6　双重门槛的第二个门槛的估计值和置信区间（一）

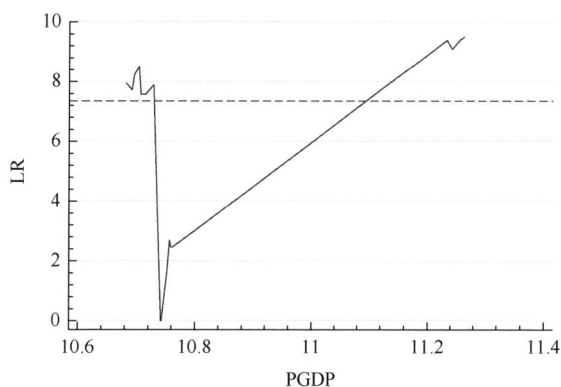

图 8-7　三重门槛模型的估计值和置信区间（一）

　　表 8-6 给出了不同门槛个数的模型的估计值和对应的 95%置信区间的数据，所有显著性水平小于 5%的 LR 值构成了各个门槛估计值的 95%置信区间。

表 8-6　门槛估计值和置信区间（一）

门槛模型		门槛估计值	95%置信区间
单一门槛模型		10.764	[10.496，10.775]
双重门槛模型	第一门槛	10.499	[10.430，11.056]
	第二门槛	10.944	[10.743，11.062]
三重门槛模型		10.742	[10.742，10.762]

　　在确定双重门槛模型和两个门槛估计值之后，将全国各个省份按照发达程度分为欠发达地区（PGDP≤10.499）、较发达地区（10.499＜PGDP＜10.944）和发达地区（PGDP≥10.944）三种类型。需要说明的是，门槛值在不同年份、不同区间的

省份各不相同，但是聚焦于市场化程度，即经济发展与集聚的过程。将欠发达、较发达和发达三个区间分别视为经济发展与集聚的 Ⅰ、Ⅱ、Ⅲ三个阶段，因此假定在整个研究期限内，门槛值是相对固定的，该模型的缺点影响不大。

表 8-7 统计了不同年份各个区间内的省份数目，通过分析不难发现：从单一年份的截面数据来看，我国较发达的省份数量最多，发达省份数量次之，欠发达的省份最少。从不同门槛区间的时间序列数据来看，随着时间的变化，欠发达的省份数目不断减少，而发达省份的数量总体趋势不断增加，这说明我国各省份的经济发展程度处于一个较为合理且向好的状态。同时该统计表格也说明了使用双重门槛模型的优越性。一方面采用双重门槛模型解决了使用单一门槛模型后会出现区间身份分布不均的问题，另一方面将我国的省份划分为三个区间的思路也与前人的研究中按照东部、中部和西部划分为三大经济发展地区的研究一致，并且以人均地区生产总值门限值划分区间较人为地根据地区划分经济发展水平更为科学。

表 8-7 不同年份各个区间内的省份数目

经济发展水平区间	2011年	2012年	2013年	2014年	2015年	2016年	2017年	2018年	2019年	2020年
PGDP≤10.499	19	15	10	8	6	4	2	1	1	1
10.499＜PGDP＜10.944	5	9	11	12	14	16	16	16	14	13
PGDP≥10.944	6	6	9	10	10	10	12	13	15	16

8.4.3 门槛模型的回归结果分析

在确定了门槛模型与具体门槛值以后，对各系数进行了估计，表 8-8 的门槛模型的系数估计结果包含了三类模型的参数估计及对应的 t 值。

表 8-8 双重门槛模型的系数估计结果（一）

变量	因变量		
	GAP	GAP	GAP
经济发达程度	欠发达	较发达	发达
INDEX	0.0043 （1.47）	−0.0052* （−1.91）	−0.0143*** （−5.39）
控制变量	控制		

注：括号内数值为 t 值

*、***分别表示在 10%、1%的水平上显著

从表 8-8 的双重门槛模型中数字普惠金融指数与城乡收入差距的关系来看，欠发达地区与较发达和发达地区相比存在明显的差异。其中，欠发达地区的数字普惠金融指数不显著且系数为正值，说明数字普惠金融发展初期，数字普惠金融在农村地区更多地体现为普及和收集农户信息，暂时没有对农户增收有积极作用，具有一定的滞后性，因此该阶段数字普惠金融发展会在一定程度上增大城乡收入差距。较发达和发达地区的系数均为负值且显著，体现了普惠金融数字化借助区块链、大数据等金融科技手段，绕过传统少而凌乱的信用信息的收集和评估方法，采用海量信息建模分析进行信用价值评估授信，信息不对称程度、信贷风险、信贷成本都显著下降，同时提高了信贷可得性和便利性。在数字普惠金融的作用下，农民信贷约束得到较大程度缓解，利用相比以往更容易获得的资金，农民通过促进生产、增加就业、改善人力资本等方式实现了收入的增加，进而达到缩小城乡收入差距的作用效果。

欠发达、较发达和发达省份的系数符号、绝对值和显著性水平均有所不同，由此印证了本章的假说 2：经济发展与集聚阶段不同，数字普惠金融发展缩小城乡收入的作用路径和效果也存在差异，体现为经济发展水平划分的门槛效应。

具体比较不同经济发展程度省份系数的大小、符号和显著性水平可以发现数字普惠金融影响的效果和程度存在巨大差异。①欠发达省份系数最小（0.0043），为正值且在 10%的显著性水平下仍然不显著，说明数字普惠金融在欠发达省份中会在一定程度上增大收入差距。造成这种现象的原因可以从两方面进行解释：首先与较发达、发达地区省份相比，欠发达地区一方面存在着金融基础设施发展落后、金融服务不够健全等供给不足问题，另一方面在信息基础设施建设方面较其他地区也有所差距，数字技术与普惠金融难以实现较好的融合，导致数字普惠金融在欠发达地区发展缓慢。其次，城乡之间数字鸿沟的存在也是导致欠发达地区数字普惠金融作用效果不显著的主要原因之一。在欠发达地区，由于受教育程度和金融素养等差异的存在，城市与农村在以互联网为代表的数字技术普及和利用上存在巨大差距，而在当前信息化时代下，原本就接触到互联网的城镇居民会倾向于挤占更多的经济资源，使得农村地区居民获取资源的难度加大而更加难以实现收入增长，这种数字鸿沟严重阻碍了数字普惠金融发挥其信息化的优势。此外由数字鸿沟带来的"知识沟"进一步加大了欠发达地区农村居民与城市居民之间的收入创造能力上的差距。因此，尽管与传统的金融机构相比数字普惠金融使欠发达省份的城乡收入差距有所缩小，但是其发展缓慢和数字鸿沟的存在使得这种缩小效果大打折扣。②较发达省份和发达省份系数依次为–0.0052 和–0.0143，分别在 10%、1%的水平上显著，说明数字普惠金融的发展对于这两类地区缩小城乡差距有突出的贡献，系数绝对值的大小也印证了本章前文的研究假说 2 和假说 3，即在较发达省份，资金在农村地区有突出的边际效用，有助于缩小收入差距，而在发达省份，因其发展较早，积累了较多先进经验，通过推广等行为产生溢出效应等，助力城乡收入差距的持续缩小。一个重要的解释认为数字普惠金融的发展通过促进农村居民的创业行为提升农村居民的家庭收入，从而使得城乡收入差距减小，这与张勋等（2019）的研究结论一致。但本章的研究结果可以认为由于较发达省份和发达省份有着更好的经济基础和发展条件，数字鸿沟问题能得到更好的解决，因此数字普惠金融的发展解决了这两类省份的农村创业者创业过程中重要的资金问题，提升了其创业意愿和成功率。而欠发达地区由于缺少相应的基础条件，数字鸿沟的存在导致这类地区的农民难以充分体验到数字普惠金融产生的有利影响，成功的农村创业者相对较少。本章对于创业机制的解释与谢绚丽等（2018）的研究有所不同，原因是对于样本量的划分标准不同，虽然数字普惠金融对于城镇化率较低的省份有更强的激励作用，但是与本章根据经济发展水平的划分标准所得的区间有偏差，因此不再进一步讨论。

综合前文的理论分析和实证模型结果，认为数字普惠金融作用于城乡收入差距的机制是：在利用科技手段收集乡村居民海量行为信息的基础上，进行数据挖掘与建模分析，进而提取信用价值，即创新金融服务的环节，提供普惠金融服务，通过数字化的技术双向降低农村居民和金融机构之间的信息不对称程度，使得原来无法获取有效金融服务的农村居民群体能够得到资金并进行生产、就业、培训、创业等一系列的增收活动，因此缩小了城乡收入差距。

在数字普惠金融缩小城乡收入差距的过程中，不同经济发达程度省份所享受到的缩小效果差异性主要是由于：第一，不同省份的经济发展程度不同，产业和就业等的边际资金效果也有所不同。经济发达省份拥有基础设施、发展条件等方面的优势，因此数字普惠金融作用于缩小城乡收入差距的效果更好。第二，不同省份城乡数字鸿沟问题严重程度也有所差异，即使欠发达省份资金的边际效用更强，但较发达省份和发达省份的数字鸿沟问题往往更容易得到解决，因而数字普惠金融得以发挥更大促进农村居民收入增长的作用。

8.5　稳健性检验

8.5.1　替换被解释变量指标

城乡居民人均可支配收入比能够直观地反映城乡居民的收入差距，因此选用该指标替换泰尔指数进行稳健性检验。表 8-9 中门槛效果自抽样检验的结果表明双重门槛依然在 1%的水平上显著，结合图 8-8 至图 8-11 的 LR 图像可以看出，单一门槛模型的 LR 图像中明显存在两个门槛值，分别固定第一、二个门槛值后再进行检验，双重门槛模型的 p 值为 0，说明选择双重门槛模型具有稳健性。

表 8-9　门槛效果自抽样检验（二）

门槛检验	临界值					
	F 值	p 值	BS 次数	1%	5%	10%
单一门槛检验	16.260	0.123	300	31.411	21.673	16.911
双重门槛检验	19.019***	0.000	300	8.785	0.339	−2.723
三重门槛检验	0.000	0.427	300	0.000	0.000	0.000

***表示在 1%的水平上显著

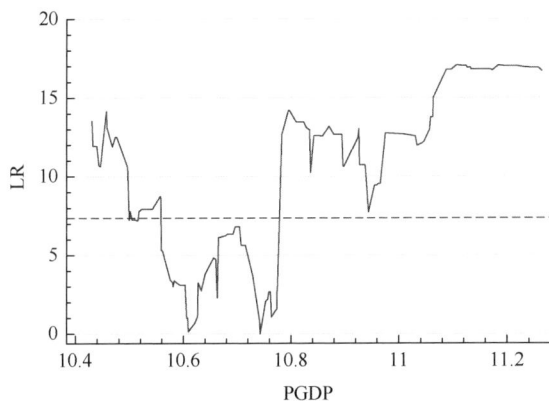

图 8-8　单一门槛模型的估计值和置信区间（二）

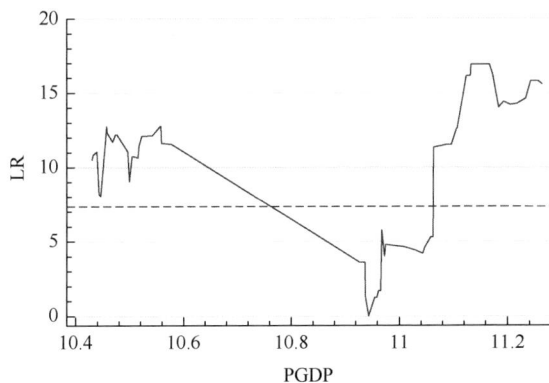

图 8-9　双重门槛的第一个门槛的估计值和置信区间（二）

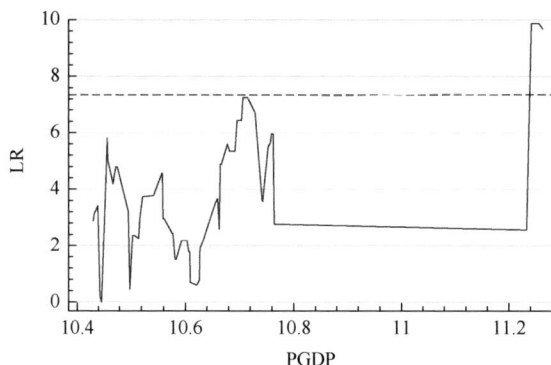

图 8-10　双重门槛的第二个门槛的估计值和置信区间（二）

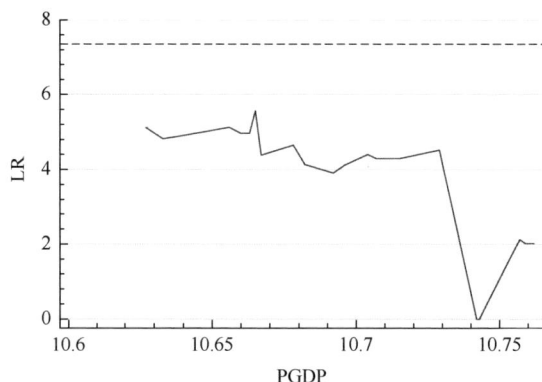

图 8-11　三重门槛模型的估计值和置信区间（二）

　　表 8-10 给出了不同门槛个数的模型的估计值和对应的 95%置信区间的数据，双重门槛模型的两个门槛值分别为 10.446 和 10.944，和标准回归（表 8-6）中的10.499 和 10.944 非常接近，进一步说明了双重门槛模型的稳健性。模型的区间系数情况见表 8-11，此处欠发达、较发达和发达省份的系数值分别为 0.111、–0.0178和–0.196，欠发达省份的系数为正，说明市场化程度较低时，数字普惠金融发展会在一定程度上扩大城乡收入差距，且该作用在 5%的水平上显著；经济较发达的区间中，数字普惠金融能够缩小收入差距，但此时系数较小，且在 10%的水平下仍不显著，直到市场化程度更高的发达省份区间，数字普惠金融在 1%的水平上显著缩小了收入差距，系数也更大，说明作用更加明显。

表 8-10　门槛估计值和置信区间（二）

门槛模型	门槛估计值	95%置信区间
单一门槛模型	10.743	[10.499，10.775]

续表

门槛模型		门槛估计值	95%置信区间
双重门槛模型	第一门槛	10.944	[10.927，11.062]
	第二门槛	10.446	[10.430，11.233]
三重门槛模型		10.742	[10.627，10.762]

表 8-11　双重门槛模型的系数估计结果（二）

变量	因变量		
	GAP	GAP	GAP
经济发达程度	欠发达	较发达	发达
INDEX	0.111^{**} (2.16)	-0.0178 (−0.38)	-0.196^{***} (−4.31)
控制变量	控制		

、*分别表示在 5%、1%的水平上显著

8.5.2　分段回归

为了验证该模型的稳定性，考虑到互联网和智能手机以及支付宝的运用推广在 2014 年之后才逐渐全面推开，将样本分为 2011～2013 年和 2014～2020 年两段进行稳健性检验，考虑到年限问题，将第一阶段的 BS 值设置为 500。由表 8-12 的结果可知，两个阶段中双重门槛检验的 p 值均为 0，说明选择的双重门槛模型在分样本的情况下依然是稳健的。

表 8-12　门槛效果自抽样检验（三）

门槛检验		临界值					
		F 值	p 值	BS 次数	1%	5%	10%
第一阶段	单一门槛检验	4.351^{*}	0.054	500	8.255	4.551	3.119
	双重门槛检验	27.446^{***}	0.000	500	2.923	0.993	−0.357
	三重门槛检验	13.361^{***}	0.006	500	11.320	6.089	4.866
第二阶段	单一门槛检验	65.121^{**}	0.023	300	52.958	40.081	35.083
	双重门槛检验	28.895^{***}	0.000	300	−7.815	−28.547	−35.107
	三重门槛检验	0.000	0.603	300	0.000	0.000	0.000

*、**、***分别表示在 10%、5%、1%的水平上显著

表 8-13 展示了该模型稳健性检验的系数估计结果，INDEX_1、INDEX_2、INDEX_3 分别为欠发达、较发达和发达区间的数字普惠金融指数对应的系数，r2_w、r2_b、r2_o 分别为欠发达、较发达和发达区间的数字普惠金融指数对应的拟合优度。因为数据分段问题，两个阶段的各区间系数值与基准回归有细微的差异，但总体结果表明：我国数字普惠金融的发展以其显著的优势打破了传统金融的局限，数字化使得普惠金融更加高效、均衡地达到降低城乡收入差距的效果。第一阶段中较发达地区和发达地区之间作用效果从不显著到显著的差异进一步印证了基准回归的结论，说明发达地区由于具备数字化发展的良好基础，金融基础设施健全，居民受教育程度高等原因，能够更好地缩小城乡收入差距，因此与之相比的其他省份则面临着数字鸿沟情况的考验。进一步分析可能的原因，其一，我国在 2015 年底网民规模、新增网民数量和互联网普及率都有大幅提升，其中互联网普及率首次超越 50%，自此对缩小城乡收入差距的作用效果显著提高；其二，2014 年印发了《国家新型城镇化规划（2014—2020 年）》，此后出台了一系列的配套改革措施，农业转移人口市民化速度明显加快，大城市管理更加精细，中小城市和特色小城镇加速发展，城市功能全面提升，投资总额和投资质量均有提升。

表 8-13 门槛模型的系数估计结果

变量	第一阶段双重门槛模型	第二阶段双重门槛模型
INDEX_1	−0.0227*** (−3.96)	−0.0259*** (−3.77)
INDEX_2	−0.0059 (−1.39)	−0.0345 (−1.61)
INDEX_3	−0.0106*** (−2.84)	0.0043 (1.62)
控制变量	控制	
常数项	0.687*** (7.04)	0.602*** (12.80)
r2_w	0.839	0.672
r2_b	0.836	0.402
r2_o	0.828	0.508

***表示在 1% 的水平上显著

然而，对于发达省份而言，数字普惠金融的回归系数从第一阶段的显著为负变为第二阶段的不显著，原因是数字普惠金融在发挥作用的过程中存在边际效应递减现象，说明仅仅依靠数字化与普惠金融单纯的结合是不够的，应主动探索数字普惠金融更加有效的作用机制，创新作用路径，从而使数字普惠金融更好地发挥优势，助力城乡收入差距的缩小。

8.6　本章小结

本章从既有数字普惠金融与城乡收入差距的相关研究出发，使用面板门槛模型研究了不同经济发展水平下数字普惠金融对城乡收入差距的作用效果。研究表明：①数字普惠金融在作用于城乡收入差距的过程中存在显著的双重面板门槛效应，以经济发展水平作为门槛变量将各个省份划分为欠发达、较发达和发达三个区间，不同区间刻画了不同的经济发展阶段中数字普惠金融的作用。②数字普惠金融在不同发达程度的省份发挥的作用效果有所不同，其中在欠发达省份会扩大城乡收入差距，对于较发达和发达省份均可缩小城乡收入差距，说明我国数字普惠金融的发展以其显著的优势打破了传统金融的局限，实现了降低城乡收入差距的效果，但后者更加显著，说明我国仍存在一定程度上的金融发展不平衡问题。③基准回归和分阶段的稳健性检验结果均表明，受教育程度的提高在缩小城乡收入差距的进程中起着重要的作用，就本章研究结论而言，受教育程度越高，越能够充分有效地发挥数字普惠金融的作用，越能显著地减小城乡收入差距。

基于上述分析结果，提出以下几点建议。一是继续推进数字普惠金融的发展。一方面需要不断完善传统的普惠金融基础设施，另一方面需要积极将区块链、互联网、大数据、云计算等新兴的数字技术与传统金融服务融合在一起，降低金融服务的成本，扩大金融服务的目标人群，并关注中老年人使用数字普惠金融相关服务的情况，及时进行适老化改进，防范对该群体形成数字鸿沟。二是促进以统筹城乡、以人民为中心、缩小收入差距为目标的经济增长。数字普惠金融对城乡收入差距的缩小作用在经济发展水平约束下存在门槛效应，所以各个省、地区应根据自己的实际情况，充分发挥比较优势，提高经济发展水平。发达省份应在保持经济增长的同时积极探索数字普惠金融助力缩小城乡收入差距的新方式、新机制，较发达省份应借助数字经济提升发展潜力，借助数字普惠金融缩小收入差距，政府应给予欠发达省份一定的帮助和扶持，如支持基础设施建设、人才引进等。三是提高乡村居民的金融素养和教育水平。在推进数字普惠金融发展的同时应注重提高公民的受教育水平，大力培养相关人才，由于门槛效应的存在使得不同发达程度省份之间的改善效果不同，政府应鼓励和支持更多的大学生、中专生等人才流入欠发达的农村地区，通过引导和干预提高其受教育水平，进而更有效、更均衡地缩小城乡收入差距。

第9章 数字普惠金融与农民消费水平提升

9.1 引 言

以习近平同志为核心的党中央从统筹中华民族伟大复兴战略全局和世界百年未有之大变局出发，做出了推动形成以国内大循环为主体、国内国际双循环相互促进的新发展格局的战略抉择。党和国家提出新发展格局，是从国内外形势判断出发做出的长期重大战略部署（江小涓和孟丽君，2021）。2021年中央经济工作会议指出"我国经济发展面临需求收缩、供给冲击、预期转弱三重压力"，"十四五"时期作为中国新发展阶段的开启阶段，迫切需要加强系统思维谋划全局，牢牢把握扩大内需这个战略基点，把满足国内需求作为发展的出发点和落脚点，畅通国内大循环（魏后凯，2020）。党的二十大报告指出"坚持以推动高质量发展为主题，把实施扩大内需战略同深化供给侧结构性改革有机结合起来，增强国内大循环内生动力和可靠性""增强消费对经济发展的基础性作用和投资对优化供给结构的关键作用"①。扩大内需、培育完整内需体系，农村是最广阔的增量空间（唐仁健，2021），必须以推动农业农村经济高质量发展为主题，充分挖掘和释放农村内需潜力。特别是在外部形势不稳定性和不确定性增加，中国经济发展又同时面临需求收缩、供给冲击、预期转弱三重压力的情况下，消费对中国经济发展的基础性作用越来越重要，内需市场规模持续扩张和消费结构优化升级能力越发成为决定中国经济高质量发展模式形成的基础条件（张杰和金岳，2020）。将农村消费市场作为深挖消费潜力、促进消费转型升级的主攻方向显得尤为迫切，这也是形成强大国内市场和畅通国内大循环、应对激烈国际竞争的客观需要。

从中国的现实国情和乡村发展情况来看，城乡发展不平衡、农村发展不充分问题依然存在，特别是城乡金融发展不平衡和金融服务"三农"不充分仍然突出。传统金融发展受到城乡和区域发展差异的限制，金融服务的覆盖面小、融资成本高等问题一直没有得到彻底解决，导致金融对消费的促进作用难以发挥，这就需要依赖金融技术进步和金融创新，克服长期以来"三农"金融服务中面临的缺乏

---

① 引自2022年10月26日《人民日报》第1版的文章：《高举中国特色社会主义伟大旗帜 为全面建设社会主义现代化国家而团结奋斗》。

标准抵押物的"痛点"与信息不对称的"堵点"。数字技术快速发展促使数字金融出现，推进了金融交易的便捷化，不断推动金融服务门槛下移，促进了农村居民消费支出提升，因此，数字金融与居民消费的研究逐渐得到学者的关注。有研究发现，数字金融发展带来了中国居民收入和消费的显著增加（张勋等，2021），而易行健和周利（2018）的研究发现，数字金融对中国农村、中低收入和欠发达地区的家庭消费促进作用更加显著。数字金融在落后地区的发展速度更快，可以通过改善资源配置效率（郭峰等，2020），缓解经济发展中存在的不平衡问题，促进实现包容性增长（张勋等，2019），助力经济落后地区实现赶超，降低地区消费不平等程度（张海洋和韩晓，2022）。此外，数字金融对居民消费结构的影响也同样得到了学者的重视，何宗樾和宋旭光（2020a）发现数字金融促进了居民与生活相关的基础性消费，江红莉和蒋鹏程（2020）认为数字金融通过提高发展与享受型消费优化了居民的消费结构。数字金融与农村居民生活高度融合，不但可以满足那些以往难以享受到金融服务的低收入和弱势群体的需求，惠及被传统金融排斥的大量农村居民（张勋等，2019），还可以极大地降低消费成本、改善消费体验、加速消费者的决策过程、提高消费支付频率、创造新消费需求。这为金融支持农村消费提质升级提供了新思路和新手段，为提高农村居民的幸福感和促进农村内需动力释放带来了新的曙光和希望。

　　现有研究对数字金融发展影响居民消费的效果进行了广泛而深入的讨论，证实了数字金融发展具有带动居民消费的积极作用，但仍然存在以下问题：第一，学者在考察数字金融对居民消费影响的过程中，要么直接运用北京大学数字普惠金融指数进行宏观层面的实证分析，要么将这套数据与不同微观调查数据匹配之后进行实证分析，这两种做法都存在不同程度地忽略同一地区不同家庭数字金融使用行为差异的问题。第二，虽然学者从便捷支付、流动性约束等方面对数字金融影响居民消费的过程进行了验证（易行健和周利，2018），但对其中的内在机理和可能存在的其他影响路径仍然探讨不足。第三，农村地区作为扩大内需、实现"双循环"新发展格局的重要一环（唐仁健，2021），想要充分开发农村地区消费市场，有必要将农村居民家庭消费进一步细化，探索数字金融对不同类型消费影响的差异，如此才能明确如何加强内需驱动、引领和创造新需求并充分挖掘农村居民家庭消费潜力。本章的主要贡献在于以下几个方面：第一，基于 CHFS 2019 年的数据，从数字支付、数字借贷和数字理财三个维度考察农村居民家庭数字金融的使用情况，据此研究数字金融使用对农村居民家庭消费的影响，探索乡村数字金融发展是否能成为新发展阶段拉动农村消费内需的新引擎。第二，按照国家统计局划分标准将农村居民家庭消费分为八大类，然后将八大类消费分别合并为生存型消费和发展享受型消费两种类型，全面探讨数字金融使用对农村居民家庭消费结构的影响和推动农村居民消费转型升级的作用。第三，从传统信贷约束和预防性储蓄两个方面检验数字金融使用影响农村居民家庭消费的机制，丰富数字金融对消费影响传导机理方面的研究。

9.2　理论分析与研究假说

在数字金融服务实体经济的高质量发展中，"三农"领域是重中之重。"三农"不仅是国民经济的基础，还是共同富裕目标实现的最大短板。然而，建立在传统金融技术基础上的"三农"金融服务由于农村地区严重的信息不对称和抵押物不足等问题，始终无法有效推进，导致融资难、融资贵成为"三农"金融发展的巨大痛点。这就需要依靠金融技术进步和金融创新，克服长期以来"三农"金融服务中面临的缺乏标准抵押物的"痛点"与信息不对称的"堵点"，进而突破物理网点和人工成本的束缚，超越时间和空间的限制，扩大金融服务的覆盖面和受众范围，解决长尾人群缺乏金融服务的困境，为乡村发展寻找内生动力并提供发展新动能。

9.2.1　数字普惠金融对农村居民家庭消费的直接影响

长期以来，农村地区的金融网点分布较少且分散，农村居民在日常的水电费缴纳、银行存取款等业务上需要耗费较多时间和精力到距离较远的网点办理。同时，传统金融服务覆盖面较小且门槛较高，导致农村地区金融排斥较为严重。20世纪90年代以来，数字经济浪潮以不可阻挡之势席卷全球，数字经济的快速发展及与实体经济的深度融合，已经成为中国经济高质量发展的强大动能（刘淑春，2019）。相较于实体经济，数字技术嵌入金融领域的程度尤甚。数字技术与金融行业不断融合，不但极大地降低了传统金融服务的成本和风险，提高了金融资源配置效率，而且使得数字金融中的各类金融产品和服务更加贴合实际生活，满足了消费者的消费需求，改善了消费者的消费习惯，对消费者的生活产生了重大影响（何宗樾和宋旭光，2020a）。一方面，数字金融具有极强的地理穿透性，极大程度地突破了物理网点的限制，农村居民仅需在手机APP或者网页上进行简单操作即可完成查询、存取、缴纳等各项业务（易行健和周利，2018），大大节省了办理相关金融业务的时间和精力，因此，数字金融的迅猛发展带动了金融服务体系覆盖范围的不断扩大，帮助更多农村居民参与到金融市场中，降低了农村金融排斥（李涛等，2016），提高了农村地区的金融可得性和普惠性（张勋等，2019）。另一方面，随着互联网和数字支付技术在农村的逐步普及，数字金融通过电子商务平台激发了新业态，拓展出更多的生产和服务模式，激发了农村居民的新兴需求。同时，农村居民在网络平台上购物由于不受时空限制，哪怕在偏远地区也可以购买到全国各地生产的各式各样的产品，极大地丰富消费的可选择性，满足农村居民对不同产品的消费需求（徐晨和蒋艳楠，2021），推动农村居民消费水平提升和消费结构优化。基于此，提出本章第一个假说。

H1：数字金融使用对农村居民家庭消费具有促进作用。

9.2.2　传统信贷约束的调节效应

由于缺乏抵押物资产、个人征信信息缺失、农业生产经营风险大以及居住地分散，农村居民获得正规金融服务存在天然阻碍，他们生产、生活的金融服务需求往往不能很好地得到满足（黄益平等，2018）。许多中小银行为了降低信贷风险，其金融产品设有附加抵押担保和质押担保的要求，提高了农村居民的金融参与门槛（罗剑朝等，2019），使得许多农村居民从正规金融机构获取资金存在"申请难"问题。同时，正规金融机构存在的甄别失误和信息不对称带来的信息偏差容易导致信贷需求者的"无信心申贷"（李成友等，2019），从而面临严重的传统信贷约束，大量信贷需求无法得到满足，消费潜力难以有效激发。

在技术快速变革的背景下，数字金融作为互联网、大数据、云计算等现代科技与传统金融行业相结合的新兴产物应运而生，凭借低成本、广覆盖、可持续的巨大优势，金融服务变得更加普惠，增强了金融可及性（尹志超和张号栋，2018），可以帮助受传统信贷约束的农村居民家庭更便捷地获得信贷支持，帮助农村居民突破传统信贷约束。与传统金融模式相比，数字金融依托互联网平台，一是可以减少不必要的线下网点和工作人员，突破了金融服务的成本约束（谢绚丽等，2018）；二是可以帮助金融机构更加精准地刻画用户画像并对其信贷风险进行精确评估，增强风控能力，降低潜在信用风险，有效缓解信息不对称导致的流动性约束和金融排斥（周利等，2021）；三是可以为不同类型的农村居民设计相应的信贷产品，提供个性化和定制化服务，进而降低申请信贷的门槛，减少"申请难"带来的传统信贷约束，推动普惠性金融目标的实现。此外，针对受到传统信贷约束的农村居民家庭，数字金融使用拓宽了他们申请借贷的渠道。除了常规的金融机构借贷和民间借贷，互联网借贷的受众越来越广，例如蚂蚁花呗、京东白条等小额贷款，只需申请者信用良好、无不良记录，通过手机客户端简单操作即可完成申请，解决了农村居民"无信心申贷"的难题，缓解了农村居民的传统信贷约束，增加了信贷可得性，释放了消费需求。同时，根据心理账户理论，人们会在心理上对金钱建立不同的账户分别进行管理（Thaler，1985），申请贷款过程的便捷化会促使人们更容易将申请到的资金用于消费，尤其是蚂蚁花呗等数字贷款平台通过"先消费后还款"的方式，弱化了支付和消费之间的连接，大大减少了人们使用现金支付的"疼痛感"，进一步刺激了消费意愿，甚至诱导产生了很多非理性消费。鉴于此，提出本章第二个假说。

　　H2：传统信贷约束在数字金融使用促进农村居民家庭消费中发挥正向调节作用。

9.2.3　预防性储蓄的调节效应

　　在面对未来较大的不确定性时，人们会偏向减少消费（Zeldes，1989）。Dardanoni（1991）证实了平均消费会随收入方差的变大而降低，且现期消费与现期收入呈正相关关系。居民家庭面对的冲击因素、缓冲能力等也显著影响家庭消费支出情况（邰秀军等，2009）。由于农村居民收入较低，他们对不确定性的厌恶程度更高（田岗，2005），因此在收入增加时农村居民更偏向储蓄而非当期消费（杭斌和申春兰，2005），导致农村居民的消费意愿和消费能力普遍低于城镇居民且提升缓慢。而稳定提高持久收入（刘兆博和马树才，2007）、加强医疗保险（白重恩等，2012）、增加非农就业（谢勇和沈坤荣，2011）等则有利于降低农村居民储蓄。随着数字金融产品的不断丰富和在农村的广泛应用，数字金融中的数字保险等服务，可通过分散风险减少农村消费者对未来不确定性的担忧，从而增强即期消费（何宗樾和宋旭光，2020a）。此外，农户可利用大数据技术更便捷地获得准确度和透明度更高的信息（何婧和李庆海，2019），减少信息不对称带来的不确定性，降低家庭预防性储蓄动机，从而提高农村居民家庭消费水平，进一步释放农村消费潜力。鉴于此，提出本章第三个假说。

　　H3：预防性储蓄在数字金融使用促进农村居民家庭消费中发挥正向调节作用。

9.3　研究设计：模型、变量与数据

9.3.1　数据来源

　　本章使用的数据主要来源于 2019 年 CHFS。2019 年 CHFS 数据是西南财经大学在全国范围内开展的第五轮中国家庭金融调查微观数据，样本覆盖了全国 29 个省（自治区、直辖市）、343 个县（区、县级市），包含了 34 643 户城乡家庭的微观数据，具体包括家庭人口特征、资产情况、支出与收入、风险偏好类型等方面的详细信息。这些详尽的调查资料为本章研究数字金融和居民家庭消费变动提供了有力的数据支持。基于研究目的，本章选择了数据库中的农村受访者样本，删除无效样本后剩余 8481 个样本。同时，本章还控制了地区经济发展水平，这部分数据来自国家统计局网站。此外，为排除极端值干扰，本章对数据进行了双侧 1%缩尾处理。

9.3.2　变量设置

1. 被解释变量

农村居民家庭消费为被解释变量，在实证分析时以农村居民家庭消费总支出衡量，并取对数处理。除此之外，为了进一步分析数字金融使用行为对农村居民家庭消费结构的影响，本章一方面按照国家统计局的八大类消费（食品烟酒、衣着、居住、生活用品及服务、交通通信、教育文化娱乐、医疗保健、其他用品及服务）标准划分消费支出的类别，另一方面鉴于数据库中并未单独将教育、文化和娱乐三类消费分开统计，并不能对发展型消费和享受型消费进行区分，因此借鉴王小华等（2020）的做法，将农村居民家庭消费划分为生存型消费（食品烟酒、衣着、居住）和发展享受型消费（生活用品及服务、交通通信、教育文化娱乐、医疗保健、其他用品及服务）两类。

2. 核心解释变量

数字金融使用为核心解释变量。参照何婧和李庆海（2019）的做法，从数字支付、数字借贷和数字理财三个维度对家庭数字金融使用情况进行衡量。在问卷中，若受访者开通了支付宝、微信支付等第三方支付账户，则被认为使用了数字支付服务；若在互联网借贷问题中回答存在网络借款或借出款，即被视为参与了数字借贷活动；若在购买理财产品时渠道是通过 APP、网页、第三方平台，则被判定为存在数字理财行为。在以上问题中，受访者若存在某一项的使用情况，则数字金融使用变量赋值为 1，否则为 0。此外，为测度数字金融使用多样化程度，本章进一步构建多元有序变量数字金融使用多样化程度，受访者每存在以上一项数字金融类型使用计 1 分，最多计 3 分，得分越高表明数字金融使用多样化程度越深。

3. 调节变量

传统信贷约束和预防性储蓄为调节变量。首先，借鉴尹志超和张号栋（2018）的做法，从供给型信贷约束和需求型信贷约束两个方面对传统信贷约束进行衡量。若问卷中受访者存在"申请贷款被拒"的情况，则认为存在供给型信贷约束，变量赋值为 1，否则为 0；若受访者存在"有需求但未申请"的情况，则视为存在需求型信贷约束，变量赋值为 1，否则为 0。然后，参考 Chamon 和 Prasad（2010）的做法，将预防性储蓄变量定义为家庭可支配收入的对数除以家庭总消费支出的对数，并剔除储蓄率低于–200%的样本，以避免极端值的影响。

4. 控制变量

参照以往研究家庭消费的相关文献（张勋等，2019），模型中控制了户主个体特征变量、家庭特征变量和地区特征变量。表 9-1 汇报了相关变量定义及描述性统计结果。

表 9-1　变量定义与描述性统计

变量名称	定义	平均值	标准差
农村居民家庭消费	农村居民家庭消费总支出（单位：元）	46 299	46 475
数字支付	有第三方支付账户：是 = 1，否 = 0	0.309	0.462
数字借贷	存在网络借贷：是 = 1，否 = 0	0.003	0.052
数字理财	通过网络渠道理财：是 = 1，否 = 0	0.026	0.159
数字金融使用	使用数字支付、数字借贷或数字理财 = 1，都不使用 = 0	0.310	0.462
数字金融使用多样化程度	数字支付、数字借贷和数字理财，每使用一种计 1 分，最多计 3 分	0.338	0.530
供给型信贷约束	存在申请贷款被拒情况：是 = 1，否 = 0	0.007	0.081
需求型信贷约束	存在有贷款需求但未申请情况：是 = 1，否 = 0	0.015	0.120
预防性储蓄	家庭可支配收入的对数/家庭总消费支出的对数	−1.812	5.776
年龄	户主年龄（单位：岁）	59.620	11.320
性别	户主性别：男 = 1，女 = 0	0.841	0.366
受教育水平	户主受教育年限（单位：年）	7.006	3.471
政治面貌	户主政治面貌：中共党员 = 1，其他 = 0	0.137	0.343
婚姻状况	户主婚姻状况：已婚 = 1，其他 = 0	0.830	0.376
社会保障	户主有社会养老保险或社会医疗保险：是 = 1，否 = 0	0.971	0.167
风险偏好类型	户主风险偏好类型：风险厌恶 = 3，风险中立 = 2，风险偏好 = 1	2.929	0.370
身体状况	户主身体状况：非常好 = 5，好 = 4，一般 = 3，不好 = 2，非常不好 = 1	3.034	1.050
家庭规模	家庭成员数（单位：人）	3.063	1.050
少儿比例	家庭 16 岁以下人口/总人口	0.091	0.1557
老人比例	家庭 60 岁及以上人口/总人口	0.358	0.416
家庭总收入	家庭总收入（单位：元）	41 025	54 593
家庭资产	家庭总资产（单位：元）	363 841	57 7454
人均地区生产总值	各省人均地区生产总值（单位：元）	64 331	22 309

9.3.3　模型选择

本章首先建立数字金融使用与农村居民家庭消费之间的回归模型，以此考察数字金融使用对农村居民家庭消费的影响，模型设定如下：

$$\ln \text{Consu}_i = \alpha_0 + \alpha_1 \text{Digfin}_i + \alpha_2 X_i + \varepsilon_i \qquad (9\text{-}1)$$

其中，$\ln \text{Consu}_i$ 表示农村居民家庭消费的对数；Digfin_i 表示数字金融使用；X_i 表示控制变量；α_0、α_1、α_2 表示待估计参数；ε_i 表示随机扰动项。

进一步地，为了研究数字金融使用影响农村居民消费的机制，本章在式（9-1）的基础上引入传统信贷约束和预防性储蓄变量，建立如下计量模型：

$$\ln \text{Consu}_i = \beta_0 + \beta_1 \text{Digfin}_i + \beta_2 \text{Digfin}_i \times \text{Int}_i + \beta_3 \text{Int}_i + \beta_4 X_i + \tau_i \qquad (9\text{-}2)$$

其中，Int_i 表示调节变量传统信贷约束或预防性储蓄；$\text{Digfin}_i \times \text{Int}_i$ 表示数字金融使用和调节变量的交互项；β_0、β_1、β_2、β_3、β_4 表示待估计参数；τ_i 表示随机扰动项，其他变量含义同式（9-1）。

9.4　实证过程与结果讨论

9.4.1　基准回归结果

1. 数字金融使用与农村居民家庭消费

表 9-2 报告了基准回归的估计结果，初步验证了数字金融使用对农村居民家庭消费水平的影响。第二至五列分别是数字支付、数字借贷、数字理财和数字金融使用对农村居民家庭消费的回归结果，四个变量的回归系数分别为 0.274、0.340、0.233、0.274，其中只有数字借贷的系数在 5% 的水平上显著，其他变量的系数均在 1% 的水平上显著，证明数字金融使用对农村居民家庭消费产生了显著的正向影响，即使用数字金融的农村居民家庭比不使用数字金融的农村居民家庭消费水平明显更高。最后一列结果显示，数字金融使用多样化程度回归系数为 0.239，变量在 1% 的水平上显著，说明数字金融使用多样化对农村居民家庭消费同样具有刺激作用，农村居民使用数字金融的相关业务数量越多，数字金融对家庭消费的促进作用越大。整体而言，数字金融使用确实促进了农村居民家庭消费水平提升，且数字金融使用多样化程度越高的家庭，消费水平越高。当前，越来越多的人选择使用线上支付进行消费，在支付过程中，数字支付将现实中的现金交付转化成电子屏幕中的数字减少，降低了消费者的心理损失（张美萱等，2018），有效降低了农村居民购买商品时的实际支付"痛感"。同时，快速便捷的支付过程，缩短了

购买支付时间，减少了消费者在购买过程中可能存在的犹豫，这使得农村居民在原本就存在消费需求的情况下，在购买商品和服务时更容易冲动消费，从而释放了农村居民的消费潜力。数字借贷则降低了农村居民申请借贷的门槛，增强了借贷可得性，帮助农村居民更快获取消费所需资金，进一步释放原本受到抑制的消费需求。数字理财通过向农村居民提供基金、保险等多样化的金融服务产品，提升了农村居民家庭资产组合多样化程度，使投资渠道更加多样化，提高了资源配置效率，促进了资金增长，为农村居民提供了消费基础。由此，假说 1 得到了验证。

表 9-2　数字金融使用对农村居民家庭消费影响的基准回归结果

变量	模型 1	模型 2	模型 3	模型 4	模型 5
数字支付	0.274*** （0.019）				
数字借贷		0.340** （0.150）			
数字理财			0.233*** （0.041）		
数字金融使用				0.274*** （0.019）	
数字金融使用 多样化程度					0.239*** （0.016）
年龄	−0.007 （0.006）	−0.021*** （0.006）	−0.020*** （0.006）	−0.007 （0.006）	−0.006 （0.006）
年龄的平方	0.000 （0.000）	0.000* （0.000）	0.000* （0.000）	0.000 （0.000）	0.000 （0.000）
性别	−0.075*** （0.021）	−0.079*** （0.021）	−0.076*** （0.021）	−0.075*** （0.021）	−0.074*** （0.021）
受教育水平	0.013*** （0.002）	0.017*** （0.002）	0.016*** （0.002）	0.013*** （0.002）	0.013*** （0.002）
政治面貌	0.104*** （0.021）	0.116*** （0.022）	0.115*** （0.021）	0.104*** （0.021）	0.106*** （0.021）
婚姻状况	0.132*** （0.022）	0.116*** （0.022）	0.116*** （0.022）	0.132*** （0.022）	0.130*** （0.022）
社会保障	−0.037 （0.048）	−0.024 （0.048）	−0.029 （0.048）	−0.037 （0.048）	−0.038 （0.048）
风险偏好类型	−0.068*** （0.020）	−0.076*** （0.019）	−0.075*** （0.019）	−0.068*** （0.020）	−0.067*** （0.019）
身体状况	−0.029*** （0.007）	−0.022*** （0.007）	−0.022*** （0.007）	−0.029*** （0.007）	−0.028*** （0.007）
家庭规模	0.167*** （0.007）	0.181*** （0.007）	0.180*** （0.007）	0.168*** （0.007）	0.168*** （0.007）

续表

变量	模型 1	模型 2	模型 3	模型 4	模型 5
少儿比例	-0.104* (0.060)	-0.159** (0.060)	-0.152** (0.060)	-0.105* (0.060)	-0.103* (0.060)
老人比例	-0.155*** (0.028)	-0.177*** (0.028)	-0.177*** (0.028)	-0.155*** (0.028)	-0.157*** (0.028)
家庭总收入	0.004* (0.002)	0.004** (0.002)	0.004** (0.002)	0.004** (0.002)	0.004** (0.002)
家庭资产	0.128*** (0.006)	0.141*** (0.006)	0.140*** (0.006)	0.129*** (0.006)	0.128*** (0.006)
人均地区生产总值	0.272*** (0.025)	0.288*** (0.026)	0.282*** (0.026)	0.272*** (0.025)	0.266*** (0.025)
样本量	8481	8481	8481	8481	8481
R^2	0.424	0.410	0.411	0.424	0.425

注：括号内数值为稳健标准误

***、**和*分别表示在1%、5%和10%的水平显著

2. 数字金融使用与农村居民家庭消费结构

根据国家统计局对农村居民消费支出的划分方法，首先将农村居民家庭消费细分为八大类，旨在检验数字金融使用对农村居民家庭消费结构的影响，进一步探讨数字金融使用是否有助于提升农村居民家庭各项消费支出水平，从而全面促进农村消费内需动力释放。表9-3结果显示，数字金融使用的系数分别为0.198、0.658、0.841、0.264、0.298、0.575、0.188、0.475，变量均在1%的水平上显著，表明数字金融使用对八大类消费支出都有显著的正向促进作用，这进一步证实了数字金融使用会促进农村居民家庭各项消费的提升。一方面，随着支付宝和微信支付等移动支付服务的普及，大部分商户都相继开通了二维码支付模式，消费者只需用手机扫码就可完成购物，提升了支付便利性，缩短了购物时间，在边际上降低了购物成本（张勋等，2020）；另一方面，网络购物和线上支付极大地丰富了农村居民的购物选择，农村居民足不出户即可方便快捷地购买到多样化的商品，直接降低了一直约束农村消费的物理耗能，满足了农村居民消费的多样性需求，扩大了农村居民家庭各方面的消费支出。

表9-3　分项消费的回归结果

变量	食品烟酒	衣着	居住	生活用品及服务	交通通信	教育文化娱乐	医疗保健	其他用品及服务
数字金融使用	0.198*** (0.021)	0.658*** (0.065)	0.841*** (0.096)	0.264*** (0.031)	0.298*** (0.032)	0.575*** (0.038)	0.188*** (0.074)	0.475*** (0.101)

变量	食品烟酒	衣着	居住	生活用品及服务	交通通信	教育文化娱乐	医疗保健	其他用品及服务
控制变量	控制	控制	控制	控制	控制	控制	控制	控制
样本量	8481	8481	8481	8481	8481	8481	8481	8481
R^2	0.278	0.227	0.314	0.133	0.223	0.376	0.110	0.046

注：括号内数值为稳健标准误

***表示在1%的水平上显著

进一步地，将农村居民八类消费合并为生存型消费和发展享受型消费两大类，探寻数字金融使用对两大类消费的影响差异。表9-4第2和第3列结果显示，数字金融使用对于生存型消费和发展享受型消费的影响系数分别为0.215和0.372，变量均在1%的水平上显著，说明数字金融使用促进了农村居民家庭不同类型消费水平的增长。分维度来看，数字支付和数字理财对生存型消费和发展享受型消费的影响均在1%的水平上显著，数字借贷则在5%的水平上显著，即数字金融使用的三个维度对于农村居民消费均具有显著影响，这充分说明农村数字金融发展的各个维度均有利于刺激农村居民家庭消费欲望，提升消费水平，释放消费潜力。

表9-4　分类型消费的回归结果

变量	模型1	模型2	模型3	模型4	模型5	模型6	模型7	模型8
数字金融使用	0.215***（0.020）	0.372***（0.026）						
数字支付			0.215***（0.020）	0.372***（0.026）				
数字借贷					0.290**（0.142）	0.466**（0.221）		
数字理财							0.133***（0.044）	0.376***（0.058）
控制变量	控制	控制	控制	控制	控制	控制	控制	控制
样本量	8481	8481	8481	8481	8481	8481	8481	8481
R^2	0.316	0.383	0.316	0.383	0.306	0.339	0.306	0.371

注：括号内数值为稳健标准误

***和**分别表示在1%和5%的水平上显著

为了进一步分析数字金融使用对两大类消费的影响及其差异，对数字金融使用对两大类消费的影响分别进行分位数回归，结果发现在所有分位点处，数字金融使用对生存型消费和发展享受型消费均具有显著的正向影响①。为了更直观地比较，在此对两大类消费的分位数回归结果图进行分析（图 9-1）。可以看到，随着分位数水平提高，数字金融使用对生存型消费和发展享受型消费的影响均呈现出左高右低的下降趋势。与发展享受型消费相比，数字金融使用对生存型消费的影响在不同分位点处的变化幅度较小，表明对不同消费水平的农村居民家庭而言，数字金融使用对农村居民家庭生存型消费的促进作用明显小于发展享受型消费。但不管哪一类消费，对于低消费水平的家庭而言，数字金融使用对消费的促进作用明显更大。主要原因在于，生存型消费是农村居民保障日常生活最基础的消费，不同消费水平的家庭均要首先保证家庭基本的生活需要，加上国家对基本生活用品和食品价格的监管把控，使得各类产品的价格波动不大，并且日常生活消费品的需求弹性较小，因此不同消费水平家庭在生存型消费方面受数字金融使用的影响差异并不大。但随着农村居民收入水平的不断提高和物质生活的逐渐丰富，各种类型的商品和服务也不断增加，满足了不同消费群体的需求，特别是在基本生活需求得到满足的情况下，农村居民发展享受型消费的需求会快速提升，所以数字金融使用对发展享受型消费的促进作用明显高于生存型消费。另外，具有较高发展享受型消费水平的家庭本身已经具备了较高的消费能力和消费意愿，所以他们的消费受到的数字金融使用的促进作用较小。但对于发展享受型消费支出较低的家庭而言，其需求受到商品和服务价格的较大抑制，网络购物的普及可以帮助农村居民在网上挑选各类便宜实惠的商品和服务，极大程度地释放了原本被压抑的发展享受型消费需求，刺激家庭消费水平提升，数字金融使用也因此有助于推动农村居民家庭消费结构实现由以基础生存型消费为主向更高层次的以发展享受型消费为主转型升级。

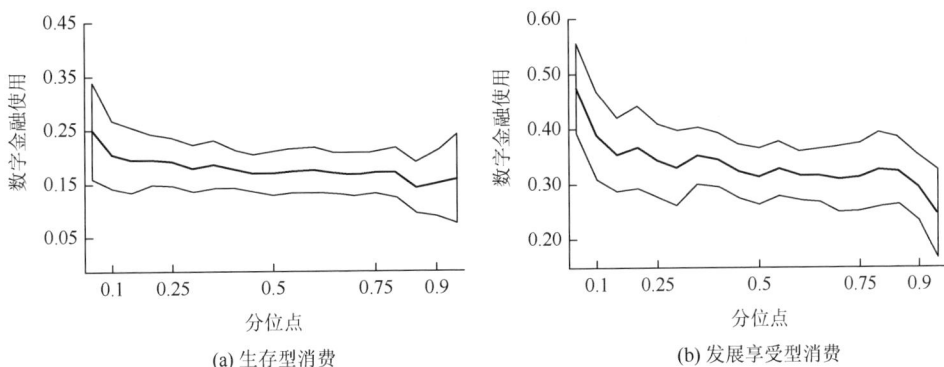

(a) 生存型消费　　　　　　　　　　(b) 发展享受型消费

图 9-1　数字金融使用对不同分位点上两大类消费的影响

---

① 由于篇幅的限制，此处省略了数字金融使用对两大类消费影响的分位数回归结果。

中间曲线表示不同分位数水平下数字金融使用对应的系数估计值，上下两条曲线之间表示系数的 95% 置信区间

9.4.2 稳健性与内生性讨论

1. 稳健性检验

考虑到实际调查中个体选择行为具有非随机性，居民在生活中使用数字金融与否存在一定的自选择偏差，采用以下方法对回归结果的稳健性进行检验。

一是替换被解释变量。将前文中的被解释变量家庭消费总支出替换为家庭人均消费支出，结果如表 9-5 第二列所示，可以看出，数字金融使用变量依旧显著，证明了前文结果的稳健性。

表 9-5　稳健性检验结果

变量	家庭人均消费支出	家庭消费总支出
数字金融使用	0.274*** （0.019）	0.264*** （0.019）
控制变量	控制	控制
样本量	8481	7954
R^2	0.424	0.425

注：括号内数值为稳健标准误
***表示在 1% 的水平上显著

二是剔除特殊样本。考虑到四大直辖市可能会由于发展的特殊性，与其他省份存在较大差异，从而影响实证结果，将四大直辖市的样本剔除后重新回归，结果如表 9-5 第三列所示，数字金融使用变量依旧显著，再次证明了回归结果的稳健性。

三是采用 PSM 方法回归。将数字金融使用作为处理变量，将年龄、性别、受教育水平、政治面貌、婚姻状况、社会保障、风险偏好类型、身体状况、家庭规模、家庭资产和人均地区生产总值作为协变量，进行 PSM 方法回归。样本的平衡性检验结果如表 9-6 所示，可以看出，匹配后的协变量标准化偏差绝对值均小于 10%，且大多数 t 检验结果不拒绝处理组和控制组无差异的原假设，通过了平衡性检验。

表 9-6　样本平衡性检验结果

变量	处理组	控制组	标准化偏差	t 值	p 值
年龄	54.863	54.761	1.0%	0.34	0.737

续表

变量	处理组	控制组	标准化偏差	t 值	p 值
性别	0.870	0.873	−0.8%	−0.26	0.797
受教育水平	7.719	7.895	−5.4%	−1.72	0.085
政治面貌	0.137	0.145	−2.4%	−0.69	0.489
婚姻状况	0.882	0.886	−1.2%	−0.38	0.707
社会保障	0.975	0.974	0.7%	0.22	0.827
风险偏好类型	2.933	2.934	−0.3%	−0.10	0.924
身体状况	3.141	3.163	−2.1%	−0.63	0.526
家庭规模	3.600	3.623	−1.5%	−0.41	0.682
家庭资产	12.328	12.399	−5.3%	−1.82	0.069
人均地区生产总值	11.013	11.015	−0.7%	−0.19	0.850

采用一对一近邻匹配、一对四近邻匹配、半径卡尺匹配、核匹配方法对样本进行匹配，并计算数字金融使用的平均处理效应（average treatment effect on the treated，ATT），结果如表 9-7 所示。根据一对一近邻匹配的结果，数字金融使用对于处理组和控制组的影响系数分别为 10.911 和 10.625，相差 0.286，差异在 1%的水平上显著，与前文结果基本一致。使用其他匹配方法都得到了类似的结果，处理组和控制组的差异分别为 0.241、0.245、0.250，且均在 1%的水平上显著，进一步验证了假说 1，即在其他变量不变的前提下，数字金融使用对农村居民家庭消费水平提升起到了显著的促进作用。

表 9-7　PSM 回归结果

匹配方法	处理组	控制组	ATT	t 值
一对一近邻匹配	10.911	10.625	0.286***	7.81
一对四近邻匹配	10.911	10.670	0.241***	8.06
半径卡尺匹配	10.911	10.666	0.245***	8.40
核匹配	10.911	10.661	0.250***	9.04

***表示在 1%的水平上显著

2. 内生性讨论

农村居民的消费行为容易受到民族习惯、自然环境等难以直接观测的因素影响，数字金融使用与消费之间可能存在反向因果关系，这些都可能会造成实证结果偏误，因此需要采用工具变量进行处理，以缓解内生性问题。借鉴何婧和李庆海（2019）的做法，选取"同县同年龄段农村居民数字金融使用平均水平"作为数字金融使用的工具变量，工具变量法的回归结果如表 9-8 所示。根据回归结果可知，第一阶段工具变量的系数为正，在 1%的水平上显著，且 F 统计量远大于10，说明符合相关性要求；第二阶段核心解释变量依旧在 1%的水平上显著，表明在对内生性问题进行处理后，数字金融使用依然对农村居民家庭消费具有显著的促进作用，这与基准结果一致。同时，Cragg-Donald Wald F 值和 Kleibergen-Paap rk LM 统计量分别为 1363.879 和 1452.477，均远大于 10，表明工具变量选择恰当，不存在弱工具变量问题。为保证工具变量选择严谨，本章又使用了 LIML 估计，结果显示，数字金融使用的回归系数与前文结果一致，进一步证明了不存在弱工具变量问题。

表 9-8　工具变量法回归结果

变量	2SLS		LIML
	第一阶段	第二阶段	
数字金融使用		0.408*** （0.050）	0.408*** （0.050）
同县同年龄段农村居民数字金融使用平均水平	0.781*** （0.021）		
控制变量	控制	控制	控制
F 统计量	386.45		
Cragg-Donald Wald F 统计量		1363.879	
Kleibergen-Paap rk LM 统计量		1452.477	
样本量	8481	8481	8481
R^2	0.421	0.422	0.422

注：括号内数值为稳健标准误
***表示在 1%的水平上显著

9.4.3　影响机制分析

采用在回归中加入交互项的方法，主要从传统信贷约束和预防性储蓄的角度对数字金融使用影响农村居民家庭消费的机制进行检验，结果如表 9-9 所示。金融机构本身决策带来的信贷约束是信贷需求者被动接受的结果（李成友和李庆海，2016），即造成供给型信贷约束，而申请者自身的信贷需求被抑制则会产生需求型信贷约束，从而造成信贷恐慌（李成友等，2019）。相比于供给型信贷约束，需求型信贷约束的结果更加严重，因此需要更有针对性地分析影响的差异。从表 9-9 第二和第三列的结果可以看出，相比于存在供给型信贷约束的农村居民，数字金融使用对于受到需求型信贷约束的农村居民的影响更加显著，说明数字金融使用对存在需求型信贷约束的居民消费刺激作用更强，即需求型信贷约束在数字金融使用影响农村居民家庭消费的过程中起到了正向调节作用，部分验证了假说 2。究其原因，这与申请信贷的门槛降低以及流程简化有关。以往农村居民申请信贷需要到正规金融机构的线下网点办理较为烦琐的手续，且农村地区网点稀少分散，使得申请贷款流程更为不便，获取贷款的可能性更低。同时，以往农村居民受到收入、抵押等门槛限制，对于申请贷款存在心理畏惧，因此申请贷款人数较少，导致大量需求型信贷约束存在，限制了农村居民的消费潜力。数字金融通过线上大数据完善信用评估体系，打破了传统信贷约束对消费的压抑，使得那些拥有良好信用且被传统金融排斥的农村居民可以通过手机端的简单操作申请贷款，极大地帮助了这类农村居民释放被压抑的潜在消费需求。

表 9-9　影响机制检验的回归结果

变量	模型 1	模型 2	模型 3
数字金融使用	0.274*** (0.019)	0.271*** (0.019)	0.290*** (0.020)
数字金融使用×供给型信贷约束	0.055 (0.142)		
供给型信贷约束	−0.162 (0.111)		
数字金融使用×需求型信贷约束		0.189* (0.108)	
需求型信贷约束		−0.155** (0.065)	
数字金融使用×预防性储蓄			0.079** (0.038)
预防性储蓄			0.005 (0.010)
控制变量	控制	控制	控制
样本量	8481	8481	8475
R^2	0.424	0.426	0.427

注：括号内数值为稳健标准误

***、**和*分别表示在1%、5%和10%的水平显著

表 9-9 最后一列结果显示，数字金融使用变量在 1%的水平上显著，系数为0.290，同时数字金融使用与预防性储蓄的交互项在 5%的水平上显著，系数为正，即预防性储蓄越高，数字金融使用对农村居民家庭消费的刺激作用越强，说明在数字金融使用影响农村居民家庭消费的过程中，预防性储蓄起到了正向调节作用，

验证了假说 3。其原因在于，随着金融市场的发展与完善，数字保险等风险管理工具可以帮助农村居民分散风险、减少风险，提高农村居民家庭的抗风险能力，在预防性储蓄高的条件下，较多的储蓄为消费提供了坚实的经济基础，即数字金融的使用对于高储蓄的农村居民家庭消费刺激效果更好。同时，数字金融通过线上大数据，提升了农村居民的信息可得性，农村居民只需在手机上简单操作即可得到准确和透明的信息，进而减少预判抉择所带来的不确定性，增强农村居民的即期消费信心，推动他们的消费水平提升。

9.4.4 异质性分析

1. 性别差异

在深受儒家思想和传统性别文化观念影响的中国社会，"男主外，女主内"的传统家庭分工模式和性别角色观念仍占主流地位，特别是在农村地区，家庭内部的家务操持以及家庭日常采买仍以女性为主。因此，农村居民家庭消费行为可能受到户主性别的影响。为检验数字金融使用对不同性别户主的农村居民家庭消费的影响，本章在回归中加入数字金融使用与性别的交互项，结果如表 9-10 （1）列所示。可以发现，数字金融使用在 1% 的水平上显著，系数为正，交互项在 10% 的水平上显著，系数为负，表明与户主为男性的农村居民家庭相比，数字金融使用对于户主为女性的家庭有更强的消费刺激作用。虽然受传统家庭分工模式和性别角色观念的影响，农村女性的生活半径可能受到限制，但数字金融使用可以缓解正规金融对女性群体的物理距离排斥，使得女性群体相比以往更加容易获得金融服务，增强了她们的金融可得性，为她们的家庭消费提供金融支持。此外，智能手机的普及、应用软件的日新月异以及移动支付技术的实现都为数字金融在中国农村地区的发展提供了条件，丰富了农村居民线上的购物选择，降低了消费成本，物美价廉的商品也满足了女性群体在采购家庭所需日用品时的消费需求，刺激了家庭消费水平的增长。

表 9-10 异质性检验结果

变量	农村居民家庭消费（1）	农村居民家庭消费（2）	农村居民家庭消费（3）	农村居民家庭消费（4）
数字金融使用	0.339*** (0.039)	0.356*** (0.029)	0.337*** (0.032)	0.255*** (0.022)
数字金融使用×性别	−0.071* (0.040)			
数字金融使用×高收入		−0.060* (0.034)		
数字金融使用×中年龄			−0.081** (0.038)	

续表

变量	农村居民家庭消费（1）	农村居民家庭消费（2）	农村居民家庭消费（3）	农村居民家庭消费（4）
数字金融使用×高年龄				0.082** (0.038)
控制变量	控制	控制	控制	控制
样本量	8481	8481	8481	8481
R^2	0.423	0.411	0.422	0.422

注：括号内数值为稳健标准误

***、**和*分别表示在 1%、5%和 10%的水平显著

2. 收入水平差异

绝对收入假说认为当期消费随收入变化而变化，而一般低收入和中等收入家庭的消费水平受到自身资源禀赋的限制，他们进行高水平消费时易存在缺乏资金支持的现象，为预防未知风险更是倾向于减少消费，选择储蓄以增强抵抗风险的能力。因此，为检验数字金融使用对农村不同收入水平家庭消费的影响，参考吴雨等（2021）的做法，本章将总样本根据平均收入水平划分为低收入和高收入，高于平均水平的家庭为高收入，否则为低收入。以低收入为参照，在回归中加入数字金融使用与高收入的交互项。结果如表 9-10（2）列所示，数字金融使用在 1%的水平上显著，系数为 0.356，与前文结果一致，交互项显著，系数为负，说明数字金融使用对低收入家庭的消费增长促进作用更大。与高收入家庭相比，低收入家庭消费受到资金和环境的约束更大，数字借贷、数字理财等服务可以使低收入农村居民更为便捷地获取资金，释放他们被压抑的消费需求。

3. 生命周期差异

根据 Modigliani 和 Brumberg（1954）提出的生命周期假说理论，消费者在收入预算约束下，希望将自己一生全部收入在消费支出中进行最优分配，使自身效用实现最大化，因此消费者会在不同年龄阶段表现出不同的消费行为。本章参考李晓等（2021）的做法，将全部样本按户主年龄分为低、中和高年龄，其中 30 岁以下为低年龄，30 岁到 60 岁为中年龄，60 岁以上为高年龄。以低年龄为参照，本章将数字金融使用分别与中年龄和高年龄的交互项放入模型，结果如表 9-10 的（3）列和（4）列所示，可以发现，数字金融使用对于中年龄和高年龄家庭的刺激作用均显著，但中年龄交互项的系数为负，高年龄交互项的系数为正。中年龄人群正处于人生中"上有老下有小"的特殊阶段，特别是在农村社会保障水平较低的情况下，中年人不得不降低家庭消费而加大预防性储蓄，所以数字金融使用在短期内对中年龄家庭的消费有明显的负向影响。相反，对于高年龄家庭，其往往

拥有一定的储蓄，本身具备一定的消费基础，同时随着年龄的增长，对即期消费的心理需求也会逐步增加，再加上数字金融使用可以降低预防性储蓄而对消费产生促进作用，从而进一步释放潜在消费需求。

9.5　本　章　小　结

采用 2019 年 CHFS 数据，实证分析了数字金融使用对农村居民家庭消费的影响，并进行了异质性分析和传导机制的讨论。研究结果表明：①总体上看，数字金融使用对农村居民家庭消费具有显著的促进作用，在控制内生性问题以及进行多种稳健性检验之后，这一结论依然成立。进一步检验数字金融使用对农村居民各项消费的影响发现，数字金融使用显著促进了农村居民家庭的生存型消费、发展享受型消费以及八大类消费，且对发展享受型消费具有更大的促进作用，有助于推动农村居民的消费结构转型升级，有效释放农村消费内需动力。②研究数字金融使用对农村居民家庭消费的传导机制发现，传统信贷约束和预防性储蓄对于数字金融使用促进农村居民消费水平具有正向调节作用，即在农村居民家庭存在传统信贷约束或预防性储蓄较高的情况下，数字金融使用促进农村居民家庭消费的效果更强。③异质性分析发现，数字金融使用对农村居民家庭消费的促进作用在不同群体之间存在显著差异，对于女性户主和 60 岁以上的高龄户主，数字金融使用对家庭消费的促进作用更强。同时，相对于高收入水平家庭，数字金融使用明显对低收入家庭的消费促进作用更强。

基于以上研究结论，提出政策建议如下：第一，全面推进农村地区数字金融建设，完善农村地区的金融服务网点、网络硬件等基础设施建设，同时大力实施提速降费专项活动、加速网络服务的普及，进一步扩大数字金融覆盖范围，提高数字金融在农村的普及度，推进数字金融的深化改革，缩小地区数字鸿沟，充分发挥数字金融对农村地区居民消费的带动作用。第二，采取因地制宜的针对性政策，注重数字金融对西部地区、低收入水平、低教育水平家庭的重点推广，加强对农村地区教育的资金投入力度，贯彻基础教育方针政策，提高农村地区总体受教育水平。第三，加大对数字金融相关知识的宣传力度，通过村镇广播、组织讲座、发放读物等方式普及金融基础知识和必要的理财知识，增强居民对数字金融的了解，降低居民排斥心理。第四，政府尽快完善健全金融安全的相关法律法规，构建数字金融监管体系，明确监管机构职责，维护良好的数字金融市场秩序，切实保护农村消费者权益，降低农村居民的信贷约束和不确定性导致的预防性储蓄动机，使农村居民在享受数字金融带来的便利的同时不为安全风险而担忧，进而更好地发挥数字金融对消费水平的促进作用。

第 10 章　数字普惠金融与居民消费结构升级

10.1　引　　言

近年来，随着投资的边际收益递减和国际形势日益严峻，我国经济增长从依赖投资需求和出口需求拉动模式转变为消费需求拉动模式。2014～2019 年，消费连续 6 年成为中国经济增长的第一拉动力，2019 年社会消费品零售总额达到 41.2 万亿元，最终消费支出对国内生产总值增长的贡献率高达 57.8%，拉动经济增长 3.5 个百分点。虽然受新冠疫情影响，但 2020 年最终消费支出拉动国内生产总值下降仅 0.5 个百分点。在消费支出中，相较于政府消费，居民消费占比达到 80%以上，成为消费拉动经济增长的核心力量。但是，2019 年我国居民消费率不仅比美国、英国、法国等发达国家要低，而且比俄罗斯、印度等发展中国家也要低，在世界排名中处于中下水平。同时，我国居民消费结构本应随着人民生活条件的改善从生存型消费向享受型消费和发展型消费转变升级，但实际上大多数居民的消费仍集中于生存型消费（图 10-1），部分居民甚至存在着消费降级的现象（孙凤，2019）。因此，在强调居民消费水平提升的同时不能忽视消费结构升级的重要性，只有协同推进居民消费水平提升和消费结构升级，才能真正发挥内需的"压舱石"作用，增强经济增长的韧性和可持续性，有效应对国际贸易格局深刻调整的冲击，从而助力构建新发展格局。

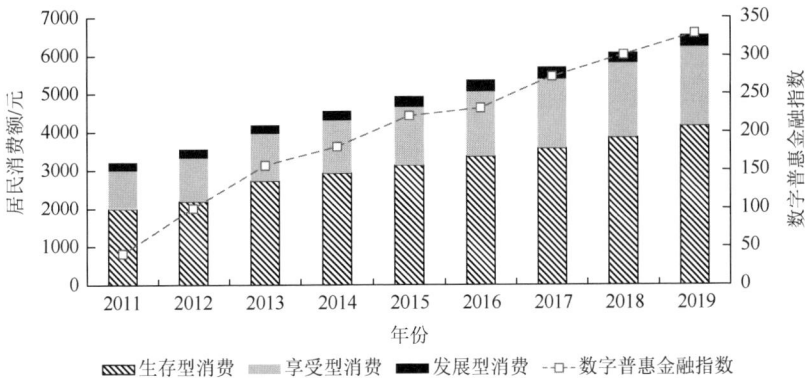

图 10-1　居民消费结构与数字普惠金融指数变化趋势

　　金融作为一种先导性资源要素，无疑会对居民消费产生重要影响，有效的金融服务是促进居民消费提质扩容升级的关键因素。在数字经济时代，数字普惠金融作为金融与科技的有机融合体，与居民生活高度融合，极大地降低了消费成本、改善了消费体验、创造了新消费需求（何宗樾和宋旭光，2020a；郭华等，2020；张勋等，2020），为金融支持居民消费提质升级提供了新视角、新思路、新手段。图 10-1 和图 10-2 分别显示了数字普惠金融指数和消费结构、居民最终消费率的变化趋势。从图中可以看出，数字普惠金融快速发展的起步期与居民最终消费率触底反弹的时期大致吻合，此后数字普惠金融指数和居民最终消费率、消费结构升级（发展型消费和享受型消费占比不断扩大）的变化趋势表现出高度一致性。这仅仅是巧合还是数字普惠金融在居民消费升级中发挥了重要的推动作用？数字普惠金融发展能否促进居民消费结构升级？如果能，其具体传导机制如何？数字普惠金融发展对居民消费结构升级的影响效应是否存在异质性？弄清楚这些问题，对促进居民消费结构转型升级无疑具有重要的理论价值和现实意义。为了回答上述这些问题，本章首先从理论上阐述数字普惠金融发展影响居民消费结构升级的作用机理并提出研究假设，然后基于北京大学数字金融研究中心发布的数字普惠金融指数，采用似不相关回归、工具变量回归、分位数回归等计量方法实证研究数字普惠金融对居民消费升级的影响效应、传导机制和异质性，以期为构建以国内大循环为主体、国内国际双循环相互促进的新发展格局提供经验证据。

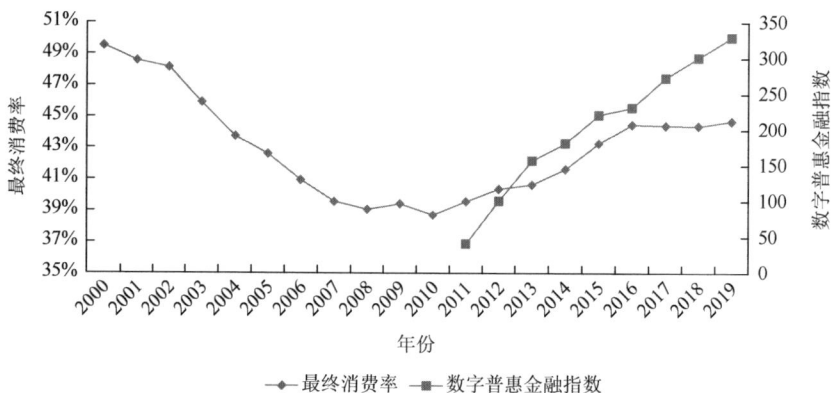

图 10-2　最终消费率与数字普惠金融指数变化趋势

　　总体来看，将数字普惠金融与居民消费结合起来进行研究的文献正逐年增加，尽管部分学者对数字普惠金融对居民消费水平的影响进行了广泛探讨，但鲜有文献专门研究数字普惠金融对居民消费结构升级的影响，尤其是关于数字金融影响居民消费结构升级的传导机制和异质性问题还需深入研究。与现有文献相比，本章的增量贡献在于两个方面：一是本章首先从理论上分析了数字普惠金融发展影响居民消费结构升级的作用机理并提出研究假说，然后借助拓展的 AIDS 模型实证检验了数字普惠金融发展对居民消费结构升级的影响效应，并进一步讨论了数字普惠金融发展影响居民消费结构升级的传导机制。二是本章采用面板分位数回归方法考察了数字普惠金融发展对不同消费水平的影响差异性，并将总样本分成城镇和农村，东部、中部和西部几个子样本，采用似不相关回归方法检验了数字普惠金融发展对居民消费结构升级影响效应在城乡之间、区域之间的异质性及其原因，为因地制宜实施差异化的消费政策提供了实证依据。

10.2　文献综述与理论分析

10.2.1　文献综述

关于金融发展与居民消费关系的研究一直是学界关注的重点，且普遍认为金融发展有助于促进居民消费。Campbell 和 Mankiw（1991）、Karlan 和 Zinman（2010）、Soman 和 Cheema（2002）、赵霞和刘彦平（2006）等众多学者均认为金融发展可以通过减缓流动性约束来促进居民消费增长。Bayoumi（1993）研究发现金融市场深化能够通过分散风险进而促进居民消费增长，且对低收入者消费的促进作用更大。Levchenko（2005）认为金融发展可以通过资源配置减缓居民流动性约束，进而促进居民消费潜力充分释放。同时，也有部分学者专门研究了金融发展对农村居民消费的影响。比如：Li 等（2016）、陈东和刘金东（2013）研究发现农村金融市场发展通过缓解信贷约束来促进农村居民消费增长，胡帮勇和张兵（2013）研究发现农村金融效率和农村金融规模均可以显著影响农村居民消费增长，齐红倩和李志创（2018）研究发现农村存款、贷款和保险均可以促进农村居民消费增长。

随着互联网信息技术对传统金融的逐渐渗透及其二者的深度融合，学界开始转向研究互联网金融对居民消费的影响效应。李旭洋等（2019）基于中国家庭追踪调查数据的实证研究发现，互联网使用有助于提高家庭享受型消费和发展型消费的占比，进而促进居民家庭消费结构升级。祝仲坤和冷晨昕（2017）、祝仲坤（2020）基于中国社会状况综合调查（Chinese social survey，CSS）2015 年数据的实证研究发现，互联网技能可以释放农村居民消费潜力和优化农村居民消费结构。崔海燕（2016）研究发现互联网金融发展可以促进居民消费增长，第三方互联网支付交易规模每增加 1 亿元，居民消费将增加 0.3817 亿元。张李义和涂奔（2017）从消费金融的功能性视角出发，研究发现互联网金融对居民消费结构升级有显著影响，且对城镇居民的影响作用大于农村居民。向玉冰（2018）采用拓展的 AIDS

模型实证研究了互联网发展对居民消费结构升级的影响及其差异性，发现互联网对城乡居民消费结构升级具有显著的促进作用，而且对城镇居民的作用更大，对生存型、享受型和发展型三大类消费的影响效应存在显著的差异性。何启志和彭明生（2019）基于消费需求方程阐释了互联网金融对居民消费的影响机理，并采用非线性模型进行了实证检验，发现互联网金融对居民消费具有较强的正向刺激作用，其线性影响和非线性影响效果之间呈现相互促进、协同发展的状态。臧旭恒和董婧璇（2020）基于 2015 年的 CHFS 数据，研究发现网上银行、手机银行、电话银行及自助银行可以通过更加便捷的金融服务对家庭消费产生显著正向影响，但该影响作用在不同风险偏好水平、金融知识水平、收入水平以及城乡之间存在显著差异。

近年来，随着数字金融的快速发展和强势崛起，学界开始关注数字金融对居民消费的影响。Grossman 和 Tarazi（2014）认为数字金融发展能够通过提高支付便利性促进居民消费，同时通过为家庭提供储蓄和补贴等方式刺激居民消费。Li 等（2020）研究发现数字金融发展通过提高支付便利性、缓解信贷约束等渠道促进居民消费。国内相关实证研究大多以北京大学数字金融研究中心发布的数字普惠金融指数为主要解释变量。具体来看，相关研究可以分为两大类。第一类是以数字普惠金融指数和省际宏观统计数据为基础，研究数字普惠金融对居民消费水平和消费结构升级的影响作用及异质性（邹新月和王旺，2020；江红莉和蒋鹏程，2020；杨伟明等，2021；颜建军和冯君怡，2021；黄凯南和郝祥如，2021），或单独研究数字普惠金融对农村居民消费水平（郭华等，2020）和城镇居民消费水平（南永清等，2020）的影响效应、传导机制和区域差异性。第二类是将数字普惠金融指数和 CHFS（洪铮等，2021；谢家智和吴静茹，2020；南永清和孙煜，2020；张栋浩等，2020；蔡栋梁等，2020）、中国家庭追踪调查（易行健和周利，2018；何宗樾和宋旭光，2020a；张勋等，2020；杭斌和闫娜娜，2020）、中国健康与养老追踪调查（China health and retirement longitudinal study，CHARLS）（关键和马超，2020）或其他微观调查数据（陈宝珍等，2021）相匹配，进而实证研究数字普惠金融对微观家庭消费行为的影响效应及传导机制。以上相关研究普遍认为数字普惠金融可以通过提高支付便利性、减缓流动性约束、提升居民风险管理能力、降低不确定性、缩小城乡收入差距和优化产业结构等渠道促进居民家庭消费水平提升和居民消费结构升级，但数字普惠金融发展对居民家庭消费的影响效应也存在显著的城乡差异性、区域差异性。

10.2.2　理论分析与研究假说

正如前文所述，数字普惠金融泛指传统金融机构与互联网公司利用大数据、云计算、物联网、区块链、人工智能等数字技术为居民提供融资、支付、投资、理财等多元化金融服务的新型金融业务模式（黄益平和黄卓，2018）。数字普惠金融的去中心化将线下消费线上化，减少了信息不对称和交易成本，打破了居民消费的时空限制，增强了居民消费体验和消费满足感，在一定程度上刺激了居民消费潜力释放，居民消费频率和消费水平都大幅提升。淘宝、天猫、京东、唯品会、拼多多等众多网上购物平台和网上转账、扫码支付等方式的出现，不断地改变着居民消费习惯和消费方式，也改变着居民消费热点和商业服务模式，新产品和新服务的不断涌现丰富了居民消费选择。更重要的是，随着数字普惠金融的快速发展，居民可支配收入不断增加，居民在满足家庭基本生活需求之后还有更多的收入可用于增加医疗保健、交通通信、教育文化娱乐等发展型和享受型消费，居民消费结构不断升级。为此，本章提出第一个假说。

H1：数字普惠金融发展有助于促进居民消费水平提升和消费结构升级。

数字普惠金融的出现和快速发展对居民消费的影响是多方面的。一是数字普惠金融发展通过提高支付便利性促进居民消费结构升级。支付宝、微信支付、手机银行等数字化支付平台的快速普及改变了传统线下定时定点的现金支付方式，目前居民日常生活中的小额消费大多采用线上非现金支付方式完成（焦瑾璞等，2015）。线上随时随地的电子支付方式使得居民消费更加便捷高效，也有效降低了交易成本和持有现金的机会成本，而且非现金支付方式能够降低消费者的心理账户损失，有助于增加居民消费的倾向（郭华等，2020），居民消费行为更加活跃、消费决策更加快速。二是数字普惠金融发展可以缓解居民家庭的流动性约束，进而刺激居民消费增长。根据经典的消费理论可知，流动性约束是抑制居民消费增长的重要因素。数字普惠金融不仅具有与传统金融相似的特征，又具有比传统金融更多的功能和作用，可以通过场景、数据、信息和创新来弥补传统金融服务的短板，充分发挥"覆盖广、成本低、速度快"等优势（张林和温涛，2020），有助于调低金融产品和金融服务的门槛，从而增强被传统金融排斥的长尾客户的消费信贷可得性，有效缓解居民家庭流动性约束，使越来越多的消费者可以通过消费信贷实现跨期消费。三是数字普惠金融发展有助于降低居民预防性储蓄，进而促进消费结构升级。根据预防性储蓄理论和生命周期理论可知，为了应对未来的不确定性，居民会减少当期消费和增加预防性储蓄。数字保险作为数字金融的核心业务之一，有助于提升居民抗风险能力和降低居民家庭未来的不确定性（何宗樾和宋旭光，2020a），可以刺激居民家庭当期消费。数字理财产品有助于提高居民家庭未来可支配收入，保障家庭未来现金流相对稳定，继而减少居民预防性储蓄，增加当期消费。据此，本章提出第二个假说。

H2：数字普惠金融发展可以通过提高支付便利性、减缓流动性约束、降低预防性储蓄等渠道促进居民消费结构升级。

　　数字普惠金融对居民消费的影响效应可能存在异质性。一方面，中国居民消费不平等现象普遍存在（关键和马超，2020），家庭消费习惯和家庭特征的差异性都可能导致不同的消费行为决策（沈坤荣和谢勇，2012）。数字普惠金融发展对居民消费结构升级的作用效应在很大程度上受居民消费习惯和家庭特征的影响。居民家庭的收入水平、户主的受教育程度、家庭老人少儿抚养比和家庭成员身体健康状况等众多因素都会影响居民家庭边际消费倾向，进而影响数字普惠金融对居民消费结构升级的边际效应。一般而言，处于中等消费水平的居民家庭可能更容易受数字普惠金融发展的影响而增加享受型和发展型消费支出，数字普惠金融发展对较高和较低消费水平居民家庭的边际效应可能较小。因为消费水平较高的居民家庭往往是一些高收入家庭，其已经非常重视发展型消费和享受型消费，数字普惠金融发展的促进作用存在边际效应递减的情况；消费水平比较低的居民家庭主要集中于偏远地区和低收入地区，其家庭资源要素禀赋和外部消费市场环境限制也使居民家庭将更多支出用于食品烟酒、衣着、居住等基本的生存型消费。另一方面，根据北京大学数字普惠金融综合指数可以看出，数字普惠金融指数从东往西呈阶梯状变化趋势，东部地区数字金融发展水平明显高于中部地区，中部地区又明显高于西部地区。同一个省（自治区、直辖市）内，农村数字普惠金融发展水平又明显低于城镇地区，而且欠发达地区和农村地区居民由于不了解和不信任数字普惠金融而不敢、不愿使用（封思贤和宋秋韵，2021）。而且，已有研究也表明，居民受教育水平、地区经济发展水平和数字普惠金融发展水平的区域差异性，导致数字普惠金融对居民消费水平提升和消费结构升级的影响效应在城乡之间，以及东、中、西部地区之间存在显著差异性（易行健和周利，2018；何宗樾和宋旭光，2020a；邹新月和王旺，2020；杨伟明等，2021）。据此，本章提出第三个假说。

　　H3：数字普惠金融发展对居民消费结构升级的影响效应在不同消费水平家庭之间、不同区域之间、城乡之间均可能存在显著的异质性。

10.3　研究设计：模型、变量与数据

10.3.1　模型设定与估计方法

　　为了研究数字普惠金融对居民消费结构升级的影响效应，本章采用拓展的AIDS 模型进行实证检验。AIDS 模型最早由 Deaton 和 Muellbauer（1980）提出，用于研究既定效用下使得成本最小化的消费配置行为。AIDS 模型的优点在于其灵活的形式不会对弹性强加限制，且该模型可以纳入其他经济要素，增强模型的解

释力（谭涛等，2014）。该模型首先假设消费者行为满足价格独立的广义对数（price independent generalized log，PIGLOG）偏好假说，包含消费效用和商品价格的 PIGLOG 函数为

$$\ln c(u, p) = (1 - u) \ln\{x(p)\} + u \ln\{y(p)\} \tag{10-1}$$

其中，c 表示成本；u 表示消费效用；p 表示价格；$\ln\{x(p)\}$ 表示基本生存消费支出的对数；$\ln\{y(p)\}$ 表示效用最大化消费支出的对数，两者表达式如式（10-2）所示：

$$\ln\{x(p)\} = \theta_0 + \sum_m \alpha_m \ln p_m + \frac{1}{2} \sum_m \sum_n \beta_{mn} \ln p_m \ln p_n \tag{10-2}$$

$$\ln\{y(p)\} = \ln\{x(p)\} + \delta_0 \prod_m p_m^{\delta_m} \tag{10-3}$$

其中，θ_0、α_m、β_{mn}、δ_0 表示对应的参数；δ_m 表示实际支出水平（s/p）的参数，s 为总消费支出。将式（10-2）和式（10-3）代入成本函数式（10-1）中可得

$$\ln c(u, p) = \theta_0 + \sum_m \alpha_m \ln p_m + \frac{1}{2} \sum_m \sum_n \beta_{mn} \ln p_m \ln p_n + u\delta_0 \prod_m p_m^{\delta_m} \tag{10-4}$$

基于成本函数，对价格求导得到消费品需求量 q_m，即 $\dfrac{\partial c(u, p)}{\partial p_m} = q_m$，将等式

两边同时乘以 $\dfrac{p_m}{c(u, p)}$，可以得到式（10-5）：

$$\frac{\partial \ln c(u, p)}{\partial \ln p_m} = \frac{p_m q_m}{c(u, p)} = E_m \tag{10-5}$$

其中，E_m 表示第 m 种消费占总消费支出的比重。将式（10-4）对 $\ln p_n$ 求偏导可得

$$E_m = \alpha_m + \sum \beta_{mn} \ln p_n + \delta_m u \delta_0 \prod_m p_m^{\delta_m} \tag{10-6}$$

由于效用最大化要满足总消费支出 s 与总成本是相等的，因此基于效用、价格与总支出之间的关系，将式（10-6）调整为

$$E_m = \alpha_m + \sum_n \beta_{mn} \ln p_n + \delta_m \ln\left(\frac{s}{p}\right) \tag{10-7}$$

其中，s/p 表示实际支出水平；p 表示价格指数，定义为

$$\ln p = \theta_0 + \sum_m \alpha_m \ln p_m + \frac{1}{2} \sum_m \sum_n \beta_{mn} \ln p_m \ln p_n \tag{10-8}$$

在式（10-7）中加入数字普惠金融（lnDF）因素，可得

$$E_m = \alpha_m + \sum \beta_{mn} \ln p_n + \delta_m \ln\left(\frac{s}{p}\right) + u_m \ln DF \tag{10-9}$$

由于消费品价格水平数据难以获取，为将消费品价格水平转化为消费品的价格指数，对式（10-9）进行一阶差分可得

$$\Delta E_m = \sum_n \beta_{mn} \Delta \ln p_n + \delta_m \Delta \ln \left(\frac{s}{p} \right) + u_m \Delta \ln \text{DF} \qquad （10\text{-}10）$$

其中，$\Delta \ln p_n$ 和 $\Delta \ln \left(\dfrac{s}{p} \right)$ 可以分解为

$$\Delta \ln p_n = \ln p_{n,t} - \ln p_{n,t-1} = \ln \frac{p_{n,t}}{p_{n,t-1}} = \ln pi_{n,t} \qquad （10\text{-}11）$$

$$\begin{aligned}
\Delta \ln \left(\frac{s}{p} \right) &= \Delta \ln \left(\frac{s_t}{p_t} \right) - \Delta \ln \left(\frac{s_{t-1}}{p_{t-1}} \right) = \Delta \ln \left(\frac{s_t}{s_{t-1}} \right) - \Delta \ln \left(\frac{p_t}{p_{t-1}} \right) \\
&= (\ln s_t - \ln s_{t-1}) - \ln \left(\frac{p_t}{p_{t-1}} \right)
\end{aligned} \qquad （10\text{-}12）$$

$$\begin{aligned}
\ln \left(\frac{p_t}{p_{t-1}} \right) &= \ln p_t - \ln p_{t-1} = \sum_m E_{m,t} \ln p_{m,t} - \sum_m E_{m,t-1} \ln p_{m,t-1} \\
&= \sum_m E_{i,t} (\ln p_{i,t} - \ln p_{i,t-1}) + \sum_m \left(E_{i,t} - E_{i,t-1} \right) \ln p_{i,t-1}
\end{aligned} \qquad （10\text{-}13）$$

其中，$\ln p_{i,t}$ 表示价格指数的对数。由于居民的消费习惯在短期内保持一致（胡日东等，2014），因此可以认为 $E_{i,t} = E_{i,t-1}E_i$，故式（10-13）可以化简，将式（10-11）～式（10-13）代入式（10-10）整理可得

$$\Delta E_m = \sum_n \beta_{mn} \ln pi_n + \delta_m \left(\Delta \ln s_t - \sum_m \beta_{m,t} \ln pi_{n,t} \right) + u_m \Delta \ln \text{DF} \qquad （10\text{-}14）$$

由于 $\sum_m \sum_{m,t} \ln pi_{n,t}$ 表示各类商品价格指数的加权和，是一个常数，可以将其与常数项 $\Delta \ln S_t$ 合并。因此，加入数字普惠金融的拓展 AIDS 模型可以进一步表示为

$$\Delta E_m = \sum_n \beta_{mn} \ln pi_n + \delta_m \Delta \ln \left(\frac{s}{p} \right) + u_m \Delta \ln \text{DF} \qquad （10\text{-}15）$$

式（10-15）就是本章实证研究的基准模型。由于有多个消费方程，且可能存在不可观测因素使得方程扰动项相关，因此本章采用似不相关回归进行实证分析。相比于单一方程 OLS 回归而言，似不相关回归能够避免由扰动项之间存在相关性所带来的效率损失问题，如果方程组间不存在扰动项相关，则似不相关回归结果与单一 OLS 回归结果一致；如果方程组间存在扰动项相关，则似不相关回归估计结果可靠性更强。鉴于似不相关回归估计、OLS 估计等计量方法都比较成熟，本章不再详细介绍这些计量方法的基本原理和估计过程。

10.3.2　指标选择与数据说明

1. 被解释变量

为了检验数字普惠金融对居民消费结构升级的影响效应，本章以各类消费支出的占比为被解释变量。按照国家统计局的分类，居民消费主要可以分为食品烟酒（lncpifood）、衣着（lncpiclose）、居住（lncpihouse）、生活用品及服务（lncpilife）、交通通信（lncpitraffic）、教育文化娱乐（lncpieducate）、医疗保健（lncpimedical）、其他用品及服务（lncpiother）八类。根据这八类消费的属性不同，还可以进一步将其分成生存型消费、享受型消费和发展型消费三大类，其中生存型消费包括食品烟酒、衣着和居住类消费，享受型消费包括生活用品及服务、交通通信类消费，发展型消费包括教育文化娱乐、医疗保健和其他用品及服务类消费。

由于 2015 年以前的《中国价格统计年鉴》将消费划分为食品、烟酒及用品、衣着、居住、家庭设施用品及维修服务、交通通信、娱乐教育文化用品及服务、医疗保健和个人用品，即把食品和烟酒分成了两类，且没有其他商品和服务这一类。为了保持数据的连续性和可比性，本章将 2015 年之前的"食品"和"烟酒及用品"两类合并，将"医疗保健"和个人用品之中的"医疗保健"两类合并作为"医疗保健"变量、将"个人用品及服务"作为"其他用品及服务"变量。同时，在拓展的 AIDS 模型中，各类消费支出占比相加总和为 1，在使用似不相关回归进行实证检验时可能会出现共线性问题。为此，本章借鉴向玉冰（2018）的做法，在回归分析时剔除其他商品和服务消费。此外，由于《中国价格统计年鉴》从 2013 年开始发布，没有 2011 年城镇和农村地区的八大类消费价格指数数据，因此 2011 年的消费价格指数采用插值法进行构建。

2. 核心解释变量

本章的核心解释变量为各省份的数字普惠金融指数（lnDF），采用北京大学数字金融研究中心公布的中国数字普惠金融发展指数来替代。北京大学数字金融研究中心编制数字普惠金融指数的基础是蚂蚁金服集团所提供的互联网金融微观数据，该指标从覆盖广度、使用深度、理财、保险、支付、数字化程度等多个方面刻画了数字普惠金融发展水平，有效弥补了现有研究中金融服务指标单一、创新性互联网金融因素缺失等的不足，是目前国内比较权威、被使用频率较高的数字普惠金融指数。

3. 控制变量

收入决定理论表明，收入水平是影响居民消费最主要的因素，收入水平越高，居民消费支出越多，对中高端消费需求越大（刘湖和张家平，2016）。生命周期理论表明，不同年龄阶段的居民消费偏好不同，中年人的消费水平较高，且有孩子和老人的中年人家庭消费水平也更高。消费者行为理论表明，不同人的基本特征如性别、受教育程度、是否有配偶等也会对其消费行为产生重要影响。因此，本章将城乡居民可支配收入（income）、平均年龄（age）、性别比（sex）、少儿抚养比（child）、老年抚养比（old）、居民受教育水平（educate）、有配偶比例（marry）七个变量作为控制变量纳入模型，以准确刻画数字普惠金融对居民消费结构升级的影响效应。其中，居民受教育水平采用 6 岁及以上人口平均受教育年限衡量，人均受教育年限 = (小学人口数×6 + 初中人口数×9 + 高中人口数×12 + 大专及以上人口数×16)/6 岁及以上人口数，其他指标的原始数据都可以直接获得。

　　鉴于数据的可得性和可比性，本章研究样本为中国除西藏、香港、澳门、台湾外的 30 个省（自治区、直辖市），时间跨度为 2011～2019 年。居民消费支出和可支配收入的相关原始数据来源于历年《中国统计年鉴》，消费价格指数的原始数据来源于历年的《中国价格统计年鉴》，平均年龄、性别比、少儿抚养比、老年抚养比、居民受教育水平和有配偶比例的原始数据来源于历年《中国人口和就业统计年鉴》。对所有与价格有关的变量以 2011 年为基期进行平减处理，同时对非比值型指标均取对数处理以减少异方差对回归结果的影响。本章采用 Stata 16 软件进行数据统计分析和计量检验。

10.4　实证过程与结果讨论

10.4.1　基准回归与稳健性检验

1. 基准回归及结果分析

　　尽管第 9 章已经基于微观样本数据检验了数字普惠金融对农民家庭消费水平的影响，但本章仍首先利用宏观统计数据实证检验数字普惠金融对城乡居民消费水平的影响效应，回归结果见表 10-1。从表 10-1 中的结果可以看出，在控制其他影响因素的情况下，数字普惠金融对居民消费总支出，以及食品烟酒、居住、生活用品及服务、交通通信、教育文化娱乐、医疗保健类消费等六类消费支出均具有正向影响作用，对居民衣着消费支出的影响为负但不显著，这说明数字普惠金融发展对提升居民消费水平具有促进作用。横向比较数字普惠金融回归系数的大小可以看出，数字普惠金融对居民居住类消费的正向促进作用最大，其后依次为医疗保健、教育文化娱乐和交通通信，对食品烟酒、生活用品及服务的促进作用相对较小。

表 10-1　数字普惠金融对各类消费支出水平影响的回归结果

变量	消费总支出	食品烟酒	衣着	居住	生活用品及服务	交通通信	教育文化娱乐	医疗保健
lnDF	0.0832*** (0.0087)	0.0360*** (0.0108)	−0.0106 (0.0147)	0.1819*** (0.0156)	0.0754*** (0.0106)	0.1132*** (0.0129)	0.1295*** (0.0108)	0.1522*** (0.0142)
lncpifood	0.0602 (0.0638)		0.0927 (0.1077)	−0.1465 (0.1278)	0.0349 (0.0711)	−0.0228 (0.0863)	0.0036 (0.0803)	0.1544 (0.1053)
lncpiclose	−0.1562 (0.5473)	0.0769 (0.6817)		−0.5622 (1.1183)	0.2226 (0.5545)	−0.8812 (0.7576)	−0.5852 (0.6965)	−0.8812 (0.8199)
lncpihouse	2.0670*** (0.5677)	0.9794 (0.6924)	0.2838 (0.9559)		1.6494** (0.6920)	0.6517 (0.7945)	0.2007 (0.6868)	1.3604 (0.9084)
lncpilife	−0.2731 (0.8328)	3.2499*** (0.9395)	−2.8771** (1.1525)	−6.1607*** (1.5971)		1.8518* (1.0108)	1.3652 (0.9962)	−4.7771*** (1.3321)
lncpitraffic	−0.8758 (0.5710)	−0.8317 (0.6419)	−0.6474 (0.8888)	−0.2621 (1.0921)	0.0731 (0.5684)		0.5195 (0.6365)	0.4952 (0.8628)
lncpieducate	−0.4012 (0.7139)	−2.2021** (0.8720)	1.9387 (1.1940)	1.8600 (1.3763)	−0.7039 (0.8177)	−0.9208 (0.9264)		4.1518*** (1.1280)
lncpimedical	0.3291 (0.3287)	0.3383 (0.4106)	−0.5144 (0.5022)	−0.4248 (0.6539)	−0.5573 (0.3925)	−0.2165 (0.4529)	−0.4703 (0.4060)	
lncpiother	−0.0894 (0.4909)	−0.4184 (0.6171)	−0.1359 (0.8236)	−1.0304 (0.9978)	−0.0519 (0.6001)	0.4325 (0.7266)	0.7806 (0.6323)	2.7763*** (0.8107)
$\Delta \ln(s/p)$	−0.0125 (0.1253)	−0.0302 (0.1581)	−0.1718 (0.2127)	−2.3282*** (0.2568)	−0.5610*** (0.1558)	−0.5786*** (0.1888)	−0.8819*** (0.1629)	−0.9366*** (0.2038)
控制变量	控制	控制	控制	控制	控制	控制	控制	控制

注：括号内数值为标准误差；囿于篇幅，控制变量的回归结果未列出，备索

*、**、***分别表示在 10%、5%、1%的水平上显著

　　为了全面探究数字普惠金融对居民消费结构升级的影响作用，本章分两步进行实证检验。首先，分别以七类消费支出占比为被解释变量进行回归分析，结果见表 10-2。从表 10-2 所示的结果可以看出，第 2、3、5 列中的数字普惠金融回归系数显著为负，说明数字普惠金融对居民食品烟酒、衣着、生活用品及服务类消费支出占比具有抑制作用，而且对居民食品烟酒消费支出占比的抑制作用最大。数字普惠金融指数每上升 1%，居民食品烟酒消费占比、衣着消费占比、生活用品及服务消费占比分别下降 3.9704%、1.8824%和 0.1807%。在其他模型中，数字普惠金融的回归系数都显著为正，说明数字普惠金融对居民居住、交通通信、教育文化娱乐、医疗保健类消费支出占比具有促进作用，而且对居住消费支出占比的促进作用最大。数字普惠金融指数每增加 1%，居民居住消费支出占比、交通通信消费支出占比、教育文化娱乐消费支出占比和医疗保健类消费支出占比分别提高 3.3593%、0.8621%、1.0847%和 1.2792%。

表 10-2　数字普惠金融对各类消费支出占比影响的回归结果

变量	食品烟酒	衣着	居住	生活用品及服务	交通通信	教育文化娱乐	医疗保健
lnDF	−3.9704*** (0.5553)	−1.8824*** (0.2345)	3.3593*** (0.5022)	−0.1807* (0.1088)	0.8621*** (0.2642)	1.0847*** (0.2308)	1.2792*** (0.2455)
lncpifood		2.1563 (1.6761)	−3.7186 (3.8631)	0.3358 (0.8014)	−0.8006 (1.9141)	−0.5179 (1.6570)	2.3640 (1.5605)
lncpiclose	23.7270 (34.2925)		10.0152 (33.8937)	5.8741 (6.1622)	−17.8551 (16.7675)	−13.2911 (14.9658)	−17.6551 (14.5194)
lncpihouse	4.9259 (34.3679)	−12.5085 (14.4132)		12.8724** (6.8437)	4.6317 (15.8933)	−14.5622 (15.4321)	4.2707 (16.0649)
lncpilife	242.2703*** (54.3458)	−54.7784*** (20.4370)	−234.2307*** (51.9612)		69.9315*** (24.6568)	42.6894* (22.9869)	−83.9747*** (23.4084)
lncpitraffic	−28.3264 (36.1259)	−2.6826 (15.4338)	−13.3863 (33.8937)	4.9072 (6.9086)		21.8978 (15.6640)	17.9547 (15.8570)
lncpieducate	−143.1387*** (44.3954)	42.3978** (19.5350)	50.8981 (46.3454)	−4.8691 (9.0193)	−24.8987 (21.9743)		80.2825*** (20.0975)
lncpimedical	30.9197* (18.6035)	−9.7753 (8.4371)	−2.4472*** (21.4053)	−7.1453* (4.0960)	0.8202 (9.9331)	−13.4155 (8.9585)	
lncpiother	−34.6665 (32.4187)	6.0091 (13.3867)	−55.0771* (31.9765)	−2.4877 (6.1294)	6.6910 (14.8862)	16.0202 (13.5075)	50.8631*** (13.9997)
$\Delta \ln(s/p)$	47.6691*** (8.2528)	10.9154** (3.4593)	−63.8798*** (8.2526)	1.8739 (1.5870)	3.9169 (3.8657)	−4.3299 (3.4645)	−5.5477 (3.5114)
控制变量	控制	控制	控制	控制	控制	控制	控制

注：括号内数值为标准误差

*、**、***分别表示在 10%、5%、1%的水平上显著

　　其次，将居民消费分为生存型消费、享受型消费和发展型消费三大类进行回归分析，结果见表 10-3。表 10-3 中第 2、4 列的结果显示，数字普惠金融的回归系数在 1%的显著性水平上通过了检验，说明数字普惠金融发展有助于降低居民生存型消费支出占比和提升发展型消费支出占比，数字普惠金融指数每提升 1%，生存型消费支出占比下降 3.0464%，发展型消费支出占比增加 3.0396%。表 10-3 中第 3 列结果显示，数字普惠金融的回归系数为正但不显著，说明数字普惠金融对提升享受型消费支出占比的作用不明显。综上表明，数字普惠金融发展有助于促进居民消费水平提升，通过抑制生存型消费和促进发展型消费，进而影响居民消费结构升级，证明假说 1 是成立的。

表 10-3　数字普惠金融对三大类消费影响的回归结果

变量	生存型消费	享受型消费	发展型消费
lnDF	−3.0464*** (0.4408)	0.0077 (0.2986)	3.0396*** (0.3687)

续表

变量	生存型消费	享受型消费	发展型消费
lncpiS		0.3961 (3.9251)	−0.4291 (3.9555)
lncpiE	−36.5574 (38.1177)		35.5939 (38.3016)
lncpiD	29.3301 (33.3354)	−30.8574 (33.2330)	
lncpiO	−91.0955*** (31.1563)	21.9906 (22.4286)	69.5988*** (24.1371)
$\Delta \ln(s/p)$	0.0028 (7.5834)	9.9851* (5.1192)	−10.0485 (6.2586)
控制变量	控制	控制	控制

注：括号内数值为标准误差。lncpiS、lncpiE、lncpiD、lncpiO 分别表示生存型消费、享受型消费、发展型消费和其他消费的价格指数

*、***分别表示在 10%、1%的水平上显著

2. 内生性讨论

为了解决模型可能存在的内生性问题，一方面，本章借鉴谢绚丽等（2018）、孙成昊和谢太峰（2020）的做法选取互联网普及率作为工具变量，采用 2SLS 方法对模型进行估计，估计结果见表 10-4。互联网普及率与数字普惠金融发展水平紧密相关，而且在控制了其他因素之后，互联网普及率与居民消费之间不存在明显的关联关系，这使得互联网普及率可能成为一个有效的工具变量。同时，本章也采用各省份居民移动电话普及率作为工具变量进行回归，可以得到类似的估计结果，囿于篇幅，结果未列出，备索。

表 10-4　工具变量回归结果

变量	生存型消费	享受型消费	发展型消费
lnDF	−3.9649*** (0.9109)	2.4254*** (0.6417)	1.7614*** (0.5765)
lncpiS		7.3627 (5.7190)	−6.2889 (6.2482)
lncpiE	−112.8253** (52.8485)		−17.1009 (40.1633)
lncpiD	−15.6971 (57.5693)	−101.2850** (40.6841)	
lncpiO	−96.7975** (42.4029)	94.9676*** (30.1030)	42.6780 (26.4093)

变量	生存型消费	享受型消费	发展型消费
$\Delta \ln(s/p)$	0.6414 （8.4256）	0.3563 （6.2099）	−8.6841 （6.4655）
控制变量	控制	控制	控制

注：括号内数值为标准误差

、*分别表示在 5%、1%的水平上显著

另一方面，本章构建动态面板数据模型，采用系统 GMM 估计进行检验，结果见表 10-5。由表 10-4 中工具变量回归的结果可以看出，在处理内生性问题以后，数字普惠金融的回归系数仍在 1%的置信度水平上显著。表 10-5 动态面板 GMM 估计结果也显示，对于享受型消费和发展型消费，数字普惠金额的回归系数均在 1%水平下显著为正。这说明数字普惠金融发展有助于通过抑制生存型消费占比、提升享受型消费占比和发展型消费占比，进而促进居民消费结构升级。

表 10-5 动态面板 GMM 估计结果

变量	生存型消费	享受型消费	发展型消费
lnDF	−0.0224 （0.6683）	1.3786*** （0.4292）	5.0661*** （0.5135）
lncpiS		4.0511 （5.0495）	6.4375 （6.3573）
lncpiE	7.1544 （51.4222）		77.1200* （41.4538）
lncpiD	−157.5785*** （56.3724）	−74.3979** （35.5856）	
lncpiO	39.6090 （39.6207）	64.4853*** （24.8411）	112.3994*** （26.3620）
$\Delta \ln(s/p)$	−13.6748 （8.4340）	4.4203 （5.4359）	−15.8250** （6.6625）
控制变量	控制	控制	控制

注：括号内数值为标准误差

*、**、***分别表示在 10%、5%、1%的水平上显著

3. 稳健性检验

为了检验模型回归结果的稳健性，本章做了如下两方面的稳健性检验。一是更换核心解释变量。本章借鉴沈悦和郭品（2015）、李春涛等（2020）、盛天翔和范从来（2020）等研究的思想，通过建立数字普惠金融关键词词库，采用关键词的百度搜索指数来汇总形成数字普惠金融指数。具体步骤如下：①确定关键词词

库。本章主要从直接关键词、技术支持（人工智能、区块链、云计算、大数据、物联网和生物识别）和金融中介服务（资金支付、资源配置、信息渠道和风险管理）三个层面构建关键词词库，并最终提取了 27 个具体关键词。②通过 Python 的爬虫技术，基于百度搜索指数爬取各关键词的原始数据。之所以采用百度搜索指数，是因为百度搜索指数是基于需求导向的数据，可以反映民众对某一关键词或热点事件的搜索关注程度，并且能较好地处理数据的信息噪声问题，可以用于现状追踪和趋势预测（Eysenbach，2009；Ripberger，2011；刘涛雄和徐晓飞，2015）。③合成省际数字普惠金融指数。采用主客观综合赋权法和加权算术平均合成法计算各省区市的数字金融指数。具体计算过程如下。

（1）采用极值法对原始数据进行标准化处理。同时为了保证指数的纵向可比，以 2011 年为基期进行无量纲处理和平移处理，各具体指标都为正向指标。计算公式为

$$X_{ij} = \frac{x_{ij} - \min\{x_{1j}, \cdots, x_{nj}\}}{\max\{x_{1j}, \cdots, x_{nj}\} - \min\{x_{1j}, \cdots, x_{nj}\}} + 1 \tag{10-16}$$

其中，X_{ij} 表示标准化值；x_{ij} 表示评价对象 i 第 j 项指标的原始值；n 表示评价对象的个数。

（2）采用主客观综合赋权法确定各关键词的权重，计算公式为：综合权重 =（主观权重 + 客观权重)/2，其中主观权重采用层次分析法确定，客观权重采用熵值赋权法确定。熵值赋权法的计算步骤如下。

首先，对无量纲化处理后的标准化数据进行比重变换：$p_{ij} = s_{ij} \Big/ \sum_{i=1}^{m} s_{ij}$。

其次，计算各指标的熵值：$E_j = -(\ln m)^{-1} \sum_{i=1}^{m} p_{ij} \ln p_{ij}$，$0 \leqslant E_j \leqslant 1$。

再次，在此基础上，得到熵值的信息效用价值：$I_j = 1 - E_j$。

最后，得到各指标的权重：$\lambda_j = I_j \Big/ \sum_{j=1}^{n} I_j$。

层次分析法确权的步骤包括：第一建立层次结构模型；第二构建比较判断矩阵，邀请 5 位本领域学者（包括教授、副教授）、4 位业界专家（主要是金融科技公司和金融机构的相关从业人员）相互独立给各指标赋值，然后剔除一个最大值和一个最小值后对剩下的 7 个数值取算术平均数，从而形成最终的比较判断矩阵 A；第三计算各指标权重并进行一致性检验。

（3）采用加权算术平均合成法计算各省区市的数字金融指数。

$$DF_i = \sum_{j=1}^{27} w_j X_{ij} \tag{10-17}$$

二是更换计量模型的估计方法。本章仍采用北京大学数字金融研究中心发布的数字普惠金融指数作为核心解释变量,采用 MLE 法对模型进行估计。本章假定 E_m 服从独立的正态分布,即 $E_1, E_2, \cdots, E_m$ 独立同分布,$E \sim N(\mu, \sigma^2)$,则密度函数表达式为

$$f(E, \mu, \sigma^2) = (2\pi\sigma^2)^{-\frac{n}{2}} \exp\left\{-\frac{1}{2\sigma^2}\left[\sum_{j=1}^{m}(E_j - \bar{E}) + m(\bar{E} - \mu)^2\right]\right\} \quad (10\text{-}18)$$

相应的对数似然函数方程为

$$\ln(\mu, \sigma^2) = -\frac{n}{2}\ln(2\pi\sigma^2) - \frac{1}{2\sigma^2}\left[\sum_{j=1}^{m}(E_j - \bar{E}) + m(\bar{E} - \mu)^2\right] \quad (10\text{-}19)$$

稳健性检验结果见表 10-6。从表 10-6 中的结果可以看出,数字普惠金融发展对生存型消费占比具有抑制作用,对享受型消费占比和发展型消费占比具有促进作用,即数字金融可以促进居民消费结构升级,本章实证结果是稳健的。

表 10-6　稳健性检验结果

变量	更换核心解释变量			更换模型估计方法		
	生存型消费	享受型消费	发展型消费	生存型消费	享受型消费	发展型消费
lnDF	−42.7556*** (16.4596)	28.0246*** (9.8964)	20.9920** (9.2570)	−2.9810*** (0.4570)	0.0182 (0.3005)	3.0052*** (0.3748)
lncpiS		7.0720 (7.5972)	−6.3033 (8.4158)		−0.2530 (4.7843)	−1.3204 (5.9139)
lncpiE	23.0793 (78.8671)		−87.1762* (52.2674)	−85.9730* (46.8061)		25.9692 (38.5458)
lncpiD	−25.9293 (94.5502)	−107.2059* (55.1802)			−46.8698 (50.3149)	−39.4518 (33.5209)
lncpiO	−46.2474 (59.9156)	67.0169* (34.9186)	22.7994 (32.1169)	−66.3731** (33.7604)	24.8664 (22.4716)	69.3182*** (24.1394)
$\Delta\ln(s/p)$	−28.9164** (14.1628)	20.7330** (8.5215)	3.9099 (8.9566)	−2.9901 (7.6615)	9.7023* (5.1231)	−10.2088 (6.2610)
控制变量	控制	控制	控制	控制	控制	控制

注:括号内数值为标准误差

*、**、***分别表示在 10%、5%、1%的水平上显著

10.4.2　传导机制检验

1. 支付便利性

2021 年 CRERFS 的数据显示,随着数字普惠金融的快速发展,现实生活中居民消费大多采用支付宝支付、微信支付、手机银行支付等,现金支付占比已不足 5%。数字普惠金融发展所带来的支付便利性,使得居民在消费时减少了对现金的

需求。那么，数字普惠金融是否能够通过提高支付便利性进而影响居民消费结构升级？本章利用数字普惠金融发展的分指数来进行检验。数字普惠金融指数包括覆盖广度、使用深度和数字化程度 3 个分指数，其中覆盖广度主要由支付宝账号、支付宝绑定银行卡用户比例、支付宝绑定银行卡数量等指标来反映，使用深度采用实际使用互联网金融服务的情况来衡量，包括数字支付、信贷服务、保险服务、投资服务、信用服务等，数字化程度又分为移动化、实惠化、信用化和便利化等 4 个细分指数。在所有这些分指数中，覆盖广度、数字支付和数字化程度 3 个指数可以反映支付便利性（张勋等，2020）。数字普惠金融的覆盖广度越高，使用深度中的支付业务发展越好，支付越便利；数字化程度指数中包含了能够反映支付便利性的移动支付、扫码支付等重要变量。因此，本章采用数字普惠金融的覆盖广度、数字支付和数字化程度 3 类分指数来检验支付便利性对居民消费结构升级的影响效应，回归结果见表 10-7。之所以将这 3 类分指数分别代入模型，是因为这 3 类分指数均包含支付便利性的信息，纳入统一模型可能存在严重的共线性问题。从表 10-7 中（1）～（3）列的结果可知，覆盖广度、数字支付和数字化程度 3 类分指数的回归系数均显著为负，说明数字普惠金融发展可以通过支付便利性抑制居民生存型消费。同理，从（7）～（9）列结果可知，数字普惠金融发展可以通过支付便利性促进居民发展型消费。在（4）～（6）列的结果中，覆盖广度的回归系数为正，数字支付的回归系数为负，但二者都不显著，数字化程度的回归系数显著为正，说明数字普惠金融发展对居民享受型消费有一定的促进作用，但该作用在当前阶段并不明显。综上结果表明，数字普惠金融发展可以通过提高支付便利性进而促进居民消费结构升级。

表 10-7　支付便利性与居民消费结构升级

变量	生存型消费			享受型消费			发展型消费		
	(1)	(2)	(3)	(4)	(5)	(6)	(7)	(8)	(9)
覆盖广度	−2.2540*** (0.3245)			0.1538 (0.2184)			2.1030*** (0.2746)		
数字支付		−2.0085*** (0.4653)			−0.2744 (0.3007)			2.2891*** (0.3891)	
数字化程度			−1.9663*** (0.3949)			0.5805** (0.2427)			2.5500*** (0.3335)
lncpiS				2.2015 (3.9055)	1.9429 (3.8915)	−1.8584 (3.8404)	−2.2845 (3.9901)	−2.0234 (3.9921)	1.8369 (3.9086)
lncpiE	−13.9911 (37.8299)	−5.9731 (39.7026)	−98.0358** (42.1288)				13.0745 (38.2321)	5.6576 (40.0649)	98.2225** (42.4164)
lncpiD	25.9525 (33.0415)	17.5643 (33.8083)	15.1654 (33.3669)	−29.5752 (32.6761)	−20.8714 (33.2465)	−16.6642 (33.0023)			

续表

变量	生存型消费			享受型消费			发展型消费		
	（1）	（2）	（3）	（4）	（5）	（6）	（7）	（8）	（9）
lncpiO	−77.4114** (30.2979)	−60.5457* (31.8317)	−83.7065** (33.3935)	24.7604 (21.6986)	14.6688 (22.0229)	−1.4845 (22.8782)	53.8074** (23.9874)	46.9707* (24.9708)	85.7303*** (25.5059)
Δln(s/p)	−2.0185 (7.5025)	−10.6863 (7.7530)	−3.8407 (7.8661)	9.6148* (5.0563)	9.9160** (4.9741)	12.7075** (5.0682)	−7.7140 (6.3046)	0.6867 (6.4995)	−8.9118 (6.349)
控制变量	控制	控制	控制	控制	控制	控制	控制	控制	控制

注：括号内数值为标准误差

*、**、***分别表示在 10%、5%、1%的水平上显著

2. 流动性约束

本章采用数字普惠金融发展的信贷业务指数来检验流动性约束的放松是否为数字普惠金融促进居民消费结构升级的传导机制。除了信贷业务以外，信用业务也可以反映数字普惠金融发展对居民流动性约束的影响，但北京大学数字普惠金融指数中的信贷业务指数从 2015 年才公布。为此，我们将包含信用业务指数的使用深度指数代入模型进行分析，回归结果见表 10-8。表 10-8 中（1）～（2）列结果显示，信贷业务指数和使用深度指数的回归系数都显著为负，（5）～（6）列结果显示，信贷业务指数和使用深度指数的回归系数都显著为正，（3）列中信贷业务的回归系数显著为正，第（4）列中使用深度指数的回归系数为正，但不显著。这说明数字普惠金融发展可以通过减缓流动性约束来抑制居民生存型消费，促进居民发展型消费和享受型消费，即流动性约束机制是成立的。

表 10-8　流动性约束与居民消费结构升级

变量	生存型消费		享受型消费		发展型消费	
	（1）	（2）	（3）	（4）	（5）	（6）
信贷业务	−2.0692*** (0.4414)		0.5847** (0.2859)		1.4932*** (0.3818)	
使用深度		−2.7625*** (0.4950)		0.4083 (0.3318)		2.3612*** (0.4197)
lncpiS			3.7672 (3.9648)	2.3199 (3.9915)	−3.9180 (4.1326)	−2.3735 (4.0704)
lncpiE	31.4981 (39.7191)	20.5694 (39.0460)			−32.1637 (40.3884)	−21.5205 (39.4099)
lncpiD	28.4550 (33.3042)	35.5064 (33.7169)	−34.9523 (32.4806)	−38.6067 (33.3647)		

续表

变量	生存型消费		享受型消费		发展型消费	
	（1）	（2）	（3）	（4）	（5）	（6）
lncpiO	−36.1125 （30.3161）	−71.1936** （31.3910）	25.5484 （20.6902）	30.2686 （21.9912）	12.5397 （24.8296）	41.9718* （24.9997）
Δln(s/p)	−4.2420 （7.8227）	3.0254 （7.9944）	8.7345* （5.0063）	8.1471 （5.2316）	−4.6855 （6.7483）	−11.2984* （6.7558）
控制变量	控制	控制	控制	控制	控制	控制

注：括号内数值为标准误差

*、**、***分别表示在 10%、5%、1%的水平上显著

3. 预防性储蓄

未来收入和支出的不确定性预期使得居民减少当期消费，增加更多的预防性储蓄。数字普惠金融尤其是数字保险的快速发展，有可能通过影响预防性储蓄进而影响居民消费结构升级。因为数字保险的发展使得人们能够方便快捷地根据自己的意愿购买保险，有助于降低居民不确定性预期，进而促进居民消费水平提升和消费结构升级。从表 10-9 的结果可知，在 1%的显著性水平上，数字保险可以抑制居民生存型消费和促进发展型消费，但对享受型消费的影响不显著，这似乎可以说明数字普惠金融发展有可能通过降低预防性储蓄来促进居民消费结构升级。但是，根据张勋等（2020）的思想，我们还需要进一步检验这种效应是不是与支付便利性相关导致的，为此我们进一步在模型中加入可以代表支付便利性的覆盖广度指数。结果发现数字保险业务指数的回归系数在（2）列中变得显著为正，即促进了居民生存型消费；在（4）列中显著为负，即抑制了享受型消费；在最后一列中为负且不显著。数字普惠金融覆盖广度的回归系数全部显著，这说明正在促进居民消费结构升级的是支付便利性，而非保险业务，即预防性储蓄机制不成立。可能的原因是当前中国居民对数字保险的参与度较低，尤其是农村居民的社会保障水平长期滞后使得农村居民的预防性储蓄动机长期较高。

表 10-9 预防性储蓄与居民消费结构升级

变量	生存型消费		享受型消费		发展型消费	
	（1）	（2）	（3）	（4）	（5）	（6）
数字保险	−1.0579*** （0.2938）	0.9072** （0.4173）	−0.1657 （0.1869）	−0.6151** （0.2795）	1.2283*** （0.2493）	−0.2906 （0.3560）
覆盖广度		−3.0503*** （0.4871）		0.6919** （0.3265）		2.3609*** （0.4140）

续表

变量	生存型消费		享受型消费		发展型消费	
	(1)	(2)	(3)	(4)	(5)	(6)
lncpiS			1.8464 (3.9190)	1.7702 (3.9095)	−1.9756 (4.0738)	−1.8669 (4.0177)
lncpiE	1.4106 (40.2081)	−9.6924 (37.9171)			−1.5965 (40.7795)	9.2346 (38.3726)
lncpiD	17.5182 (33.6277)	19.3219 (32.9307)	−22.8993 (32.7985)	−23.4061 (32.4199)		
lncpiO	−65.7940** (33.4282)	−55.9241* (31.4997)	11.9783 (22.7082)	9.7010 (22.4957)	55.6027** (26.5365)	47.5627* (25.1242)
$\Delta \ln(s/p)$	−2.1269 (8.1433)	−6.1251 (7.6569)	11.5979** (5.2019)	12.4696** (5.1698)	−9.6414 (6.8165)	−6.4744 (6.4666)
控制变量	控制	控制	控制	控制	控制	控制

注：括号内数值为标准误差

*、**、***分别表示在 10%、5%、1%的水平上显著

10.4.3　异质性分析

1. 不同消费水平的异质性分析

上述研究表明，数字普惠金融有助于促进居民消费水平提升和消费结构升级，但似不相关回归和 MLE 回归等方法都是基于居民消费的均值回归，仅能反映分布的集中趋势，无法反映数字普惠金融对不同消费水平的差异化影响效应。现实中，无论是城镇地区还是农村地区，都存在消费不平等现象，数字普惠金融发展对不同消费水平居民的影响作用也可能存在差异性。因此，本章采用分位数回归分析方法来检验数字普惠金融对不同消费水平居民消费结构的影响效应是否存在差异性，回归结果见表 10-10。同时，为了更加准确全面地反映数字普惠金融指数对不同类型消费支出影响的变化情况，本章还绘制了分位数回归图，如图 10-3 所示。综合表 10-10 和图 10-3 的结果可以看出，在以生存型消费占比为被解释变量的模型中，数字普惠金融的回归系数在不同的分位点上呈"U"形变化趋势，在 0.1、0.25、0.5、0.75 分位点上显著为负，在 0.9 分位点上为负但不显著，这说明数字普惠金融发展可以抑制居民生存型消费支出，尤其是对中等消费水平居民生存型消费的抑制作用更大。在以享受型消费支出占比为被解释变量的模型中，数字普惠金融的回归系数大小呈"U"形变化趋势，但仅在 0.5 分位点上显著为负，在其他分位点上均没有通过显著性检验，这说明数字普惠金融仅仅可以抑制中等消费水平居民的享受型消费支出，对其他消费水平居民的享受型消费影响不显著。

在以发展型消费支出占比为被解释变量的模型中，数字普惠金融的回归系数绝对值在不同分位点上呈倒"U"形变化趋势，在所有分位点上都为正，且在1%的水平上通过了显著性检验，说明数字普惠金融发展有助于促进居民发展型消费支出增长，而且对中等消费水平居民发展型消费的促进作用更大。综上可知，数字普惠金融发展可以抑制居民生存型消费和促进发展型消费，且对中等消费水平居民的各项消费支出影响作用更大。

表 10-10　数字普惠金融对居民消费结构分位数回归分析

变量	分位点				
	0.1 分位点	0.25 分位点	0.5 分位点	0.75 分位点	0.9 分位点
生存型消费					
lnDF	−2.9468*** （0.5022）	−3.0339*** （0.5294）	−3.3868*** （0.5675）	−2.9839*** （0.7912）	−1.0417 （0.8026）
lncpiE	−83.2152 （51.4320）	−171.1267*** （54.2201）	−112.5268* （58.1229）	−34.7187 （81.0300）	22.7812 （82.2015）
lncpiD	−43.0667 （55.2876）	−79.4380 （58.2847）	−72.1198 （62.4800）	8.0276 （87.1044）	−139.7409 （88.3637）
lncpiO	−73.3281** （37.0970）	−55.1496 （39.1080）	−48.1994 （41.9230）	−96.3151 （58.4455）	17.6403 （59.2904）
△ln(s/p)	−3.7165 （8.4187）	−4.6251 （8.8751）	9.9921 （9.5139）	10.1942 （13.2636）	1.2720 （13.4553）
控制变量	控制	控制	控制	控制	控制
享受型消费					
lnDF	0.2632 （0.3947）	−0.6299 （0.4644）	−0.7075* （0.3979）	−0.2717 （0.4287）	0.5023 （0.5903）
lncpiS	4.8269 （6.2830）	−2.3317 （7.3932）	0.2592 （6.3336）	−2.5594 （6.8249）	−6.1185 （9.3974）
lncpiD	−43.2333 （44.0214）	−29.4212 （51.7995）	−5.3424 （44.3761）	−26.9568 （47.8181）	−59.7118 （65.8418）
lncpiO	13.5198 （29.5108）	−0.3694 （34.7251）	−0.6910 （29.7486）	45.9382 （32.0561）	36.9083 （44.1387）
△ln(s/p)	2.0581 （6.7279）	16.8525** （7.9167）	9.8438 （6.7821）	9.4938 （7.3082）	0.4815 （10.0628）
控制变量	控制	控制	控制	控制	控制
发展型消费					
lnDF	1.7038*** （0.4208）	2.8402*** （0.5585）	3.8922*** （0.5227）	4.3700*** （0.5624）	2.9637*** （0.5908）
lncpiS	4.0444 （6.6407）	1.3620 （8.8141）	−1.2195 （8.2489）	−7.5445 （8.8747）	−10.4439 （9.3237）

续表

变量	分位点				
	0.1 分位点	0.25 分位点	0.5 分位点	0.75 分位点	0.9 分位点
lncpiE	63.1386 （43.2828）	67.6681 （57.4489）	36.5786 （53.7648）	45.5269 （57.8534）	−13.4527 （60.7700）
lncpiO	39.6465 （27.1060）	74.1354 （35.9775）	84.7440** （33.6703）	116.7650*** （36.2246）	63.9677* （38.0574）
$\Delta \ln(s/p)$	1.9416 （7.0305）	−14.7298 （9.3315）	−14.3016 （8.7331）	−24.2270*** （9.3956）	−5.1119 （9.8709）
控制变量	控制	控制	控制	控制	控制

注：括号内数值为标准误差

*、**、***分别表示在 10%、5%、1%的水平上显著

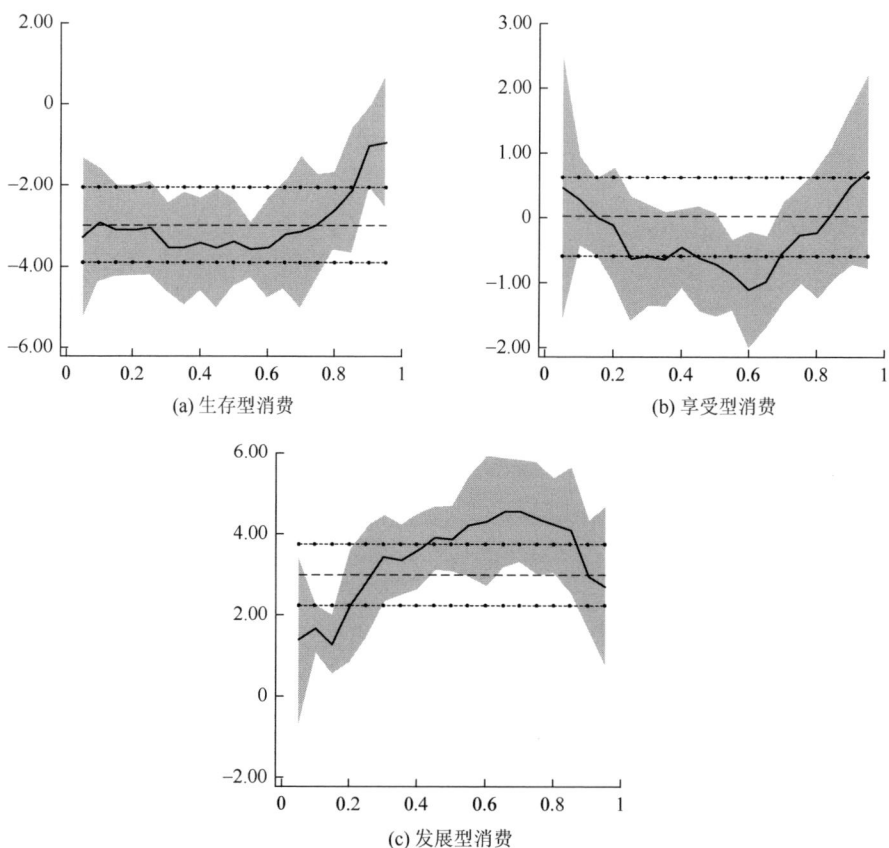

(a) 生存型消费

(b) 享受型消费

(c) 发展型消费

图 10-3　数字普惠金融影响居民消费结构升级的分位数回归图

2. 城乡异质性分析

考虑到城乡之间数字普惠金融发展水平、城乡居民消费习惯、城乡消费市场发育程度、城乡居民收入等多个方面存在较大差异，本章首先分城镇和农村两个子样本来考察数字普惠金融对居民消费结构升级的异质性，回归结果见表 10-11。从表 10-11 中所示的回归结果可知，在控制其他影响因素的情况下，数字普惠金融发展可以抑制城乡居民生存型消费支出和促进城乡居民发展型消费支出，而且对农村居民消费支出的影响作用更大。数字普惠金融指数每提升 1%，城乡居民的生存型消费支出分别下降 1.9493%和 7.3868%，城乡居民的发展型消费支出分别增长 1.9902%和 5.8811%。数字普惠金融发展可以显著提升农村居民享受型消费支出，数字普惠金融发展水平每提升 1%，农村居民享受型消费支出将增加 1.9208%，但数字普惠金融发展对城镇居民享受型消费支出的影响不显著。

表 10-11　数字普惠金融影响居民消费结构升级的城乡异质性

变量	城镇样本			农村样本		
	生存型消费	享受型消费	发展型消费	生存型消费	享受型消费	发展型消费
lnDF	−1.9493*** (0.5712)	0.4383 (0.3093)	1.9902*** (0.5011)	−7.3868*** (0.6566)	1.9208*** (0.5584)	5.8811*** (0.5548)
lncpiS		16.4892 (17.6564)	−17.1329 (19.7150)		34.3839 (33.0361)	−34.1143 (32.5000)
lncpiE	−39.0571 (36.6569)		46.0591 (35.4502)	−63.7982 (45.6736)		53.5813 (46.1241)
lncpiD	21.1270* (12.7509)	−15.0858 (11.0471)		14.2975 (25.5346)	−14.7976 (26.2086)	
lncpiO	−83.7997*** (31.7517)	−3.6034 (17.6765)	83.4987*** (27.8850)	−74.1845* (40.8558)	26.6245 (34.6476)	40.0924 (34.2829)
Δln(s/p)	30.7490** (13.4230)	−16.9267** (7.4526)	−15.3453 (11.7151)	52.7688*** (9.7665)	−8.3080 (8.2443)	−51.1747*** (8.2156)
控制变量	控制	控制	控制	控制	控制	控制

注：括号内数值为标准误差
*、**、***分别表示在 10%、5%、1%的水平上显著

3. 区域异质性分析

为了进一步考察数字普惠金融发展对不同区域居民消费的影响差异性，本章将 30 个省份分成东部、中部和西部三个子样本进行实证检验，结果见表 10-12。从表 10-12 中的结果可知，在控制其他影响因素的情况下，数字普惠金融发展对东部和中部地区居民的生存型消费支出与发展型消费支出的影响不显著，但可以显著抑制东部居民享受型消费支出，促进中部地区居民享受型消费支出，数字普

惠金融发展水平每提升 1%，东部居民享受型消费支出下降 1.8007%，中部居民享受型消费支出将增长 1.6530%。在西部地区，数字普惠金融发展可以抑制居民生存型消费支出，促进享受型消费和发展型消费支出，数字普惠金融发展水平每提升 1%，西部地区居民生存型消费支出将下降 4.0931%，享受型消费支出和发展型消费支出将增长 1.5405%和 3.2508%。

表 10-12 数字普惠金融影响居民消费结构升级的区域异质性

变量	东部			中部			西部		
	生存型消费	享受型消费	发展型消费	生存型消费	享受型消费	发展型消费	生存型消费	享受型消费	发展型消费
lnDF	1.6238 (1.3132)	−1.8007** (0.9126)	0.9035 (0.7032)	−0.8612 (1.5604)	1.6530** (0.7319)	0.0861 (1.2339)	−4.0931*** (0.4971)	1.5405*** (0.3170)	3.2508*** (0.3806)
lncpiS		−13.3300 (15.0144)	9.9043 (14.7317)		2.3134 (21.2354)	−12.4156 (22.5673)		18.0806 (18.1866)	−3.9345 (21.3284)
lncpiE	−61.6248* (34.7691)		67.7117** (31.6597)	−77.2149 (76.4660)		39.5301 (72.3797)	−33.3514 (29.9244)		28.3893 (30.5833)
lncpiD	3.8965 (18.2532)	0.0673 (16.9499)		3.6501 (16.6539)	−0.3451 (14.7904)		−6.2328 (16.9436)	−2.6089 (14.7208)	
lncpiO	−61.3936** (31.3805)	0.7778 (21.9232)	56.9175*** (16.5748)	−22.9118 (58.9121)	8.0575 (28.9702)	−2.8079 (45.7814)	−136.8930*** (37.1411)	22.9715 (14.7208)	87.6941*** (28.8427)
$\Delta \ln(s/p)$	−8.8901*** (2.8505)	5.2881*** (2.0083)	1.8866 (1.4817)	2.9006 (4.8120)	−4.7974** (2.2176)	−0.8831 (3.6643)	7.7450*** (2.7545)	−2.6477 (1.7879)	−7.5392*** (2.1088)
控制变量	控制	控制	控制	控制	控制	控制	控制	控制	控制

注：括号内数值为标准误差

*、**、***分别表示在 10%、5%、1%的水平上显著

10.5　本　章　小　结

本章首先从理论上分析了数字普惠金融对居民消费结构升级的影响效应及传导机制，并提出研究假说。然后基于 2011～2019 年中国 30 个省区市的面板数据，采用拓展的 AIDS 模型对数字普惠金融影响居民消费结构升级的总效应、传导机制和异质性进行了实证检验。研究结果表明：①从全国范围来看，数字普惠金融发展可以促进居民消费水平提升，同时通过抑制居民生存型消费支出和促进享受型与发展型消费支出来促进居民消费结构升级，在经过内生性讨论和稳健性检验后，该结论依然成立。②从传导机制看，数字普惠金融发展主要通过提高支付便利性、减缓流动性约束来抑制生存型消费和促进居民发展型消费与享受型消费，进而影响居民消费结构升级，预防性储蓄机制不成立。③分样本看，数字普惠金融发展对居民消费结构升级的影响效应存在显著的异质性。数字普惠金融对中等

消费水平居民的影响作用更大，对高等消费水平和低等消费水平居民的影响作用相对较小。在城镇地区，数字普惠金融发展可以抑制居民生存型消费支出，促进居民发展型消费支出；在农村地区，数字普惠金融发展可以抑制居民生存型消费支出，促进发展型消费和享受型消费支出，而且数字普惠金融对农村居民消费支出的影响作用比城镇地区更大。数字普惠金融发展可以抑制东部地区居民享受型消费支出，促进中部地区居民享受型消费支出，但对东部和中部地区居民生存型消费支出和发展型消费支出的影响不显著。在西部地区，数字普惠金融发展可以抑制居民生存型消费支出，促进享受型消费和发展型消费支出。

　　基于以上研究结论，本章认为要充分发挥数字普惠金融对居民消费结构升级的影响作用，除了需要多措并举加快促进居民消费潜力释放以外，还需要做好以下几个方面的工作：一是加大数字普惠金融基础设施建设投入，不断提高居民数字金融素养，为数字普惠金融发展夯实基础。各地方政府联合相关通信企业加快5G网络及通信基础设施建设投入，推进物联网、云平台体系、征信体系、数据采集渠道和信用信息共享系统建设，提高数字终端和互联网普及率，尤其需要重点关照偏远农村地区。县域政府牵头，联合金融机构和基层政府统一建设农村数字普惠金融服务站（室），实现数字普惠金融在城镇和农村的全覆盖，实现基础金融服务不出村，重点金融服务不出镇。鼓励科技企业加大研发经费投入，以市场需求为导向加快数字金融技术的更新换代，不断优化数字普惠金融在支付、信贷、保险、信用等多个领域的服务内容，简化数字普惠金融服务程序，提高金融服务效率，降低金融交易成本，从而提高数字金融的接受度和使用率。通过组建金融宣讲团或开办金融夜校等方式，加强数字普惠金融基础知识宣传和基本操作技能培训，提高居民对网络诈骗的鉴别与防范能力，帮助居民跨越数字鸿沟，减少城乡居民尤其是老年人和受教育程度较低的居民对数字普惠金融的自我排斥，努力实现居民"会用""想用""敢用"数字普惠金融产品。二是不断完善有关的政策制度和法律法规，为数字普惠金融发展保驾护航。中国人民银行、财政部、农业农村部等多部委联合牵头，由地方政府具体执行，加快数字普惠金融改革试点与复制推广，提高数字普惠金融的覆盖广度。加快实施财政金融等多项优惠政策，提高居民家庭互联网络提速降费优惠力度，适度放宽数字金融市场准入门槛，鼓励科技公司与金融机构、互联网金融平台合作研发与数字金融特征相适应的信息终端、智能手机、移动手机APP，鼓励金融机构、互联网金融平台加大对居民消费的信贷支持。完善数字普惠金融监管体系和制度体系，建立健全数字普惠金融风险预警体系，促进金融科技、智能金融的规范有序发展。加快数字金融相关法律法规的重新修订和适时调整，加快推进电子签名、视频签约、人脸识别等技术在数字金融领域的合法应用，推进线上普惠金融落地落实。三是实施差异化的数字普惠金融发展战略，充分发挥数字普惠金融对消费升级的促进效应。实施数字金融定点帮扶制度，鼓励东部沿海发达城市和大型科技企业、金融机构对中西部落后地区实施一对一帮扶，同时鼓励落后地区向发达地区学习交流，促进数字普惠金融的协调平衡发展。在风险可控的前提下，鼓励各类金融机构下沉创新权限，允许县域金融机构根据当地实际情况创新数字金融产品，简化金融服务流程，防止数字金融产品和服务的供需失衡，提高数字普惠金融产品和服务的供需匹配度。省级政府联合中国人民银行分行、地区金融监管局等机构，引导不同类型金融机构根据自身的比较优势和当地实际情况，建立分工合作机制，防止数字普惠金融服务叠加与缺位、闲余与不足并存现象，提升数字普惠金融服务效率。加快推进金融市场化改革进程，实现数字金融资源要素在城乡之间、不同地域和不同主体间的自由流动和科学配置，以充分发挥数字普惠金融的优势和作用。

第 11 章　数字普惠金融与农民主观幸福效应

11.1　引　言

人民的美好生活起步于安全感，发展于获得感，落脚于幸福感。这是因为，幸福感往往是人们基于自身的获得感、满足感和安全感而主观产生的一系列欣喜和愉悦的情绪，也可称之为幸福效应。在社会生活中，安全感可以为美好生活提供坚实保障，获得感、满足感能够为美好生活提供根本动力，而幸福感能够为美好生活提供方向指引。习近平曾在多种场合强调"不断满足人民日益增长的美好生活需要……使人民获得感、幸福感、安全感更加充实、更有保障、更可持续"[①]"必须团结带领中国人民不断为美好生活而奋斗"[②]"不断增强人民群众获得感、幸福感、安全感"[③]。习近平的若干重要论断既明确了中国经济增长与政策努力的最终目的都在于提高人民的幸福感（罗必良等，2021），更充分体现了中国共产党是为中国人民谋幸福的政党，始终坚持不断满足人民日益增长的美好生活需要。可见，幸福感是高质量发展中增强经济增长包容性的根本要求，也是从共同富裕角度彰显社会主义制度优越性的根本需要。

当然，人们获得幸福感的美好生活不单纯指物质上的富裕，更重要的是指精神上的富裕，而人类社会物质和精神富裕程度（或称文明）的演进历来都离不开技术这一重要推动力。工业革命以来，技术进步产生的巨大力量，推动着经济、社会、文化各个领域的快速发展（江小涓，2021），而这种发展，也与金融的协同支持密切相关。从远古文明到现代世界，金融一直都以不同的形式贯穿在人类经济生活之中，金融技术的进步对于人类福利的增进具有极大的影响力（陈志武和巴曙松，2005）。特别是互联网等信息技术的出现和飞速发展，极大地推动了金融创新步伐，快速打破了金融资金在区域（空间）、人口和时间上的各种限制，人类社会的经济发展由此出现了质的飞跃，金融发展水平较高的国家逐渐走出了长久

---

①《习近平：决胜全面建成小康社会 夺取新时代中国特色社会主义伟大胜利——在中国共产党第十九次全国代表大会上的报告》，https://www.gov.cn/zhuanti/2017-10/27/content_5234876.htm[2017-10-27]。

②《习近平：在庆祝中国共产党成立 100 周年大会上的讲话》，https://www.gov.cn/xinwen/2021-07-01/content_5621847.htm[2021-07-01]。

③《庆祝中华人民共和国成立 74 周年招待会在京举行 习近平发表重要讲话》，https://www.gov.cn/yaowen/liebiao/202309/content_6906890.htm?zbb=true[2023-09-28]。

的"匮乏经济",打破了由资本匮乏导致的"贫困恶性循环",人们的幸福感得到显著增强。

20 世纪 90 年代以来,互联网逐渐成为人类经济社会发展的纽带,与经济社会的融合持续加深,推动了互联网经济与金融的蓬勃发展。而今以此为基础,催生了人工智能、区块链、大数据、云计算、5G 等前沿数字技术,并迅速融入经济社会各领域,推动着互联网经济向数字经济迭代嬗变。近年来,数字经济浪潮势不可挡地席卷全球,数字经济的爆发式增长及与实体经济的深度融合,已经成为中国经济高质量发展的强大动能(刘淑春,2019)。但相较于实体经济,数字技术嵌入金融领域的程度尤甚,由此催生的数字金融极大地降低了传统金融服务的成本和风险,提高了金融资源配置效率,成为金融助力经济高质量发展和增强人民幸福感的有力支撑(封思贤和宋秋韵,2021)。

在数字金融服务实体经济的高质量发展中,"三农"领域是重中之重。不仅因为"三农"领域是我国国民经济的基础,也是实现共同富裕目标的最大短板,还在于建立在传统金融技术基础上的"三农"金融服务始终无法有效克服农村更为严重的信息不对称和抵押物不足等问题,而导致融资难、融资贵成为"三农"发展的巨大痛点。从我国的现实国情来看,随着 2020 年决胜全面建成小康社会和打赢脱贫攻坚战的如期实现,我国已正式进入向富裕社会迈进的"后小康"时代,国家"三农"工作的重点也逐步由脱贫攻坚转移到全面实施乡村振兴战略上来(魏后凯,2020)。但中国城乡发展不平衡、农村发展不充分问题依然存在,特别是城乡金融发展不平衡和金融服务"三农"不充分问题仍然突出(王小华等,2021c)。要实现乡村振兴战略目标,不仅需要大量的财政投资,更需要大量的金融资金支持。这就需要依赖金融技术进步和金融创新,克服长期以来"三农"金融服务中面临的缺乏标准抵押物的"痛点"与信息不对称的"堵点"。数字金融的出现和在农村的广泛使用,则为解决长期以来的"三农"金融服务难题,提升金融的普惠性和农村居民的幸福感带来了新的曙光和希望。

幸福感作为"隐藏的国民财富",既是人们生活质量的一种现实衡量,又是经济发展质量的重要指标,因此日益成为人们关注的问题。那么,数字金融的迅猛发展真能给农村居民带来幸福效应吗?如果能,数字金融给农村居民带来幸福效应的特征是怎样的?数字金融又是通过何种机制对农民的幸福效应产生影响的?影响程度在不同群体之间是否存在差异?谁会从乡村数字金融发展过程中获得更多幸福?显而易见,当前从理论与实证角度回答好这些问题,不仅有助于我们加深对数字金融支农的理论认识,而且有助于政府改善数字金融支农政策环境,更有助于金融机构利用数字技术加快金融支农创新,让金融活水公平惠及更为广大的农村地区和更广泛的农民,确保农民可以共享数字金融发展的成果,拥有更多的幸福感,推进农村经济持续包容性增长。针对上述问题,目前学术界的研究极为罕见，与此相关的研究主要集中在以下两个方面。

一是农村居民幸福感的影响因素。早期关于居民幸福感的研究主要集中于社会学和心理学领域，自 Easterlin（1974）将收入引入居民幸福感研究后，从经济学角度研究居民幸福感成为一大热点。Easterlin（1974）发现个人收入增长能提升居民幸福感，但国家整体经济增长并不一定能提升国民幸福感。也有学者得出了收入与居民幸福感呈正相关（Hagerty and Veenhoven，2003）、负相关（Ng，2003）和倒"U"形关系（Easterlin et al.，2010）等不同结论。陈卓等（2016）和裴志军（2010）则分别从绝对收入和相对收入的角度探讨了收入与居民幸福感之间的关系，都肯定了收入对于提升幸福感的重要性。此外，不少学者还研究了负债、消费、家庭资产、教育、健康等因素对居民幸福感的影响。如李江一等（2015）研究发现住房负债与工商业负债对居民幸福感均有显著负影响，陈屹立（2017）认为家庭负债对居民幸福感的负面效应主要作用于低收入家庭。休闲消费的增加能有效提升农村居民幸福感（宋瑞，2014），同时越幸福的家庭往往拥有更高的消费意愿（李树和于文超，2020），拥有房产、汽车等家庭资产对农村居民的幸福感具有促进效应（李江一等，2015；张翔等，2015），婚姻也能显著增加幸福感（Stutzer and Frey，2006）。受教育程度越高的人，其幸福感也越强，只是这种影响随教育水平的提高会不断减小（MacKerron，2012）。拥有健康身体的个体往往拥有更高的幸福感（MacKerron，2012），而高压、悲伤、抑郁等不健康的心理状况对幸福感存在负面影响（Case and Deaton，2015）。除个体和家庭特征因素以外，官员腐败（陈刚和李树，2013）、社会关系网络（李树和陈刚，2012）、生态环境（van Praag and Baarsma，2005）等因素也被证明对农村居民幸福感有不同程度的影响。

二是数字金融对农村居民福利的影响。既有文献主要从收入、消费和创业等方面进行了研究。从收入方面来看，周利等（2020）认为数字普惠金融可通过增加金融可得性、降低门槛效应显著缩小城乡收入差距；合理有效的金融资产组合对提升家庭财产性收入、实现家庭财富保值增值具有重要的意义，其中，数字金融发展显著提高了家庭金融资产组合的有效性（吴雨等，2021）。张勋等（2021）研究表明，对于无法接触到互联网的家庭，数字金融则通过促进农业向非农业的就业结构转型，提升工资性收入和农业经营性收入，抑制了数字鸿沟扩大及其负面影响，进而对农民福利水平提升起到了促进作用。从消费层面看，数字金融具有支付便利和消费平滑的特性（Grossman and Tarazi，2014），通过便利支付、增加收入、缓解融资约束和提高风险控制能力等方式（易行健和周利，2018；谢家智和吴静茹，2020）对农村居民家庭消费产生了促进效果，特别是对于能够接触到互联网的家庭，数字金融发展促进其消费的主要渠道，在于支付便利性的改善和流动性约束的缓解（张勋等，2021），Suri 和 Jack（2016）在研究其他发展中国家时也得出类似的结论；何宗樾和宋旭光（2020a）研究发现数字金融主要增加了与生活相关的基础性消费,江红莉和蒋鹏程(2020)则认为数字金融通过提高发展与享受型消费优化了居民的消费结构。从创业的角度来看,数字金融及其覆盖广度、使用深度和数字化程度都显著促进了企业创业,并且这种影响在城镇化率较低的省份和微型企业中表现出更强影响(谢绚丽等,2018)。数字金融主要通过缓解信贷约束、增加信息可得性、提高农户社会信任感三种途径促进农户创业,并且这种促进作用主要表现在非农创业和生存性创业中(何婧和李庆海,2019),进而提升居民的生活质量和改善农民福利水平。

　　综上可见,尽管学界研究了影响农村居民幸福感的经济和非经济因素以及数字金融对农村居民福利的影响途径,在一定程度上证明了数字金融有助于改善农村居民的生活质量,但关于数字金融与农村居民幸福感之间的逻辑关系、作用机理、异质性及作用路径的研究较为欠缺,无法系统回应上述问题。因此本章将采用 CHFS 2017 年的数据,从微观视角分析数字金融对农村居民幸福感的影响效果与作用机制。与现有研究相比,本章的贡献主要体现在:①通过影响效果和作用机制等方面,系统讨论数字金融与农村居民幸福感之间的关系,对相关研究领域进行重要补充。②不同于以往研究直接选取北京大学数字普惠金融指数,进而从宏观(省域和县域)层面考察数字金融对农村居民的影响,本章选取更具有全国代表性的 CHFS 数据,从中获取微观家庭层面的数字金融使用情况,据此讨论数字金融对农村居民幸福感的影响。使用省域或者县域数据的潜在假定是同一区域内所有单位的数字普惠金融发展程度相同,直接忽略了区域内不同家庭的巨大差异。相反,微观家庭数据则可以更细致地刻画微观家庭层面数字普惠金融使用的异质性,所得到的结论更具有说服力和代表性。③为进一步检验数字金融的普惠效果和幸福效应,本章通过异质性分析考察数字金融对农村地区尤其是欠发达地区农民、低收入农民和未接受教育农民等农村弱势群体幸福感的影响,为正确认识数字金融的普惠效果和进一步提高农村居民幸福感、获得感提供现实证据。

11.2　理论分析与研究假说

11.2.1　数字金融对农村居民幸福感的直接影响

　　金融与科技始终相互促进、共同发展,历次重大科技革命都极大地推动了金融业的进步。所以,一部金融发展史,同样也是一部科技进步史,科技创新历来都是金融行业不断向前发展过程中不可或缺的创新要素。作为科技驱动的金融创新,金融科技以科技为支撑点,是技术化、数字化、智能化的金融服务解决方案,其核心在于如何将技术行之有效地应用于金融服务之中,旨在用技术改进金融(张永亮,2020),推动金融发展提质增效,进而有效服务实体经济。在过去十年中,中国金融科技迅猛发展，以移动互联网、大数据、云计算、区块链以及人工智能等为代表的底层技术正不断重构着金融业的服务边界和生态格局。金融与科技的深度耦合，为数字金融创新提供了良好的技术支撑，数字金融在农村地区的广泛运用，打破了农村金融服务的时空、数量和成本制约，提升了农村金融资源配置的整体效率，有助于促进农村普惠金融可持续均衡发展，真正将农民共享发展成果落到实处。

首先，数字金融可以通过脱离物理金融网点的非现金式移动支付等便捷性的基础金融服务，便利农村居民生活和满足其受尊重需求，从而提升农村居民幸福感。由于我国农村与城镇相比，大多相对偏远、交通不便，存在银行网点少、覆盖率低的金融供给性约束问题，农村居民在办理存取现金、汇款等各类金融业务以及进行水费、电费、保险费等缴费业务时，在传统物理金融营业网点主要集中在乡场镇的情况下，往往需要耗费大量的时间成本与资金成本，农村普惠金融体系的"最后一公里"并未真正打通。而数字金融凭借其技术和应用领域的优势，能够帮助农村居民打破地理限制，通过手机客户端等方式轻松快捷地完成各类基础金融业务和支付缴费服务（易行健和周利，2018），极大地便利了农业生产经营和农村居民的日常生活，从而提升了农村居民的幸福感。其次，数字金融可以借助手机银行、互联网金融（如互联网信贷、众筹）等形式，拥有快捷的数字信贷技术，可以为难以获得金融服务的包括农村居民在内的长尾客户群提供更多更便捷的信贷和筹资机会，使农村居民最终能够及时获得成本低廉的金融资本，投入到创业与投资等项目中去（谢绚丽等，2018；周雨晴和何广文，2020），并通过自身的生产经营活动增强农村居民的幸福感。同时，在农村居民遭遇重大疾病或自然灾害而陷入极度贫困状态时，可以借助互联网众筹等数字互助金融模式，将风险分担社会化，从而减轻农村居民的痛苦和悲伤，给其带来新的生产生活希望，增强其幸福感。综上可见，从功能上来看，数字金融不仅可以为农村居民提供基础金融服务，而且可以为其生产生活提供资本融通和风险分散服务。同时，相比传统物理金融服务，数字金融在时效性、广覆盖性、普惠性等方面更加具有比较优势，能够覆盖包括农村居民在内的广大弱势群体。数字金融在营造更加公平的社会氛围和提高对社会弱势群体关注的同时，也提高了农村居民的获得感、社会地位，增强了农村居民获得金融服务的自尊心与自我激励，最终提升了农村居民的幸福效应。故提出本章第一个假说。

H1：数字金融对农村居民幸福感具有显著的促进作用。

11.2.2　数字金融通过改变收入影响农村居民幸福感

关于收入水平对幸福感的影响，重点聚焦绝对收入和相对收入两部分。需求层次理论认为,人的需求包括生理需求、安全需求、社交需求、尊重需求和自我实现需求五个层次,其中绝对收入在生理需求、安全需求的实现中发挥基础作用。数字金融对农村居民绝对收入的提升效果主要体现在三方面:首先,数字金融有效缓解了由信息不对称而带来的流动性约束、金融排斥和门槛效应(周利等,2021)。数字金融借助建立在生产生活大数据沉淀基础之上的社会信用体系,使金融机构能够通过模型和算法等数字信贷技术对农村居民进行精准画像和信用价值挖掘,最终为长期以来缺乏标准抵押物的农村居民进行精准授信,从而有助于解决困扰其发展的融资难题。同时,数字金融还可以帮助农户利用网络借贷等方式拓宽融资渠道,满足生产经营的资金需求,从而通过生产经营带动其收入和财富的增长,最终增强其幸福感。其次,数字金融便于农村居民通过线上金融理财获得更多的资本利得收入。移动手机、互联网、5G等数字技术和设施在乡村的推广普及,不仅推动了数字乡村的发展,也为数字金融在农村的生根提供了必要的物质技术基础。乡村数字技术的快速普及将倒逼具有一定文化水平的农村居民强化学习,以提高自身的数字金融素养。以此为基础,越来越多的农村居民家庭选择网络理财等方式,来更好地配置家庭资产,获得资本利得收入,从而优化收入结构,促进收入更快速增长。最后,数字金融能够通过提升农户的信息可得性、社会信任感等方式,激发农村居民的创业意识,提高其创业水平,最终帮助农户在非农创业与生存型创业等创业中实现收入增长(何婧和李庆海,2019)。由于我国农村地区居民收入水平较城市而言总体偏低,因此农村居民绝对收入水平的提高对幸福感提升的边际效果依然显著(程名望等,2015)。

有关相对收入对居民幸福感的影响研究主要集中于收入差距和收入不平等,社会比较理论认为人的幸福感往往来自与他人进行比较,当农村居民收入水平增长速度低于其所比较的人群时,收入增长依然不能给其带来幸福感的提升,所以收入差距的扩大会导致居民幸福感和获得感降低(Clark and Oswald,1996;Blanchflower and Oswald,2004;Ferrer-i-Carbonell and Ramos,2014;黄嘉文,2016),因为收入分配的恶化会使相对不富裕的人群产生被剥夺感,导致幸福感下降(Oshio and Kobayashi,2010;彭代彦和吴宝新,2008;何立新和潘春阳,2011)。但是,也有一部分研究认为贫富差距可能会提升人们的收入预期,从而增加幸福感(Tomes,1986;Rözer and Kraaykamp,2013;Knight et al.,2009;Jiang et al.,2012)。

事实上,数字金融不仅因为有利于农民绝对收入提高而提升农民的幸福感,而且因为有利于更广大中低收入群体增收而降低农村内部不平等和缩小城乡居民之间的收入差距,进而提高农村居民相对收入水平,增加农村居民的幸福感。尽管中国的传统金融发展也很迅速,但由于数字金融的触达性更广,因此大部分拥有手机或能够接触互联网的居民都可以享受数字金融带来的便利（张勋等，2019），如此，普惠金融数字化就会大大降低普惠金融的经营成本，拓展金融服务范围，提升金融服务效率，更容易满足那些通常难以享受到金融服务的低收入和弱势群体的需求（郭峰等，2020），特别是在农村地区，数字金融的普及运用会进一步体现数字金融服务的低成本和低门槛优势，最终有效推动我国普惠金融的发展，真正体现金融普惠的应有之义。可见，数字化技术将克服传统普惠金融面临的信息、成本和风险障碍，推动金融服务向更广阔的弱势客户群覆盖，将长期游离在传统金融服务之外的农村居民涵盖进来，使他们能够有同等机会获得金融资本，并通过自身较高的资本边际投资回报率，带动自身的收入增长，提高相对收入水平，增强其幸福感。综上所述，提出本章第二个假说。

H2：数字金融能够通过提高农村居民收入水平，进而增强农村居民幸福感。

11.2.3　数字金融通过促进消费升级影响农村居民幸福感

数字金融的发展不仅从供给端变革了金融服务渠道和方式，增强了金融服务的普惠性，也刺激了大量新型金融需求的衍生，催生了新型消费金融业态。伴随着电子商务模式和平台经济的兴起，越来越多的线上消费和服务形式得以开拓，推动了消费市场的变革，不仅促成了国民经济产销循环新机制与新模式，也推动了农村居民消费升级。

众所周知，家庭消费支出的提升会丰富人们的物质和精神文化生活，满足人们不同层次的需求，增加农村居民的幸福感（Wang et al.，2019）。同时，家庭消费结构的改善，意味着交通、教育、文娱和保健等高层次消费需求得到满足，农村居民生活质量不断增强，为农村居民带来愉悦满足，更高层次的需求得到满足，居民幸福感必然会得到显著提升（胡荣华和孙计领，2015）。当前我国农村居民的整体生活水平正从小康转向相对富裕，也是消费结构调整最大的机遇期，要实现农村居民生活水平提高和生活质量改善的目标，就必须顺应消费升级趋势，引导其消费层次从基本的生理需求转向精神需求、从温饱转向享受和自我发展，真正实现人民生活高质量发展和居民福利水平的全面改善（王小华等，2020）。而数字金融在一定程度上降低了农村居民的高层次消费门槛，使农村消费者将消费重心由生存型消费逐渐向发展型消费和享受型消费转移，从而通过消费升级提升其幸福感。首先，数字金融带来的收入增长在一定程度上满足了农村居民消费升级的资金需求，而各类金融风险管理工具如数字农业保险、网络众筹等，也通过降低农村消费者对未来不确定性的担忧增强了即期消费的信心（何宗樾和宋旭光，2020a）。其次，数字支付作为新型支付方式，凭借独有的便携性、低成本性和安全性代替了传统的现金支付，使农村居民足不出户便可以通过手机接触到各类产品与服务并进行支付，降低了消费的接触成本、交易成本和时间成本，为农村居民消费质量的提升提供了便利（封思贤和宋秋韵，2021）。最后，数字金融凭借更便捷的支付方式、更低的借贷成本、更低的借贷门槛等优势，利用较成熟的信用体系为更多的消费资金不足的长尾人群提供如家庭耐用消费品、教育、汽车等消费信贷，提升了家庭消费体验，刺激了家庭消费需求（谢家智和吴静茹，2020），增强了农村居民的幸福感。于是，提出本章第三个假说。

H3：数字金融能够通过促进农村居民消费升级，进而提升农村居民幸福感。

11.2.4　数字金融通过促进家庭金融市场参与影响农村居民幸福感

从家庭资产配置来看，数字金融发展可以促进居民家庭金融市场参与。在金融市场参与中，居民借助数字金融技术，主要通过增加投资便利性、促进金融信息获取和提升风险承担水平等路径，提升家庭金融资产组合有效性（吴雨等，2021）。在农村地区，数字金融通过扩大金融服务范围、降低参与门槛和提高居民数字金融素养等方式，促进农村居民参与金融市场，从而使其有机会实现收入和财富的保值增值。首先，数字金融依托互联网技术通道有效击穿了由城乡二元结构带来的地理排斥问题，扩大了金融服务的供给范围与农民接触金融服务的可得性，使农村居民可以通过互联网通道参与金融市场投资和理财，从而获得家庭财富保值增值的机会。其次，数字金融相较于传统金融拥有巨大的成本优势（封思贤和宋秋韵，2021），互联网模式下的数字金融几乎为零的边际供给成本和农户极低的使用成本，可以帮助金融机构获取更为广阔的客户群体，降低了农村居民使用金融服务的门槛，增加了农村居民选择合适的金融服务机构进而参与金融市场的概率。最后，数字金融在向移动终端消费者提供金融服务的同时，往往伴随着更加详细的产品介绍与金融知识普及（李晓等，2021），这能有效改善农村金融服务消费者的金融知识水平，提高其金融素养。当农户金融素养更高时，数字金融对其参与金融市场的影响更大（周雨晴和何广文，2020）。

总体而言，家庭金融市场的参与对农村居民幸福感的影响体现在两方面：一方面，家庭通过参与金融市场所拥有的金融资产，能够带来比传统储蓄更多的财富增值，而财富的增长能够为居民提高生活质量提供新的资本（封思贤和宋秋韵，2021），同时金融资产的收益性可以满足农村家庭的金融投资需求，金融资产的流动性可以满足农村居民的消费需求，从而影响居民幸福感。另一方面，参与金融市场带来的社交网络拓展（李晓等，2021）和财富增长带来的攀比和示范效应也会提升家庭的满意度与幸福感（尹志超等，2019e）。可见，数字金融不仅为家庭金融市场参与提供了便利的机会和通道，而且也带来了广泛的投资信息和社交网络，进而扩大农村居民家庭金融市场参与的广度和深度，为其家庭收入和财富的增长提供了良好的金融投资机会。综上所述,提出本章第四个假说。

H4:数字金融能够通过促进家庭金融市场参与,进而提升农村居民幸福感。

11.3　研究设计:模型、变量与数据

11.3.1　数据来源

本章使用的数据主要由 2017 年 CHFS 数据经过整理而得。2017 年 CHFS 数据是西南财经大学在全国范围内开展的第四轮中国家庭金融调查微观数据,该轮调查覆盖全国 29 个省区市的 40 011 户城乡家庭样本,调查涵盖了家庭成员基本信息和收入、消费、金融与非金融资产拥有等各类金融信息,并访问了每户家庭受访者的主观态度如幸福感等,这为本章研究数字金融与农村居民幸福感之间的关系提供了强有力的数据支撑。由于农民幸福感在一定程度上受受访者个体特征因素的影响,且 CHFS 不同期追踪的各户家庭受访者并未保持一致,为了最大限度避免样本选择偏误,本章选取了截面数据进行相关检验。在数据代表性和准确性上,CHFS 采取了科学设计、规范抽样、数据清理等多项控制误差的措施。基于研究目的,本章对问卷中的 12 732 户农村受访者家庭样本进行了删除无效数据处理,最终保留农村受访者家庭样本 11 846 户。此外,在实证研究过程中本章还结合了国家统计局的相关数据。

11.3.2　变量选取与描述性统计

1. 被解释变量

农村居民幸福感是本章研究的被解释变量。对于该变量的衡量主要来源于 2017 年 CHFS 问卷中的调查问题"总的来说,您现在觉得幸福吗?"该问题由每户家庭的受访者进行回答。为提高幸福感这一变量测度的有效性,该问题设置于 CHFS 问卷最后,是受访者回答了家庭资产与负债、收入与支出、保险与保障等一系列问题后,基于自身与家庭长期变化的感受所做出的主观评价。本章参考张翔等(2015)、李树和于文超(2020)等研究的做法,分别以数字"1"、"2"、"3"、"4"和"5"代表"非常不幸福"、"不幸福"、"一般"、"幸福"和"非常幸福"的回答,数值越高表明受访者幸福感越强。在 11 846 个农村受访者样本中,感到"非常不幸福"、"不幸福"、"一般"、"幸福"和"非常幸福"的样本分别占总样本数的 1.61%、5.15%、23.62%、45.83%和 23.79%,样本的幸福感均值为 3.85,介于"一般"与"幸福"之间,表明农村居民幸福感有较大提升空间。

2. 核心解释变量

数字金融为本章的核心解释变量。该指标在尹志超和张号栋（2018）研究的基础上从第三方支付、互联网理财和网络借贷三个方面对家庭是否使用数字金融进行判断。具体而言，是否使用第三方支付判定来源于问卷问题"您和您家人在购物时（包括网购），一般会使用下列哪些支付方式？"若用户选择信用卡、电脑支付、移动终端支付等其中至少一项，则认为家庭使用第三方支付；是否参与互联网理财来源于问卷问题"目前您家购买的互联网理财产品余额是多少？"和"过去一年，您家从这类互联网理财产品上实际得到多少收入？"，若受访者当前或过去一年家庭互联网理财产品余额不为 0，则认为参与了互联网理财；是否参与网络借贷来源于问卷问题中"这笔借款从哪借的？"以及"您家计划从哪一渠道借入所需资金？"，若受访者选择了网络借贷则认为参与了相关行为。在以上三类行为中，若家庭至少参与了其中任意一种，则判定该家庭使用了数字金融，取值为 1，否则为 0。处理后的数据显示，在 11 846 个农村家庭样本中，数字金融使用数为 1529 户，占农村总样本比重为 12.91%，而在 27 279 个城市家庭样本中，数字金融使用占比高达 45.53%。总体而言，我国农村地区数字金融使用情况与城镇居民相比存在较大差距，农村居民数字金融使用情况仍处于较低水平，城乡居民之间数字鸿沟明显。

3. 控制变量

为了控制其他可能影响农村居民幸福感的因素，参考相关研究（李树和陈刚，2012；鲁元平等，2016；万广华和张彤进，2021），本章分别选取了性别、年龄、年龄的平方、党员情况、教育年限、婚姻状况和身体状况等 7 个个体特征变量，家庭人口规模、家庭年度总收入等 2 个家庭特征变量和人均地区生产总值这一地区特征变量 3 类控制变量，其中个体特征变量和家庭特征变量由CHFS 2017 年的数据整理得到，人均地区生产总值数据则来源于国家统计局。具体指标选取方式如表 11-1 所示，其中家庭总收入为负时，参考尹志超等（2019e）的做法，先取其总收入的绝对值，再取自然对数，最后对该自然对数取负数处理。统计结果显示，个体因素方面，受访者年龄均值为 60.905 岁，有86.9% 为已婚状态，且男性占比为 59.4%。受教育年限均值为 6.538 年，总体处于小学教育水平。身体状况均值为 3.107，处于"一般"与"好"之间，党员比例为 13%。家庭方面，受访者家庭人口规模均值为 3.469 人，大部分为三口之家与四口之家，家庭年度总收入取对数均值达 9.425，标准差为 3.282，收入差异较大。地区方面，调查所覆盖到的 29 个省区市的人均地区生产总值取对数的平均值为 10.915，标准差为 0.332。

表 11-1　变量定义与描述性统计

变量名称	变量说明	平均值	标准差	最小值	最大值
农村居民幸福感	非常不幸福=1；不幸福=2；一般=3；幸福=4；非常幸福=5	3.850	0.896	1	5
数字金融	使用数字金融=1；不使用数字金融=0	0.129	0.335	0	1
性别	性别：男=1；女=0	0.594	0.491	0	1
年龄	年龄（单位：岁）	60.905	12.478	8	98
年龄的平方	年龄平方项/100	38.58	15.11	0.64	96.04
党员情况	是否为党员：是=1；否=0	0.130	0.336	0	1
教育年限	教育年限（单位：年）	6.538	3.709	0	19
婚姻状况	是否已婚：是=1；否=0	0.869	0.337	0	1
身体状况	非常不好=1；不好=2；一般=3；好=4；非常好=5	3.107	1.059	1	5
家庭人口规模	家庭成员数量（单位：人）	3.469	1.733	1	15
家庭年度总收入	家庭年度总收入水平取对数	9.425	3.282	-13.816	15.425
人均地区生产总值	各省人均地区生产总值取对数	10.915	0.332	10.258	11.768
绝对收入	家庭人均收入取对数	8.370	2.909	-12.717	14.732
相对收入-城乡	家庭总收入/该县城乡居民家庭平均总收入	0.789	1.606	-40.017	52.524
相对收入-农村	家庭总收入/该区县农户家庭平均总收入	0.982	1.873	-85.580	52.524
消费升级指数	各类消费占比×相应乘数，取对数	0.166	0.141	0	1.041
家庭金融市场参与	参与金融市场=1；不参与金融市场=0	0.590	0.492	0	1

4. 中介变量

为进一步检验数字金融对农村居民幸福感的影响机制，本章选择了绝对收入、相对收入、消费升级指数和家庭金融市场参与作为中介变量，选取方式如下。①绝对收入，该指标主要由 CHFS 2017 年问卷中的家庭总收入除以家庭规模得到的家庭人均收入取对数后获得；从统计结果来看，农村居民收入平均值为 14 110.44 元，且居民之间存在一定差距。②相对收入，由于 CHFS 2017 年问卷中缺乏关于受访者对于收入差距的主观评价，故本章采用由农村每户家庭总收入除以该户家庭所在区县的家庭平均收入所得到的相对收入指标。其中，农户家庭所在区县的家庭平均收入又分为城乡居民家庭平均总收入和农村居民家庭平均总收入两种，统计结果显示城乡层级相对收入均值为 0.789，标准差为 1.606，农村层级相对收入均值为 0.982，标准差为 1.873。③消费升级指数，该指标主要参考王小华等（2020）的思路，首先将居民家庭消费划分为生存型消费（食品、衣服、日常用品、水电和暖气消费）、发展型消费（交通通信和教育培训）和享受型消费（雇佣劳动、文化娱乐、保健消费、旅游探亲和奢侈品），然后对不同的消费类型进行赋权计算后得到消费升级指数。计算公式为：对数消费升级指数 = 对数生存型消费占比 + 对数发展型消费占比×2 + 对数享受型消费占比×3。统计结果显示农户家庭消费升级指数均值为 0.166，最大值为 1.041，农村居民消费依然以生型消费为主。④家庭金融市场参与，参考贺建风等（2018）的做法并结合 CHFS 问卷，定义拥有活期存款、定期存款、债券、基金、股票、金融理财产品、金融衍生品、非人民币资产、黄金、借出款等至少一项的家庭为金融市场参与家庭，取值为 1。在 11 846 个样本家庭中，金融市场参与占比为 59%，仍有超四成农村家庭没有参与过金融市场活动。本章主要的变量说明及描述性统计如表 11-1 所示。

11.3.3　模型设定

本章主要检验数字金融对农村居民幸福感的影响，故本章的因变量为农村居民幸福感，该变量数据类型为有序离散型变量，这类数据又被称为排序数据。对于排序变量，如果使用多项 Logit（multinomial Logit）将无视数据内在的大小排序，而使用 OLS 又会把排序视为基数来处理，因此在以往实证研究中面对被解释变量为有序离散变量的研究，通常其回归模型使用排序模型（包括有序 Probit 模型和有序 Logit 模型）。由于在大数据样本中，居民幸福感通常被认为服从正态分布（Levinson，2012），故本章使用有序 Probit 模型进行回归分析，即对于农民幸福感这种数据可以使用潜变量法来推导出 MLE 估计量。

具体而言，为探究数字金融对农村居民幸福感的影响，本章构建如下模型：

$$\text{Happiness}_{ij}^* = \alpha \text{DF}_{i,j} + \beta M_{i,j} + \gamma N_j + \varepsilon_{i,j} \tag{11-1}$$

其中，Happiness_{ij}^* 表示第 j 省第 i 户家庭受访者幸福感的潜变量；$\text{DF}_{i,j}$ 表示第 j 省第 i 户家庭数字金融使用情况；$M_{i,j}$ 表示第 j 省第 i 户家庭受访者个体特征变量和家庭特征变量（包括性别、年龄、年龄的平方、党员情况、教育年限、婚姻状况和身体状况七大个体特征变量，以及家庭人口规模、家庭年度总收入两大家庭特征变量）；N_j 表示省级层面控制变量，主要是第 j 省的省级人均地区生产总值；α、β 和 γ 表示待估计参数；$\varepsilon_{i,j}$ 表示随机误差项。

在本章中，我们将用户幸福感回答"非常不幸福"、"不幸福"、"一般"、"幸福"和"非常幸福"分别用数值"1"、"2"、"3"、"4"和"5"代替，但这些数字只能代表幸福感的排列顺序，并不能真实表达幸福感大小，因此需要使用不可观测的潜变量 Happiness_i^* 来推测出 MLE 估计量。Happiness_i 具体定义如下：

$$Happiness_i = \begin{cases} 1, & \text{若} Happiness_i^* \leqslant C_1 \\ 2, & \text{若} C_1 < Happiness_i^* \leqslant C_2 \\ 3, & \text{若} C_2 < Happiness_i^* \leqslant C_3 \\ 4, & \text{若} C_3 < Happiness_i^* \leqslant C_4 \\ 5, & \text{若} C_4 < Happiness_i^* \end{cases} \qquad (11\text{-}2)$$

具体而言，当 $Happiness_i^*$ 小于或等于 C_1 时，此时居民幸福感为非常不幸福，$Happiness_i = 1$；当 $Happiness_i^*$ 大于 C_1 且小于或等于 C_2 时，此时居民幸福感为不幸福，$Happiness_i = 2$；以此类推，其中 $C_1 < C_2 < C_3 < C_4$，为未知切点。

同时假设随机误差项 $\varepsilon_{i,j}$ 服从标准正态分布，X 表示所有解释变量，θ 为相应待估计系数，$\Phi(\bullet)$ 表示标准正态分布的累积分布函数，则可以得到农村居民幸福感 $Happiness_i$ 的条件概率为

$$\begin{cases} P(Happiness_i = 1 | X) = \Phi(C_1 - X\theta) \\ P(Happiness_i = 2 | X) = \Phi(C_2 - X\theta) - \Phi(C_1 - X\theta) \\ P(Happiness_i = 3 | X) = \Phi(C_3 - X\theta) - \Phi(C_2 - X\theta) \\ P(Happiness_i = 4 | X) = \Phi(C_4 - X\theta) - \Phi(C_3 - X\theta) \\ P(Happiness_i = 5 | X) = 1 - \Phi(C_4 - X\theta) \end{cases} \qquad (11\text{-}3)$$

这样则可以写出样本的似然函数，并采用 MLE 对模型回归系数进行估计。

11.4　基准回归与稳健性检验

11.4.1　数字金融对农村居民幸福感影响的基准回归

本章采用有序 Probit 回归模型对数字金融以及其他因素是否影响农村居民幸福感进行实证检验，回归结果如表 11-2 中所示，其中（2）～（6）列为各因素对农村居民幸福感影响的边际效果。从（1）列中可以看出，数字金融对我国农村居民幸福感具有显著的正向效应，回归系数为 0.092，并且在 1% 的水平上显著。这表明在控制其他影响农村居民幸福感因素的情况下，使用数字金融的家庭与没有使用数字金融的家庭相比，其拥有更高的幸福感。进一步分析（2）～（6）列中的边际效果可以发现，使用数字金融的家庭相较于没有使用数字金融的家庭，其感到"非常不幸福"、"不幸福"和"一般"的概率会分别下降 0.3%、0.8% 和 1.9%，而感到"幸福"和"非常幸福"的概率会上升 0.4% 和 2.7%。这表明数字金融能够通过降低农村居民感到不幸福的概率和提升感到幸福的概率，而给农村居民的幸福感带来提升效果，假说 1 得到了验证。

表 11-2　数字金融对农村居民幸福感影响的模型估计结果

变量	回归系数	边际效果				
		非常不幸福	不幸福	一般	幸福	非常幸福
	（1）	（2）	（3）	（4）	（5）	（6）
数字金融	0.092*** (0.032)	−0.003*** (0.001)	−0.008*** (0.003)	−0.019*** (0.007)	0.004*** (0.001)	0.027*** (0.010)
性别	−0.034 (0.022)	0.001 (0.001)	0.003 (0.002)	0.007 (0.005)	−0.001 (0.001)	−0.010 (0.006)
年龄	−0.025*** (0.006)	0.001*** (0.000)	0.002*** (0.001)	0.005*** (0.001)	−0.001*** (0.000)	−0.007*** (0.002)
年龄的平方	0.036*** (0.005)	−0.001*** (0.000)	−0.003*** (0.000)	−0.008*** (0.001)	0.001*** (0.000)	0.011*** (0.001)
党员情况	0.094*** (0.031)	−0.004*** (0.001)	−0.008*** (0.003)	−0.020*** (0.006)	0.004*** (0.001)	0.028*** (0.009)
教育年限	0.002 (0.003)	−0.000 (0.000)	−0.000 (0.000)	−0.001 (0.001)	0.000 (0.000)	0.001 (0.001)
婚姻状况	0.258*** (0.032)	−0.010*** (0.001)	−0.022*** (0.003)	−0.054*** (0.007)	0.010*** (0.002)	0.076*** (0.009)
身体状况	0.212*** (0.010)	−0.008*** (0.001)	−0.018*** (0.001)	−0.045*** (0.002)	0.008*** (0.001)	0.062*** (0.003)
家庭人口规模	−0.007 (0.006)	0.000 (0.000)	0.001 (0.001)	0.002 (0.001)	−0.000 (0.000)	−0.002 (0.002)
家庭年度总收入	0.018*** (0.003)	−0.001*** (0.000)	−0.002*** (0.000)	−0.004*** (0.001)	0.001*** (0.000)	0.005*** (0.001)
人均地区生产总值	−0.084*** (0.031)	0.003*** (0.001)	0.007*** (0.003)	0.018*** (0.006)	−0.003*** (0.001)	−0.025*** (0.009)
观测值	11 846					
LR chi^2(11)	948.74					
Pseudo R^2	0.031 8					

注：括号中的数值为稳健性标准误

***表示在 1%的水平上显著

从控制变量的结果来看，大部分控制变量的回归结果与现有文献相一致。个体特征方面，年龄、年龄的平方、党员情况、婚姻状况和身体状况对农村居民幸福感具有显著性影响。随着年龄的增长，其对幸福感的影响会先表现为负向影响，在到达某个年龄之后再表现为促进农村居民幸福感的增长，总体呈现"U"形变化；党员情况方面，有党员身份和预备党员身份的农民相较于其他农民具有更高的幸福感，这是因为党员身份在中国是重要的政治身份象征，既能拓展社会网络，同时在心理上也能为农村居民带来正向的效应（鲁元平等，2016）。此外已婚受访者和身体状况较好的受访者相较于其他受访者也具有更高的幸福感，处于已婚状态的受访者相较于其他状态受访者感受到"非常不幸福"、"不幸福"和"一般"的概率会分别下降 1.0%、2.2%和 5.4%，而感到"幸福"和"非常幸福"的概率会上升 1.0%和 7.6%。性别和教育年限对农村居民幸福感则没有显著影响。从家庭层面来看，家庭收入水平有助于提升受访者的幸福感，家庭年度总收入每提高一个标准差，会使农村居民感到"非常不幸福"、"不幸福"和"一般"的概率下降 0.1%、0.2%和 0.4%，并使农村居民感受到"幸福"和"非常幸福"的概率增加 0.1%和 0.5%。家庭人口规模等变量则没有通过显著性检验。代表省级层面指标的人均地区生产总值则对农村居民幸福感存在显著的抑制作用，当居民所在省份的人均地区生产总值每上升一个单位，当地农村居民感到"非常不幸福"、"不幸福"和"一般"的概率就会提高 0.3%、0.7%和 1.8%，感到"幸福"和"非常幸福"的概率会下降 0.3%和 2.5%。

11.4.2　数字金融对农村居民幸福感影响的稳健性检验

考虑到户主及其配偶往往是一个家庭的核心和实际金融使用者，能够更清晰地感受到数字金融给家庭带来的变化，同时年龄过大的受访者通常不是家庭数字金融的使用者，因此为得到更稳健的结论，本章参考李树和于文超（2020）的做法，对受访者年龄和身份进行了筛选，以剔除部分样本进行稳健性检验。在将样本限定为受访者年龄为 18 岁到 60 岁之间的受访家庭且剔除户主及其配偶为受访者以外的样本后，剩余 5416 个样本。使用该样本进行稳健性检验，具体模型估计结果如表 11-3 所示，数字金融对家庭幸福感的总回归系数为0.096，并在 5%的水平上显著。同时从边际效果来看，使用数字金融会导致受访者感到"非常不幸福"、"不幸福"和"一般"的概率分别下降 0.4%、0.9%和 2.2%，而感受到"幸福"和"非常幸福"的概率分别上涨 1.0%和 2.5%。结果再次说明数字金融会对农村居民幸福感产生显著的促进效应，证实了前文研究的稳健性。

表 11-3　数字金融对农村居民幸福感影响的模型估计结果

变量	回归系数	边际效果				
		非常不幸福	不幸福	一般	幸福	非常幸福
	（1）	（2）	（3）	（4）	（5）	（6）
数字金融	0.096** (0.039)	−0.004*** (0.001)	−0.009** (0.004)	−0.022** (0.009)	0.010** (0.004)	0.025*** (0.010)
控制变量	控制	控制	控制	控制	控制	控制
观测值	5416	5416	5416	5416	5416	5416

续表

变量	边际效果					
	回归系数	非常不幸福	不幸福	一般	幸福	非常幸福
	（1）	（2）	（3）	（4）	（5）	（6）
LR chi²(11)	411.83	411.83	411.83	411.83	411.83	411.83
Pseudo R^2	0.0302	0.0302	0.0302	0.0302	0.0302	0.0302

注：括号中的数值为稳健性标准误

、*分别表示在 5%、1%的水平上显著

11.4.3 数字金融对农村居民幸福感影响的内生性讨论

1. 采用 PSM 法的内生性讨论

为了有效解决使用有序 Probit 模型可能存在的选择性偏误问题，同时进一步论证数字金融对农村居民幸福感影响结果的一致性，本节使用 PSM 法对结果进行内生性讨论。为了有效匹配使用数字金融和不使用数字金融的农村居民家庭，本节以是否使用数字金融作为处理变量，协变量则包括性别、年龄、年龄的平方、婚姻状况、党员情况、教育年限、身体状况、家庭人口规模、家庭年度总收入和人均地区生产总值等一系列变量，进行 PSM 分析。在使用 PSM 方法之前，需要对 PSM 效果进行平衡性检验，以保证处理组和控制组在可观测特征变量上没有明显差异，具体匹配平衡性假定检验结果如表 11-4 所示。可以看到协变量匹配后的标准化偏差绝对值都在 10%的水平以下；另一方面协变量的 t 值和 p 值检验结果均不显著，这表明不能拒绝处理组和控制组不存在系统上差异的原假设。因此，在运用 PSM 法以后，使用数字金融的样本和未使用数字金融的样本的特征差异得到较大程度消除，可比性增强。

表 11-4　匹配平衡性假定检验结果

协变量	处理组	控制组	标准化偏差	t 值	p 值
性别	0.589	0.585	0.7%	0.18	0.854
年龄	50.273	50.262	0.1%	0.03	0.979
年龄的平方	26.59	26.717	−1.0%	−0.30	0.766
婚姻状况	0.923	0.930	−2.1%	−0.69	0.488
党员情况	0.184	0.166	5.1%	1.33	0.183
教育年限	8.893	8.822	2.1%	0.65	0.519
身体状况	3.529	3.547	−1.8%	−0.51	0.612

续表

协变量	处理组	控制组	标准化偏差	t 值	p 值
家庭人口规模	4.341	4.457	−7.2%	−1.91	0.057
家庭年度总收入	10.52	10.398	3.7%	1.25	0.212
人均地区生产总值	10.981	10.985	−0.9%	−0.25	0.799

为了使结果更具有可靠性，本章采取了一对一近邻匹配、一对四近邻匹配、半径卡尺匹配、核匹配等多种匹配方法对样本进行匹配，然后计算数字金融的 ATT，具体如表 11-5 所示。以一对一近邻匹配为例，匹配前的处理组和控制组的幸福感分别为 3.889 和 3.845，差异为 0.044；匹配后的数字金融对处理组和控制组的幸福感估计结果分别为 3.889 和 3.812，差异为 0.077，ATT 在 5%的显著性水平上通过检验，即不使用数字金融会导致农村居民幸福感下降 0.077。同样，使用一对四近邻匹配、半径卡尺匹配、核匹配等匹配方法所得到的结果也类似，匹配后的处理组和控制组的差异分别为 0.058、0.057 和 0.051，且均在 5%的水平上显著。因此假说 1 再次得到验证，即在控制其他变量的情况下，使用数字金融家庭的受访者与没有使用数字金融的家庭相比，拥有更高的幸福感。

表 11-5　农村居民幸福感的 PSM 结果

匹配方法		处理组	控制组	ATT	t 值
样本	匹配前	3.889	3.845	0.044**	1.83
一对一近邻匹配	匹配后	3.889	3.812	0.077**	2.04
一对四近邻匹配	匹配后	3.889	3.831	0.058**	1.93
半径卡尺匹配	匹配后	3.891	3.834	0.057**	2.05
核匹配	匹配后	3.889	3.838	0.051**	1.83

**表示 5%的显著性水平

2. 采用工具变量法的内生性讨论

关于检验数字金融影响农村居民幸福感的模型，可能因存在反向因果、遗漏变量而产生内生性问题，导致估计结果偏误。首先，幸福感越强的农村居民往往对生活充满热情与期待，愿意接受新鲜事物的挑战，因此更容易促使其对数字金融的使用。其次，农村居民幸福感受到许多因素的影响，这将导致可能因为存在遗漏变量而出现内生性问题。为此本章尝试使用工具变量进行两阶段估计的方法以解决内生性问题引起的估计偏误。关于工具变量的选择，考虑到样本所在城市的互联网使用率越高，其农村居民使用数字金融的概率越大，同时市区层面的互联网使用率也很难对个体层面的居民幸福感产生较大影响，故本章借鉴周广肃和孙浦阳（2017）的思路，选择样本所在城市的"农村互联网使用率"作为"数字金融"的工具变量，本章"农村互联网使用率"由 CHFS 2017 年问卷中各市区样本互联网使用情况整理得到，回归结果如表 11-6 所示。从表 11-6 中 2SLS 法的第一阶段回归结果来看，农村互联网使用率对农户家庭数字金融具有显著正向影响，同时从第二阶段回归结果看，在经过工具变量对内生性问题的处理后，数字金融对农村居民幸福感依然具有显著的促进效果，与前文结论一致。且第一阶段回归的 F 统计量为 98.938，Cragg-Donald Wald F 统计量也远大于 10% 的临界值水平，这表明本章所选的工具变量具有较强的解释力，不存在弱工具变量问题。最后为了稳健起见，使用对弱工具变量更不敏感的 LIML，结果发现 LIML 的系数估计值与 2SLS 一致，进一步从侧面说明不存在弱工具变量。

表 11-6　工具变量回归

变量	2SLS		LIML
	第一阶段	第二阶段	
数字金融		0.4401* （0.2600）	0.4401* （0.2600）
农村互联网使用率	0.3049*** （0.0307）		
控制变量	控制	控制	控制
第一阶段 F 统计量	98.938		
Cragg-Donald Wald F 统计量		119.788	
观测值	11 846	11 846	11 846

注：括号中的数值为稳健性标准误
*、***分别表示在 10%、1% 的水平上显著

11.5　机制分析与异质性检验

11.5.1　数字金融对农村居民幸福感影响的传导机制分析

1. 中介效应模型

为了进一步检验数字金融提升农村居民幸福感的作用机制，本章借鉴温忠麟和叶宝娟（2014）的逐步回归法，使用中介效应模型分析了数字金融对农村居民幸福感的间接作用。本章构建的中介效应模型如下：

$$\text{Happiness}_i = \alpha_0 \text{DF}_i + \beta_0 M_i + \gamma_0 N_j + \varepsilon_{0i} \tag{11-4}$$

$$\text{Medium}_i = \alpha_1 \text{DF}_i + \beta_1 M_i + \gamma_1 N_j + \varepsilon_{1i} \qquad (11\text{-}5)$$

$$\text{Happiness}_i = \alpha_2 \text{DF}_i + \delta \text{Medium}_i + \beta_2 M_i + \gamma_2 N_j + \varepsilon_{2i} \qquad (11\text{-}6)$$

其中，Happiness_i 为被解释变量，表示第 i 户家庭受访者的幸福感；DF_i 为核心解释变量，表示第 i 户家庭数字金融使用情况；M_i、N_j 为控制变量，分别表示第 i 位受访者个体特征变量和家庭特征变量及第 j 省的省级人均地区生产总值；Medium_i 表示中介变量；ε_i 表示随机扰动项。在中介变量的选择上，基于前文理论分析与作用路径分析，本章分别从绝对收入、相对收入、消费升级指数和家庭金融市场参与四条路径进行研究。

2. 中介效应检验

（1）数字金融、收入水平与农村居民幸福感。本节主要从绝对收入和相对收入两方面进行中介效应检验。绝对收入方面，表 11-7 中（1）列为不考虑中介变量时，数字金融对农村居民幸福感影响的估计结果，此时数字金融在 1% 的显著性水平上提升了农村居民幸福感。表 11-7 中（2）列是数字金融对农村居民家庭绝对收入水平影响的估计结果，考虑到绝对收入水平为连续变量，该回归使用了 OLS 法，此时数字金融对绝对收入的回归系数为 0.046，并且在 1% 的水平上显著，这说明数字金融能够显著提升农村居民的绝对收入水平。在方程（11-6）中同时引入数字金融和绝对收入变量进行回归后，表 11-7（3）列结果显示作为中介变量的绝对收入在 1% 的水平上显著正向影响农村居民幸福感，而数字金融的影响系数虽有所降低但依然显著，这说明数字金融能够通过提高农村居民绝对收入水平增强农村居民幸福感。

表 11-7　绝对收入中介机制检验

变量	(1) 农村居民幸福感	(2) 绝对收入	(3) 农村居民幸福感
数字金融	0.027*** (0.010)	0.046*** (0.007)	0.024** (0.010)
绝对收入			0.064*** (0.012)
控制变量	控制	控制	控制
观测值	11 846	11 846	11 846
LR chi^2(11)	948.74		
LR chi^2(12)			975.07
Pseudo R^2	0.032		0.033
adj_R^2		0.994	

注：表中汇报的结果为"非常幸福"（幸福感 = 5）的边际效用；括号中的数值是回归系数估计量的稳健性标准误

、*分别表示在 5%、1% 的水平上显著

　　为进一步研究数字金融通过绝对收入影响农村居民幸福感的具体路径，本章对农村居民收入进行细分以考察不同类型农民收入的中介效应，具体实证结果如表 11-8 所示。指标选择上，通过分析农村居民收入构成并结合 CHFS 2017 年问卷设计特征，本章从工资性收入、农业性收入、工商业收入、资产性收入以及转移性收入五个方面对农村居民人均收入进行了刻画。其中工资性收入是指家庭成员在从事的主要职业以及其他职业、兼职等中获得的劳动收入；农业性收入则为受访者家庭从事农业所获得的总收入；工商业收入是指受访者家庭从事工商业生产经营活动获得的收益；资产性收入则包括通过租售房屋、店铺以及参与股票、基金、债券等金融性活动获得的收入；转移性收入则包括从政府等处获得的补助、补贴等以及从非家庭成员等处获得的现金与非现金收入等，且以上收入均做了对数处理。

表 11-8　收入结构中介机制检验

变量	（1）农村居民幸福感	（2）工资性收入	（3）农业性收入	（4）工商业收入	（5）资产性收入	（6）转移性收入	（7）农村居民幸福感
数字金融	0.027*** (0.010)	0.629*** (0.118)	−0.985*** (0.127)	0.265*** (0.032)	0.613*** (0.035)	0.444*** (0.094)	0.027*** (0.010)
工资性收入							−0.000 (0.001)
农业性收入							0.003*** (0.001)
工商业收入							0.005* (0.003)
资产性收入							0.001 (0.003)
转移性收入							0.003*** (0.001)
控制变量	控制	控制	控制	控制	控制	控制	控制
观测值	11 846	11 846	11 846	11 846	11 846	11 846	11 846
LR chi^2(11)	948.74						
LR chi^2(16)							986.56
Pseudo R^2	0.032						0.033
adj_R^2		0.293	0.221	0.017	0.049	0.056	

　　注：表中汇报的结果为"非常幸福"（幸福感＝5）的边际效用；括号中的数值是回归系数估计量的稳健性标准误

　　*、***分别表示在 10%、1% 的水平上显著

表 11-8 中（2）列至（6）列为使用 OLS 法分别检验数字金融对不同类型农村居民收入水平影响效果的实证结果，数据显示数字金融在 1%的显著性水平上提高了农村居民的工资性收入、工商业收入、资产性收入和转移性收入，对农业性收入则具有显著的抑制作用。在同时引入数字金融以及五类收入到方程（11-6）中后，表 11-8 中的（7）列结果显示数字金融不仅能够对农村居民幸福感产生直接影响，还能通过提高农村居民的工商业收入和转移性收入对农村居民幸福感产生促进作用。可能的解释是，一方面数字金融为农村居民提供了更多投资创业机会并有效缓解了融资约束，帮助农村居民更好地通过非农就业实现家庭收入的增长，在营造更加公平的社会氛围的同时增强了农村居民的参与感与自我认同，从而提升幸福感。另一方面，数字金融凭借时间、空间等方面的优势为补贴领取、红包接收等转移性收入的获得提供了便利，比如可以更方便快捷地申请和获得政府给予的补助金、抚恤金等补贴，也可以让家庭成员便于获得节日、喜事红包。从农民的收入结构来看，这类转移性收入具有暂时性、非传统收入的特征，虽然在收入构成中只占较小的比例，但在农民消费支出过程中却表现出相对宽松的状态（温涛等，2013），因为人们常常会把辛苦挣来的钱（如农业经营性收入和工资性收入）存起来而不舍得花，但是如果有一笔"意外之财"，则可能不假思索地很快就花掉，数字金融为这一类收入提供了支付的便利性，可以有效改善农村居民生活水平从而提升幸福感。

相对收入方面，表 11-9 中（2）列和（4）列为使用 OLS 方法分别从城乡总体层面和农村层面对数字金融影响农村居民相对收入水平效果检验的结果，其回归系数分别为 0.465 和 0.392 并且都在 1%的水平上显著，这说明数字金融对农村居民相对收入水平也产生了显著的提升效果。将农村居民幸福感和农村居民相对收入水平同时纳入回归方程后，从表 11-9 中的（3）列和（5）列可以看出，此时相对收入水平对农村居民幸福感的影响均显著为正，同时数字金融也在 1%的显著性水平上提高了农村居民幸福感。因此可以得出结论，数字金融对农村居民相对收入水平产生了显著的促进作用，同时数字金融能够通过提升农村居民相对收入水平发挥提升农村居民幸福感的效果。可能的解释是，数字金融凭借广触达、低成本与低门槛等优势有效拓宽了金融服务范围，提高了服务效率，满足了那些难以获得金融服务的农村低收入群体的需求，显著提升了农村居民的获得感与公平感。因此，数字金融一方面有效缩小了城乡居民收入差距，另一方面也缩小了农村居民内部的收入差距，而收入差距的缩小能够减小农村居民的相对自卑感和心理压力，从而有效提升农村居民家庭整体幸福感。

表 11-9 相对收入中介机制检验

变量	(1)	(2)	(3)	(4)	(5)
	农村居民幸福感	相对收入-城乡	农村居民幸福感	相对收入-农村	农村居民幸福感
数字金融	0.027*** (0.010)	0.465*** (0.044)	0.025*** (0.010)	0.392*** (0.051)	0.026*** (0.010)
相对收入-城乡			0.004** (0.002)		
相对收入-农村					0.004** (0.002)
控制变量	控制	控制	控制	控制	控制
观测值	11 846	11 846	11 846	11 846	11 846
LR chi²(11)	948.74				
LR chi²(12)			952.97		953.96
Pseudo R^2	0.032		0.032		0.032
adj_R^2		0.185		0.198	

注：表中汇报的结果为"非常幸福"（幸福感＝5）的边际效用；括号中的数值是回归系数估计量的稳健性标准误 **、***分别表示在 5%、1%的水平上显著

通过对农村居民绝对收入和农村居民相对收入两个中介变量进行检验，假说 2 得到验证，即数字金融能够同时通过提升农村居民绝对收入和相对收入两个方面提升农村居民幸福感。

（2）数字金融、消费升级与农村居民幸福感。为检验前文提出的数字金融能够促进农村居民家庭消费升级从而提升农村居民幸福感的假说，本节选取了家庭消费升级指数作为中介变量进行有关检验，具体实证结果如表 11-10 所示。表 11-10 中（2）列为 OLS 回归下，数字金融对农村居民家庭消费升级指数的影响结果，此时数字金融对农村居民家庭消费升级指数的影响系数为 0.059，并且在 1%的水平上显著，这说明数字金融的使用能够改变农村居民家庭的消费结构，提高农民家庭消费升级指数。表 11-10 中（3）列为同时引入数字金融和消费升级指数的回归估计结果，此时消费升级指数在 1%的显著性水平上对农村居民幸福感产生促进作用，并且在引入家庭消费升级指数后数字金融对农村居民幸福感的影响依然显著为正。这表明数字金融能够通过提高农村居民家庭消费升级指数对提升农村居民幸福感产生部分中介效应，假说 3 得到验证。

表 11-10 消费升级中介机制检验

变量	(1)	(2)	(3)
	农村居民幸福感	消费升级指数	农村居民幸福感
数字金融	0.027*** (0.010)	0.059*** (0.004)	0.022** (0.010)

续表

变量	（1）	（2）	（3）
	农村居民幸福感	消费升级指数	农村居民幸福感
消费升级指数			0.082*** (0.023)
控制变量	控制	控制	控制
观测值	11 800	11 800	11 800
LR chi^2(11)	947.31		
LR chi^2(12)			959.83
Pseudo R^2	0.032		0.032
adj_R^2		0.204	

注：表中汇报的结果为"非常幸福"（幸福感＝5）的边际效用；括号中的数值是回归系数估计量的稳健性标准误

、*分别表示在 5%、1%的水平上显著

　　（3）数字金融、家庭金融市场参与与农村居民幸福感。为了检验数字金融是否通过加强农村家庭金融市场参与从而提升农村居民幸福感，本章引入了第三类中介变量，即家庭金融市场参与，具体结果如表 11-11 所示。表 11-11 中（2）列为数字金融对农村居民家庭金融市场参与影响的结果估计，由于被解释变量家庭金融市场参与为二元变量，因此采用了 Logit 模型，此时数字金融对农村居民家庭金融市场参与的影响系数为 1.094，并且在 1%的水平上显著，这说明数字金融的确能够为农村居民提供更多参与金融市场的机会。在同时引入数字金融和家庭金融市场参与变量后，表 11-11 的（3）列结果表明家庭金融市场参与在 1%的显著性水平上提升农村居民幸福感，同时数字金融对农村居民幸福感的影响系数依然显著为正。因此，数字金融能够通过帮助农村家庭参与金融市场从而提升农村居民幸福感，假说 4 成立。

表 11-11　家庭金融市场参与中介机制检验

变量	（1）	（2）	（3）
	农村居民幸福感	家庭金融市场参与	农村居民幸福感
数字金融	0.027*** (0.010)	1.094*** (0.078)	0.020** (0.010)
家庭金融市场参与			0.037*** (0.006)
控制变量	控制	控制	控制
观测值	11 846	11 846	11 846
LR chi^2(11)	948.74		

续表

变量	（1）	（2）	（3）
	农村居民幸福感	家庭金融市场参与	农村居民幸福感
LR chi^2(12)		1 204.25	984.78
Pseudo R^2	0.032	0.075	0.033

注：表中汇报的结果为"非常幸福"（幸福感＝5）的边际效用；括号中的数值是回归系数估计量的稳健性标准误

、*分别表示在 5%、1%的水平上显著

11.5.2　数字金融对农村居民幸福感影响的异质性分析

在从全样本层面上考虑了数字金融对农村居民幸福感的影响后，还需进一步考虑数字金融对不同类型农村居民样本幸福感的差异影响，因此本小节通过如下因素展开了数字金融对农村居民幸福感影响的异质性分析，具体结果如表 11-12 所示。

表 11-12　分样本回归结果

变量	区域		性别	
	东部	中西部	男	女
数字金融	0.045*** (0.012)	0.003 (0.015)	0.013 (0.013)	0.044*** (0.014)
控制变量	控制	控制	控制	控制
观测值	6033	5813	7037	4809

变量	教育年限			
	未接受教育	小学文化	初中文化	高中及以上文化
数字金融	−0.003 (0.040)	0.063*** (0.018)	0.002 (0.014)	0.021 (0.023)
控制变量	控制	控制	控制	控制
观测值	2158	4733	3675	1280

变量	相对收入-城乡		相对收入-农村	
	负相对收入-城乡	正相对收入-城乡	负相对收入-农村	正相对收入-农村
数字金融	0.024* (0.013)	0.016 (0.016)	0.039*** (0.014)	0.001 (0.014)
控制变量	控制	控制	控制	控制
观测值	8912	2934	7987	3859

续表

变量	绝对收入				
	低收入	中低收入	中等收入	中高收入	高收入
数字金融	0.061** (0.025)	0.040 (0.029)	0.037 (0.026)	−0.025 (0.021)	0.017 (0.017)
控制变量	控制	控制	控制	控制	控制
观测值	2369	2369	2369	2369	2370

注：表中汇报的结果为"非常幸福"（幸福感＝5）的边际效用；括号中的数值是回归系数估计量的稳健性标准误

*、**、***分别表示在 10%、5%、1%的水平上显著

1. 地区异质性分析

不同地区经济发展水平的明显差异在一定程度上也会体现在数字金融上，本节把样本按所属地区分为东部和中西部两个子样本后，分别研究了数字金融的幸福感影响效果差异。结果显示，数字金融对东部地区农村居民幸福感影响系数为0.045，并且在 1%的水平上显著，而在中西部地区，数字金融对农村居民幸福感的影响并未通过显著性检验，说明数字金融对农村居民幸福感提升效应主要作用于东部地区。这主要是因为东部地区较高经济发展水平背景下农村地区发展迅速，居民接受新鲜事物的意愿与能力较强，数字金融对居民生活质量影响明显（封思贤和宋秋韵，2021），而中西部地区经济发展相对较弱带来的农村金融市场的欠发达和农村居民对数字金融的接受程度较慢，导致了数字金融难以真正发挥出对农村居民幸福感的促进效应。

2. 性别异质性分析

男性受访者和女性受访者性别存在差异，对数字金融的使用偏好也不同。在把样本分为了男性样本和女性样本分别检验数字金融对农村居民幸福感的影响后，结果表明数字金融会在1%的显著性水平上提升女性受访者感到"非常幸福"的概率，而对男性受访者样本未存在显著影响。数字金融对幸福感的提升效果主要发生在农村女性身上，这可能与女性本身所固有的社会角色和社会期望有关（Blanchflower and Oswald，2004）。在农村家庭中，男性的金融地位往往高于女性，农村男性拥有更多参与正规金融的机会，而数字金融的出现则为农村女性提供了更多接触金融服务的机会，使得女性能更多地参与到家庭的经济活动中去，感受到了在家庭中的重要性与参与性，从而提升了幸福感。

3. 教育水平异质性分析

数字金融的使用往往要求一定的文化基础与金融素养，不同受教育水平的人

群在使用数字金融时也可能存在不同的使用方向和效果差异。本节按受访者受教育年限将样本分为了未接受教育、小学文化、初中文化和高中及以上文化四组后分别进行回归分析发现，数字金融对接受过小学教育的受访者具有显著的幸福感提升效果，而面对未接受教育的农村居民与接受了初中及以上教育的农村居民，数字金融分别产生了降低效果和提升效果，但并不显著。数字金融的运用需要基本的金融知识与互联网技能（李晓等，2021），相较于未接受教育的农村居民会因为知识的缺乏和相关技能的欠缺而对金融需求不足，接受过教育的农村居民对金融往往存在更大的需求。但在农村地区，与接受初中及以上教育的居民相比，小学教育水平的居民能接触的传统金融服务机会并不多，此时数字金融的出现则为其金融需求的满足提供了机会，从而显著提升了其幸福感。

4. 收入水平异质性分析

按样本收入水平是否超过所在地区城乡总体平均值和乡村地区平均值分为负相对收入-城乡、正相对收入-城乡和负相对收入-农村、正相对收入-农村四个组，分别检验后发现数字金融对农村居民幸福感的提升效果主要体现在两类负相对收入样本中，其中只考虑农村地区样本的负相对收入-农村组的显著性最强，系数为0.039。相对收入较低的农村家庭往往面临着更严重的金融排斥情况，而数字金融的普惠效果能够有效缓解农户所面临的金融排斥，如数字金融能够通过增加外源性融资的方式使低收入家庭在消费过程中面临着的流动性约束得到缓解（谢家智和吴静茹，2020），因此数字金融对这类家庭幸福感影响的作用更大。进一步将样本按家庭人均收入高低进行排序后平均划分为低收入、中低收入、中等收入、中高收入和高收入五组，分别检验数字金融对农村居民幸福感的影响。结果发现数字金融在5%的显著性水平上会提升低收入水平家庭居民感到"非常幸福"的概率，对中低收入、中等收入、中高收入和高收入四组群体的影响系数分别为 0.040、0.037、–0.025 和 0.017，且未通过显著性检验。由此可见，无论是从绝对收入的角度还是从相对收入的角度，数字金融对家庭幸福感的提升效果主要作用于收入水平较低的农村群体。

总体来看，数字金融对农村居民幸福感的提升效果并非固定的，不同样本类型下数字金融对农村居民幸福感的影响效果存在差异。其中，农村地区女性群体、受教育程度较低群体以及低收入水平群体等处于相对弱势地位的农村群体能够在数字金融的帮助下，实现幸福感的提升。但通过地区异质性分析结果可知，与经济发展相对落后的中西部地区相比，在较发达的东部地区得到更好发展的数字金融能够对农村居民发挥显著的幸福感提升作用。

因此，进入新发展阶段，开启共同富裕新征程，应全面探索数字金融新路径，既要布局数字金融基础设施建设和深化数字金融应用，又要构建数字金融生态和严防数字金融风险，还应在纾解城乡之间数字鸿沟的同时破解农村内部群体的数字金融应用鸿沟，只有这样才能最终通过实现经济高质量发展和居民财富增长来创"富"，才会通过提高服务的普惠性，让金融为更广大农民的利益谋大同，实现富裕"共"享，不断增加农民的获得感、安全感、幸福感。

11.6　本 章 小 结

本章基于 CHFS 2017 年问卷中的 11 846 个农村受访者家庭样本，采用有序 Probit 模型实证探究了数字金融对农村居民幸福感的影响，并进行了作用机制与异质性分析，主要研究结论如下：①数字金融通过降低农村居民感到"非常不幸福"、"不幸福"与"一般"的概率和提高感到"幸福"与"非常幸福"的概率有效提升了农村居民幸福感，在通过删减样本数量进行稳健性检验和采用 PSM 法与工具变量法缓解内生性问题后影响依旧显著。②采用中介效应模型进一步对数字金融影响农村居民幸福感的作用机制进行分析后发现，数字金融可以分别通过提高农村居民收入水平（包括绝对收入水平和相对收入水平）、促进消费升级以及加强金融市场参与三个途径提高农村居民的幸福感。③数字金融对农村居民幸福感的影响在不同群体中存在差异。数字金融对农村居民幸福感的提升效应主要作用于经济较为发达的东部地区，而中西部地区由于金融市场的不发达和农民接受程度等原因未产生显著影响；性别方面，数字金融对幸福感的提升效果主要发生于农村女性群体，通过为农村女性提供更多接触金融服务的机会，数字金融提高了农村女性在家庭中的重要性与参与性，从而提升了幸福感；受教育方面，对于接受过小学教育的农村群体，数字金融能够有效提升其幸福感，而对未接受教育农村居民的负面作用和接受了初中及以上教育农村居民的正面作用均不显著；此外，数字金融对农村居民幸福感的提升主要发生在收入水平较低的家庭。

据此，本章提出以下几点政策建议：第一，加强农村数字金融建设，实现数字金融区域协调发展。新型基础设施是农村数字金融发展的前提，首先应扎实推进农村互联网宽带普及、加快农村信息基础设施升级改造与农村 5G 基站布局推进，扎实推进农村数字基础设施建设。其次，需要积极推进农村金融机构数字化转型。结合我国农村金融机构发展现状，农村金融机构一方面应采取线上线下融合模式，利用地缘、人缘优势做好双线业务发展，另一方面可通过搭建核心系统与科技人才招募，提高机构数字化水平。最后，考虑到不同地区数字金融发展不协调的现实情况，应采取因地制宜的发展政策，结合各地区的优势明确自身发展定位，探索数字金融长期发展的有效模式；不同地区之间应该加强交流协作，由数字金融发展较好的省份带动周边地区数字金融建设，加强资源配置与要素空间整合，实现数字金融协调发展。第二，扩大农村基础教育覆盖面，提升农村居民数字金融素养。数字鸿沟、知识鸿沟的存在，是阻碍农村数字金融有效使用的重要原因。为提高农村数字金融使用效率，必须着力提升农村居民的数字金融素养。从政府的角度来看，应加强对低收入地区农村基础教育的资金投入力度，以降低农村地区文盲率为目的，针对低收入、中老年等群体开展教育培训，提高农村地区总体受教育水平。同时，还可以通过广播、组织讲座、发放读物、访谈等方式普及金融基础知识和有必要的理财知识，并通过建设服务站、体验区等方式在线下帮助农村居民掌握数字金融基本功能使用程序。线上方面，政府部门与农村金融机构可利用微博、微信、抖音、官方网站等多种新兴媒体方式推送传播金融知识，主动引导公众了解数字金融相关知识。第三，优化数字金融政策设计，定制农民消费升级专属服务。在脱贫攻坚取得全面胜利的背景下，农村居民家庭消费结构调整迎来重大机遇。面对数字乡村建设的新要求，应进一步完善农村数字金融服务体系建设，扩大农民消费升级的幸福增加效应。首先，政府部门应优化数字金融支持农村居民收入增长的政策设计，给予农村数字金融发展政策支持，为农村居民消费升级提供收入保障；其次，通过数字信贷、数字保险、数字理财等方面的产品服务优化与创新，多渠道鼓励农村居民参与金融市场，提高农村居民收入；最后，各大金融机构与互联网金融公司应加强农村数字金融消费场景建设，努力推进数字金融深化与改革，有针对性地定制满足农村居民消费升级需求的数字金融服务内容与开发消费场景，实现数字金融与实体经济进一步融合。第四，完善数字风险治理体系，促进数字金融健康有序发展。数字金融作为新兴产业，存在法律法规与监管机制不健全、金融机构风控能力不足等问题，一旦发生风险，将给农村数字金融用户带来众多负面影响。为规范数字金融健康发展，需要完善数字风险治理体系。一方面，需要提高对数字金融的监管能力。首先，政府部门应尽快完善健全相关法律法规，明确金融监管部门职责，做到有法可依。其次，强化一行一局一会（中国人民银行、国家金融监督管理总局、中国证券监督管理委员会）的监管协调，构建相应的监管指标体系，提升监管能力，加大不法行为处罚力度，维护良好的数字金融市场秩序。另一方面，各类数字金融机构需要提高数字化风险防控能力，建立全流程的数字化风控体系，实现内部风险控制目标，通过提供安全的数字金融产品，让更多的农村居民享受数字金融发展成果。

第12章 数字普惠金融与城乡家庭金融组合有效性

12.1 引　　言

党的十七大首次提出"让更多群众拥有财产性收入"[①]，党的十八大提出"多渠道增加居民财产性收入"[②]，党的十九大报告也指出"拓宽居民劳动收入和财产性收入渠道"[③]，党的二十大进一步提出"探索多种渠道增加中低收入群众要素收入，多渠道增加城乡居民财产性收入"[④]。可见，丰富和规范居民投资理财产品、稳定和增加居民财产性收入，对持续提升居民消费能力、提高居民生活水平和幸福感具有重要的现实意义，因而受到党中央高度重视。

Campbell（2006）提出家庭作为金融研究的主体，家庭金融开始成为一个独立的研究方向。在家庭金融的研究中，家庭对于金融市场的参与以及家庭金融资产组合是一个重要的研究方向。Markowitz（1952）提出的投资组合理论向人们展示了构建有效资产组合的方法，给出了投资组合的规范性建议。在此基础上产生的资本资产定价模型（Sharpe，1964）阐述了资产的预期收益和预期风险之间的关系，预测每人都应当持有一个由无风险资产和市场组合构成的资产组合。传统的金融理论给出了关于投资组合的规范性建议，家庭能够通过对资产的合理配置实现财富的跨期优化，从而达到平滑消费以实现效用最大化的目标（Campbell，2006）。然而现实中家庭的投资组合千差万别，出现股市有限参与、投资分散化程度不足等现象，并且家庭金融决策往往会出现偏差，家庭投资组合的结果与理论预期的回报不相符，国内外学者对家庭资产配置的研究也显示金融市场有限参与和投资非多元化是国内外居民家庭普遍存在的问题，在中国尤其突出（李涛，2006）。

在金融供给层面，金融基础设施的完善和金融产品类型的丰富是促进家庭参与金融市场的有力保障。得益于数字技术的发展，互联网理财产品强势崛起，这

---

① 引自 2007 年 10 月 25 日《人民日报》第 1 版的文章：《高举中国特色社会主义伟大旗帜　为夺取全面建设小康社会新胜利而奋斗》。

② 引自 2012 年 11 月 18 日《人民日报》第 1 版的文章：《坚定不移沿着中国特色社会主义道路前进　为全面建成小康社会而奋斗》。

③ 引自 2017 年 10 月 28 日《人民日报》第 1 版的文章：《决胜全面建成小康社会　夺取新时代中国特色社会主义伟大胜利》。

④ 引自 2022 年 10 月 26 日《人民日报》第 1 版的文章：《高举中国特色社会主义伟大旗帜　为全面建设社会主义现代化国家而团结奋斗》。

种以 P2P 网贷模式为代表的理财方式受到广泛的关注。以 2013 年 6 月蚂蚁金服联手天弘基金推出余额宝为标志，中国互联网理财产品开始快速发展。大量新型金融产品的出现给了人们更多的选择。余额宝、现金宝、零钱宝、微信理财通等理财平台的快速兴起，以及第三方支付、P2P 借贷、电商金融、互联网金融门户、众筹融资等新型线上金融服务模式的不断涌现，变革了传统金融服务体系，企业和个人的金融服务需求得以更加灵活高效地得到满足。数字技术的发展提高了金融服务效率，降低了金融服务门槛。然而在金融需求层面，家庭资产却主要投资于安全性较高、流动性较大的产品。在 CHFS 数据（甘犁等，2019）所访问的 34 643 个家庭样本中，持有银行卡和活期存折的样本有 27 737 个，占样本家庭总数的 80.07%，持有定期账户的有 5875 个，占比为 16.96%。与之相对比，持有股票账户的样本有 1994 个，占比为 5.76%，持有基金的样本 644 个，占比为 1.86%，持有金融理财产品的样本有 2294 个，占比为 6.62%，持有互联网理财产品的样本有 2904 个，占比为 8.38%，另外还有少量持有其他各种金融产品的样本家庭，具体占比情况如图 12-1 所示。可以看出，国内居民家庭对于风险金融市场的参与积极性不高，"有限参与"问题比较严重。

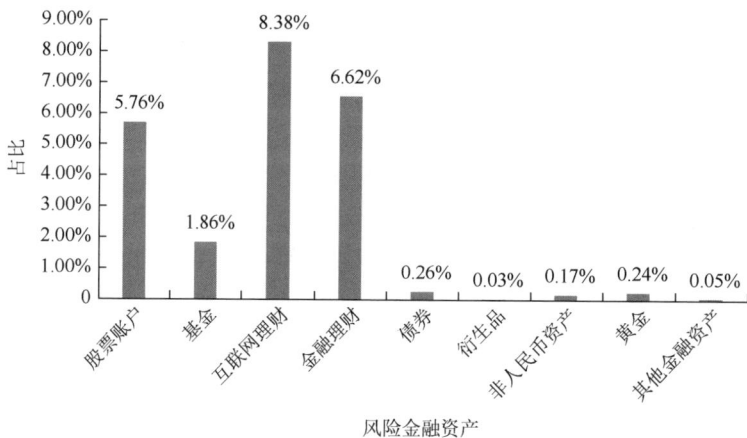

图 12-1　风险金融资产持有家庭数量占比

数字普惠金融的发展，降低了金融服务的成本，有利于家庭的信息获取、服务获取，且具有长尾效应，能够缓解金融排斥的影响。北京大学与蚂蚁金服联合编制的数字普惠金融指数（郭峰等，2020）显示，近年来我国的数字普惠金融实现了跨越式的发展，从图 12-2 可以看出，2011 年各省数字普惠金融总指数的中位值为 33.58，到 2015 年增长到 214.55，2020 年进一步增长到 334.82，2020 年省级数字普惠金融指数的中位数值是 2011 年的 9.97 倍，平均每年增长 29.11%。数字金融的快速发展，一方面促进金融市场的发展，促进金融机构供给方式的创新；另一方面对金融市场的需求方，即居民家庭和个人产生影响。

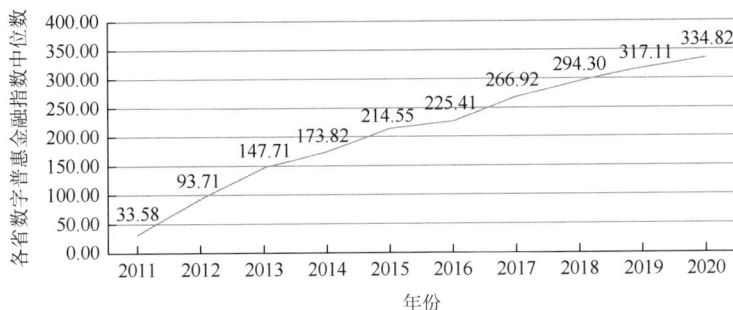

图 12-2　各省数字普惠金融指数中位数

综上所述，不合理的金融资产配置会使家庭承担较大的风险且又得不到合理的补偿，从而导致家庭福利受损，研究数字金融对家庭金融组合有效性的影响，对于引导我国居民家庭合理配置家庭金融资产、提高家庭财产性收入、增加家庭福利水平具有重要的意义。因此，本章将在梳理前人研究成果的基础上，运用理论分析与实证检验相结合的方式，探讨数字金融的发展对家庭金融资产配置的有效性的影响，探究其作用机制，并进行异质性分析。

12.2　文献综述与理论分析

12.2.1　文献综述

1. 关于家庭金融资产配置的研究

目前，学界关于家庭金融资产配置的研究主要从配置的多元化程度、配置的决定因素和配置的有效性三个方面展开。

在家庭金融的研究中，家庭对于金融市场的参与以及家庭金融资产组合是一个重要的研究方向。Markowitz（1952）提出的投资组合理论向人们展示了构建有效资产组合的方法，给出了投资组合的规范性建议。在此基础上产生的资本资产定价模型（capital asset pricing model，CAPM）阐述了资产的预期收益和预期风险之间的关系（Sharpe，1964）。标准的 CAPM 预测每人都应当持有一个由无风险资产和市场组合构成的资产组合（吴卫星等，2006）。传统的金融理论给出了关于投资组合的规范性建议，然而现实中家庭的投资组合千差万别，可能出现股市有限参与、投资分散化程度不足等现象，并且家庭金融决策往往会出现偏差，家庭投资组合的结果与理论预期的回报不相符，这引起国内外学者对家庭金融资产配置及有效性的深入研究。从信息经济学的角度分析，信息不对称会使家庭更愿意投资熟悉的领域，导致投资分散度不高（Coval and Moskowitz，1999），以及信息成本、交易费用（van Nieuwerburgh and Veldkamp，2009）和有限参与机会（Bogan，2008）等市场摩擦因素的存在，影响家庭投资组合的多样化程度，使家庭更倾向投资无风险资产，而非股票市场。

关于家庭资产配置的决定因素的研究主要从以下方面展开：从家庭特征方面着手的研究中，Guiso 等（2004）利用意大利家庭和公司的微观数据研究发现，社会信任越高的家庭越倾向于投资股市而非持有现金。国内部分学者也从这一角度出发进行了研究（卢燕平，2005；李涛，2006；吴卫星和付晓敏，2011）。家庭财富的积累带来家庭参与股市所需的初始成本，从而有利于股市的参与（Shum and Faig，2006）。住房财富（陈永伟等，2015；吴卫星等，2010）和收入（陈莹等，2014）具有与之相似的作用。另外，家庭结构（吴卫星和李雅君，2016）、社会互动（Hong et al.，2004）也是影响家庭金融资产投资的因素。投资者自身因素方面，如健康状况（Berkowitz and Qiu，2006；Cardak and Wilkins，2009；雷晓燕和周月刚，2010；吴卫星和付晓敏，2011）、年龄（Iwaisako，2009）、受教育程度（Bernheim and Garrett，2003）、风险态度（Wachter and Yogo，2010）、金融素养（尹志超等，2014；周弘，2015）、认知能力（孟亦佳，2014）也是风险市场参与的影响因素。此外，还有学者从制度（肖作平和张欣哲，2012）、金融可得性（尹志超等，2015）、金融约束（Guiso et al.，1996；Haliassos and Michaelides，2003；Chen and Stafford，2016）等外部市场环境因素方面进行了探讨。

当家庭决定参与金融市场之后，怎样投资才能使得资产组合更有效、哪些因素会影响家庭进行金融资产投资的有效性以及怎样衡量家庭金融组合的有效性就成为学者重要的研究方向。然而由于居民投资组合数据的缺乏，加上资产组合有效性难以准确度量，前期学者对家庭金融资产配置的研究多集中在对金融市场参与以及投资多样性的讨论，目前学术界关于资产组合有效性的研究大致从两个方向展开。第一种是用夏普（Sharpe）比率进行直接衡量。Sharpe 以 CAPM 为理论基础发展出了夏普比率，综合考虑风险和收益，对资产组合的优劣进行评价。Pelizzon 和 Weber（2009）在无法取得有关居民投资组合的确切数据的情况下，采用指数替代的方法对夏普比率进行测算，进而衡量意大利家庭的投资组合有效性。Grinblatt 等（2011）利用芬兰家庭的数据构造夏普比率，研究发现 IQ 越高的家庭越倾向于投资股市，且夏普比率越高。吴卫星等（2015）也利用夏普比率的构造对国内家庭金融组合的有效性进行了测算。在这之后，国内学者对资产组合有效性的研究多基于夏普比率的测算而展开（杜朝运和丁超，2016）。柴时军（2017）利用 CHFS 数据对夏普比率进行测算，发现基于亲友关系的社会资产可以使投资组合更为有效，且对中西部地区和农村家庭的边际影响更大。秦海林等（2018）和吴卫星等（2018a）研究认为金融素养的提高能够显著提升家庭金融组合的有效性。近年来，学者还从住房（吕学梁和马玉洁，2020）、年龄（齐明珠和张成功，2019）、流动性约束（周弘等，2018）视角考察家庭金融资产配置效率。另外，还有学者从投资组合分散化的角度来间接衡量投资组合的有效性。陈彦斌（2008）从投资组合分散化的角度进行研究，发现财富水平高的家庭资产组合更加多样化，规避风险的能力更强。曾志耕等（2015）通过构造多样化指数，验证了一系列因素对家庭金融资产配置的影响。

2. 关于数字金融影响家庭金融资产有效性的研究

由于数字普惠金融这一概念在 2016 年才被首次提出，在此之前国内外的研究大多集中于互联网金融、互联网使用对家庭金融资产配置的影响，如 Lamberton（1998）指出互联网能够缓解信息不对称、降低金融市场的交易成本，从而提高金融服务效率（马九杰和吴本健，2014）；另外，数字金融能够打破地域限制，提高金融服务的可得性（Duncombe and Boateng，2009）。周广肃和梁琪（2018）认为互联网使用通过降低市场摩擦提高了家庭投资于风险金融资产的概率，增加股票市场的参与（Liang and Guo，2015），对家庭金融资产的配置产生影响（魏昭和宋全云，2016；魏丽萍等，2018）。朱卫国等（2020）的研究也证明互联网使用可以促进家庭参与风险金融市场，提高参与深度，并且金融素养起到了中介作用。另外，关于互联网金融影响家庭金融资产配置的研究中，由于互联网金融在国外出现的时间较早，对其研究也较早。Lamberton（1998）从网络经济学的角度分析了互联网金融，认为其能够促进信息的交流、资金的流动，进而促进交易的达成。孙从海和李慧（2014）认为在互联网金融的背景下，互联网金融理财产品能够逐渐替代对银行储蓄和货币基金的投资。李芳（2014）研究发现互联网金融已经成为传统银行理财渠道的有利补充。魏昭和宋全云（2016）以互联网金融理财产品参与为代表对家庭互联网金融市场参与现状进行了分析，发现金融理财产品参与率增长迅速，参与互联网理财产品投资的家庭对股票、基金等其余风险资产的投资参与率也较高。对于数字金融与家庭金融组合有效性方面的研究更是寥寥无几。吴雨等（2021）利用数字普惠金融指数和 CHFS 的面板数据，研究发现数字金融通过增加投资便利性、提高风险承担水平和促进金融信息获取等渠道提高了家庭金融组合有效性。王一如和韦宏耀（2021）研究认为信贷约束和社会资本是数字金融影响家庭资产配置效率的主要机制。

3. 文献述评

通过对文献的梳理可以看到，现有关于数字金融和家庭金融资产配置的文献比较丰富，这为我们的研究提供了思路、方法和理论指导，但是仍存在以下研究空间。

（1）已有家庭金融资产配置相关的文献多集中于对家庭资产配置影响因素的研究，如家庭成员特征、家庭收入特征以及社会关系等微观方面，也有研究普惠金融对金融资产配置的影响的，但是从数字金融方面着手的研究较少。

（2）关于数字金融的研究主要集中在宏观层面以及微观层面的家庭消费和借贷方面，还有部分学者研究了互联网金融及互联网使用对家庭资产配置的影响，将数字金融与家庭金融资产配置结合研究的文献较少，且大多探讨的是数字金融与家庭参与风险金融市场和风险市场投资的占比，然而家庭参与风险金融市场的比例增加并不意味着投资是有效的，优化家庭资产配置的最终目标是促进合理配置，以提高家庭财产性收入，因此本章综合风险和收益两个角度，探讨数字金融对金融市场参与以及家庭金融组合有效性的影响是具有一定的研究价值的。

（3）已有文献在研究数字金融对家庭资产配置的影响时，多使用北京大学数字普惠金融指数作为描述数字金融发展水平的指标，是从宏观层面对数字金融发展水平进行的描述，较少从微观层面的家庭数字金融使用水平视角展开研究，因此本章以此入手分析数字金融影响家庭金融资产配置的机制是有价值的。

12.2.2　理论分析与研究假说

1. 宏观视角下数字金融对家庭金融组合有效性的影响分析

宏观层面，数字金融可以通过促进金融市场发展、提高金融服务可得性和缓解金融市场摩擦三条途径影响家庭金融组合有效性，如图 12-3 所示。

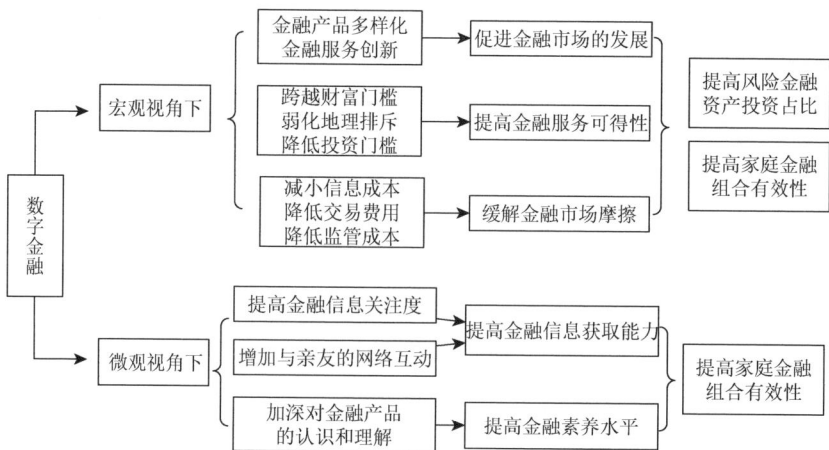

图 12-3　数字金融影响家庭金融组合有效性的作用路径

首先，中国地域广大、幅员辽阔，地区之间金融发展差距较大，传统的投资策略受到地区金融发展状况的限制，若地方投资产品单一化，则家庭投资组合必然呈现单一化的态势，数字金融的发展能够改善地方单一的投资环境，为金融市场带来更多的产品和服务，家庭可以接触到的产品和服务变得多样化，带来投资选择的多样化，促进投资组合的优化。以商业银行为代表的金融机构在数字普惠金融领域的探索，无论是对传统金融存量水平的创新，还是增量水平的替代，都为金融市场的发展提供了助力。存量水平上，传统金融机构在信贷业务、理财服务、支付结算手段和供应链金融服务上的创新，提高了金融服务效率；增量水平上，电话银行、自助银行、网上银行、移动银行等新型服务方式的相继兴起提高了金融服务能力，家庭投资种类的不断拓展，催生出新型服务需求。

其次，由于金融产品准入门槛的限制，资产未达到准入门槛的低净值家庭投资必然受到限制。数字金融能够促进经济增长（钱海章等，2020）、提高家庭收入（张勋等，2019），促进家庭金融资产价值以及总体财富规模的增长（周天芸和陈铭翔，2021）。Tracy 等（1999）研究认为，财富水平高的家庭持有股票等风险金融资产的比重明显高于财富水平较低的家庭，且其投资组合更加分散化。吴卫星等（2015）的研究也表明，财富水平高的家庭更倾向于参与金融市场，且其投资组合优于财富水平较低的家庭。可见，数字金融能够通过提升家庭收入使低财富水平的家庭跨过准入门槛的限制，获得金融服务。传统金融业务的开展依赖机构网点的设置，出于成本的考量，传统金融业务难以渗透至经济相对落后的地区，数字金融的发展能够弱化金融排斥的影响，克服这种弊端。从覆盖的区域范围来看，数字技术与金融服务的融合使得金融机构业务的开展不再局限于传统的线下营业网点，突破传统模式的束缚，拓展网络平台，打破时间和空间的双重限制；从覆盖的社会群体来看，金融机构以大数据、云计算等数字技术为依托，精准发现、识别客户，并精确地将金融服务送达有需要的人群，使那些被排除在传统金融市场服务之外或缺乏金融服务的人群能够享受金融服务（余文建和焦瑾璞，2016），使金融服务平民化趋势更加明显，体现普惠金融的应有之义（郭峰等，2020）。另外，第三方支付平台的发展在满足消费、储蓄需求的同时，开启"碎片化理财"新模式，通过降低投资门槛满足用户小额理财的需要。第三方支付平台的发展提高了家庭在资本市场的参与率、参与深度和投资金额（辛馨，2017）。

最后，信息不对称会使家庭更愿意投资熟悉的领域，导致投资分散度不高（Coval and Moskowitz，1999）。信息成本、交易费用（Rowland，1999；van Nieuwerburgh and Veldkamp，2009）以及有限参与机会（Bogan，2008）等市场摩擦因素的存在，影响了家庭投资组合的多样化程度，也是导致家庭投资无风险金融市场而非股票市场的重要原因之一。在需求端，与新型技术相结合的金融能够让人们迅速获得新产品的信息（叶茜茜，2016），基于手机和电脑等设备的数字金融服务突破了传统物理网点的限制，降低了居民寻求金融服务的成本。同时，线上自动化的业务审批规避了部分寻租成本（星焱，2021）。在供给端，金融机构可以更高效的方式进行信息搜集和信用评估，降低信息成本和管控成本，降低信息摩擦和真实摩擦的影响。在监管层面，监管部门能够以更加低成本、高效率的方式监督市场情况，进行风险管控，降低监管成本。

根据前述分析，提出本章的两个研究假说。

H1：数字金融能够增加家庭对风险金融市场的参与深度。

H2：数字金融能够提升家庭金融资产组合的有效性。

2. 微观视角下数字金融对家庭金融组合有效性的影响分析

微观层面，数字金融可以通过提高家庭金融信息获取能力和提高家庭居民金融素养水平两个途径影响家庭金融组合有效性。

经典的投资组合理论假设每个投资者都掌握充分的信息，现实中这个假设几乎不可能得到满足，但仍然说明信息的重要性，家庭的投资选择与其掌握的相关信息量显著相关（Guiso and Jappelli，2005）。缓解家庭信息约束、提高家庭金融信息获取能力，对于优化家庭金融资产配置决策具有重要意义。

一方面，大数据时代下的新型数字金融业务模式在发挥金融功能的同时，在在线交易过程中的交流互动也促进了信息的传播和经验的共享（Bachas et al.，2018）。随着数字技术对家庭生活方方面面的渗透，信息获取的渠道增加，信息获取更加便利，家庭在使用数字金融时，能够通过大数据技术接收准确度更高、针对性更强的信息，家庭对经济、金融等信息的关注度提高，从而提高家庭资产组合的有效性。

另一方面，社会互动是家庭获取信息的重要途径（Hirshleifer and Teoh，2003），对于家庭参与正规金融市场及风险资产持有比例产生正向影响（魏昭等，2018）。Hong等（2004）通过对社会互动水平的测度，发现社会互动水平显著影响家庭金融市场参与，李涛（2006）使用广东省的数据研究发现，以春节期间拜年人数和人际交往主观评价为衡量指标的社会互动水平都显示，社会互动能够显著提高股票市场参与程度。数字金融加强了人们在网络上的互动交流和信息分享，有利于金融信息的传播共享，从而有助于优化家庭金融资产配置决策。据此，提出本章的第三个假说。

H3：数字金融能够通过提高金融信息获取能力来提升家庭金融资产组合的有效性。

经典投资组合理论认为，依据自身风险偏好的不同，家庭投资者会调整风险资产与无风险资产的比例，以实现家庭金融资产的最优配置，然而现实中家庭资产配置的有效性各有高低，金融素养水平是其中不可忽视的因素。金融素养水平会影响金融决策的制定，金融素养水平较低的个体在进行投资时选择股票市场投资的可能性也更低。金融素养水平越高的家庭参与风险金融市场，尤其是股票市场的可能性越大（尹志超等，2014），金融素养水平与投资组合分散化程度也存在正相关关系（曾志耕等，2015）。另外，金融素养水平较低的人群更有可能受到周围人的影响，比如参考他人的决策或跟随专业人员的选择，以便做出更正确的选择。而具备一定金融素养的消费者能够通过理性分析做出是否投资的决策。金融素养作为一种特殊的人力资本，能够指导投资者优化资产配置，构造更有效的家庭资产组合。吴卫星等（2018a）的研究表明居民家庭的金融素养水平较低，然而随着金融产品逐渐多样化和复杂化，一定的金融知识和技能是搜集和处理金融信息、做出合理资产配置决策的前提。互联网基础资源的加速建设和数字应用基础服务的日趋丰富，提高了信息共享程度，家庭不仅更加关注经济、金融信息，也更易获得金融投资类信息，有助于提高家庭对金融产品及金融机构的认识，提高家庭的金融素养。据此，提出本章的第四个研究假说。

H4：数字金融能够通过提高家庭金融素养水平提升家庭金融资产组合的有效性。

12.3　研究设计：模型、变量与数据

12.3.1　模型设定

由于本章回归中的被解释变量夏普比率和风险金融资产占比是截断的，取值范围为[0, 1]，因此选用 Tobit 模型对其进行分析，具体模型设定如下：

$$Y_i^* = \alpha_1 + b_1 \text{Digital\_finance} + b_m X_i + \varepsilon_1 \tag{12-1}$$

$$Y_i = \max(0, Y_i^*) \tag{12-2}$$

其中，在检验数字金融对风险资产占比的影响时，Y_i^* 表示风险资产占金融资产比重大于 0 的部分，Y_i 表示风险金融资产占比；在检验数字金融对家庭金融组合有效性的影响时，Y_i^* 表示夏普比率大于 0 的部分，Y_i 表示夏普比率；α_1 表示常数项，Digital_finance 表示解释变量数字金融使用；X_i 表示一系列控制变量，包括个人特征、家庭特征和地区特征变量；ε_1 表示随机误差项。

在进行机制检验时，参考温忠麟等（2004）提出的中介效应检验程序，采用依次检验法验证中介效应，金融素养中介效应检验模型构建如下：

$$\text{Sharpe\_ratio} = \alpha_2 + c_1 \text{Digital\_finance} + c_m X_i + \varepsilon_2 \tag{12-3}$$

$$\text{Finance\_literacy} = \alpha_3 + d_1 \text{Digital\_finance} + d_m X_i + \varepsilon_3 \tag{12-4}$$

$$\text{Sharpe\_ratio} = \alpha_4 + e_1\text{Digital\_finance} + e_0\text{Finance\_literacy} + e_m X_i + \varepsilon_4 \qquad （12\text{-}5）$$

其中，Sharpe_ratio 表示夏普比率；Finance_literacy 表示金融素养；α_2、α_3、α_4 表示常数项；ε_2、ε_3、ε_4 表示随机误差项。

金融信息关注度中介效应的检验思路与金融素养中介效应检验相同，对应的模型为

$$\text{Sharpe\_ratio} = \alpha_5 + f_1\text{Digital\_finance} + f_m X_i + \varepsilon_5 \qquad （12\text{-}6）$$

$$\text{Information} = \alpha_6 + g_1\text{Digital\_finance} + g_m X_i + \varepsilon_6 \qquad （12\text{-}7）$$

$$\text{Sharpe\_ratio} = \alpha_7 + h_1\text{Digital\_finance} + h_0\text{Information} + h_m X_i + \varepsilon_7 \qquad （12\text{-}8）$$

其中，Information 表示金融信息关注度；α_5、α_6、α_7 表示常数项；ε_5、ε_6、ε_7 表示随机误差项。

12.3.2　变量选取

1. 被解释变量

本章借鉴 Pelizzon 和 Weber（2008）以及吴雨等（2021）的做法，将家庭金融资产划分为存款类、债券类和股票类三种，并把存款类金融资产的风险设定为 0，家庭只有参与债券类和股票类资产投资，才能获得单位风险下的超额收益，并据此计算夏普比率。因此，本章从风险金融资产占比和夏普比率两个维度考察数字金融对家庭金融资产组合有效性的影响。其中，风险金融资产占比指债券类和股票类资产占家庭总金融资产的比重，夏普比率根据公式计算得到。

2. 核心解释变量

本章的核心解释变量是数字金融使用，参考尹志超和张号栋（2018）以及何婧和李庆海（2019）的做法，结合 CHFS 2019 年的问卷设置，在"目前，您家是否开通支付宝、微信支付、京东网银钱包、百度钱包等第三方支付账户？"问题中回答"是"的家庭认定为使用数字金融的家庭，即数字金融 = 1，否则为 0。此外，为了缓解可能存在的内生性问题，参考尹志超等（2019b）的做法，将社区智能手机拥有率作为数字金融的工具变量。

3. 控制变量

参照以往研究，本章从个人、家庭、地区层面选取控制变量。个人层面上，选择户主性别、年龄、健康状况、婚姻状况、风险偏好、受教育水平作为控制变量。其中，健康状况按照从 1 至 5 取值，分值越高，健康状况越好。婚姻状况为

0、1 变量，将已婚、同居或再婚定义为 1，否则取 0。风险偏好水平来自问卷中对于投资倾向类型的回答，从低到高分为五级，将 1 定义为"倾向于不愿意承担任何风险"，将 5 定义为"倾向于高风险、高回报"。家庭层面上，选取人口、对数家庭总收入、对数社会互动、对数家庭总资产、商业保险（是否购买）作为控制变量。其中家庭总收入和家庭总资产来自 CHFS 数据库中的综合变量。参照孙武军和林惠敏（2018）的研究，社会互动用家庭转移性支出中的"逢年过节的红包和礼品支出"与"红白喜事的红包和礼品"金额加总取对数计算得到，用以衡量家庭人际交往情况。为控制地区因素的影响，选取家庭所在地是否农村、对数城市人均地区生产总值水平、城市发展水平作为控制变量。城市发展水平数据来自 CHFS 数据库中 master 数据集，所在城市为一线、新一线城市取值为 1，二、三线及以下城市取值为 0。具体变量说明如表 12-1 所示。

表 12-1　变量定义与说明

变量名	符号	变量描述
夏普比率	Sharpe_ratio	家庭金融组合有效性，用夏普比率衡量
风险金融资产占比	Risk_ratio	风险金融资产占家庭总金融资产的比重
数字金融使用	Digital_finance	数字金融使用水平，"目前，您是否开通支付宝、微信支付、京东网银钱包、百度钱包等第三方支付账户？"问题中回答"是"的家庭认定为使用数字金融的家庭，即数字金融使用 = 1，否则为 0
社区智能手机拥有率	Phone_ratio	社区中拥有智能手机的家庭占全部家庭的比重
金融信息关注度	Information	家庭金融信息获取能力，用家庭对金融信息的关注程度表示
网络互动水平	Interaction	家庭网络互动，以"去年，您家平均每个月话费、上网费、邮递服务费等通信支出共有多少？"这一问题的回答作为家庭网络互动能力的衡量指标
金融素养	Finance_literacy	家庭金融素养，以金融素养问题回答正确个数表示
性别	Gender	户主性别，男 = 1，女 = 0
年龄	Age	户主年龄，2019–出生年
健康状况	Health	户主健康状况，分为非常不好、不好、一般、好、非常好五个等级，取值 1~5
婚姻状况	Married	户主是否已婚（有配偶），已婚、同居或再婚 = 1，其他 = 0
风险偏好	Risk_measure	风险偏好水平测度，根据投资项目问题的风险选择分为五级
受教育水平	Educate	户主受教育程度，从低到高分为九级，取值 1~9
人口	Num	家庭总人口
对数家庭总收入	Ln_income	家庭总收入的对数值
对数社会互动	Ln_gift	家庭社会互动，家庭年度礼金支出的对数值

续表

变量名	符号	变量描述
对数家庭总资产	Ln_asset	家庭总资产的对数值
商业保险	Insur	家庭成员是否购买商业保险，有任意一种保险则取值为1，否则为0
是否农村	Rural	农村=1，城镇=0
对数城市人均地区生产总值水平	Ln_GDP	城市人均地区生产总值的对数值
城市发展水平	City_level	城市发展水平，一线、新一线城市取值为1，二、三线及以下城市取值为0

12.3.3　变量描述性统计

表 12-2 为主要变量基本描述性统计。需要补充说明的是，数字金融使用的均值为 0.553，说明在所有样本中，大约有一半的家庭开通了第三方支付账户，也即有使用数字金融的行为；数字金融使用的最小值和最大值分别为 0 和 1，说明有的社区所有受访户均未有数字金融使用行为，有的社区所有受访户均有数字金融使用行为，社区之间数字金融使用水平差距较大。另外，从个人特征来看，受访户平均年龄为 55.49 岁，男性户主占 75.2%，有 85.6% 是已婚的状态；户主健康状况的均值为 3.314，对应的健康水平为一般；平均受教育年限为 3.514 年，对应的受教育水平为初中；风险偏好的均值为 1.700，说明我国居民家庭多为风险厌恶型，在投资中趋于保守。从家庭特征来看，32.3% 的家庭位于农村地区，平均每户有大约 3 名成员，只有 19.5% 的家庭有成员购买了商业保险。从地区特征来看，有 30% 的受访家庭所在地为一线城市或新一线城市，家庭所在地的城市人均地区生产总值的自然对数为 11.100。

表 12-2　主要变量基本描述性统计

符号	变量名	均值	方差	最小值	最大值
Sharpe_ratio	夏普比率	0.061	0.149	0	0.460
Digital_finance	数字金融使用	0.553	0.497	0	1
Risk_ratio	风险金融资产占比	0.044	0.143	0	1
Phone_ratio	社区智能手机拥有率	0.851	0.071	0.193	1
Risk_measure	风险偏好	1.700	1.046	1	5
Finance_literacy	金融素养	0.615	0.755	0	2
Ln_gift	对数社会互动	4.767	3.902	0	13.31
Interaction	网络互动水平	179.4	228.9	0	6000

续表

符号	变量名	均值	方差	最小值	最大值
Gender	性别	0.752	0.432	0	1
Educate	受教育水平	3.514	1.648	1	9
Married	婚姻状况	0.856	0.351	0	1
Age	年龄	55.49	13.66	16	99
Health	健康状况	3.314	0.986	1	5
Insur	商业保险	0.195	0.396	0	1
Rural	是否农村	0.323	0.468	0	1
Ln_asset	对数家庭总资产	12.900	1.682	0	20.41
Ln_income	对数家庭总收入	10.710	1.410	0	16.31
Num	人口	2.956	1.455	1	15
City_level	城市发展水平	0.300	0.458	0	1
Ln_GDP	对数城市人均地区生产总值水平	11.100	0.408	10.40	12.01

12.4　基准回归分析

12.4.1　数字金融对风险金融资产占比的影响分析

表 12-3 汇报了数字金融对风险资产占比的估计结果，（1）、（2）、（3）列分别是加入户主个人特征变量、家庭特征变量和地区特征变量的回归结果。可以看到，数字金融使用对风险金融资产占比的影响显著为正，说明数字金融能显著提高家庭风险资产占家庭金融资产的比重，即验证了本章的假说 1。在加入所有控制变量后，数字金融使用对风险金融资产占比的边际效应为 0.0458，说明数字金融使用每提升一个单位，风险金融资产占比将平均提高 4.58%。

表 12-3　数字金融与风险金融资产占比

变量	（1） Risk_ratio	（2） Risk_ratio	（3） Risk_ratio
Digital_finance	0.063 3*** （0.002 1）	0.046 3*** （0.002 1）	0.045 8*** （0.002 1）
Gender	−0.016 4*** （0.001 7）	−0.009 2*** （0.001 6）	−0.007 2*** （0.001 6）
Age	0.001 1*** （0.000 1）	0.000 6*** （0.000 1）	0.000 5*** （0.000 1）

续表

变量	（1）	（2）	（3）
	Risk_ratio	Risk_ratio	Risk_ratio
Health	0.003 6*** （0.000 8）	−0.000 6 （0.000 7）	−0.000 4 （0.000 7）
Married	0.006 7*** （0.002 2）	−0.002 3 （0.002 2）	−0.001 4 （0.002 1）
Risk_measure	0.013 6*** （0.000 6）	0.010 5*** （0.000 6）	0.010 3*** （0.000 6）
Educate	0.015 5*** （0.000 5）	0.007 0*** （0.000 5）	0.006 4*** （0.000 5）
Num		−0.006 5*** （0.000 6）	−0.004 5*** （0.000 5）
Ln_income		0.006 4*** （0.000 8）	0.005 2*** （0.000 7）
Ln_gift		0.001 5*** （0.000 2）	0.001 5*** （0.000 2）
Ln_asset		0.016 2*** （0.000 7）	0.012 9*** （0.000 7）
Insur		0.014 0*** （0.001 5）	0.014 7*** （0.001 5）
Rural			−0.016 8*** （0.002 0）
Ln_GDP			0.014 8*** （0.002 0）
City_level			0.005 2*** （0.001 7）
Pseudo R^2	0.224 6	0.301 8	0.311 4
样本量	27 134	27 134	27 134

注：括号内数值为稳健标准误；表内报告的是估计结果的边际效应

***表示在1%的水平上显著

12.4.2　数字金融对家庭金融组合有效性的影响分析

表12-4报告了数字金融对家庭金融组合有效性影响的估计结果，（1）列仅加入了个人特征变量，结果发现，数字金融使用对家庭金融组合有效性的影响在1%的水平上显著为正，（2）、（3）列分别加入家庭特征变量和地区特征变量，数字金融使用的边际效应有所下降，但仍具有显著的正向影响，（3）列结果显示边际效应为0.0682，即数字金融使用水平每提高一个单位，家庭金融组合有效性将提高6.82%，假说2得到了验证。

表 12-4　数字金融与家庭金融组合有效性

变量	（1）	（2）	（3）
	Sharpe_ratio	Sharpe_ratio	Sharpe_ratio
Digital_finance	0.087 7***	0.068 7***	0.068 2***
	（0.002 5）	（0.002 5）	（0.002 5）
Gender	−0.016 0***	−0.008 2***	−0.006 1***
	（0.001 9）	（0.001 8）	（0.001 8）
Age	0.000 8***	0.000 2***	0.000 1**
	（0.000 1）	（0.000 1）	（0.000 1）
Health	0.005 0***	0.000 4	0.000 6
	（0.000 9）	（0.000 9）	（0.000 9）
Married	0.008 8***	0.002 8	0.001 9
	（0.002 5）	（0.002 6）	（0.002 6）
Risk_measure	0.013 8***	0.010 0***	0.009 7***
	（0.000 7）	（0.000 7）	（0.000 7）
Educate	0.016 4***	0.007 0***	0.006 2***
	（0.000 5）	（0.000 5）	（0.000 5）
Num		−0.006 0***	−0.004 5***
		（0.000 7）	（0.000 7）
Ln_income		0.007 5***	0.006 2***
		（0.001 0）	（0.001 0）
Ln_gift		0.001 8***	0.001 8***
		（0.000 2）	（0.000 2）
Ln_asset		0.017 5***	0.014 3***
		（0.000 7）	（0.000 8）
Insur		0.018 0***	0.018 6***
		（0.001 8）	（0.001 8）
Rural			−0.018 9***
			（0.002 5）
Ln_GDP			0.014 2***
			（0.002 4）
City_level			0.005 0**
			（0.002 1）
Pseudo R^2	0.216 4	0.276 8	0.283 2
样本量	27 148	27 148	27 148

注：括号内数值为稳健标准误。表内报告的是估计结果的系数

***、**分别表示在 1%、5%的水平上显著

　　控制变量方面，从表 12-3 和表 12-4 的回归结果综合来看，相较于女性户主，男性户主风险金融资产占比更低，更不愿意投资风险金融市场，且家庭金融组合有效性也更低。户主年龄对风险金融资产占比和家庭金融组合有效性的影响都为正，这可能是因为随着年龄的增长，人生阅历、投资经验、信息渠道都更加丰富，

因而能够合理地配置家庭的资产并取得更高的收益。户主的风险偏好程度越高，其风险金融资产占比越高，家庭金融组合有效性也越高。户主受教育程度越高，其学习能力、信息辨别能力也越强，家庭金融组合有效性也就越高。从家庭特征来看，家庭人口越多，风险金融资产占比越低，家庭金融组合有效性也越低，这可能是因为人口多的家庭用于当期消费的支出增加，拿来储蓄或投资以实现未来消费的支出减少。家庭总收入、家庭总资产、社会互动等都与家庭金融组合有效性正相关，这与现有研究结论相一致。购买了商业保险的家庭风险金融资产占比和家庭金融组合有效性更高，可能的解释是购买商业保险的家庭更懂得稀释风险、增加收益。在城市的家庭比地处农村的家庭风险金融资产占比和家庭金融组合有效性更高，可能是农村地区居民金融知识不足、理财意识薄弱、投资渠道较少、产品供给多样性较低等原因导致的。从地区特征来看，城市人均地区生产总值水平越高、城市发展水平越高，居民家庭越倾向于投资风险金融市场，这是因为城市经济水平越高，金融市场越发达，人们对风险市场投资的接受度越高，金融知识也越丰富，从而家庭的风险金融资产占比和投资组合有效性越高。

12.4.3　内生性讨论

在基准模型中，一方面，参与风险金融市场的家庭可能为了线上支付结算的便利而开通第三方支付账户，导致逆向因果关系。另一方面，是否使用数字金融也受不可观测因素的影响。因此，逆向因果和遗漏变量可能会使估计结果有偏。为缓解可能存在的内生性问题，本章进一步采用工具变量法进行处理。工具变量的选取需要满足相关性和外生性的条件。参考尹志超等（2019b）和王永仓等（2021）的处理方法，选用社区智能手机拥有率作为工具变量。首先，智能手机是家庭使用数字金融最主要的终端设备，与是否开通第三方支付账户有相关性；其次，社区智能手机拥有率不会直接影响单个家庭的金融资产配置行为，符合外生性要求，因此该工具变量在理论上是可行的。

表 12-5 汇报了 IV-Tobit 的估计结果。（1）列和（2）列是数字金融使用对风险金融资产占比的工具变量估计结果，内生性检验结果在 1%的水平下显著，因此模型存在内生性问题；一阶段工具变量 t 值为 17.62，在 1%的水平上显著，说明所选工具变量与原变量数字金融使用之间存在高度相关性；一阶段估计的 F 值为 1235.10，显著大于 10%水平下的临界值 16.38，不存在弱工具变量问题，工具变量的选择是恰当的。（2）列估计结果表明，在缓解内生性问题之后，数字金融使用对风险金融资产占比的影响仍然显著为正。（3）列和（4）列是数字金融使用对家庭金融组合有效性的工具变量估计结果，内生性检验结果在 5%的水平下显著，且不存在弱工具变量问题，（4）列估计结果显示，数字金融对家庭金融组合有效性的影响显著为正。

表 12-5　内生性讨论

变量	(1)	(2)	(3)	(4)
	Digital_finance	Risk_ratio	Digital_finance	Sharpe_ratio
Phone_ratio	0.277 0*** (0.015 7)		0.277 0*** (0.015 7)	
Digital_finance		4.326 0*** (0.815 0)		0.635 0*** (0.128 0)
Gender	0.007 5 (0.005 8)	−0.186 0*** (0.066 9)	0.007 5 (0.005 8)	−0.035 1*** (0.010 6)
Age	−0.012 1*** (0.000 2)	0.040 1*** (0.010 3)	−0.012 1*** (0.000 2)	0.003 9** (0.001 6)
Health	0.019 4*** (0.002 5)	−0.018 9 (0.036 5)	0.019 4*** (0.002 5)	−0.001 5 (0.005 8)
Married	−0.062 5*** (0.007 4)	0.132 0 (0.107 0)	−0.062 5*** (0.007 4)	0.005 5 (0.017 0)
Risk_measure	0.038 4*** (0.002 4)	0.200 0*** (0.042 2)	0.038 4*** (0.002 4)	0.044 9*** (0.006 7)
Educate	0.015 8*** (0.001 8)	0.126 0*** (0.025 5)	0.015 8*** (0.001 8)	0.030 0*** (0.004 0)
Num	0.048 6*** (0.001 9)	−0.263 0*** (0.045 7)	0.048 6*** (0.001 9)	−0.037 2*** (0.007 2)
Ln_income	0.025 6*** (0.002 1)	0.092 1*** (0.035 6)	0.025 6*** (0.002 1)	0.028 3*** (0.005 7)
Ln_gift	0.007 4*** (0.000 6)	0.025 8*** (0.009 8)	0.007 4*** (0.000 6)	0.008 3*** (0.001 6)
Ln_asset	0.038 3*** (0.001 8)	0.318 0*** (0.043 2)	0.038 3*** (0.001 8)	0.070 5*** (0.006 8)
Insur	0.103 0*** (0.006 3)	0.330 0*** (0.107 0)	0.103 0*** (0.006 3)	0.078 9*** (0.016 8)
Rural	−0.049 8*** (0.006 3)	−0.25 90** (0.117 0)	−0.049 8*** (0.006 3)	−0.081 3*** (0.018 4)
Ln_GDP	0.015 6** (0.007 2)	0.453 0*** (0.086 3)	0.015 6** (0.007 2)	0.077 5*** (0.013 7)
City_level	−0.018 7*** (0.006 5)	0.162 0*** (0.076 6)	−0.018 7*** (0.006 5)	0.032 1*** (0.012 1)
常数项	−0.239 0*** (0.078 8)	−18.820 0*** (0.944 0)	−0.239 0*** (0.078 8)	−3.308 0*** (0.151 0)
观测值	26 965	26 965	26 965	26 965
一阶段 F 值[p 值]	1 235.10[0.000 0]		1 235.10[0.000 0]	
内生性 Wald 值[p 值]	9.80[0.001 7]		3.97[0.046 4]	
工具变量 t 值	17.62		17.62	

注：小括号内数值为稳健标准误。表内报告的是估计结果的系数

***、**分别表示在 1%、5%的水平上显著

12.4.4　稳健性检验

为保证研究结论的稳健性，需要进行稳健性检验，常见的稳健性检验方法包括调整样本期间、改变样本容量、变量替换、分样本回归等。在参考已有研究的基础上，本章采用调整样本期间、改变样本容量的方法进行稳健性检验。

1. 基于调整样本期间的稳健性检验

由于 CHFS 项目每两年进行一次调查，每次调查的样本量、受访户、问卷设置会有所调整，可能会导致得到不同的回归结果，因此本章利用 CHFS 2017 年的数据进行稳健性检验。经过样本筛选后，得到 20 863 个有效样本。同时，由于 CHFS 2017 年问卷中未设置第三方支付的相关问题，因此以问卷中网购支付方式问题衡量数字金融使用水平，在"您家网购一般主要采取哪些支付方式？"问题中选择"电脑支付或通过手机、平板电脑等移动终端支付"选项的定义为使用数字金融家庭，取值为 1，否则为 0（尹志超和张号栋，2018）。稳健性检验结果如表 12-6 所示。

表 12-6　稳健性检验：基于 CHFS 2017 数据

变量	（1）	（2）	（3）	（4）
	Tobit	IV-Tobit	Tobit	IV-Tobit
	Risk_ratio	Risk_ratio	Sharpe_ratio	Sharpe_ratio
Digital_finance	0.076 0*** (0.004 0)	0.372 0*** (0.051 0)	0.004 0*** (0.000 0)	0.117 0*** (0.016 0)
其他控制变量	控制	控制	控制	控制
观测值	20 863	20 863	20 863	20 863
内生性 Wald 检验		8.42***		25.64***
一阶段 F 值[p 值]		831.18[0.000 0]		831.18[0.000 0]
工具变量 t 值		36.80***		36.80***

注：小括号内数值为稳健标准误，（1）列和（3）列汇报的是估计结果的边际效应，（2）列和（4）列汇报的是估计结果的系数

***表示在 1%的水平上显著

表 12-6（1）、（3）列结果显示，风险金融资产占比和家庭金融组合有效性的结果都显著为正，（2）、（4）列是工具变量法第二阶段的回归结果，排除了弱工具变量问题，在缓解内生性问题之后，其影响依然显著为正，说明假说 1 与假说 2 的结论较为稳健。

2. 基于改变样本容量的稳健性检验

由于低保户可用于投资的资金较少，对金融市场的关注度较低、金融知识储备较少等原因，低保户家庭一般缺少投资需求，其金融资产配置行为可能与其他家庭存在较大差异，因此本章以"目前，您家是否是低保户？"问题为基础，剔除低保户家庭样本，再次进行实证分析，结果如表 12-7 所示。

表 12-7　稳健性检验：剔除低保户样本

变量	（1）	（2）	（3）	（4）
	Tobit	IV-Tobit	Tobit	IV-Tobit
	Risk_ratio	Risk_ratio	Sharpe_ratio	Sharpe_ratio
Digital_finance	$0.239\,0^{**}$	$4.404\,0^{***}$	$0.070\,2^{***}$	$0.647\,0^{***}$
	$(0.113\,0)$	$(0.806\,0)$	$(0.002\,6)$	$(0.126\,0)$
其他控制变量	控制	控制	控制	控制
观测值	26 001	25 849	26 001	25 849
内生性 Wald 检验		10.79^{***}		4.73^{**}
一阶段 F 值[p 值]		1 267.90[0.000 0]		1 267.90[0.000 0]
工具变量 t 值		17.50^{***}		17.50^{***}

注：小括号内数值为稳健标准误，（1）列和（3）列回归汇报的是估计结果的边际效应，（2）列和（4）列汇报的是估计结果的系数

、*分别表示在 5%、1% 的水平上显著

表 12-7（1）列和（3）列回归结果显示，数字金融使用对风险金融资产占比和家庭金融组合有效性影响的符号、显著性、边际效应均与前文基本一致，（2）列和（4）列的工具变量回归结果在缓解内生性问题后，依然显著为正，再次验证了本章假说 1 和假说 2 的实证分析结果是稳健的。

12.5　作用机制检验

前文实证结果已经验证数字金融能够显著提升家庭金融组合有效性，但是通过哪些路径产生影响尚不清晰。因此，在前文进行理论分析的基础上，从金融信息关注度、金融素养的角度，借助温忠麟等（2004）提出的中介效应检验方法进行验证。

12.5.1　信息获取机制分析

信息摩擦是市场摩擦的一个重要部分，提高家庭的金融信息获取能力对于促进

家庭资产合理配置具有重要意义。根据前文的理论分析，本章认为，数字金融的发展一方面提高了家庭对金融信息的关注度，另一方面增加了家庭网络互动，而社会互动是家庭获取信息的重要渠道（Hirshleifer and Teoh，2003），因此提升金融信息关注度和增加家庭网络互动可能是数字金融提高家庭金融组合有效性的渠道。

基于 CHFS 2019 年的调查问卷，以"您平时对经济、金融方面的信息关注程度如何？"这一问题的回答作为金融信息关注度的衡量指标，并按照从低到高的顺序分为五个等级，中介效应检验结果如表 12-8 所示。（2）列结果显示，数字金融使用显著提高了家庭对金融信息的关注度，把金融信息关注度变量加入基准回归后，（3）列结果显示，数字金融使用系数依然显著为正，且有所降低，说明金融信息关注度是有效的中介变量，即数字金融能够通过提高家庭对经济、金融信息的关注度从而提高家庭金融组合的有效性。

表 12-8　机制分析：提升金融信息关注度

变量	（1）	（2）	（3）
	Sharpe_ratio	Information	Sharpe_ratio
Digital_finance	0.069 5***	0.122 0***	0.066 0***
	（0.002 5）	（0.011 4）	（0.002 5）
Information			0.016 7***
			（0.001 0）
其他控制变量	控制	控制	控制
Pseudo R^2	0.273 8	0.069 6	0.287 4
样本量	27 148	27 113	27 113

注：括号内数值为稳健标准误，表中汇报的是估计结果的边际效应

***表示在 1% 的水平上显著

为验证数字金融是否通过增加家庭网络互动提高家庭金融信息获取能力，从而提高家庭金融组合的有效性，本章借鉴吴雨等（2021）的做法，选用"去年，您家平均每个月话费、上网费、邮递服务费等通信支出共有多少？"这一问题的回答作为家庭网络互动能力的衡量指标，并依据其四分位数将网络互动水平划分为四个等级，回归结果如表 12-9 所示。（2）列结果显示数字金融使用能够显著促进家庭网络互动水平，（3）列结果显示网络互动水平显著提高了家庭金融组合的有效性，然而将网络互动水平加入基准回归后，（4）列结果显示网络互动水平系数的符号发生了改变，且数字金融使用系数变大，这并不符合温忠麟等（2004）提出的中介效应检验的预期结果，为了确保结果的可靠性，又依据中位数重新划分网络互动水平的等级并进行检验，结果与表 12-9 类似。因此，本章认为，网络互动水平并不是有效的中介变量。

表 12-9　机制分析：增加网络互动

变量	（1）	（2）	（3）	（4）
	Sharpe_ratio	Interaction	Sharpe_ratio	Sharpe_ratio
Digital_finance	0.068 2*** （0.002 5）	0.474 0*** （0.016 5）		0.069 0*** （0.002 5）
Interaction			0.002 9*** （0.000 8）	−0.001 7** （0.000 8）
其他控制变量	控制	控制	控制	控制
Pseudo R^2	0.283 2	0.132 6	0.246 0	0.283 3
样本量	27 148	27 148	27 148	27 148

注：括号内数值为稳健标准误，表中汇报的是估计结果的边际效应
、*分别表示在 5%、1%的水平上显著

综上，实证结果表明，数字金融能够通过提高家庭对经济、金融信息的关注度从而提高家庭金融组合的有效性，但是网络互动水平并不是数字金融提高信息获取能力从而提高家庭金融组合有效性的有效路径，这与吴雨等（2021）的结论不一致。本章认为这一结果的可能解释是，人们在网络上获取经济、金融相关信息时，基于专业性、可信度、便利性等原因，倾向于选择自己搜索或者新闻推送等直接方式，而较少通过与亲友交流的间接方式获取信息。

12.5.2　金融素养机制分析

现有研究证明金融素养能够促进家庭参与风险金融市场（尹志超等，2014），并且提高家庭资产组合的有效性（吴卫星等，2018a），而数字金融能否通过提高金融素养从而提高家庭金融组合的有效性是本小节研究的主要内容。在借鉴周雨晴和何广文（2020）研究的基础上，本章将 CHFS 2018 年问卷中涉及利率计算与通货膨胀计算问题回答正确的个数作为金融素养的衡量指标，估计结果如表 12-10 所示。

表 12-10　机制分析：提高金融素养

变量	（1）	（2）	（3）
	Sharpe_ratio	Finance_literacy	Sharpe_ratio
Digital_finance	0.068 2*** （0.002 5）	0.175 0*** （0.011 5）	0.065 7*** （0.002 5）
Finance_literacy			0.017 0*** （0.001 1）
其他控制变量	控制	控制	控制

变量	（1）	（2）	（3）
	Sharpe_ratio	Finance_literacy	Sharpe_ratio
Pseudo R^2	0.283 2	0.099 7	0.293 9
样本量	27 148	27 148	27 148

注：括号内数值为稳健标准误差，表中汇报的是估计结果的边际效应

***表示在 1%的水平上显著

表 12-10（2）列回归结果显示，数字金融使用能够显著提高金融素养，将金融素养变量加入基准回归后，（3）列结果显示，数字金融使用和金融素养的系数都显著为正，且数字金融使用的系数有所降低，说明金融素养是有效的中介变量，随着数字金融使用水平的提高，家庭金融素养水平相应提高，增强了家庭对风险、收益的识别能力和对金融信息的处理能力，家庭将更有能力构建更加合理有效的资产组合，即数字金融能够通过提高居民金融素养水平提高家庭金融组合的有效性，假说 4 得以验证。

12.6　异质性分析

前文对数字金融和家庭金融资产配置现状的分析表明，不同地区特征、家庭特征和个人特征的家庭，其数字金融使用水平、家庭资产配置选择和家庭金融组合有效性存在着差异，而个人特征、家庭特征、地区特征等异质性的存在，也可能导致数字金融对家庭金融组合有效性的影响存在差异，因此本节将从风险偏好、家庭财富水平、地区分布、城乡差异等角度展开进一步分析。

12.6.1　基于风险偏好的异质性检验

Markowitz（马科维茨）的资产组合理论认为，投资者风险偏好较高时，会持有更高比例的风险金融资产，风险态度会对家庭资产配置产生影响。为了研究数字金融对家庭金融组合有效性的影响在不同风险态度群体之间的差异，基于风险态度对样本进行分类。对于问题"如果您有一笔资金用于投资，您最愿意选择哪种投资项目？"，将回答"不愿意承担任何风险"或"略低风险、略低回报的项目"的样本划为低风险组，将回答"平均风险、平均回报的项目"的样本划为中等风险组，将回答"略高风险、略高回报的项目"或"高风险、高回报的项目"的样本划为高风险组。结果如表 12-11 所示。

表 12-11　异质性分析：基于风险态度

变量	(1) Sharpe_ratio 低风险组	(2) Sharpe_ratio 中等风险组	(3) Sharpe_ratio 高风险组
Digital_finance	0.057 1*** (0.002 4)	0.109 0*** (0.009 5)	0.105 0*** (0.014 8)
其他控制变量	控制	控制	控制
Pseudo R^2	0.255 2	0.239 4	0.253 4
样本量	21 126	4 285	1 737

注：括号内数值为稳健标准误，表中汇报的是估计结果的边际效应

***表示在 1%的水平上显著

从表 12-11 的样本量可以看出，77.82%的样本家庭处于低风险偏好水平，中等风险偏好的家庭占 15.78%，高风险偏好的样本最少，仅占 6.40%。从回归结果来看，数字金融使用对不同风险偏好的人群的家庭金融组合有效性均有显著的促进作用，但是中等风险组的边际效应明显高于低风险组和高风险组，低风险组边际效应最低，总体呈现倒"U"形特征，这与前文中基于风险偏好的家庭金融组合有效性现状分析结果一致。可能的解释是，一方面，低风险组人群在投资时偏于保守，更不愿意投资风险金融市场（雷晓燕和周月刚，2010），因此，相较于分散投资的方式，投资者更愿意通过投资低风险资产来规避风险，使得家庭错过既定风险下的收益最大化投资组合，从而影响家庭金融组合有效性；另一方面，高风险组人群则过于激进，在未能合理规划的前提下投资股票等风险较高的资产种类，不能得到合理的风险补偿；中等风险组人群在投资时能够更好地衡量风险和收益，更好地进行分散化投资以实现降低风险的目标，表现为家庭金融组合有效性更高。因此，家庭在进行风险市场投资时，不应过度保守，也不应过于冒进，这两种风险偏好都不利于家庭资产组合的优化。

12.6.2　基于家庭财富水平的异质性检验

家庭财富水平是影响家庭资产配置的重要因素。由于金融市场投资门槛的限制，家庭财富的多少可以直接决定家庭是否能够参与投资，以及能够投资的种类。因此，数字金融对家庭金融组合有效性的影响在财富水平不同的家庭中可能存在差异。本章参考张勋等（2019）的做法，按照家庭总资产水平，将家庭总资产高于中位数的家庭划为高资产组，将家庭总资产水平低于中位数的家庭划为低资产组，进行基于家庭财富水平的异质性检验。

表 12-12 报告了回归结果，对于不同资产水平的家庭，数字金融使用均能提高家庭金融组合的有效性，但是对比看，高资产组的边际效应更大，即对于高资产组人

群的提升幅度更大。可能的解释是，家庭资产较少的家庭更难以做到资产分散化，并且某些资产种类存在投资门槛限制；家庭资产越多，越不受投资产品门槛的限制，可选择的资产组合种类越多，越有可能对资产进行有效配置。同时也说明，提升家庭总体收入水平是助力我国居民家庭优化资产配置、提高家庭财产性收入的有效举措。

表 12-12 异质性分析：基于家庭财富水平

变量	(1)	(2)
	Sharpe_ratio	Sharpe_ratio
	低资产组	高资产组
Digital_finance	0.036 8*** (0.002 5)	0.096 1*** (0.004 2)
其他控制变量	控制	控制
Pseudo R^2	0.246 4	0.179 2
样本量	12 391	14 757

注：括号内数值为稳健标准误，表中汇报的是估计结果的边际效应
***表示在 1%的水平上显著

12.6.3 基于地区分布的异质性检验

CHFS 2019 年问卷将所有样本家庭根据地区划分为东部、中部、西部和东北，本章在此基础上进行了异质性分析，以探讨由地区分布差异导致的异质性影响。从表 12-13 汇报的结果来看，数字金融使用对东部地区家庭金融组合有效性的促进作用更大，中部次之，然后是西部，对东北地区的促进作用最小。这可能是由于东部地区和中部地区经济发展情况较好，金融市场也更发达，人们对于参与风险金融市场的接受度更高，金融素养水平也更高，因此在数字金融的推动下，家庭金融组合有效性的提升更加明显。而西部和东北地区互联网基础设施、金融市场发展程度和金融知识普及程度较低，数字金融发挥的作用有限，因此对家庭资产配置的优化效果有所折扣。因此，只有促进地区经济发展、缩小区域之间发展水平差距，才能更好地发挥数字金融对家庭金融组合有效性的优化作用。

表 12-13 异质性分析：基于地区分布

变量	(1)	(2)	(3)	(4)
	Sharpe_ratio	Sharpe_ratio	Sharpe_ratio	Sharpe_ratio
	东部	中部	西部	东北
Digital_finance	0.090 3*** (0.004 3)	0.060 0*** (0.005 4)	0.054 5*** (0.004 6)	0.046 2*** (0.005 9)
其他控制变量	控制	控制	控制	控制

续表

变量	（1）	（2）	（3）	（4）
	Sharpe_ratio	Sharpe_ratio	Sharpe_ratio	Sharpe_ratio
	东部	中部	西部	东北
Pseudo R^2	0.281 2	0.252 6	0.253 9	0.298 4
样本量	10 395	5 849	7 678	3 226

注：括号内数值为稳健标准误，表中汇报的是估计结果的边际效应

***表示在 1%的水平上显著

12.6.4　基于城乡差异的异质性检验

此外，以样本所在地是乡村和城镇作为区分，进行了基于城乡差异的异质性检验，具体结果如表 12-14 所示。可以看出，相对于乡村样本，数字金融使用对城镇样本的家庭金融组合有效性促进作用更大，其结果与表 12-13 的结果具有一致性，可能的解释是，由于我国城乡二元经济结构的长期存在，城镇地区金融发展水平、家庭财富积累、居民理财意识更强，因此对城镇地区居民来说，数字金融的发展对金融素养的提升作用更明显，对信息获取能力的提升也更明显，因而对家庭金融组合有效性的促进作用更明显。而乡村地区可能由于数字鸿沟的存在，基础设施、信息获取和金融素养等方面都处于劣势，因而抑制了优化作用的发挥（何宗樾等，2020；吴雨等，2021）。因此，填补农村地区数字鸿沟、缩小城乡之间发展差距，对于更好地发挥数字金融对家庭金融组合有效性的优化作用、提高家庭财产性收入具有重要意义，破除落后地区和弱势群体数字鸿沟具有重要性和紧迫性。

表 12-14　异质性分析：基于城乡差异

变量	（1）	（2）
	Sharpe_ratio	Sharpe_ratio
	乡村	城镇
Digital_finance	0.042 1*** （0.003 3）	0.079 5*** （0.003 4）
其他控制变量	控制	控制
Pseudo R^2	0.249 7	0.236 0
样本量	8 780	18 368

注：括号内数值为稳健标准误，表中汇报的是估计结果的边际效应

***表示在 1%的水平上显著

12.7　本　章　小　结

居民家庭的金融资产配置是获得家庭财产性收入的途径，关系到居民家庭福祉。虽然我国居民收入水平和财富水平普遍提升，但金融市场有限参与、投资非多元化、资产组合有效性较低是一直存在的问题。家庭资产配置行为不仅受到投资者自身因素的影响，也与金融市场整体环境息息相关。将数字技术与金融服务相结合的数字金融，对家庭资产配置行为产生了许多方面的影响，为促进家庭资产合理配置、提高家庭金融组合有效性提供了新的思路。基于此，本章利用 CHFS 2019 年的数据，计算夏普比率以衡量家庭资产组合的有效性，运用 Tobit 检验、工具变量法、中介效应的依次检验法对本章的研究假说进行了实证检验和异质性分析。研究发现：①数字金融能够显著提高家庭风险金融资产占比和家庭资产组合的有效性。机制分析表明，数字金融提升了人们通过自己搜索或者新闻推送等直接方式获取金融信息的能力，但对通过与亲友交流等间接方式获取金融信息这一路径并无明显影响。数字金融显著提高了居民金融素养，并通过提高金融素养提高了家庭资产组合的有效性。②数字金融对家庭金融组合有效性的影响存在异质性。数字金融对中等风险偏好家庭、家庭财富水平较高的家庭、东部地区家庭以及城镇地区家庭金融组合有效性的促进作用更为明显，对落后地区和弱势群体作用效果较弱。③乡村地区由于数字鸿沟的存在，在基础设施、信息获取和金融素养等方面均处于劣势，数字金融发展对农户家庭金融组合有效性的促进作用受到明显的制约。破除城乡地区之间和乡村不同群体之间的数字鸿沟，对于更好地发挥数字金融对城乡家庭金融资产组合有效性的优化作用、提高弱势群体家庭财产性收入具有重要性和紧迫性。

基于上述研究结论，提出如下建议。一是推动数字金融发展，引导金融机构加强数字金融服务供给。进一步完善数字金融基础设施建设，提高数字金融覆盖广度，尤其是无网点地区的服务覆盖，加强线上交易平台建设，拓展线上渠道，加强大字版、语音版等软件功能建设，为更多家庭能够接触、使用数字金融产品和服务提供条件，缩小数字金融发展落后地区与先进地区的差距。加快引导、扶持传统金融机构主动接触数字技术，改善传统金融机构高度依赖线下营业网点、普惠性不足等弱点，发挥数字金融的普惠性优势，为居民提供多样化的金融产品和便捷高效的金融服务。开展高端数字技术人才的培养和储备，鼓励国内重点高校完善大数据、人工智能等学科的人才培养体系，以市场发展需求为指导，完善产学研深度融合的办学模式，为数字金融的发展培养高层次人才。二是注重金融信息监管，规范网络金融信息传播。对在网络上传播、散布虚假、错误金融信息的行为应该加大监管力度，探索中央网络安全和信息化委员会办公室与中国人民银行等联合开展非法传播金融信息专项整治的工作机制，形成打击合力，坚决遏制违法违规信息的传播，规范网络金融信息传播秩序，提高金融信息质量。督促金融机构优化咨询和投诉服务工作流程，完善金融消费者权益保护机制建设，畅通投诉渠道，强化投诉管理。同时，引导广大居民树立依法投诉、合理维权的意识。从立法层面明确网络平台对金融信息传播的管理义务，明确平台责任。要特别注重加强农村金融及网络空间的监管，保护好农村金融消费者权益，树立弱势群体的金融安全意识。三是加强金融教育，开展更广泛的金融知识普及，促进金融素养水平的提升。通过短视频、公众号等线上媒介，帮助居民认识和理解金融产品与金融风险；利用社区和农村金融服务站开展金融知识普及活动为居民答疑解惑，广泛宣传第三方支付工具使用、个人征信、银行卡安全、投资理财等基础常用知识，同时加强对经济形势和金融政策的解读，提振城乡居民参与金融市场的信心。将金融知识纳入义务教育体系，形成中小学金融知识普及的长效机制，达到教育一个孩子、辐射整个家庭的目标，建立广泛覆盖、可持续的金融知识普及格局，不断提高全民金融素养水平。通过差异化的金融知识教育，帮助居民更好地实现家庭财富的保值增值，提高家庭福利水平。对于青少年和在校学生等群体，进行理性投资和合理借贷教育；对于中年群体，做好风险防范和自我评估教育，防止出现过度自信和盲目投资等行为；针对老年群体，重点进行预防金融诈骗、提高防骗意识的普及。

第 13 章 农户数字金融参与：金融素养与社会信任

13.1 引 言

当今世界局势错综复杂，全球疫情与世界百年未有之大变局相互交错，社会经济稳定发展的任务艰巨繁重。农为邦本，本固邦宁。在面对各种国际国内的挑战中，农村地区作为稳定器、压舱石和减压阀，在稳定经济和社会环境中扮演着举足轻重的角色。习近平在中央农村工作会议上明确提出，"全党务必充分认识新发展阶段做好'三农'工作的重要性和紧迫性，坚持把解决好'三农'问题作为全党工作重中之重，举全党全社会之力推动乡村振兴，促进农业高质高效、乡村宜居宜业、农民富裕富足"。[①]

作为现代农村经济的核心，农村金融在解决"三农"问题时发挥着举足轻重的作用。2022 年中央一号文件《中共中央 国务院关于做好 2022 年全面推进乡村振兴重点工作的意见》中更是首次将"强化乡村振兴金融服务"单列成项并做出了具体部署。然而目前农村金融服务体系仍不够健全，存在金融网点的覆盖率还有待提升，且金融服务的广度和深度也亟须提高的问题。而将大数据、人工智能、区块链等数字技术与金融服务结合的数字金融，在短短十几年时间中，不断向纵深处发展，对实体经济和传统金融市场都产生了很深的影响（黄益平和黄卓，2018），能突破地域约束，降低交易成本，并对客户进行精准画像，大幅度提升了金融服务的精准度及其可获得性（焦瑾璞，2014；李继尊，2015），还能促进中国经济的包容性增长（张勋等，2019），有助于改善城乡收入差距问题（宋晓玲，2017a）。因此，能克服农村地区传统金融存在的成本高、利润小、风险大等痛点的数字金融能更好地服务"三农"工作，被视为农村地区实现普惠金融的重要途径。

然而数字金融的发展并不一定意味着普惠金融的实现，数字金融的巨大优势只有当个人尤其是农村居民参与数字金融并借此改善自己的生活时，才能起到变革性的作用，数字金融的普惠性和对经济的包容性增长才能得以体现。现实中农村居民参与数字金融仍面临诸多阻碍，因为数字金融的参与需要用户具

---

① 《习近平出席中央农村工作会议并发表重要讲话》，https://www.gov.cn/xinwen/2020-12/29/content_5574955.htm，2020 年 12 月 29 日。

备相应的使用数字金融的能力。数字技术的发展也会触发互联网红利差异，数字鸿沟会使那些未接触互联网的家庭处境更糟（邱泽奇等，2016；何宗樾等，2020）。如果忽视农村地区数字金融的可用性和可获得性之间的明显差异，数字红利很可能成为数字鸿沟，广泛的数字金融排斥会加剧农村金融市场的马太效应，成为数字经济时代农村普惠金融实现的一大障碍。因此，研究农村居民数字金融参与的影响因素具有重要意义。然而鲜有研究关注这些影响因素，只有部分研究发现电子商务（Su et al.，2021）、网络社交能促进农户参与数字金融（He and Li，2020）。

已有研究表明金融素养对居民参与传统的金融市场有积极影响，且在市场经济环境中，对交易对象的信任是双方交易和合作的基础，是平衡农户金融素养与日益复杂的金融产品和服务的重要手段，因此本章将探索金融素养与社会信任是否能促进农户参与数字金融。相较于居民在参与传统金融行为时能得到金融机构工作人员的协助，可以与其面对面进行交流，数字金融参与更多需要用户自己在移动设备上独立进行操作，更难建立起信任，而且随着数字金融的发展，金融复杂性也不断增加，可供用户选择的数字金融产品更是不胜枚举，因此居民面临着由金融素养的缺乏从而在面临众多金融产品时无法进行有效选择的挑战，且居民对互联网等数字技术的不了解和不认可，以及对数字金融安全的质疑和不信任可能会存在对数字金融的自我排斥行为（何婧等，2017），从而抑制其使用数字金融。中国人民银行金融消费权益保护局 2021 年通过全国 31 个省级、333 个地级、2200 个县级行政单位共计约 12 万个有效样本的调查显示，中国居民金融素养在国际上处于中等偏上水平，但对投资分散化原理以及风险收益关系的认识还不够充分，且农村居民与城镇居民相比，金融素养仍存在一定差距①。在第四轮家庭金融调查中，由于缺乏相关知识或不懂如何购买从而放弃使用互联网理财产品的农户占比 79.43%，且有 64.29%的农户对数字支付不满意是因为其认为"资金不安全，有风险"。

当前农村金融仍面临诸多问题和挑战，尽管数字金融是一个可能突破的方向，但农村地区居民教育水平相对较低，理解数字技术的能力较差，导致其无法有效获得数字金融资源。因此，本章将研究重点放在讨论农户数字金融参与的影响因素上。现有研究中，鲜有同时讨论金融素养和社会信任对农户数字金融参与的影响的，本章的目的是通过西南财经大学第四轮中国家庭金融调查数据，探讨农户的数字金融参与是否与金融素养和社会信任有联系，为提高农村地区居民数字金融的使用率提供新的视角，使数字金融这一工具在服务"三农"工作时发挥更充分的作用。

---

① 数据来源：中国人民银行发布的《消费者金融素养调查分析报告（2021）》。

13.2　理论分析与研究假说

13.2.1　金融素养与数字金融参与

金融素养被视为一种重要的人力资本，早在 1787 年，亚当斯就肯定了其重要性，并在 2007 年美国的次贷危机爆发后，越来越多的国家开始重视国民金融素养培养的问题。金融素养的概念最早被定义为个人对资金的管理和决策能力（Noctor et al.，1992）。但各位专家和学者对其定义存在分歧，没有一个统一的标准。Lusardi 和 Mitchell（2011）则将金融素养定义为"基本的金融知识和进行简单计算的能力"。目前大多数学者所接受的定义是美国金融素养和教育委员会提出的，其认为金融素养是个人为谋求其一生的金融福祉，从而利用知识和技能对自己的金融资源进行有效管理的能力。同时国内外学者大多根据经济合作与发展组织开发的 PISA（programme for international student assessment，国际学生评估项目）测评框架，从复利、通货膨胀以及风险多样性三个维度构建居民的金融素养评价指标（Lusardi et al.，2010；尹志超等，2014）。

到目前为止，已经有大量的研究表明金融素养会影响金融行为（Fernandes et al.，2014），Lusardi 和 Mitchell（2014）通过生命周期模型发现，接受过金融教育的家庭表现更好，而金融素养水平低的家庭可能无法做出很好的退休计划（Lusardi and Mitchell，2007）。此外，金融素养与家庭负债之间的联系也是许多研究者所关心的（Gutiérrez-Nieto et al.，2017）。研究发现金融素养水平低的家庭容易产生更高的借贷成本从而导致过度负债（Gathergood and Disney，2011；Lusardi and Tufano，2015），因此提高居民的金融素养有助于改善家庭过度负债的问题（吴卫星等，2018b）。研究者还探究了金融素养与家庭资产配置之间的关系，提高金融素养水平能促进对金融风险资产的配置（尹志超等，2014），并且通过优化家庭资产组合增加家庭财富（吴雨等，2016；单德朋，2019），金融素养水平高的家庭更有可能制订理财规划且制订的理财规划时间跨度更长（胡振和臧日宏，2017）。农村居民的金融素养较低（张欢欢和熊学萍，2017），提高其金融素养有助于其正规信贷的获得（宋全云等，2017），且农户的金融素养可以在农村三大要素市场中发挥重要的纽带作用（苏岚岚和孔荣，2019）。

然而对于数字金融，目前的研究更多着眼于数字金融对包容性增长等方面，而对于个体尤其是农村居民参与数字金融的影响研究较少。现有数字金融的研究重点主要从供给方面入手以期望实现金融包容性，然而数字金融排斥是实现金融包容性的一大障碍。不同于传统金融，数字金融要与互联网等数字技术相结合，复杂性与风险叠加，对农户参与数字金融提出了更高的要求。中国农村地区数字金融渗透差异主要源于农村居民家庭收入、个人教育等自身特征（粟芳等，2020），研究发现农户的学历和金融素养比基础设施、网络覆盖度等更能影响农村数字普惠金融的发展（郭妍等，2020）。金融素养水平高的家庭会更倾向于参与互联网金融（尹志超和仇化，2019），金融知识能提升农户数字金融行为的响应概率和响应广度（张龙耀等，2021）。

尽管数字金融在提供金融服务方面有明显优势，但农村地区数字金融的普及除了受到基础硬件设施的制约，还可能受限于农户的个人能力。通常较高的金融素养往往与较低的信息成本和较高的处理经济信息并做出合理财务决策的能力相关联。个人的金融素养会影响其网络购物行为（Lam L T and Lam M K，2017），可以促使其使用数字支付。金融素养水平高的农户对金融市场和金融产品的理解程度更高（尹志超等，2014），可以有效减少使用金融工具的成本，且金融素养水平越高的个体越有可能更愿意冒险（Dohmen et al.，2010），从而会偏好参与新兴的数字金融。因此，本章提出以下两个假说。

H1：金融素养对农户数字金融参与有正向影响，金融素养水平越高，农户越倾向于参与数字金融。

H2：金融素养对农户数字金融参与的广度和深度有正向影响，金融素养水平越高的农户越容易使用更多数字金融产品，且使用程度越深。

13.2.2　社会信任与数字金融参与

社会信任作为重要的社会资本，被视为能够有效减小社会运行成本的润滑剂（Arrow，1974）。最早由心理学家开始研究，到 20 世纪后期，社会学家和经济学家也逐渐意识到社会信任的重要性，并开始从社会资本的角度对社会信任进行系统的研究。Guiso 等（2008）将信任定义为"个人归因于被欺骗可能性的主观概率"，Ben-Ner 和 Halldorsson（2010）则将信任定义为 A（某人）的一种倾向，即认为参与某一行动的其他人 B 会为了 A 的利益而合作，而不会在有机会的时候利用 A。研究者认为，个人信任他人的程度与其自身的可信度有关（Glaeser et al.，2000；Butler et al.，2016），对人的信任既取决于经济和文化制度，如法律环境、种族和宗教等（Guiso et al.，2009），同时也取决于个人的主观特征，如年龄、受教育情况等（Uslaner，2002）。

宏观层面，国内外诸多学者研究发现社会信任是经济活动的重要驱动力，对一个国家或地区的经济发展有重要影响。Knack 和 Keefer（1997）指出社会信任有利于经济增长，且在金融部门不发达的贫困国家或地区，社会信任对其经济增长的作用更为明显，随后 Zak 和 Knack（2001）进一步通过构建一个基于成本的模型分析了制度环境影响投资决策的具体路径，发现低社会信任水平的国家或地区不仅会面临低投资率和低经济增长率的问题，甚至还可能陷入贫困性陷阱。此外，地区的社会信任会影响该地区的企业规模以及企业发展速度（张维迎和柯荣住，2002）。在创业初期，社会信任能通过缓解融资约束机制降低企业规模扩张的市场退出风险（王书斌和徐盈之，2016），还能通过促进企业分权以提升企业生产效率（Bloom et al.，2012）。且该地区社会信任水平越高，企业在商业活动中面临的交易成本越低（刘凤委等，2009），未来股票发生股价崩盘的可能性越小（刘宝华等，2016）。

微观层面，社会信任与投资意愿相关（Sapienza and Zingales，2012），能够促进家庭对风险金融资产的投资（Guiso et al.，2004，2008；李涛，2006），而社会信任度低的人比起投资金融资产更倾向于投资风险更低的房地产（El-Attar and Poschke，2011）。与此同时，社会信任能显著提升公司在金融危机时期的股票收益，提高公司生产率和利润率（Lins et al.，2017），但一旦企业欺诈被揭露，家庭将会减少对股票市场的参与（Giannetti and Wang，2016）。高社会信任水平的家庭债务违约的可能性较低，家庭财富净值较高（Jiang and Lim，2018），且比起非正规贷款更倾向获得正规借款（Guiso et al.，2004）。社会信任与居民收入则是存在峰度的倒"U"形关系，信任水平过低容易错失获利机会，而过高则更易遭受欺骗（Butler et al.，2016）。此外社会信任还可以推动家庭从事个体经营或开办企业（周广肃等，2015），而且信任水平越高，农民创业者的创业绩效越好（赵佳佳等，2020）。农村地区劳动力流动也受到社会信任的影响，并会随着市场化程度的提高由阻碍变为促进（高虹和陆铭，2010）。还有部分研究发现良好的社会信任能推动商业保险销售（何兴强和李涛，2009），提高农村居民新农保参与率（丁从明等，2019）。

使用金融产品和服务意味着对市场的信任、对交易对手的信任以及对所出售投资的适宜性的信任。而在金融科技发展不断提速的数字时代，数字金融服务带来便利的同时也伴随着算法杀熟、信息泄漏、网络诈骗等问题。因此，社会信任是家庭，尤其是数字基础更为薄弱的农村家庭数字金融参与决策的重要影响因素。因此，本章提出另外两个假说。

H3：社会信任对农户数字金融参与有正向影响，对他人越信任，农户参与数字金融的可能性越大。

H4：社会信任对农户数字金融参与的广度和深度有正向影响，社会信任水平越高的农户越容易使用更多数字金融产品，且使用程度越深。

13.3　研究设计：模型、变量与数据

13.3.1　模型设定

1. Probit 模型与 IV-Probit 模型

本章主要研究金融素养和社会信任对农户数字金融参与的影响，考虑到农户

的数字金融参与情况是二元离散变量，因此选择建立 Probit 模型，具体的模型设立如下：

$$Y_{1i} = \begin{cases} 0, & Y_{1i}^* \leqslant 0 \\ 1, & Y_{1i}^* > 0 \end{cases}$$

$$Y_{1i}^* = \alpha_1 X_i + \gamma_1 Z_i + \beta_1 \text{control}_i + \mu_i \qquad (13\text{-}1)$$

其中，Y_{1i} 表示农户是否参与数字金融，由潜变量 Y_{1i}^* 决定，$Y_{1i} = 1$ 表示农户参与数字金融，$Y_{1i} = 0$ 表示农户未参与数字金融；X_i 表示农户金融素养得分；Z_i 表示社会信任水平，是核心解释变量；control_i 表示控制变量；随机误差用 μ_i 表示；α_1、γ_1 和 β_1 表示待估参数。

本章使用 IV Probit 模型，利用工具变量将模型分为两个阶段进行估计，从而对模型内生性问题进行处理。

2. Poisson 模型

对于农户数字金融参与的广度，本章是用其使用金融产品的数量来衡量的，其为离散变量，且为计数数据，故使用 Poisson 模型。Poisson 分布建立在期望与方差相等的条件下，本章农户的数字金融参与广度的样本均值和方差分别为 0.234 和 0.207，近似相等，故认为采用 Poisson 回归模型是可行的。对于个体 i，被解释变量为 Y_{2i}，$Y_{2i} = y_{2i}$ 的概率由参数为 λ_i 的 Poisson 分布决定：

$$\lim_{n \to \infty} P(Y_{2i} = y_i \mid x_i) = \frac{e^{-\lambda i} \lambda_i^{y_i}}{y_{2i}!} (y_i = 0, 1, 2, \cdots, n) \qquad (13\text{-}2)$$

对于 Poisson 模型可能出现的内生性问题，本章采取控制函数法以降低估计偏误。

3. Tobit 模型与 IV-Tobit 模型

由于数字支付占消费总支出的比重是截断的，因此考虑采用 Tobit 模型，具体模型设定如下：

$$Y_{3i} = \begin{cases} 0, & Y_{3i}^* \leqslant 0 \\ W_i^*, & Y_{3i}^* > 0 \end{cases}$$

$$Y_{3i}^* = \alpha_2 X_i + \gamma_2 Z_i + \beta_2 \text{control}_i + \eta_i \qquad (13\text{-}3)$$

Tobit 模型与 Probit 模型类似，被解释变量 W_i^* 为数字金融使用深度，由潜变量 Y_{3i}^* 决定。其中潜变量 Y_{3i}^* 为连续变量，大小由 X_i、Z_i、control_i 和随机误差 η_i 决定。

与 Probit 模型类似，本章同样采用"两步法"处理含内生性解释变量的 Tobit 模型。

13.3.2　数据来源

本章使用的数据来自西南财经大学中国家庭金融调查与研究中心 2017 年在全国范围内开展的第四轮 CHFS，共获得了除西藏、新疆、香港、澳门、台湾地区以外的 29 个省（自治区、直辖市）、353 个县（区）、1417 个社区（村）的四万余户家庭有关人口特征与就业、资产与负债、收入与消费、社会保障与保险等相关信息的微观数据。由于本章研究的是金融素养和社会信任对农村居民数字金融参与的影响，故仅考虑农村户籍的家庭，对样本进行清理后最终保留样本 6898 户。

13.3.3　变量选取

1. 被解释变量

本章的被解释变量为数字金融参与，当农户使用数字支付、互联网理财以及网络借贷中任意一种数字金融产品时就赋值为 1，认为其参加了数字金融，反之为 0；同时，用受访者使用数字金融产品的种类数量来衡量其数字金融参与的广度。进一步地，本章还考察金融素养和社会信任对数字金融参与深度的影响，用农户使用数字支付的金额占总消费金额的比重以及数字投资占金融资产的比重来衡量数字金融参与深度。

2. 核心解释变量

本章根据问卷中金融素养相关问题的受访者回答采用因子分析法来评价农户的金融素养水平，计算出综合得分后将其取值范围标准化为 0～100 分，以便直观描述农户金融素养水平，并在回归分析中对该分数取对数。

对于社会信任的衡量，本章则是根据问卷中"您对不认识的人信任度如何？"这一问题来构建变量，将回答中的"非常不信任"到"非常信任"依次赋值为 0至 4，代表的是信任程度依次递增。

3. 控制变量

参考以往的文献，本章从个人层面（年龄、性别、婚姻状况、教育年限、风险态度、信息关注）、家庭层面（家庭规模、收入、资产、是否拥有自有住房、从事个体工商业以及距离）、和社会特征（人均地区生产总值）三个方面选取控制变量，再采取 LASSO（least absolute shrinkage and selection operator，最小绝对收缩和选择算法）回归对控制变量进行筛选以防控制变量过多从而出现过拟合问题，最后剔除了性别、婚姻情况以及是否拥有自有住房这三个变量。其中，加入年龄的平方项以考察年龄对农户数字金融行为参与的非线性影响性。同时，为降低极端值对回归结果产生的影响,本章对家庭年总收入和家庭总资产进行 1%的缩尾处理。在实际分析中，家庭年总收入等变量均进行对数处理。

表 13-1 为本章所涉及的主要变量及赋值说明。

表 13-1　主要变量及赋值说明

变量	变量名称	赋值说明
被解释变量	数字金融参与	取值为 1 或 0 的虚拟变量，当有参与数字金融行为时取值为 1，否则为 0
	数字金融参与广度	取值为 0~3 的离散变量，取值为使用数字金融产品的种类数量
	数字支付使用深度	数字支付的金额占总消费金额的比重
	数字投资使用深度	数字投资占金融资产的比重
核心解释变量	金融素养（对数）	因子分析法计算得出
	社会信任	取值为 0~4 的离散变量，由低到高分别对应对陌生人的信任度："非常不信任""比较不信任""一般""比较信任""非常信任"
控制变量	年龄	年龄（单位：岁）
	教育年限	受教育的年限（单位：年）
	风险态度	风险厌恶为–1，风险中性为 0，风险偏好为 1
	信息关注	取值为 0~4 的离散变量，由低到高对应农户对经济、金融信息的关注程度："从不关注""很少关注""一般""很关注""非常关注"
	家庭规模	家庭成员人数（单位：人）
	收入（对数）	家庭年收入（单位：元）
	资产（对数）	家庭总资产（单位：元）
	从事个体工商业	值为 1 或 0 的虚拟变量，从事个体工商业的家庭取值为 1，否则为 0
	距离	家离最近金融机构的距离（单位：公里）
	人均地区生产总值（对数）	各省份人均地区生产总值
工具变量	父母最高教育水平	父母最高教育水平[1]
	高等教育水平	省份拥有大学及以上学历的人数与 6 岁及以上总人数之比[2]

[1] 数据来源：2013 年、2015 年的 CFHS 数据。
[2] 数据来源：国家统计局。

13.3.4 主要变量的统计分析

1. 农户金融素养水平以及社会信任水平的统计分析

CHFS 中关于金融素养的问题分为利率计算、通货膨胀理解、风险判断这三个问题，并参考以往的文献（Lusardi and Mitchell，2011；van Rooij et al.，2011；尹志超等，2014），本章将回答错误与回答"不知道"、"算不出来"或者"没听说过"区分开来，并对每个问题分别设置两个虚拟变量。通过这 3 个问题共 6 个变量运用因子分析法，综合计算出金融素养得分，并标准化百分制。

由表 13-2 可以看出，农户的金融素养普遍偏低。三个问题的平均正确个数只有 0.536 个，利用因子分析得到的金融素养综合得分的平均分也只有 34.929 分，说明平均每个农户回答问题的正确个数还不到 1 个，并且仅有约三成的农户会直接回答金融素养问题，这表明比起对金融知识的掌握不准确，农户更多是不了解相应知识。其中通货膨胀理解问题的正确率是最低的，只有 0.130；正确率最高的风险判断问题也仅有 1/4 左右的农户能够准确回答。从各地区的农户金融素养来看，东部和中部地区的金融素养差别不大，而西部地区农户的金融素养要明显低一些。农户的平均社会信任水平为 0.912，说明其对陌生人的信任程度大多数是"比较不信任"，东部地区的平均社会信任水平相对来说最高，这可能与东部地区的法治建设和市场规范程度更高有关。有趣的是，东部地区的社会信任水平相对最高且其风险厌恶水平也是最高的。

表 13-2 农户金融素养水平、社会信任水平统计分析

问题	东部	中部	西部	均值
利率计算问题	0.164	0.172	0.113	0.152
是否直接回答利率计算问题	0.342	0.361	0.289	0.334
通货膨胀理解问题	0.108	0.155	0.128	0.130
是否直接回答通货膨胀认知问题	0.348	0.414	0.367	0.377
风险判断问题	0.272	0.265	0.214	0.253
是否直接回答风险判断问题	0.355	0.369	0.287	0.341
正确个数	0.545	0.592	0.455	0.536
金融素养（百分制）	36.473	36.378	31.134	34.929
社会信任	0.980	0.830	0.924	0.912
风险态度	−0.782	−0.771	−0.715	−0.759
N	2534	2413	1951	—

2. 农户数字金融参与情况统计分析

对于农户的数字金融参与情况，本章主要通过是否使用数字支付、是否参与网络借贷以及是否参与数字投资三个方面进行考察。由表 13-3 可以看出，农户的数字金融参与度很低，仅有 21.9% 的农户有数字金融行为，且绝大多数的数字金融行为仅限于数字支付，而且只有 1/1000 的农户有网络借贷行为。从各个地区的数字金融参与情况来看，相对于中部和西部，东部地区的农户数字金融参与度相对高一些，但情况仍不理想。

表 13-3　农户数字金融参与情况统计分析

数字金融参与情况	东部	中部	西部	均值
数字支付	0.256	0.213	0.176	0.218
网络借贷	0.000	0.001	0.001	0.001
数字投资	0.019	0.012	0.006	0.013
是否参与数字金融	0.257	0.213	0.177	0.219
数字金融参与广度	0.276	0.226	0.183	0.232
数字投资占金融资产的比重	0.003	0.002	0.000	0.002
数字支付的金额占总消费金额的比重	0.025	0.015	0.010	0.018
N	2534	2413	1951	—

3. 变量描述性统计

由表 13-4 可以看出，受访农户的年龄偏大，平均年龄在 54 岁左右，且平均受教育年限仅为 7 年左右，大多集中在小学和初中，可见其文化程度较低。大多数农户都是风险厌恶者，且对经济、金融相关信息从不关注或是很少关注。此外，有 10% 左右的家庭从事个体工商业，且农户距最近金融机构距离平均约为 5.8 公里。

表 13-4　变量描述性统计

变量	样本数	均值	方差	最小值	最大值
数字金融参与	6898	0.219	0.414	0	1
数字金融参与广度	6898	0.232	0.453	0	3
金融素养（对数）	6898	2.929	1.15	0	4.605
社会信任	6898	0.912	0.974	0	4

续表

变量	样本数	均值	方差	最小值	最大值
年龄	6898	53.676	18.273	16	102
教育年限	6898	6.978	4.144	0	16
风险态度	6898	−0.759	0.55	−1	1
信息关注	6898	0.846	1.052	0	4
家庭规模	6898	3.367	1.65	1	12
收入（对数）	6898	9.926	1.495	−1.212	12.786
资产（对数）	6898	11.588	1.718	6.612	14.949
从事个体工商业	6898	0.096	0.295	0	1
距离	6898	5.765	7.761	0	200
人均地区生产总值（对数）	6898	10.149	0.765	7.88	11.406

13.4 实证过程与结果讨论

13.4.1 基准估计结果

表 13-5 是金融素养和社会信任对农户数字金融参与的回归分析结果。从该表中可以看出：第一，农户的金融素养与其数字金融参与在 1% 的水平上显著正向相关，由此可以验证本章提出的假设 1。农户的金融素养能够帮助其更好地理解传统金融市场和金融产品，也更能接受依托于数字技术的数字金融，尝试去使用数字金融产品与服务。第二，农户的社会信任水平也会影响其数字金融的参与情况。当农户对陌生人的信任度越高时，其对外界的其他人、机构、政府甚至整个资本市场越信赖，越容易信任如今数字时代所推崇使用的数字金融。在认可数字金融安全性的前提下，数字金融的使用成本更低、更便捷，因此农户越有可能参与数字金融。第三，在个人特征方面，受教育年限在 1% 的水平上、风险态度在 5% 的水平上与农户数字金融参与显著正相关，而年龄则与农户数字金融参与负相关。相对于传统金融，数字金融对于农户而言还属于新兴事物，对新事物的理解和接受能力会随着农户个人的受教育水平的提高而增强。风险态度也会对农户参与数字金融产生一定影响，偏好风险的农户更有可能主动尝试参与数字金融。家庭层面，农户家庭收入和资产都对其参与数字金融有显著正向影响。从事个体工商业的家庭可能会因为其经营需要从而参与数字金融，尤其是会促进其对数字支付的使用。此外，农户对数字金融的使用还受到与家最近的金融机构距离的影响，从回归结果上看，家到金融机构网点的最近距离与其数字金融参与显著正相关，这

可能是由于距离越近，金融机构对农户宣传数字金融的效果越明显，从而促使其参与数字金融。

表 13-5 金融素养和社会信任对农户数字金融参与影响

数字金融参与	(1) OLS	(2) Probit	(3) 数字支付	(4) 数字投资
金融素养（对数）	0.021*** (0.004)	0.016*** (0.004)	0.017*** (0.004)	0.003** (0.001)
社会信任	0.011** (0.004)	0.008* (0.004)	0.007* (0.004)	0.006*** (0.001)
年龄	−0.008*** (0.001)	−0.002* (0.001)	−0.002 (0.001)	0.000 (0.000)
年龄的平方项	0.005*** (0.001)	−0.001 (0.001)	−0.001 (0.001)	−0.000 (0.000)
教育年限	0.008*** (0.001)	0.009*** (0.001)	0.009*** (0.001)	0.000 (0.000)
风险态度	0.025*** (0.009)	0.018** (0.007)	0.020*** (0.007)	−0.001 (0.002)
信息关注	0.007 (0.004)	0.006 (0.004)	0.006 (0.004)	0.002** (0.001)
家庭规模	0.041*** (0.004)	0.036*** (0.003)	0.039*** (0.003)	0.002** (0.001)
收入（对数）	0.031*** (0.004)	0.032*** (0.005)	0.035*** (0.005)	−0.000 (0.002)
资产（对数）	0.028*** (0.003)	0.028*** (0.003)	0.036*** (0.003)	0.008*** (0.001)
从事个体工商业	0.121*** (0.019)	0.041*** (0.013)	0.056*** (0.013)	−0.000 (0.000)
距离	−0.002*** (0.000)	0.091*** (0.011)	−0.004*** (0.001)	0.002 (0.002)
人均地区生产总值（对数）	0.034*** (0.006)	−0.004*** (0.001)	0.026*** (0.006)	0.003** (0.001)
N	6898			

注：括号内数值为异方差稳健标准误，表格中报告的是边际效应

*、**和***分别表示在 10%、5%和 1%的水平上显著

本章还考察了金融素养和社会信任对农户使用不同数字产品的影响情况。由于使用过数字借贷的样本仅有 6 个，因此本章仅考察对数字支付和数字投资的影响。从表 13-5（3）列和（4）列中可以看出金融素养对不同的数字金融产品的影响存在明显区别，金融素养与数字支付和数字投资显著相关，但对数字支付的平

均边际影响更大，而社会信任对与农户不同类型数字金融参与的影响区别不大，对数字支付和数字投资的平均边际效应分别为 0.7% 和 0.6%。

13.4.2 稳健性检验

受到遗漏变量以及逆向因果的影响，金融素养和社会信任对农户数字金融参与影响的估计结果可能会出现偏差。对于金融素养，一方面，影响农户是否参与数字金融的原因可能来自个人、家庭以及社会的方方面面，尽管本章选取了一定的控制变量，但仍可能有一些不可观测的因素，从而存在遗漏变量的情况。另一方面，随着农户对数字金融使用程度的加深，其可能会获取更多金融方面的相关知识，其金融素养水平也将随之提升。因此，通过参考以往的文献，本章选择受访者父母的最高教育水平作为金融素养的工具变量（尹志超等，2014）。父母受过良好教育的农户，其从小可能就有机会接触到经济、金融方面的信息，并在父母的影响下掌握一定的金融知识，因而其金融素养水平也可能随之提升；而农户自身的数字金融参与情况并不会影响父母受教育水平。而对于社会信任水平，农户数字金融参与除了受到一些无法观测的因素影响外，在数字金融的使用过程中可能会面临信息泄露、网络诈骗等问题，从而反向影响家庭的社会信任水平。本章参照刘宝华等（2016）的做法，用地区的高等教育水平作为社会信任水平的工具变量。自古以来，中国人对教育都有较高的期待，通常选择接受更高水平的教育来改善自己的社会地位，进而提升信任水平。

IV Probit 的估计结果如表 13-6 所示。（1）列是第一阶段的回归结果，（2）列则是在使用父母最高教育水平为工具变量的情况下，金融素养对农户数字金融参与的估计结果。从表 13-6 的结果可以看出，金融素养对农户数字金融参与的影响仍然显著为正，而且系数由表 13-5 的 0.016 上升至表 13-6 的 0.878，有了明显的提升。（3）列和（4）列则是报告了使用地区高等教育水平作为工具变量进行内生性问题处理的结果，回归结果仍然显著，且系数由 0.008 上升至 1.347。由此可以表明金融素养和社会信任对农户数字金融的参与都有显著影响，金融素养以及对他人信任水平越高，农户的数字金融参与可能性越高。

表 13-6 金融素养和社会信任对农户数字金融参与内生性问题处理

数字金融参与	（1）	（2）	（3）	（4）
	第一阶段	IV Probit1	第一阶段	IV Probit2
父母最高教育水平	0.019*** （0.004）			
金融素养（对数）		0.878*** （0.315）		

续表

数字金融参与	（1）	（2）	（3）	（4）
	第一阶段	IV Probit1	第一阶段	IV Probit2
高等教育水平			0.012*** (0.003)	
社会信任				1.347** (0.548)
控制变量	控制	控制	控制	控制
N			6898	
Wald 检验		8.60 (0.0034)		9.59 (0.0020)

注：括号内数值为异方差稳健标准误，表格中报告的是边际效应

、*分别表示在 5%、1%的水平上显著

除了处理内生性问题，本章还通过剔除部分样本、更换模型以及改变核心变量测度形式的方式进行稳健性检验。考虑到职业特征也会影响农户的数字金融参与决策，因此本章通过剔除从事信息技术和金融服务工作的样本进行进一步分析。Probit 模型与 Logit 模型都是常用的二元选择模型，现将模型改为 Logit 模型以进行稳健性检验。此外，本章将核心解释变量——金融素养的测度改为，根据受访者没有明确回答、回答错误以及回答正确的情况分别赋值为 0、1、2，然后加总得到每位农户的金融素养得分（单德朋，2019），再将这一指标作为代理变量重新进行回归。一个家庭的人情往来可以反映其社会资本水平，故将人情支出作为衡量社会资本的指标代替社会信任代入模型进行回归。表 13-7 的回归结果仍可以验证本章提出的金融素养和社会信任能显著正向影响农户数字金融参与的假设。因此，本章的研究结论是稳健的。

表 13-7　稳健性检验结果

数字金融参与	（1）	（2）	（3）
	剔除部分样本	更换模型	改变核心变量测度形式
金融素养（对数）	0.017*** (0.004)	0.018*** (0.004)	
社会信任	0.009** (0.004)	0.008* (0.005)	
金融素养（得分加总）			0.015*** (0.002)
社会资本（人情支出）			0.010*** (0.001)

数字金融参与	（1）	（2）	（3）
	剔除部分样本	更换模型	改变核心变量测度形式
控制变量	控制	控制	控制
N		6898	

注：括号内数值为异方差稳健标准误，表格中报告的是边际效应

*、**和***分别表示在 10%、5%和 1%的水平上显著

13.4.3 进一步分析

1. 金融素养和社会信任与数字金融参与广度

表 13-8 是金融素养和社会信任对农户数字金融参与广度影响的回归分析结果。表 13-8（1）列和（2）列是 OLS 和 Poisson 的估计结果，从中可以看出金融素养和社会信任会正向影响农户数字金融参与的广度，金融素养水平越高、对他人信任水平越高的农户会倾向参与更多种类的数字金融。对于 Poisson 回归模型的内生性问题，本章采取的是控制函数法（control function，CF），估计结果如表 13-8 的（3）列和（4）列所示。其结果表明，在考虑到模型可能存在的内生性偏误后，金融素养和社会信任对农户数字金融参与广度仍有显著正向影响，且系数都有明显上升。

表 13-8　金融素养和社会信任对农户数字金融参与广度的影响

数字金融参与	（1）	（2）	（3）	（4）
	OLS	Poisson	CF1	CF2
金融素养（对数）	0.025*** (0.004)	0.086*** (0.018)	0.527* (0.293)	
社会信任	0.017*** (0.005)	0.060*** (0.022)		1.488* (0.840)
控制变量	控制	控制	控制	控制
N		6898		

注：括号内数值为异方差稳健标准误，表格中报告的是边际效应

*、***分别表示在 10%、1%的水平上显著

2. 金融素养和社会信任与数字金融参与深度

随着数字技术以及金融科技的发展，数字金融能通过使用大数据挖掘等技术深挖用户的需求，并为其进行智能匹配，能为投资者提供新的投资机会和渠道。

故本章考察了金融素养和社会信任对农户数字金融参与深度的影响，回归结果如表 13-9 所示。OLS 的回归结果中，金融素养对数字投资使用深度的影响并不显著，而 Tobit 的回归结果则是金融素养和社会信任都在 1%的水平上与数字投资使用深度显著正相关。在处理内生问题后，金融素养变得不显著，而社会信任在 5%的水平上依然显著正相关，且系数大幅度提升。对他人的信任水平越高，越容易信任金融机构或者金融科技公司所推荐的投资项目，且参与数字投资的门槛低，农户更有可能尝试互联网理财产品等数字投资项目。

表 13-9　金融素养和社会信任对数字金融参与深度的影响

数字投资使用深度	(1)	(2)	(3)	(4)
	OLS	Tobit	IV Tobit1	IV Tobit2
金融素养（对数）	0.000 (0.000)	0.054*** (0.020)	0.145 (0.327)	
社会信任	0.001*** (0.000)	0.105*** (0.024)		1.232** (0.468)
控制变量	控制	控制	控制	控制
N	6898			
Wald 检验			0.08 (0.7751)	10.22 (0.0014)
数字支付使用深度	(1)	(2)	(3)	(4)
	OLS	Tobit	IV Tobit1	IV Tobit2
金融素养（对数）	0.003*** (0.001)	0.031*** (0.007)	0.326** (0.126)	
社会信任	0.003*** (0.001)	0.041*** (0.008)		0.679*** (0.228)
控制变量	控制	控制	控制	控制
N	6898			
Wald 检验			7.21 (0.0072)	18.37 (0.0000)

注：括号内数值为异方差稳健标准误，表格中报告的是边际效应

、*分别表示在 5%、1%的水平上显著

　　数字支付的兴起，使人们的支付行为发生了极大的改变，因此本章将用数字支付使用深度来进一步考察金融素养和社会信任对农户数字金融参与深度影响的研究，回归结果如表 13-9 所示。从表 13-9 中（1）列和（2）列 OLS 与 Tobit 的估计结果中可以看出金融素养和社会信任对农户的数字支付使用深度也有显著正向影响，金融素养越高、对他人信任水平越高的农户，日常消费中越倾向使用数

字支付。在处理内生性问题后，金融素养和社会信任对农户数字支付使用深度的影响依然显著，并且边际影响明显上升。

13.4.4 异质性分析

本章还按风险态度、年龄、是否为相对贫困家庭以及地区分为不同组别进行异质性分析，探讨金融素养以及社会信任对不同群体数字金融参与的影响，表 13-10 为估计结果。

表 13-10 异质性分析结果

变量		Probit	Poisson	Tobit1	Tobit2	N
金融素养	风险偏好	0.022 (0.016)	0.020 (0.018)	−0.008 (0.010)	0.017 (0.021)	412
	风险中性	0.038*** (0.011)	0.052*** (0.014)	0.111* (0.065)	0.053*** (0.017)	838
	风险厌恶	0.013*** (0.004)	0.015*** (0.005)	0.053** (0.024)	0.025*** (0.008)	5648
社会信任	风险偏好	−0.031 (0.021)	−0.032 (0.026)	−0.007 (0.014)	0.010 (0.028)	412
	风险中性	0.000 (0.014)	0.013 (0.016)	0.097 (0.061)	0.039* (0.022)	838
	风险厌恶	0.015*** (0.005)	0.016*** (0.006)	0.118*** (0.029)	0.043*** (0.009)	5648
金融素养	青年	0.028*** (0.009)	0.031*** (0.090)	0.060** (0.030)	0.031*** (0.009)	1970
	中年	0.017** (0.007)	0.019** (0.009)	0.039 (0.036)	0.017 (0.012)	2048
	老年	0.009** (0.004)	0.013*** (0.005)	0.068* (0.037)	0.056*** (0.018)	2880
社会信任	青年	0.012 (0.011)	0.020* (0.012)	0.095*** (0.036)	0.037*** (0.011)	1970
	中年	0.007 (0.009)	0.018* (0.011)	0.155*** (0.048)	0.058*** (0.015)	2048
	老年	0.006 (0.004)	0.008 (0.005)	0.052 (0.035)	0.020 (0.021)	2880

续表

变量		Probit	Poisson	Tobit1	Tobit2	N
金融素养	相对贫困家庭	0.014*** (0.006)	0.014** (0.007)	−0.057 (0.097)	0.055** (0.022)	1532
	非相对贫困家庭	0.017*** (0.004)	0.022*** (0.005)	0.058*** (0.022)	0.028*** (0.007)	5366
社会信任	相对贫困家庭	0.000 (0.007)	0.001 (0.008)	0.074 (0.102)	0.012 (0.024)	1532
	非相对贫困家庭	0.010* (0.005)	0.018*** (0.006)	0.017*** (0.027)	0.045*** (0.009)	5366
金融素养	东部	0.025*** (0.006)	0.034*** (0.008)	0.107*** (0.033)	0.038*** (0.011)	2534
	中部	0.013** (0.006)	0.015** (0.008)	−0.006 (0.038)	0.020* (0.011)	2413
	西部	0.010 (0.007)	0.009 (0.007)	0.006 (0.009)	0.036*** (0.012)	1951
社会信任	东部	−0.001 (0.008)	0.004 (0.010)	0.075** (0.034)	0.036*** (0.014)	2534
	中部	0.008 (0.008)	0.018** (0.009)	0.194*** (0.054)	0.034** (0.014)	2413
	西部	0.016** (0.007)	0.019** (0.008)	0.005 (0.009)	0.049*** (0.013)	1951
控制变量		控制	控制	控制	控制	

注：括号内数值为异方差稳健标准误，表格中报告的是边际效应，Tobit1 和 Tobit2 分别为数字投资使用深度以及数字支付使用深度的回归结果

*、**和***分别表示在 10%、5%和 1%的水平上显著

对于不同风险态度的农户而言，金融素养和社会信任对其数字金融参与的影响不同。金融素养水平对于风险中性和风险厌恶农户的数字金融行为参与都显著正相关，且对风险中性群体的影响更大。人们对风险的接受程度会随着其金融素养水平的提高而发生系统性的变化（Dohmen et al.，2010），因此金融素养能显著促进风险中性的农户数字金融参与。但数字金融对于风险厌恶的农户而言风险过高，因而金融素养对其数字金融参与的促进作用并没有那么明显。社会信任水平主要与风险厌恶农户的数字金融行为参与显著相关。对于风险中性的农户，社会信任水平仅对其数字支付使用深度有显著影响，且平均边际效应也小于风险厌恶群体。由表 13-10 的结果看出，金融素养对于风险中性的农户影响更大，社会信

任水平对风险厌恶的农户影响更大，而金融素养和社会信任与风险偏好农户的数字金融参与没有显著关系。

按照国家通用的年龄划分方式，将样本分组后研究发现金融素养水平对农户数字金融参与的影响随着年龄的增长而减小，不同年龄段之间存在差异。其中，金融素养对青年农户参与数字金融的影响最大，其次是中年农户，这可能是由于中青年人在日常工作生活中接触新鲜事物的机会更多，更容易获得金融知识从而提高金融素养水平，对于数字金融这种方便快捷的形式的接受程度更高。值得注意的是，在数字支付使用深度方面，金融素养对中年群体没有显著影响。这可能是因为对于中年群体而言，随着数字支付的普及，且其使用门槛低，即使没有相应的金融素养只要具备一定数字设备使用基础也可以使用数字支付。而本章研究发现，社会信任水平对中青年人群体的数字投资和数字支付使用深度有显著正向影响，且中年人群体的平均边际效应更大。至于老年人，社会信任对其数字金融参与没有显著影响。对于老年人群体，其除了金融知识的缺乏，还面临数字障碍，即对数字金融的载体——数字设备的使用障碍，因此即使信任数字金融，也无法参与数字金融。

依照县中位收入的 40% 作为相对贫困线（沈扬扬和李实，2020），本章还研究了金融素养和社会信任对相对贫困家庭与非相对贫困家庭参与数字金融行为的影响。估计结果表明金融素养对相对贫困家庭与非相对贫困家庭的参与数字金融行为的影响都是显著正相关的，提高其金融素养水平都有可能促进其数字金融行为参与。但金融素养对相对贫困家庭的数字投资使用深度没有显著影响，这可能是因为相对贫困家庭的经济能力较低，即使金融素养水平提高，也因为其自身财富水平限制从而无法有效参与数字投资。而对于数字支付的使用，金融素养对相对贫困家庭数字金融参与的平均边际效应更高一些。此外，本章并没有发现社会信任水平对相对贫困家庭的数字金融参与有显著影响。

不同地区农户的金融素养和社会信任对其数字金融参与的影响也有所不同，从表 13-10 可以发现，金融素养对东部地区农户的数字金融参与影响更大。而社会信任水平对西部地区农户的数字金融参与影响更大，但对西部地区农户的数字投资使用深度并无显著影响。

13.5　本章小结

数字金融能有效降低服务成本、提高交易的便捷性和安全性、减少信息不对称，并能提供针对性服务，是实现普惠金融的有效途径，然而农村地区广泛的数字金融排斥是实现普惠金融的一大障碍。因此，本章将研究重点从数字金融是否与金融包容相关，转移到农户数字金融参与的影响因素上，从而提高农户的数字金融使用率。基于 CHFS 2017 年的数据，本章通过对作为人力资本的金融素养和社会资本的社会信任对农户数字金融参与情况同时进行考察，为促进农村地区数字金融发展提供新的政策视角。实证结果表明：①金融素养和社会信任都能促进农户的数字金融参与，且随着金融素养和社会信任水平的提高，其促进作用增强。进一步，本章还考察了金融素养和社会信任对农户数字金融参与广度和深度的影响。金融素养水平越高、对他人信任水平越高的农户会倾向参与更多种类的数字金融。并且金融素养和社会信任对农户的数字支付使用深度都有显著正向影响，社会信任水平越高，农户数字投资参与程度越深，但金融素养对数字投资使用深度没有明显影响。此外，风险态度会影响金融素养和社会信任对农户数字金融行为的参与，对于风险厌恶或者风险中立的农户，金融素养水平提高和对他人信任程度加深对其数字金融行为参与具有显著的促进作用。②金融素养和社会信任对不同风险态度、不同年龄段、是否为相对贫困家庭以及不同地区农户的影响存在差异。金融素养对风险中性、青年群体、非相对贫困家庭以及东部地区的影响更为明显，而社会信任水平对风险厌恶、中年群体、非相对贫困家庭以及西部地区影响更明显。本章以受访者父母最高受教育年限和高等教育水平为工具变量处理基础回归模型中存在的内生性问题，并通过剔除部分样本、更换模型以及改变核心变量测度形式等进行稳健性检验，估计结果仍支撑本章结论。

数字经济时代来临，金融服务的数字化趋势势不可挡。数字金融可以借助信息技术克服传统金融存在的困难，通过提高农村地区金融服务的渗透率和金融资源的可利用性，改善农村金融服务环境，为受到传统金融排斥的弱势群体提供更多更有效的金融服务。因此，本章提出以下政策建议：第一，大力开展金融教育下乡活动。重视并促进金融教育在农村地区的普及，积极开展丰富多样的金融知识教育活动，并针对不同人群的特征，开发差异化的普及内容，立足于接受能力和金融需求的不同，开发出更具备实用性与针对性的宣传普及内容，让各类人群都能接触到更适合自己的金融知识与技能，从而更有效地提高农户金融素养水平，让其享受到数字金融红利。第二，要坚持金融产品创新，丰富金融产品，更多地满足农村居民生活的金融需求。在数字金融产品设计方面，要考虑农户的接受能力，增强产品的用户友好度，降低农户使用难度。第三，要充分利用当地农户对村里能人的信任，发挥能人的示范作用，并在其带领下提升农户对数字金融的直观感受和接受度，克服数字金融服务过程中的"不愿用"与"不敢用"，让其"放心使用"。第四，深入开展农村信用体系建设。多元化收集信用信息，构建统一的农户信用信息系统，并保障信用体系时效性。第五，要守住安全性底线。一方面建立健全风险防控机制，提升金融产品的安全性，另一方面要加强对网络诈骗等的宣传教育，让农村居民"使用安全的"和"安全地使用"数字金融服务。

第14章 农户数字金融行为响应：数字素养与金融素养

14.1 引　言

发展农村数字普惠金融必须要提高农户数字金融行为响应。数字金融区别于传统金融，其借助互联网、大数据、云计算、人工智能等科学技术，实现了移动支付、资金融通、投资理财、信息中介等跨越时间和空间的普惠性金融服务，不仅克服了传统金融对物理网点的依赖，也通过降低交易成本、减少信息不对称、创新风控模式，有效弥补了传统金融的诸多难点和痛点（黄益平和黄卓，2018；王修华和赵亚雄，2020）。因此，数字金融被普遍认为可能是破解农村金融世界难题的一个突破口。《中共中央关于制定国民经济和社会发展第十四个五年规划和二〇三五年远景目标的建议》中明确提出"提升金融科技水平，增强金融普惠性"。2021年中央一号文件明确提出"发展农村数字普惠金融"。2022年中国人民银行印发《关于做好2022年金融支持全面推进乡村振兴重点工作的意见》中进一步强调"强化金融科技赋能乡村振兴。……发展农村数字普惠金融。各金融机构要充分运用大数据、云计算、第五代移动通信（5G）等新一代信息技术，优化风险定价和管控模型，有效整合涉农主体信用信息，提高客户识别和信贷投放能力，减少对抵押担保的依赖，积极发展农户信用贷款"。

要充分发挥数字金融的技术优势和普惠特性，必须让农户接触、认可并使用数字金融产品，提高农户的数字金融行为响应。但是，现实中农户数字金融行为响应程度并不高。张龙耀等（2021）2019年对云南、湖南、四川和甘肃四省的调研表明，有63.41%的农户使用过一种数字金融产品即移动支付，而使用两种以上数字金融产品的农户仅占18.91%，农户自身金融素养水平不仅能够提高数字金融的响应概率，还能够提高数字金融的响应广度。刘俊杰等（2020）和Su等（2021）研究发现，农户参与网络社交和电子商务能够显著提升数字金融行为响应概率。此外，2019年CHFS数据显示，76.48%的城镇居民使用过数字支付产品，而农村居民仅有23.52%的人使用过数字支付；2021年中国社会科学院《乡村振兴战略背景下中国乡村数字素养调查分析报告》显示，城镇居民的数字素养平均得分为56.3分（百分制），而农村居民的数字素养平均得分仅为35.1分，城乡居民之间的数字素养差距已达 37.7%；中国人民银行发布的《消费者金融素养调查分析报告（2021）》中指出：农村地区消费者金融素养水平低于城镇地区，城镇地区金融消费者平均得分为 68.06 分，比农村地区高 3.45 分，其中金融素养方面的差异最大，农村地区消费者的金融素养得分为 61.13 分，比城镇地区低 6.41 分；在数字金融方面，67.03%的农村受访者最近两年有过手机付款行为，但仍然比城镇地区低 15.69 个百分点；35.88%的农村受访者最近两年有过使用银行自助设备的行为，比城镇地区低 13.84 个百分点。可见，目前农村地区存在明显的数字素养与金融素养的差距，影响农户数字金融行为的同时制约着农村数字普惠金融的发展。李实（2022）、周泽红和郭劲廷（2022）与万广华等（2022）的研究结果也表明，人力资本的差异可能是导致农村低收入群体无法共享数字经济发展红利的关键。

基于既有文献和调研情况来看，相关研究已经关注到数字素养、金融素养这两种不同的人力资本对农户数字金融行为的影响及效应，但仍存在一定的不足和进一步拓展空间。首先，本章将数字素养与金融素养纳入统一的分析框架，探讨数字素养和金融素养对农户数字金融行为响应的影响，并考察二者对数字金融行为的交互效应，拓展了研究视角。其次，数据来源于更全面的实地调研，本章基于 2021 年中国农村经济与农村金融微观调查数据，利用数字支付、数字信贷、数字理财、数字授信、数字保险共五种数字金融产品，构建全面详细的数字金融行为指标，分别从数字金融是否响应、响应广度和响应深度三重视角去分析农户数字金融行为。最后，在农村内部收入差距日益扩大的现实格局下，通过区分相对贫困群体进行比较研究，掌握其与非相对贫困农户数字金融行为的差异，对于制定更有针对性的农村数字普惠金融政策具有现实意义。

14.2　理论分析与研究假说

数字金融凭借移动互联、云计算、大数据和区块链等技术的不断发展以及智能设备的快速普及与应用，改变了以往传统金融空间与时间层面的限制，能够触达更多的客户群体（郭峰等，2020；张岳和周应恒，2021；聂秀华等，2021），尤其是农村地区以及低收入群体，为农村普惠金融发展提供新的思路。但碍于城乡之间仍存在严重的人力资本差异（李实和朱梦冰，2022），尤其是农村地区数字素养与金融素养的缺乏，可能造成农户无法接触和使用数字金融产品与服务。关于数字素养与金融素养这两种不同人力资本的概念，学界已有定义。其中，数字素养概念最早由 Gilster（1997）提出，界定为获取、理解、整理和批判数字信息的综合能力，之后由 Eshet-Alkalai（2004）及 Martin 和 Grudziecki（2006）在此基础上将数字素养的概念进一步拓展为：在数字经济背景下居民工作、学习、生活、交流、创作所需的生存技能，主要强调正确使用数字工具和设备，获取和利用数字资源，创新媒体内容表达，强化与他人沟通等方面的意识和能力。在数字时代具备一定数字素养的农户，更容易接触到各式各样、不断发展的数字服务。金融素养概念被 Lusardi 和 Mitchell（2011）定义为"基本金融概念的知识和进行简单计算的能力"，美国金融素养和教育委员会认为，金融素养为个人利用知识和技能对自身金融资源与财产进行有效投资与管理的能力，而 PISA 测评框架从通货膨胀、风险认知、单利复利等三个维度构建居民金融素养评价体系。关于数字金融行为，现有研究大多聚焦于外部环境与个体人力资本层面。刘俊杰等（2020）研究发现，农村电商的发展不仅有助于提升农户数字信贷行为，还能够显著提高农户获取数字信贷的额度，但囿于资本禀赋差异，高物质资本与高社会资本的农户获取的信贷额度更高，农户内部数字不平等现象逐渐显现。同时，陈晓洁等（2022）认为，由于数字鸿沟的存在，农户的认知局限可能影响其行为决策过程，降低了农户的数字信贷参与行为，可见，数字素养对农户数字金融行为的重要性越发凸显。王晓青（2022）从新冠疫情冲击的视角分析得出，疫情冲击显著提高了农户数字金融行为的参与率和参与程度，并且数字技术水平与金融素养越高的家庭，其响应概率和参与程度也越高的结论。郭峰和王瑶佩（2020）指出，传统金融需求与教育水平对数字金融使用都有促进作用，但仍存在高金融素养与高教育水平的家庭更容易接受数字金融的现象。通过数字素养、金融素养与数字金融行为的相关研究可以看出，数字素养侧重于数字设备以及数字技能的运用，而金融素养侧重于金融概念的掌握与金融素养的计算。两者虽然同属于人力资本的范畴，但具体内容仍存在差异。在数字时代，随着智能设备的不断普及，数字金融脱离了传统金融在时间和空间上的限制，农户不需要前往金融机构的固定营业网点进行业务办理，业务双方仅需通过智能手机或智能电脑进行可视化操作即可办理。这可能造成一些较为基础和简单的数字金融产品与服务并不需要农户掌握一定的金融素养即可使用。从而导致面临这两种不同人力资本的影响，农户可能做出不同的数字金融决策。因此，对于一款或多款数字金融产品的使用以及使用深度，数字素养和金融素养可能在不同的使用视角上呈现互补或替代关系。基于此，本章提出如下第一个假说。

H1：数字素养、金融素养在数字金融行为是否响应和响应广度上具有替代关系，在响应深度上具有互补关系。

在传统金融与数字金融的不断深度融合之下，数字金融产品可实现的功能与服务也多种多样。其中，数字支付作为数字金融最基础、最便捷、最实用的产品，并不需要农户掌握利率、通胀等金融素养，仅需要拥有数字设备、数字账户及相应的操作技术即可使用（陈华平和唐军，2006；曹倩等，2016）。数字支付不仅能够解决日常生产生活当中小额支付的问题，还能够解决产业经营活动中的大额结算等问题，完全有可能替代以往传统现金、支票、信用卡等支付结算手段（谢平和刘海二，2013）。伴随着数字场景在农村地区的不断应用，数字支付得以有效普及，农户对待数字支付的态度也从尝试转换成依赖，并逐步提升数字素养。农户通过数字支付不断累积的数字足迹有助于积累信用，拓宽信贷渠道（刘少波等，2021），进而打开数字信贷和数字授信产品的潜在需求。同时，以往害怕数字化界面以及数字风险等情况而不愿意接触数字理财的局面被打破，促使农户尝试并依赖数字理财产品，而数字保险产品可能并不受数字素养的影响。基于此，本章提出如下第二个假设。

H2：数字素养通过影响数字支付、数字信贷、数字理财、数字授信的是否响应以及数字支付、数字理财的响应深度来主导农户数字金融行为响应。

在数字素养影响农户数字金融行为响应的传导过程中，金融素养水平能够帮助农户获取更多的金融信息，有效缓解了供需双方之间的信息不对称，有助于激活农户对数字信贷产品的潜在需求（郭峰和王瑶佩，2020）。同时，农户金融素养水平的提高，可以增加识别数字金融产品与服务以及防范风险的能力，减少信息搜寻成本（张龙耀等，2021），进而提高其对数字理财产品的依赖程度。此外，农户凭借数字足迹可以进行数字授信，进而提高其数字授信产品的使用概率，并根据金融能力的提升，加深数字授信的使用深度。因此，金融素养能够帮助农户搜集金融信息、辨认金融产品、防范金融风险，进而提高农户对数字金融产品的依赖程度，并加深其融资强度。基于此，本章提出如下第三个假设。

H3：金融素养通过影响数字信贷、数字理财、数字授信的是否响应以及数字理财、数字授信的响应深度来加深农户数字金融行为的依赖程度和融资强度。

在数字素养与金融素养的共同作用下，农户识别和防范数字金融风险的能力不断加强，对数字金融产品的潜在需求被打开，从而提高了农户数字金融行为响应。但对于相对贫困户和非相对贫困户而言，两者有所不同。相较于相对贫困户，非相对贫困户的资源禀赋优势明显，能够凭借自身优势更有效接触、选择及使用数字金融产品与服务。而相对贫困户由于受教育程度低、缺乏社会资本，存在明显的数字鸿沟与知识鸿沟现象，并且受限于信息茧房效应的存在[①]，使得这部分群体在数字素养和金融素养上与非相对贫困群体有明显差异；在数字素养偏低的情况下，基本的金融常识是否具备，会成为影响其融资决策的先决因素，尤其是在是否利用数字金融解决融资需求以及融资数量上会产生明显影响（刘俊杰等，2020；王晓青，2022；郭峰和王瑶佩，2020）。基于此，本章提出如下第四个假设。

H4：对相对贫困户而言，数字素养的差距会导致其对数字金融行为响应的作用减弱，金融素养则对是否选择数字金融和对其依赖程度及融资强度的影响更为明显。

---

① 哈佛大学凯斯·桑坦斯教授在 2008 年出版的著作《信息乌托邦：众人如何生产知识》中提出，认为在信息传播中居民自身的信息需求不是全方位的，只会关注自己偏好的领域，久而久之会使自身的信息需求桎梏。

14.3 实证设计：模型、变量与数据

14.3.1 数据来源

本章实证分析数据来源于 CRERFS 的数据。CRERFS 是农业农村部委托西南大学智能金融与乡村数字经济研究团队实施的微观调查项目，调查内容具体涵盖了农户家庭的社会经济特征、生产经营特征、家庭金融行为、数字金融行为、数字素养等信息。CRERFS 2021 完成了对云南、贵州、四川、重庆、湖南等中西部 5 省（直辖市）的首轮调查，共收集农户样本 1620 份，删除农户数字金融行为响应缺失样本以及其他相关变量缺失样本后得到有效样本 1545 份，样本有效率为 95.37%。

14.3.2 变量定义

1. 被解释变量

本章被解释变量为农户数字金融行为响应。在借鉴何婧和李庆海（2019）、张龙耀等（2021）研究的基础上，着重分析数字支付、数字信贷、数字理财、数字授信和数字保险等使用频率较高的五款数字金融产品。本章对数字金融行为响应的定义包括三个维度：一是是否响应，即是否使用了数字金融产品，若农户使用了数字支付、数字信贷、数字理财、数字授信和数字保险中的任意一种，则认为其使用了数字金融，此时赋值为 1，反之为 0；二是响应广度，即农户使用数字金融产品的种类数量，若农户同时使用数字支付、数字信贷、数字理财、数字授信和数字保险五种产品，此时赋值为 5，反之为 0；三是响应深度[1]，借鉴郭峰等（2020）针对数字普惠金融指标体系当中响应深度指标设计农户层面数字金融响应深度指标，即农户使用数字金融产品所产生的交易额以及使用频率并根据熵值法赋权计算得出。具体指标体系如表 14-1 所示。

表 14-1　数字金融行为响应的指标体系

响应维度	具体产品使用指标	使用指标说明
是否响应	是否使用数字支付	使用任意一种数字金融产品赋值为 1，反之为 0
	是否使用数字信贷	
	是否使用数字理财	

---

[1] 由于调研数据当中缺乏数字保险的参保金额以及使用频率相关数据，故响应深度中未纳入数字保险产品。

续表

响应维度	具体产品使用指标	使用指标说明
是否响应	是否使用数字授信	使用任意一种数字金融产品
	是否使用数字保险	赋值为1，反之为0
响应广度	是否使用数字支付	使用数字金融产品的种类数
	是否使用数字信贷	
	是否使用数字理财	最大值为5，最小值为0
	是否使用数字授信	
	是否使用数字保险	
响应深度	数字支付深度	使用数字支付的频率 [1]
		当年使用数字支付的最大一笔交易额
	数字信贷深度	使用数字信贷获得的金额
		近三年来数字信贷次数
	数字理财深度	使用数字理财投资的金额
		近三年来数字理财次数
	数字授信深度	使用数字授信获得的金额
		已经使用数字授信的金额

1）使用频率划分如下。1：不常使用，每月1～2次。2：偶尔使用，每月3～8次。3：有时使用，每周2～3次。4：经常使用，每周都要使用4～5次。5：总是使用，每天至少1次

2. 解释变量

（1）数字素养。参考联合国教科文组织的定义，将数字素养（digital literacy）界定为个人采用数字技术或通过数字设备安全有效地获取、使用、交流、管理、评价、创造和应用信息或数据的能力，同时借鉴联合国教科文组织《全球数字素养框架》中的 7 个素养领域（competence area, CA），并参考苏岚岚和彭艳玲（2022）研究中的 4 个素养领域。本章构建符合农户特征行为的数字素养指标体系。具体包括：CA1 数字设备、CA2 数据搜集、CA3 数字交流、CA4 数字创作、CA5 数字安全、CA6 问题解决。在 6 个素养领域之下共设置 14 个问题测度农户数字素养水平，具体指标体系和问题如表 14-2 所示。针对农户数字素养的测度方法，本章借鉴尹志超等（2014）的因子分析法，同时，采用赋值加总方法对农户数字素养进行测度，其结果用作稳健性检验。其中，数字素养测度通过因子分析法的 KMO（Kaiser-Meyer-Olkin）检验，KMO = 0.878，Bartlett 球形度检验统计量的显著性 p 值为 0.00，故因子分析结果有效。

表 14-2　数字素养指标体系构建

素养领域	测试题目	赋值
CA1 数字设备	Q1：您是否拥有智能手机？	是 = 1，否 = 0
	Q2：您家是否拥有电脑？	是 = 1，否 = 0
	Q3：您家是否开通宽带？	是 = 1，否 = 0
	Q4：您是否能够独立下载手机 APP？	是 = 1，否 = 0
CA2 数据搜集	Q5：您是否会用手机网络浏览、搜索自己想要的数据或信息？	是 = 1，否 = 0
	Q6：您是否会记录、收藏所搜集的数据或信息？	是 = 1，否 = 0
CA3 数字交流	Q7：您是否会通过手机 APP 进行网络购物？	是 = 1，否 = 0
	Q8：您是否能够用手机通信软件与家人和朋友沟通？	是 = 1，否 = 0
CA4 数字创作	Q9：您是否能够用手机在网络上发表自己的观点和看法？	是 = 1，否 = 0
	Q10：您是否能够用手机视频软件创作或发布短视频？	是 = 1，否 = 0
CA5 数字安全	Q11：您是否能够清楚识别网络诈骗？	是 = 1，否 = 0
	Q12：您是否能够清楚识别电信诈骗？	是 = 1，否 = 0
CA6 问题解决	Q13：您是否能够使用手机或电脑解决现实中的问题？	是 = 1，否 = 0
	Q14：您是否有使用与工作或生产经营相关的手机 APP？	是 = 1，否 = 0

（2）金融素养。参考 Calcagno 和 Monticone（2015）关于金融素养的定义构建金融素养测评框架，并结合中国农村金融与农户的实际特点，从金融认知、金融应用、金融风险、金融规划、金融分析等 5 个方面选取 7 个指标构建农户金融素养测评框架（表 14-3）。其中，金融素养测度通过因子分析法的 KMO 检验，KMO = 0.818，Bartlett 球形度检验统计量的显著性 p 值为 0.00，故因子分析结果有效。

表 14-3　金融素养水平测度指标体系

指标	测试问题	赋值标准
金融认知	Q1：您了解哪些金融产品（1 存折；2 银行卡；3 信用卡；4 银行保险或理财产品；5 余额宝等货币基金；6 股票；7 外汇；8 期货）？	a.了解 1～2 类 = 0 分；b.了解 3～4 类 = 1 分；c.了解 5～6 类 = 2 分；d.了解 7～8 类 = 3 分
金融应用	Q2：假如您在银行存了 100 元，银行存款年利率是 2%，一年之后连本带利多少钱？	a.不知道 = 0 分；b.少于或多于 102 元 = 1 分；c.等于 102 元 = 2 分
	Q3：如果您银行账户的存款年利率为 2%，通货膨胀率每年是 4%，那么您一年后用该账户的钱能买多少东西？	a.不知道 = 0 分；b.比现在多 = 1 分；c.和现在一样多 = 2 分；d.比现在少 = 3 分
金融风险	Q4：一般情况下，股票和基金哪个风险更大？	a.不知道 = 0 分；b.基金 = 1 分；c.股票 = 2 分
金融规划	Q5：您家是否有记账的习惯？	a.不会 = 0 分；b.仅记录一部分 = 1 分；c.全部会记 = 2 分

指标	测试问题	赋值标准
金融规划	Q6：您家收入是否会规划分别用于消费、储蓄或投资？	a.不知道要进行规划 = 0 分；b.不会 = 1 分；c.会 = 2 分
金融分析	Q7：假如在贷款时，预期未来利率会上调，您应该选择固定利率贷款，还是浮动利率贷款？	a.不知道 = 0 分；b.浮动利率 = 1 分；c.固定利率 = 2 分

3. 控制变量

为了尽可能控制影响农户数字金融行为响应的因素，本章借鉴尹志超等（2014）、何婧和李庆海（2019）、张龙耀等（2021）选取控制变量的思路，从户主特征、家庭特征、经济特征和风险类型选取控制变量。具体而言，户主特征的变量主要包括：性别、年龄、婚姻。家庭特征的变量包括家庭最高学历、家庭规模。经济特征的变量包括：家庭总收入、是否有银行借贷、是否有亲友借贷、银行网点距离。风险类型的变量包括：风险偏好和风险厌恶。在地区层面，本章控制省份虚拟变量来消除地区异质性的影响。

4. 工具变量

无论是关于数字素养还是金融素养的研究，都无法回避个体基础素养与数字金融行为之间可能存在的内生性问题，严重的内生性会使模型估计结果有偏和非一致，为个体基础素养寻找合适的工具变量一直是行为经济学相关研究的一个重点和难点。本章通过梳理现有文献，借鉴苏岚岚和彭艳玲（2022）的方法，选取"除受访户主自身外同一村庄的其他农户的平均素养均值"作为受访户主数字素养与金融素养的工具变量。理论上，同一村庄的金融化和数字化水平具有相似性，个体的素养水平受到同一村庄内部他人素养水平的影响，而农户自身数字决策和金融决策能力与他人素养水平并不直接相关，符合相关性与外生性要求。

14.3.3　描述性统计

本章实证研究所涉及的相关变量如表 14-4 所示，样本中 77.2% 的农户使用数字金融产品。数字金融响应广度的均值为 1.025，这说明平均而言农户仅使用了 1 种数字金融产品。数字金融响应深度的均值为 1.105，数字素养的因子得分均值为 1.94×10^{-10}，标准差为 0.541，金融素养的因子得分均值为 -2.47×10^{-9}，标准差为 0.735。户主的平均年龄为 49.217 岁，家庭最高学历平均为中专或技校，家庭人口平均为 4.357 人。24.6% 的农户有银行借贷行为，12.8% 的农户有亲友借贷行为，农户距离最近的银行网点的平均距离为 3.523 公里。5.2%的农户属于风险偏好，49.2%的农户属于风险厌恶，45.6%的农户属于风险中性。

表 14-4　变量描述性统计

维度	变量	指标说明	均值	标准差	最大值	最小值
被解释变量	是否响应	任意使用一种产品	0.772	0.420	0.000	1.000
	响应广度	使用产品的种类数	1.025	0.789	0.000	4.000
	响应深度	熵值法赋权重计算	1.105	1.982	0.000	0.324
解释变量	数字素养	因子分析法计算	1.94×10^{-10}	0.541	−1.202	0.677
	金融素养	因子分析法计算	-2.47×10^{-9}	0.735	−0.950	2.003
户主特征	年龄	户主年龄（单位：岁）	49.217	11.536	18.000	80.000
	性别	男＝1，女＝0	0.594	0.491	0.000	1.000
	婚姻	已婚＝1，其他＝0	0.942	0.234	0.000	1.000
家庭特征	家庭最高学历	户主家庭最高学历	4.148	1.556	1.000	7.000
	家庭规模	户主家庭总人口（单位：人）	4.357	1.520	1.000	10.000
经济特征	收入（对数）	家庭年收入（单位：元）	10.509	1.635	2.996	14.528
	是否有银行借贷	是＝1，否＝0	0.246	0.431	0.000	1.000
	是否有亲友借贷	是＝1，否＝0	0.128	0.334	0.000	1.000
	银行网点距离	最近银行距离（单位：公里）	3.523	4.023	0.010	50.000
风险类型	风险偏好	是＝1，否＝0[1)	0.052	0.223	0.000	1.000
	风险厌恶	是＝1，否＝0[2)	0.492	0.500	0.000	1.000

1）选择高风险高回报的农户定义为风险偏好

2）选择低风险、低回报和不愿承担任何风险的农户定义为风险厌恶

14.3.4　模型构建

由于本章实证分析当中包含 3 个被解释变量，分别是数字金融是否响应、数字金融响应广度、数字金融响应深度，并且这 3 个都属于不同类型的变量，因此，本章选用 Probit 模型、Poisson 模型和 OLS 模型。其中，Probit 模型主要针对数字金融是否响应，其数值类型属于二值变量，Poisson 模型主要针对数字金融响应广度，其数值类型属于离散变量，并且具有典型的计数特征，而 OLS 模型主要针对数字金融响应深度。考虑到截面数据的异方差问题可能导致参数估计偏误，因此，在实证分析过程中均采用稳健标准误。具体形式如下：

$$\mathrm{Prob(DF}_i = 1) = \alpha + \beta_1 \mathrm{DL}_i + \beta_2 \mathrm{FL}_i + \beta_4 \mathrm{control}_i + \mu_i \tag{14-1}$$

$$\mathrm{Prob(DF}_i = 1) = \alpha + \beta_1 \mathrm{DL}_i + \beta_2 \mathrm{FL}_i + \beta_3 \mathrm{DL}_i \times \mathrm{FL}_i + \beta_4 \mathrm{control}_i + \mu_i \tag{14-2}$$

$$P(\mathrm{DF\_scope}_i = n_i \mid \mathrm{DL}_i, \mathrm{FL}_i, \mathrm{DL}_i \times \mathrm{FL}_i, \mathrm{control}_i) = \frac{e^{-\lambda_i} \lambda_i^{n_i}}{n_i!}, \lambda > 0 \quad (n_i = 0,1,2,3,4,5)$$

$$\tag{14-3}$$

$$\mathrm{DF\_deep}_i = \alpha + \beta_1 \mathrm{DL}_i + \beta_2 \mathrm{FL}_i + \beta_4 \mathrm{control}_i + \mu_i \tag{14-4}$$

$$\mathrm{DF\_deep}_i = \alpha + \beta_1 \mathrm{DL}_i + \beta_2 \mathrm{FL}_i + \beta_3 \mathrm{DL}_i \times \mathrm{FL}_i + \beta_4 \mathrm{control}_i + \mu_i \tag{14-5}$$

其中，DF_i 表示农户是否响应数字金融，$\mathrm{DF}_i = 1$ 表示农户存在数字金融行为响应，$\mathrm{DF}_i = 0$ 表示农户没有数字金融行为响应；$\mathrm{DF\_scope}_i$ 表示农户数字金融响应广度；$\mathrm{DF\_deep}_i$ 表示农户数字金融响应深度；DL_i 表示农户数字素养；FL_i 表示农户金融素养；$\mathrm{DL}_i \times \mathrm{FL}_i$ 表示数字素养与金融素养的交互项；β_1、β_2、β_3 表示待估计系数，其中，β_3 为本章重点关注的系数值，若 β_3 显著大于 0，则表示两者间存在明显的互补关系，若 β_3 显著小于 0，则表示两者存在替代关系；$\mathrm{control}_i$ 表示一系列控制变量；μ_i 表示随机误差项。

14.4　实证过程与结果讨论

14.4.1　基准回归分析

数字素养和金融素养以及两者交互项对农户数字金融行为响应的基准回归结果如表 14-5 所示。数字素养和金融素养对农户数字金融行为响应的结果分析以（1）～（3）列的无交互项模型为准，两者交互效应的结果分析以（4）～（6）列的有交互项模型为准。其中，本章以（1）列和（4）列的 Probit 模型作为数字金融是否响应的回归分析结果，以（2）列和（5）列的 Poisson 模型、（3）列和（6）列的 OLS 模型作为数字金融响应广度及响应深度的回归分析结果。（1）～（3）列结果显示，数字素养对农户数字金融是否响应、响应广度、响应深度的估计系数为 0.273、0.707、0.559，均在 1%的水平上显著；金融素养对农户数字金融是否响应与响应广度的估计系数虽然为正，并无统计上的显著影响，但对响应深度估计系数为 0.370，在 1%的水平上显著。（4）～（6）列结果显示，数字素养与金融素养的交互项在数字金融是否响应和响应广度上的估计系数为–0.074 和–0.302，且在 1%的水平上显著为负，而数字金融响应深度的估计系数为 0.484，同样在 1%的水平上显著为正。从上述结果可以看出，数字素养与金融素养对农户数字金融行为响应具有显著的提升作用，数字素养不仅能够提高农户使用数字金融产品和选择多种数字金融产品的概率，还能够增加使用数字金融产品的响应深度；金融素养虽对数字金融是否响应和响应广度没有统计上的显著影响，但对数字金融响应深度具有显著的提升作用，能够显著增加农户对数字金融产品的依赖程度和融资强度。从交互项来看，数字素养与金融素养在数字金融是否响应和响应广度上存在显著的替代关系，即在金融素养相对缺乏或者作用较弱的农户当中，数字素养发挥充当金融素养的替代机制，推动农户参与数字金融和选择更多的数字金融产品服务；在数字金融响应深度当中，数字素养与金融素养呈现出显著的互补关系，数字素养与金融素养能够共同影响农户数字金融响应深度，即提升对数字金融的依赖程度和融资强度。因此，本章的假设 1 成立。存在该结论的原因可能在于，数字金融服务不再局限于某一固定地点和固定时间段，农户能够借助智能手机或者智能终端随时随地获取金融服务，使得农村地区具有一定数字素养的农户有更多机会产生数字金融行为并选择更多的数字金融产品服务类型，打破了以往传统金融服务必须在固定地点和固定时间段以及需要农户具备一定的金融素养的严格约束。若农户同时具备一定的金融素养，可能令农户对待数字金融产品的态度由尝试逐步转变为依赖，进而加深其使用程度。

表 14-5　基准回归结果

变量	（1） Probit 模型 是否响应	（2） Poisson 模型 响应广度	（3） OLS 模型 响应深度	（4） Probit 模型 是否响应	（5） Poisson 模型 响应广度	（6） OLS 模型 响应深度
数字素养	0.273*** (0.019)	0.707*** (0.054)	0.559*** (0.074)	0.246*** (0.020)	0.625*** (0.056)	0.742*** (0.094)
金融素养	0.004 (0.016)	0.033 (0.027)	0.370*** (0.101)	−0.002 (0.015)	0.144*** (0.036)	0.255*** (0.087)
数字素养× 金融素养				−0.074*** (0.025)	−0.302*** (0.065)	0.484*** (0.138)
年龄	−0.005*** (0.001)	−0.015*** (0.002)	−0.014*** (0.005)	−0.006*** (0.001)	−0.015*** (0.002)	−0.013** (0.005)
性别	0.030* (0.016)	0.107*** (0.034)	0.141 (0.108)	0.028* (0.016)	0.094*** (0.034)	0.167 (0.107)
婚姻	0.024 (0.040)	−0.029 (0.065)	0.396*** (0.117)	0.024 (0.038)	−0.039 (0.064)	0.412*** (0.122)
家庭最高学历	0.004 (0.005)	0.025** (0.011)	0.079*** (0.026)	0.004 (0.005)	0.029*** (0.011)	0.075*** (0.025)
家庭规模	−0.005 (0.005)	−0.026** (0.011)	−0.026 (0.023)	−0.004 (0.005)	−0.026** (0.011)	−0.029 (0.023)
收入（对数）	0.010* (0.005)	0.021** (0.010)	0.020 (0.029)	0.010* (0.005)	0.020* (0.010)	0.022 (0.029)
是否有银行借贷	0.022 (0.022)	0.108*** (0.039)	0.457*** (0.171)	0.022 (0.021)	0.108*** (0.039)	0.456*** (0.171)

续表

变量	（1） Probit 模型 是否响应	（2） Poisson 模型 响应广度	（3） OLS 模型 响应深度	（4） Probit 模型 是否响应	（5） Poisson 模型 响应广度	（6） OLS 模型 响应深度
是否有亲友借贷	0.037 （0.024）	0.149*** （0.046）	0.296* （0.153）	0.035 （0.024）	0.148*** （0.046）	0.301** （0.153）
银行网点距离	−0.001 （0.002）	0.005 （0.005）	−0.005 （0.011）	−0.001 （0.002）	0.004 （0.005）	−0.004 （0.011）
风险偏好	0.070** （0.035）	−0.027 （0.066）	0.065 （0.297）	0.068* （0.035）	−0.023 （0.065）	0.049 （0.297）
风险厌恶	0.002 （0.017）	0.027 （0.036）	0.021 （0.112）	0.002 （0.017）	0.024 （0.036）	0.023 （0.112）
控制地区	控制	控制	控制	控制	控制	控制
R^2	0.4571	0.1088	0.1391	0.4622	0.1115	0.1454
N	1545	1545	1545	1545	1545	1545

注：（1）列、（2）列、（4）列和（5）列汇报的数字为边际效应，括号内数值为稳健标准误

***、**和*分别表示在 1%、5%和 10%的水平上显著

从（1）～（3）列的控制变量回归结果上看，年龄对农户数字金融是否响应、响应广度、响应深度均在 1%的水平上具有负向影响，这是由于年轻人对新事物更容易接受以及采纳程度更高，更容易学习和使用数字金融技术，并且能够根据自身需求选择适合的数字金融产品，增加其响应广度。为此，在乡村劳动力呈现老龄化的现实格局下，要高度重视中老年劳动力群体数字鸿沟的跨越，帮助解决这一群体使用数字金融的难题（杜鹏和韩文婷，2021）。性别对农户数字金融是否响应和响应广度在 10%和 1%的水平上具有正向影响，可能的原因在于男性具有较高的风险偏好和好奇心，更容易接触并使用多种数字金融服务，从而提高其响应概率和响应广度。已婚农户对于数字金融响应深度在 1%的水平上具有显著的正向影响，可能是由于家庭生活会造成较多的生活、教育、医疗支出，激活了金融需求，加之新冠疫情的冲击，农户具有较高的数字金融参与度，从而增加了使用数字金融产品的深度。家庭最高学历对于农户数字金融响应广度和响应深度都在 5%和 1%的水平上具有显著的正向影响，这是由于家庭最高学历水平的成员能够接触和使用更多的数字金融产品，并帮助家庭其他成员使用并选择多种数字金融产品，产生更多的数字金融交易，进而提高数字金融行为的响应广度和响应深度。农户具有银行借贷行为对数字金融响应广度和响应深度均在 1%的水平上显著为正，而农户具有亲友接待行为对数字金融响应广度和响应深度分别在 1%和 10%水平上显著为正，这可能在于不论正规借贷或非正规借贷都能激发农户的信贷需求，从而提升农户使用数字金融产品的广度，反而经常通过正规渠道产生借贷行为的农

户能够加强其对数字金融产品的依赖程度和融资强度。风险偏好的农户对数字金融是否响应具有显著正向影响，但在响应广度和响应深度上没有统计上的显著影响，可能的原因在于喜好风险的特性可能令农户具有积极的态度尝试数字金融产品，但其使用数字金融产品的多样性和依赖性影响因素更为复杂。此外，农户到最近网点距离和风险厌恶特性对数字金融行为响应并没有统计上的显著影响。

14.4.2　内生性讨论

考虑到数字素养与农户数字金融行为响应之间可能存在反向因果关系以及遗漏关键解释变量所导致的内生性问题，使得基准回归结果的结论缺乏可靠性。因此，本章基于前文工具变量的选择，使用工具变量法进行内生性讨论，回归结果如表 14-6 所示。具体而言：（1）～（3）列是分别使用 IV-Probit 模型、IV-Poisson 模型、2SLS 模型对数字素养和金融素养影响农户数字金融是否响应、响应广度、响应深度的回归结果，（4）～（6）列是数字素养与金融素养交互项对农户数字金融行为响应的回归结果。结果显示，数字素养对数字金融是否响应、响应广度和响应深度的估计系数为 1.977、0.988、0.472，且在 1%和 10%的水平上显著为正，金融素养对数字金融响应深度的估计系数为 0.445，且在 10%的水平上显著为正。数字素养与金融素养交互项对数字金融是否响应和响应广度的估计系数为–0.027和–1.042，且在 1%的水平上显著为负，而对响应深度的估计系数为 1.263，且在 10%的水平上显著为正。上述结果表明考虑了内生性问题之后回归结果仍然支持基准回归结果。同时，Kleibergen-Paap rk LM 检验的零假设是工具变量识别不足，若拒绝零假设则说明选择的工具变量合理。结果显示，Kleibergen-Paap rk LM 的统计量 p 值为 0.000，说明本章选择的工具变量合理。综上所述，运用工具变量法重新估计基准回归模型后，与实证结论保持一致，本章的核心结论依旧成立。

表 14-6　内生性回归结果

变量	(1)	(2)	(3)	(4)	(5)	(6)
	IV-Probit 模型	IV-Poisson 模型	2SLS 模型	IV-Probit 模型	IV-Poisson 模型	2SLS 模型
	是否响应	响应广度	响应深度	是否响应	响应广度	响应深度
数字素养	1.977*** (0.331)	0.988*** (0.224)	0.472* (0.269)	2.171*** (0.309)	0.921*** (0.244)	0.848** (0.416)
金融素养	0.011 (0.033)	0.026 (0.018)	0.445* (0.244)	0.136 (0.132)	0.102* (0.055)	0.032 (0.030)
数字素养× 金融素养				–0.027*** (0.010)	–1.042*** (0.259)	1.263* (0.694)

续表

变量	（1）	（2）	（3）	（4）	（5）	（6）
	IV-Probit 模型	IV-Poisson 模型	2SLS 模型	IV-Probit 模型	IV-Poisson 模型	2SLS 模型
	是否响应	响应广度	响应深度	是否响应	响应广度	响应深度
控制变量	控制	控制	控制	控制	控制	控制
Kleibergen-Paap rk LM 统计量			149.861*** (0.000)			47.609*** (0.000)
N	1545	1545	1545	1545	1545	1545

注：Kleibergen-Paap rk LM 统计量括号内数值为 p 值，其余括号内数值为稳健标准误

***、**和*分别表示在 1%、5%和 10%的水平上显著

14.4.3　稳健性检验

为了确保前文基准回归结果的稳健性，本章从改变核心变量测度方式和增加新变量两个方面进行稳健性检验。[①]第一，改变数字素养与金融素养的测度方式。参考单德朋（2019）的做法，采用赋值加总方法对农户数字素养和金融素养进行测度，加总得到每个农户的数字素养和金融素养评分。根据赋值加总指标重新进行回归，得出检验结果与基准回归结果一致。第二，增加家庭是否有工商业经营、户主是否参加过技能培训两个变量。由于当下二维码付款的普及，从事工商业经营，极有可能使用数字支付功能，同时工商业经营所需的资金可能借助数字信贷或数字授信获取，因此，家庭是否经营工商业极可能影响到农户数字金融行为响应。户主是否参加过相关技能培训，同样有可能影响农户数字金融行为。若不控制上述两种因素可能会导致实证结果估计偏误。将上述两个变量加入控制变量重新回归，检验结果依然与基准回归结果保持一致。因此，本章的实证结果是稳健的。

14.4.4　机制分析

通过数字素养与金融素养对农户数字金融行为响应的传导机制进行分析，为此针对每一种数字金融产品进行单独回归分析，回归结果如表 14-7 所示。具体而言：从（1）～（10）列的结果可以发现，数字素养对农户选择数字支付、数字信贷、数字理财、数字授信产品均具有正向影响，且在 1%的水平上显著为正，但对数字保险产品并无统计上的显著影响，而金融素养对数字信贷、数字理财、数字授信都具有显著的正向影响，且在 10%和 1%的水平上显著为正，而对数字支付和

---

① 稳健性检验结果未在正文中列出，留存备索。

数字保险并无统计上的显著影响。假设 2 和假设 3 的前半部分得以验证。在数字素养与金融素养的交互项中，数字支付和数字保险分别在 1% 和 5% 的水平上显著为负，说明在这两款产品的使用当中，数字素养与金融素养的替代效应明显，需要重点关注数字素养。而在数字信贷、数字理财和数字授信这三款数字金融产品当中，替代效应并不明显，说明该类产品的使用仍需要农户具备一定的金融素养。

表 14-7　行为响应机制：数字金融产品是否响应

变量	（1）	（2）	（3）	（4）	（5）	（6）	（7）	（8）	（9）	（10）
	是否响应									
	数字支付	数字信贷	数字理财	数字授信	数字保险	数字支付	数字信贷	数字理财	数字授信	数字保险
数字素养	0.275*** (0.020)	0.050*** (0.019)	0.046*** (0.018)	0.109*** (0.024)	−0.006 (0.021)	0.244*** (0.021)	0.052** (0.020)	0.046** (0.018)	0.108*** (0.023)	−0.017 (0.023)
金融素养	−0.005 (0.017)	0.018* (0.010)	0.028*** (0.008)	0.029*** (0.010)	0.011 (0.014)	−0.011 (0.016)	0.025* (0.013)	0.028** (0.013)	0.012 (0.015)	0.018 (0.014)
数字素养×金融素养						−0.088*** (0.024)	−0.014 (0.022)	−0.000 (0.022)	0.038 (0.026)	−0.049** (0.023)
控制变量	控制	控制	控制	控制	控制	控制	控制	控制	控制	控制
N	1545	1545	1545	1545	1545	1545	1545	1545	1545	1545

***、**和*分别表示在 1%、5%和 10%的水平上显著

　　进一步分析数字素养、金融素养以及两者交互项对农户数字金融产品响应深度的影响，回归结果如表 14-8 所示。从（1）～（8）列可以发现，数字素养对农户使用数字支付和数字理财的响应深度具有显著的正向作用，且在 1% 和 5% 的水平上显著为正，而对数字信贷和数字授信的响应深度没有统计上的显著影响。金融素养对农户使用数字理财和数字授信的响应深度具有显著的正向作用，且在 1% 和 5% 的水平上显著为正，而对数字支付和数字信贷没有统计上的显著影响。假设 2 和假设 3 的后半部分得以验证。在数字素养与金融素养的交互项中，数字支付在 1% 的水平上显著为负，替代效应明显，数字素养的提升效果显著高于金融素养。数字理财和数字授信在 1% 和 5% 的水平上显著为正，数字素养与金融素养的互补效应明显。造成这一现象的原因可能是，数字素养较高的农户在日常生活中更倾向于使用数字支付进行交易结算，进而加深农户对数字支付的依赖，增加其响应深度，并不需要农户具备一定的金融素养，为此数字素养与金融素养呈现替代关系。同时，农户数字素养与金融素养的提升，可以帮助农户选择合理的数字理财产品与授信产品，进而增加其接受程度和响应深度，此时数字素养与金融素养呈现互补关系。

表 14-8 行为响应机制：数字金融产品响应深度

变量	(1)	(2)	(3)	(4)	(5)	(6)	(7)	(8)
	响应深度							
	数字支付	数字信贷	数字理财	数字授信	数字支付	数字信贷	数字理财	数字授信
数字素养	0.492*** (0.025)	−0.021 (0.032)	0.096** (0.045)	−0.051 (0.047)	0.461*** (0.029)	0.012 (0.040)	0.175*** (0.062)	0.041 (0.059)
金融素养	0.009 (0.018)	0.032 (0.046)	0.134*** (0.044)	0.139** (0.057)	0.026 (0.019)	0.014 (0.044)	0.089** (0.035)	0.087* (0.046)
数字素养×金融素养					−0.077*** (0.027)	0.084 (0.054)	0.202*** (0.065)	0.235** (0.093)
控制变量	控制	控制	控制	控制	控制	控制	控制	控制
N	1545	1545	1545	1545	1545	1545	1545	1545

***、**和*分别表示在1%、5%和10%的水平上显著

14.5 基于收入水平的异质性分析

14.5.1 数字金融行为响应差异分析

由于贫困群体一直受到传统金融的排斥（温涛等，2016），本章采用孙继国等（2020a）的方法，以农户家庭收入中位数的40%作为相对贫困线，将农户分为相对贫困户和非相对贫困户两组，讨论数字素养和金融素养以及两者交互项对不同相对贫困状态下农户数字金融行为的影响，同时采用费舍尔组合检验（Fisher's permutation test）组间系数差异[①]，回归结果如表14-9所示。由于数字金融响应广度的系数都没有通过组间系数差异检验，因此仅从数字金融是否响应和响应深度进行讨论。从数字金融是否响应来看，相对贫困户的数字素养估计系数为0.212，非相对贫困户的数字素养估计系数为0.299，且都在1%的水平上显著为正，非相对贫困户的系数边际效应更大。相对贫困户的金融素养估计系数为0.075，且在5%的水平上显著为正，而非相对贫困户的金融素养估计系数为–0.021，且无统计上的显著影响，相对贫困户系数边际效应更大。数字素养与金融素养交互项系数并未通过组间系数差异检验。从数字金融响应深度来看，相对贫困户的数字素养估计系数为0.150，但无统计上的显著影响，而非相对贫困户的数字素养估计系数为0.602，且在1%的水平上显著为正，数字不平等现象逐渐凸显。相对贫困户的金融素养估计系数为0.451，且在5%的水平上显著为正，而非相对贫困户的金融

① 连玉君和廖俊平（2017）检验分组回归后的组间系数差异方法通常有三种：Chow检验、似不相关回归模型检验与费舍尔组合检验。本章基于三种不同数值类型的被解释变量设置了三种回归模型，故采用费舍尔组合检验，因为其检验具有较为宽松的假定条件并且不受计量模型的限制。

素养估计系数为 0.290，且在 1%的水平上显著为正，金融素养对相对贫困户的重要性凸显。相对贫困户的数字素养与金融素养交互项系数为 0.331，但并无统计上的显著影响，而非相对贫困户的交互项系数为 0.476，且在 1%的水平上显著为正，互补效应仅在非相对贫困户当中存在，数字不平等问题愈加严重。从上述结果分析可见，数字素养对非相对贫困户数字金融是否响应和响应深度的提升效果要优于相对贫困户，并且在响应深度中存在明显的数字素养与金融素养的互补效应。金融素养对相对贫困户数字金融是否响应和响应深度的提升效果优于非相对贫困户，其重要性不断提高，但在响应深度上尚未与数字素养形成有效的互补效应。故本章的假设 4 得以验证。随着数字经济的不断发展，以数字鸿沟为基础的数字不平等现象在社会凸显（陈梦根和周元任，2022），其中农村地区以及低收入群体的不平等程度最深。为此，当前不仅要大力推进数字素养培育，还要着重加强农村低收入群体金融素养的培育，构建乡村数字金融包容性发展路径。

表 14-9　行为响应差异：相对贫困户和非相对贫困户

变量	（1）	（2）	（3）	（4）	（5）	（6）	（7）	（8）
	是否响应		响应深度		是否响应		响应深度	
	相对贫困户	非相对贫困户	相对贫困户	非相对贫困户	相对贫困户	非相对贫困户	相对贫困户	非相对贫困户
数字素养	0.212*** (0.044)	0.299*** (0.019)	0.150 (0.288)	0.602*** (0.151)	0.179*** (0.049)	0.273*** (0.021)	0.289 (0.316)	0.784*** (0.164)
数字素养经验 p 值	0.007***		0.000***		—		—	
金融素养	0.075** (0.038)	−0.021 (0.017)	0.451** (0.190)	0.290*** (0.099)	0.072** (0.035)	−0.032* (0.017)	0.367* (0.206)	0.189* (0.105)
金融素养经验 p 值	0.044**		0.002***		—		—	
数字素养× 金融素养					−0.086 (0.058)	−0.079*** (0.026)	0.331 (0.312)	0.476*** (0.166)
数字素养× 金融素养经验 p 值					0.439		0.014**	
控制变量	控制	控制	控制	控制	控制	控制	控制	控制
N	1545	1545	1545	1545	1545	1545	1545	1545

注：费舍尔检验经验 p 值通过自体抽样 1000 次得到

***、**和*分别表示在 1%、5%和 10%的水平上显著

14.5.2　数字金融产品选择差异分析

通过上述数字金融行为响应差异分析，进一步讨论不同相对贫困状态下，农户选择不同数字金融产品的差异。由于数字保险是否响应的系数都没有通过组间

系数差异检验，因此在此不做讨论。回归结果如表 14-10 和表 14-11 所示。其中，表 14-10 是数字支付和数字信贷的分组回归结果，表 14-11 是数字理财和数字授信的分组回归结果。在数字支付产品中，相对贫困户在数字金融是否响应和响应深度中的数字素养系数为 0.202 和 0.370，非相对贫困户的系数为 0.303 和 0.524，且均在 1% 的水平上显著为正，非相对贫困户数字金融行为响应的提升效果更好，数字不平等仍然存在。虽然金融素养通过了组间系数差异检验，但其估计系数都没有统计上的显著影响。在数字信贷产品中，数字素养在数字金融是否响应中未通过组间系数差异检验，响应深度虽通过检验，但估计系数并没有统计上的显著影响，而金融素养通过了检验，在是否响应和响应深度下，相对贫困户的估计系数为 0.038 和 0.190，且在 10% 的水平上显著为正，非相对贫困户的估计系数为 0.011 和 –0.003，但没有统计上的显著影响，需要进一步验证金融素养对于低收入群体的重要性。在数字理财产品中，相对贫困户在数字金融是否响应和响应深度中的数字素养系数为 0.202 和 0.076，但没有统计上的显著影响，非相对贫困户的系数为 0.052 和 0.104，且均在 5% 的水平上显著为正，仍存在数字不平等现象。金融素养在数字金融是否响应和响应深度上未通过组间系数差异检验。在数字授信产品中，相对贫困户在数字金融是否响应中的数字素养估计系数为 0.113，但没有统计上的显著影响，非相对贫困户的估计系数为 0.116，且在 1% 的水平上显著为正。但在金融素养中，非相对贫困户的数字金融响应深度的估计系数为 0.165，且在 5% 的水平上显著为正，而相对贫困户的估计系数为 0.070，但没有统计上的显著影响。在数字授信产品中，金融素养对于非相对贫困户的提升效果更好，并且存在数字素养与金融素养的互补效应。通过对上述五种数字金融产品的进一步分析可见，数字素养对于农户选择数字金融产品以及选择种类具有显著的提升作用，而金融素养能够显著提高农户使用数字金融产品的深度与依赖度，同时金融素养对于相对贫困户的提升效应要高于非相对贫困户，本章的假设 4 得到再次验证。因此，随着数字乡村战略的不断推进，在大力推广数字素养培育的同时一定不能忽视金融素养的教育，一定要重点关注农村地区的数字不平等现象，避免金融资源错配，弥合数字鸿沟和知识鸿沟。

表 14-10　产品选择差异：数字支付和数字信贷

变量	（1）	（2）	（3）	（4）	（5）	（6）	（7）	（8）
	数字支付				数字信贷			
	是否响应		响应深度		是否响应		响应深度	
	相对贫困户	非相对贫困户	相对贫困户	非相对贫困户	相对贫困户	非相对贫困户	相对贫困户	非相对贫困户
数字素养	0.202*** (0.046)	0.303*** (0.019)	0.370*** (0.060)	0.524*** (0.027)	0.033 (0.053)	0.058** (0.029)	–0.160 (0.105)	0.008 (0.037)

续表

变量	（1）	（2）	（3）	（4）	（5）	（6）	（7）	（8）
	数字支付				数字信贷			
	是否响应		响应深度		是否响应		响应深度	
	相对贫困户	非相对贫困户	相对贫困户	非相对贫困户	相对贫困户	非相对贫困户	相对贫困户	非相对贫困户
数字素养经验 p 值	0.005***		0.000***		0.387		0.000***	
金融素养	0.051 (0.037)	−0.028 (0.017)	0.052 (0.038)	−0.004 (0.020)	0.038* (0.019)	0.011 (0.012)	0.190* (0.102)	−0.003 (0.054)
金融素养经验 p 值	0.074*		0.000***		0.087*		0.000***	
数字素养×金融素养	−0.117** (0.056)	−0.086*** (0.026)	−0.082 (0.057)	−0.079** (0.031)	−0.073 (0.086)	−0.009 (0.033)	0.057 (0.091)	0.097 (0.065)
数字素养×金融素养经验 p 值	0.481		0.430		0.147		0.054*	
控制变量	控制	控制	控制	控制	控制	控制	控制	控制
N	1545	1545	1545	1545	1545	1545	1545	1545

注：费舍尔检验经验 p 值通过自体抽样 1000 次得到，数字素养与金融素养的交互项系数为有交互项模型回归所得
***、**和*分别表示在 1%、5%和 10%的水平上显著

表 14-11　产品选择差异：数字理财和数字授信

变量	（1）	（2）	（3）	（4）	（5）	（6）	（7）	（8）
	数字理财				数字授信			
	是否响应		响应深度		是否响应		响应深度	
	相对贫困户	非相对贫困户	相对贫困户	非相对贫困户	相对贫困户	非相对贫困户	相对贫困户	非相对贫困户
数字素养	0.202 (0.174)	0.052** (0.023)	0.076 (0.089)	0.104** (0.050)	0.113 (0.069)	0.116*** (0.033)	−0.135 (0.210)	−0.034 (0.042)
数字素养经验 p 值	0.020**		0.040**		0.020**		0.231	
金融素养	0.080** (0.038)	0.030*** (0.009)	0.140* (0.078)	0.131*** (0.051)	0.015 (0.024)	0.031*** (0.012)	0.070 (0.070)	0.165** (0.071)
金融素养经验 p 值	0.318		0.218		0.268		0.000***	
数字素养×金融素养	−0.188 (0.149)	0.002 (0.024)	0.167 (0.109)	0.198*** (0.074)	−0.032 (0.091)	0.046 (0.034)	0.189 (0.137)	0.260** (0.117)
数字素养×金融素养经验 p 值	0.020**		0.231		0.259		0.032**	
控制变量	控制	控制	控制	控制	控制	控制	控制	控制
N	1545	1545	1545	1545	1545	1545	1545	1545

注：费舍尔检验经验 p 值通过自体抽样 1000 次得到，数字素养与金融素养的交互项系数为有交互项模型回归所得
***、**和*分别表示在 1%、5%和 10%的水平上显著

14.6　本 章 小 结

　　基于 2021 年 CRERFS 的数据，本章通过构建数字素养和金融素养统一分析框架，实证分析了数字素养、金融素养及其交互项对农户数字金融行为响应的影响。研究结果表明：①数字素养和金融素养均是影响农户数字金融行为的关键因素，数字素养对于数字金融是否响应和响应广度具有显著的提升效应，而金融素养对响应深度的提升效应更为明显。②数字素养与金融素养在对数字金融行为是否响应和响应广度上存在显著的替代关系，数字素养是主导因素，在对数字金融行为响应深度的影响上则显现出互补关系，两者共同加深数字金融依赖程度和融资强度。③在不同数字金融产品的机制分析中，数字素养通过影响数字支付、数字信贷、数字理财、数字授信的是否响应以及数字支付、数字理财的响应深度来主导农户数字金融行为响应。金融素养通过影响数字信贷、数字理财、数字授信的是否响应以及数字理财、数字授信的响应深度来加深农户数字金融行为的依赖程度和融资强度。同时，两者的替代与互补关系仍然存在。④在不同收入水平群体的异质性分析中，数字素养对相对贫困户的提升效应弱于非相对贫困户，引起数字不平等现象，而金融素养对相对贫困户的提升效应要优于非相对贫困户，在一定程度上能缓解数字差距；在对不同数字金融产品对比分析后，该现象依然存在。

　　基于上述研究结论，本章认为数字经济时代来临与金融科技的不断进步，深刻改变了传统金融环境，金融服务的数字化趋势不可抵挡。同时，数字金融借助数字技术克服了传统金融的诸多难点、痛点，极大改善了农村金融服务环境，能够为乡村弱势群体提供更为便捷的金融产品与服务。因此，本章提出以下政策建议：第一，加快构建农村地区数字素养与金融知识培育体系，优先关注数字素养培育，跨越数字鸿沟，培养高素质农民群体。要完善数字素养与金融知识培育课程，采用数字化设备，运用动画、视频、直播等课程手段开展对数字技术与数字软件的学习。拓宽数字素养与金融知识的培育渠道，采取电商技能培训、现场观摩学习、线上云视频会议等多种高效培育方式。第二，加深农村地区数字金融覆盖广度和深度，创新数字金融产品，健全农村金融服务体系。要按照农户的切实需求，丰富数字金融产品，降低使用难度，使农户敢用、愿意用。第三，政府要在完善农村数字基础设施的同时加快推进适合农户生产经营、生活消费、信贷授信、保险理财的开发，针对农村中老年群体，提供与之相对应的适龄化产品和服务。第四，加快低收入群体以及相对贫困群体的人力资本提升，重点关注其金融知识培育，扶持其发展。政府在推动农村数字金融发展过程中要重点关注弱势群体，构建包容性发展路径，并从多角度提升弱势群体的数字素养与金融知识，跨越数字鸿沟，缓解数字不平等，巩固拓展脱贫攻坚成果，助力全面乡村振兴。

第15章 乡村数字金融新模式:成长逻辑与未来展望

15.1 引　　言

强国必先强农,农强方能国强。党的二十大提出,"全面推进乡村振兴""加快建设农业强国"[①]。随着脱贫攻坚取得决定性胜利,"三农"工作重心已实现历史性转移,人力投资、物力投资、财力保障都要转移到乡村振兴上来[②]。金融是现代经济的核心,必须充分认识金融在经济发展和社会生活中的重要地位和作用[③],全面推进乡村振兴和加快建设农业强国离不开金融的有效支持。党的十八大以来,农村金融供给侧结构性改革深入推进,为打赢脱贫攻坚战提供了重要支持。脱贫攻坚战期间,扶贫小额信贷累计发放 7100 多亿元,扶贫再贷款累计发放 6688 亿元,金融精准扶贫贷款发放 9.2 万亿元[④]。

党的二十大也明确指出:"全面建设社会主义现代化国家,最艰巨最繁重的任务仍然在农村。"[①]对标对表农业农村优先发展,农村金融依然存在明显的短板和薄弱环节(温涛和何茜,2023)。全面推进乡村振兴、加快建设农业强国又对农村金融提出了更高要求。然而,农村金融产品与服务创新滞后且供需脱节,新型农业经营主体面临严重的信息成本约束和抵押担保障碍,农村金融市场体系多元化发展滞后以及各利益主体共享和风险共担机制不健全等一系列难点、痛点尚未解决(王小华等,2021c;马九杰等,2020;温涛和何茜,2023)。在推进农业农村现代化的新形势和新挑战下,全面推进乡村振兴、加快建设农业强国有待深化农村金融改革创新,进一步健全农村金融服务体系,有效缓解农村融资困境,将价格合理、方便快捷、功能全面的金融服务向农村地区纵深推进并实现金融的普惠性发展。

在互联网技术革命的不断推动下,数字经济时代所引发的深刻变革无处不在、无时不在。借助数字技术应运而生的数字金融模式,有效突破了传统金融的诸多

---

① 引自 2022 年 10 月 26 日《人民日报》第 1 版的文章:《高举中国特色社会主义伟大旗帜 为全面建设社会主义现代化国家而团结奋斗》。

② 习近平:《加快建设农业强国 推进农业农村现代化》,《求是》,2023 年第 6 期。

③ 《习近平:金融活经济活 金融稳经济稳》,http://www.xinhuanet.com//politics/2017-04/26/c_1120879349.htm,2017 年 4 月 26 日。

④ 《习近平:在全国脱贫攻坚总结表彰大会上的讲话》,http://www.qstheory.cn/yaowen/2021-02/25/c_1127140420.htm,2021 年 2 月 25 日。

难点、痛点。数字金融作为数字经济最重要的组成部分，可能是破解农村金融世界难题的一个选择。理论与实践表明，数字金融相较于传统金融，摆脱了物理网点的约束，更具普惠特性，其竞争效应可以更好地促进金融业变革，提高金融机构运行效率，为高质量经济增长提供优异的金融保障（Philippon，2016；Bazot，2018）。数字金融对传统金融的改变，极大促进了农村金融的发展，改善了农村金融的市场格局（马九杰和吴本健，2014；张正平和江千舟，2018），为提高农村地区的普惠金融服务水平创造了条件（焦瑾璞，2014；何广文和刘甜，2019）。已有研究证明，数字金融在农村居民创业（何婧和李庆海，2019；张林和温涛，2020）、乡村产业振兴和产业融合发展（温涛和陈一明，2020；张林和温涛，2022）、农民持续增收（张勋等，2019），以及帮助农民增强幸福感（尹振涛等，2021；方能胜等，2022）等方面具有重要作用。此外，通过向农户提供储蓄、贷款、平滑消费以及便捷支付等金融服务（Pierrakis and Collins，2013），不仅能够帮助农户缓解金融排斥，提升农户的金融参与感，还有助于抑制数字鸿沟的扩大（张勋等，2021）。推动数字金融发展对深化农村金融服务，缓解信息不对称、降低交易成本、改善风险定价、助力乡村振兴有极大的促进作用，能够有效改善当前农村金融亟待解决的薄弱环节（周雨晴和何广文，2020；张正平和董晶，2023）。

从政策实践看，党中央、国务院及国家各部委对数字金融在农村地区的发展高度重视。《中共中央关于制定国民经济和社会发展第十四个五年规划和二〇三五年远景目标的建议》中提出"提升金融科技水平，增强金融普惠性"，同时强调"健全农村金融服务体系"；2021 年中央一号文件则进一步明确了"发展农村数字普惠金融"，并强调"坚持为农服务宗旨，持续深化农村金融改革"；2022 年中国人民银行《关于做好 2022 年金融支持全面推进乡村振兴重点工作的意见》特别强调"继续深入实施金融科技赋能乡村振兴示范工程，发展农村数字普惠金融"；《农业农村部关于落实党中央国务院 2023 年全面推进乡村振兴重点工作部署的实施意见》持续强调了"支持农村数字普惠金融发展"。上述系列政策文件的出台，表明我国已经将数字金融作为破解农村金融世界难题的重要突破方向。目前，全国多地均以数字金融作为突破口，进一步开展农村金融改革试点，并取得明显成效。试点地区的融资服务可得性不断提高，普惠口径信贷投放总量稳步提升，农村金融服务创新能力得以有效拓展，农村金融服务体系获得有益补充。

针对理论界与实务界对乡村数字金融发展的普遍重视和积极推动，本章选取农村改革试验区广西田东县、河南兰考县、四川成都市、山东淄博市的乡村数字金融新模式作为研究对象，深入分析这些典型模式背后的逻辑规律，重点回答以下四个问题：一是在实践层面乡村数字金融新模式到底具有怎样的成效和特征属性？二是如何有效刻画不同地区乡村数字金融新模式的适用条件和成长逻辑？三是当前乡村数字金融新模式面临的发展难点和障碍有哪些？四是从典型经验借鉴中如何找准突破方向确保乡村数字金融更好的发展？通过回答上述核心问题，本章力图通过典型案例提炼共性特征，厘清不同模式成长的要素条件，提炼其成长逻辑与经验规律，从而为数字金融如何有效服务全面推进乡村振兴和加快建设农业强国找准重点方向和实现路径，同时也为健全农村金融服务体系、推动农村金融高质量发展提供理论和实践指导。

15.2　乡村数字金融新模式的改革试点及成效

15.2.1　广西田东的"六大体系"协同服务模式

广西田东县在 2011 年获批国家农村改革试验区，凭借政策的先行先试，积极主导农村金融改革。田东县主动搭建数字金融平台，引进各类银行机构、担保机构、保险机构、产权交易机构、评估机构等入驻，在平台开设门户网站、信用大数据、金融超市、聚合支付四个服务板块，并出资建设信用信息数据库，实现信贷、信用、支付的信息整合，有效破解了"农民贷款难、银行放贷难、农村支付难"等传统农村金融服务存在的难题。在政府的积极主导下，田东县建立健全了独具特色的、涵盖"六大体系"的数字金融协同服务模式（图 15-1）。

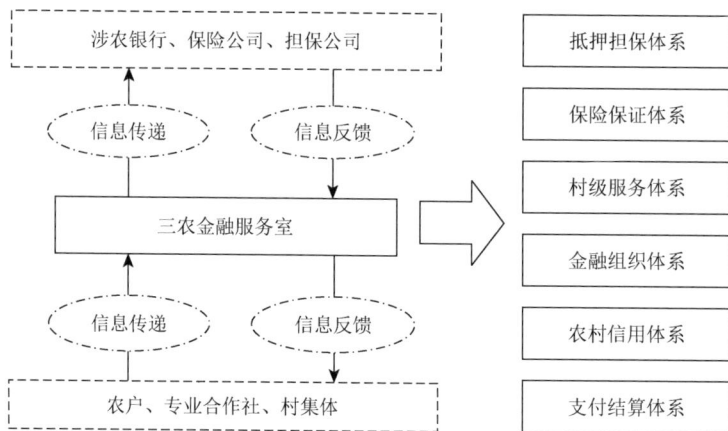

图 15-1　广西田东的"六大体系"模式

1. 支付结算体系

田东县在 2009 年率先完成大小额支付系统乡镇全覆盖，成为广西壮族自治区第一个实现"乡镇级金融网点跨行资金汇划乡乡通"的区域，被中国人民银行确定为"全国农村支付服务环境建设联系点"。随后，田东县又在数字金融服务平台当中嵌入聚合支付功能，聚合微信、银闪付、支付宝等端口，进一步优化支付技术。通过建立面向农村、服务农民、助力农业的支付结算体系，农民可以借助"乡邻小站"的"助农终端"，实现小额现金存取款、现金汇款、转账汇款、定活互转、余额查询、代缴费、农资服务等便利性服务，提高了获得基础金融服务的效率和便捷度。

2. 农村信用体系

田东县依托数字普惠金融服务平台，建立信用信息中心，推广"六合一"农户信用信息系统，建设信用大数据，实现农户自主查询个人信用信息和自助增信。除此之外，田东县不断推行信用采集绩效管理，要求县直部门及乡镇按时在线上或线下匹配农户和中小企业信息数据，为农户信贷提供相匹配的最新的个人资信。截至 2022 年 6 月末，田东县共建立农户信用信息入库 8.4 万户，入库率 93.58%，信用户 6.4 万户，占全县农户的 71.02%；信用村 105 个，占全县行政村的 65.21%；评定信用镇有 7 个，占全县乡镇的 70%。

3. 金融组织体系

持续"引金入县"，搭建了普惠金融服务平台和金融超市，引进银行、保险公司到田东设立分支机构。引导各类金融机构入驻普惠金融服务平台，不断壮大金融组织。截至 2022 年 6 月，田东县拥有银行业金融机构 11 家，非银行业金融机构 18 家，银行网点 52 个，覆盖全县 10 个乡镇和部分村屯，机构种类齐全度属广西县域首位，形成农村金融市场横向联动、有序竞争的格局。

4. 村级服务体系

2012 年，田东县整合村级行政资源，建立村级三农金融服务室，将金融知识宣传、信用信息采集、贷款调查、还款催收、保险业务办理、银行支付等金融服务前置到村级，极大地减少了金融机构的工作成本，有效地缓解了金融机构和农户间的信息不对称。同时，田东县为改变过去各村三农金融服务室占用村级有限办公场所的状况，将农村金融服务融入村级综合服务中心项目，形成村级综合服务中心加就业、社保、教育、卫生、文体、法律、金融共七项服务的"1＋7"村级综合服务。为进一步提供更为优质、便利的金融服务，田东县在现有三农金融服务室的基础上，逐步建立村级普惠金融综合服务站，截至 2022 年 6 月，田东县共建立普惠金融综合服务点 108 个。

5. 保险保证体系

田东县投入财政资金，建立保险保证体系。根据本地产业发展实际调整保险品种，增强农业抵御自然灾害风险的能力；完善不良贷款处置机制，做大保险基金、保证基金、风险补偿基金，增强批发性金融、开发性金融的可获得性，健全县乡村三级保险服务网络，实现农村保险服务站乡镇全覆盖、保险服务点行政村全覆盖。

6. 抵押担保体系

2012 年，田东县成立广西壮族自治区首家农村产权交易机构，为农村产权流转和农村产权抵押贷款提供平台，并发挥对农村产权流转的监测作用。随着数字技术的应用，田东县升级农村产权交易中心电子交易系统，截至 2019 年，实现产权抵押贷款 17.77 亿元（其中，贫困村产权抵押 1.56 亿元），农村产权抵押贷款品种从 2 个增加到 6 个。同时，田东县引进广西金融投资集团有限公司和广西农业信贷融资担保有限公司，为田东县融资担保额度达 14 亿元，打破了县级助农担保公司资本实力小、服务半径小、服务能力弱的困局。

15.2.2 河南兰考的"一平台，四体系"多元化服务模式

河南兰考县是全国首个国家级普惠金融改革试验区，2016 年开始试验任务以来，紧紧围绕"普惠、扶贫、县域"三大主题，明确了以数字普惠金融为突破口的发展路径。在政策支持下，兰考县积极整合市场资源，加强与金融机构的沟通合作，截至 2019 年，县域内共有 9 家银行、1 家证券公司、19 家保险公司、2 家担保公司、1 家小额贷款公司、蚂蚁金服数字农贷、微粒贷等金融机构开展农村金融服务。同时，兰考县国有平台公司改组成功，实现市场化管理经营，改造 2 家担保公司，提供更多政策性融资担保服务。通过整合市场资源，兰考县建立了以"普惠通"APP 为核心的综合数字金融服务平台，并设立"金融超市"和"普惠金融管理"两大子平台。通过两大子平台的不断推进，兰考县构建了四大体系运营模式。第一，立足农民就业创业，将基本信贷权上升为公民基本权益并提供无抵押、无担保的普惠授信，切实打破信贷门槛约束，建立普惠授信体系。第二，依托党群服务中心，将便民服务与基本金融服务相结合，村村设立普惠金融服务站，将银行开到百姓家门口，完善金融服务体系。第三，实施信用信贷相长的行动计划，能够在一定程度上解决农村信用体系建设难、农民信用意识弱等问题，打造信用信息体系。第四，尝试通过"四位一体、分段分担"力图解决普惠授信风险分担难、责权利不对等的问题，筑牢风险防控体系。在政府与市场通力合作下，兰考县通过"普惠通"平台和四大体系的建设，逐渐完善为"一平台，四体系"的数字金融多元化服务模式（图 15-2）。

```
┌─────────┐ ┌─────────┐ ┌──────┐ ┌─────────┐ ┌────────────┐
│ 证券公司 │ │ 保险公司 │ │ 银行 │ │ 担保公司 │ │ 金融科技公司 │
└─────────┘ └─────────┘ └──────┘ └─────────┘ └────────────┘

            ┌──────────────────────────┐
            │      "普惠通"平台          │
            └──────────────────────────┘

   ┌──────────────────┐      ┌──────────────────┐
   │   金融超市平台     │      │  普惠金融管理平台  │
   └──────────────────┘      └──────────────────┘

  ┌──────────────────┐      ┌──────────────────┐
  │ 信贷、理财、保险、证券 │      │ 县乡村三级金融服务体系 │
  ├──────────────────┤      ├──────────────────┤
  │     生活缴费       │      │    普惠授信流程    │
  ├──────────────────┤      ├──────────────────┤
  │     惠农补贴       │      │   风险补偿金划拨   │
  ├──────────────────┤      ├──────────────────┤
  │  金融消费者权益保护 │      │    信用体系建设    │
  └──────────────────┘      └──────────────────┘

 ┌─────────┐ ┌─────────┐ ┌─────────┐ ┌─────────┐
 │信用信息体系│ │风险防控体系│ │普惠授信体系│ │金融服务体系│
 └─────────┘ └─────────┘ └─────────┘ └─────────┘

    ┌───────┐      ┌───────┐      ┌───────┐
    │ 平台化 │      │ 数字化 │      │ 线上化 │
    └───────┘      └───────┘      └───────┘
```

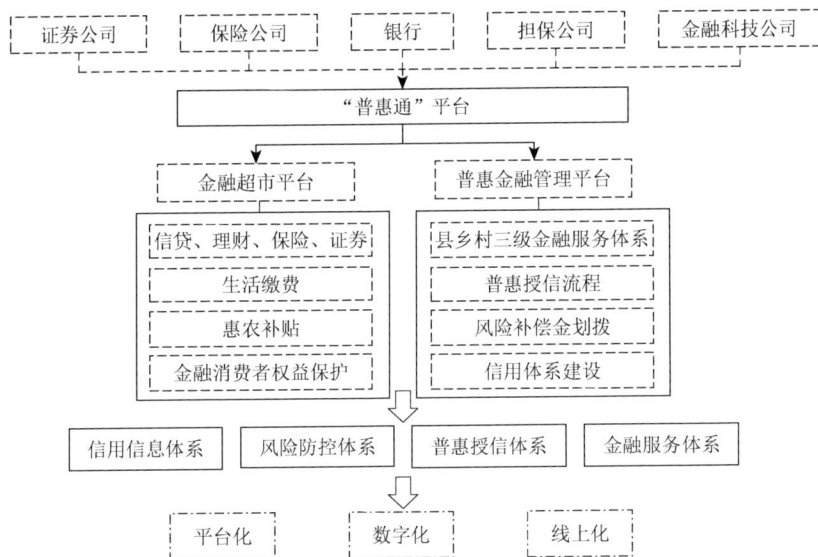

图 15-2　河南兰考的"一平台，四体系"模式

1. "普惠通"平台化

兰考县在政府主导下积极与金融市场合作，建立以"普惠通"APP 为核心的综合数字金融服务平台，并在平台内打造金融超市平台，将信贷、支付、理财、保险、生活缴费、惠农补贴、金融消费者权益保护等金融产品加载在平台上，解决百姓的金融服务推送难题。同时，"普惠通"设立普惠金融管理平台，将县乡村三级金融服务体系、普惠授信流程、风险补偿金划拨和信用体系建设等统一到平台上，实现动态跟踪、监测、督导。兰考县通过"普惠通"APP 的两大平台化举措，不仅能够掌握普惠金融市场情况，也能针对存在的问题及时整改，从而实现各类普惠金融服务的真正落地。

2. "四体系"数字化

兰考县在建设普惠授信体系的过程中，大力推进数字基础设施建设，4G 信号实现农村全覆盖，焦裕禄干部学院建成 5G 示范点，2019 年兰考县 139 个村实现 WiFi 信号全覆盖，其余 315 个村网络已铺设到位，全力推进村站数字化建设。在完善金融服务体系的过程中，在县城打造"一街三点"数字支付示范格局，积极建设中国数字普惠金融小镇，集聚各类金融业态入驻，并给予配套政策扶持。在打造信用信息体系的过程中，兰考县与科技企业共建数字普惠金融服务设施，先后与蚂蚁金服、灵猫有数合作，开展网上信贷、智慧教育、智慧医疗，同时建设试验区大数据展示平台，政府协调各行政部门数据对接直连、共享使用，完善信用信息平台数据库。在筑牢风险防控体系的过程中，兰考县通过建立大数据信用信息体系和农户电子信用档案，运用数字技术对客户精准画像，从根本上改变传统风控模式。

3. "四体系"线上化

兰考县借助"普惠通"APP 的综合数字金融服务平台，由金融超市和普惠金融管理两个大子平台不断推进，逐步实现"四体系"线上化。2019 年平台已上线 60 余家银行（含地方法人机构）的金融产品 600 余款，范围涵盖贷款、保险、理财、支付缴费、金融消费者权益保护等领域。与此同时，"普惠通"平台作为兰考县数字金融模式的重要技术支撑，被写入《河南省"十四五"数字经济和信息化发展规划》，在全省得以快速复制推广。截至 2023 年 1 月底，在各大应用市场上"普惠通"APP 累计下载超 1200 万人次，累计注册人数突破 600 万人，实名用户超 175 万人，与 422 家金融机构达成业务合作，上线信贷、理财、便民支付缴费等普惠类产品近 2000 款，贷款金融超 150 亿元。

15.2.3　四川成都的"双平台，四创新"一站式服务模式

四川成都市在 2015 年成为全国首个农村金融服务综合改革试点城市，并在 2019 年获批农业农村部"探索农村数字金融运用"试点。在政策先行先试的作用下，成都市将建设"农贷通"数字金融综合服务平台作为农村金融改革的突破口。2017 年成都市政府正式推出集"普惠金融、信用体系、产权交易、惠农政策、保险服务、电商交易"于一体的"农贷通"数字普惠金融综合服务平台，并由成都交子金融控股集团有限公司旗下的成都金控征信有限公司负责"农贷通"平台的运营和维护。其中，"农贷通"线上平台主要建设具备涉农政策发布、数据汇集、报表统计展示、融资对接入口、贷款在线审批等核心功能的系统，以大数据为基础建模把控小额分散贷款。在 2020 年试点期间，"农贷通"线下平台主要按照农村金融、农村产权交易、农业农村电商"三站合一"模式，在全市乡镇、行政村建设 282 个乡镇金融综合服务中心和 2679 个村级金融综合服务站，由金融联络员负责产权交易登记、农产品信息发布及贷款信息和资料的收集等，以熟人社会为基础当好金融机构和农户的中介，为线上平台完善各类信息，充分发挥线下村站在推广、宣传、风险查勘"最后一公里"方面的服务优势。同时，线下平台通过在线承保的方式沉淀大量农业保险数据，进一步丰富补充"农贷通"平台涉农大数据，对农业经营主体实现有效增信，增强金融服务获得性。2020 年新冠疫情期间成都市政府联合成都农商银行，通过"农贷通"平台，为农户及新型农业经营主体量身打造、创新推出"农贷通"平台专属金融产品"抗疫惠农贷"，优惠利

率最低 3.5%，全力保障农村复耕、复产、稳产、满产。截至 2023 年 5 月，"农贷通"平台累计注册用户 13 万人，入驻金融机构 83 家，发布金融产品 701 个，绑定企业数 2974 家，贷款申请金额 812.55 亿元，贷款放贷金额 539.09 亿元，累计放款笔数 4.53 万笔，累计贴息申办 4046 笔，贴息金额 6105.61 万元。成都市通过双平台建设有效促进了线上和线下的紧密结合，成功打造"双平台，四创新"的数字金融一站式服务模式（图 15-3）。

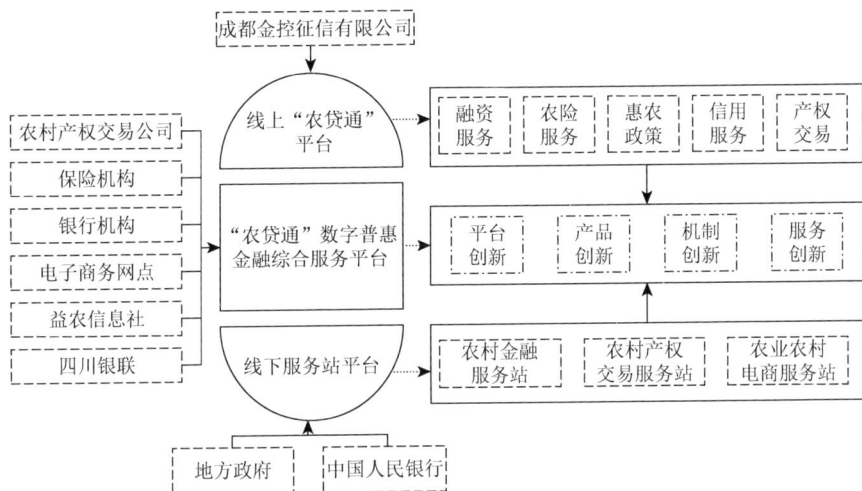

图 15-3　四川成都的"双平台，四创新"模式

1. 平台创新，打通供需信息"堵点"

"农贷通"平台是成都市农村金融改革的重要基础性工程，是聚合政策支持、融资对接、信息共享、风险分担的数字普惠金融服务平台。成都市政府致力于将"农贷通"平台打造成为服务全川的农村金融保险服务平台，同时建立创新、开放、互联互通的"线上＋线下"农村金融服务体系。2017 年 3 月底，成都市政府率先在彭州市（成都市代管县级市）搭建首批"农贷通"融资综合服务平台。其中 2020 年试点期间，平台内聚合了辖内 18 家金融机构全面参与"农贷通"平台建设，汇集了各金融机构 71 款涉农金融产品，以及 6000 余户农业经营主体的 50 余万条基础信息，有效地解决了农村地区金融供需信息不对称。同时，彭州市在 13 个镇、农产品市场和新型农业经营主体统一设立"农贷通"线下金融服务站，与线上体系互联互通，有效解决金融供需不匹配问题。

2. 产品创新，接续金融服务"断点"

成都市作为国家现代农业示范区，是享誉全国的"蔬菜之乡"。但蔬菜具有交易量大、季节性强的特点，一旦收购资金缺乏，将导致集中上市的蔬菜价格暴跌甚至烂于田间。针对这一难题，作为成都市"农贷通"平台首批试点地区的彭州市，在 2020 年结合平台全力推动农产品仓单质押融资项目，发挥域内冷链仓库(冻库) 52 处、存储量 26 万吨的独特优势，创新探索出以蔬菜、中药材、果品等农产品为质押物的农产品仓单质押融资项目——"仓单贷"，并建立仓储服务、价格评估、巡查、价格推送、保险、平仓、提前解质、仓单置换、风险保障、财政支持等十大机制，实现最快 48 小时放款。通过"仓单贷"的创新探索，彭州市全面打通了各类农村金融产品创新的规范实施路径，陆续推出"果蔬贷、安置贷、随贷通、惠农种植贷、专业合作社贷"等金融创新产品，仅以上 5 种金融创新产品累计发放贷款 12 亿余元，惠及 6 万余农户，有效满足了农业全产业链的资金需求。此外，"农贷通"平台的运营主体成都金控征信有限公司与锦泰保险合作，通过"农贷通"线上平台＋线下村站双线推动政策性农险承保工作，以中药材保险险种为基础，在彭州市开展试点工作期间累计通过试点村站承保中药材保险 311 户，承保亩数 10 961 亩[①]，保障金额 8200 余万元。

3. 机制创新，填补金融体系"盲点"

"农贷通"平台以产业数字思维重塑农村金融服务机制，围绕农村核心企业有效整合业务流、资金流、商流和物流信息，连接上下游组成产业闭环，构建数字授信与数字风控防范模式，降低融资成本，提升放贷效率，扩大服务范围。同时，"农贷通"平台搭建以"平台＋核心企业＋银行＋政府风险金"的供应链金融机制，与四川省龙头企业旺达饲料对接获取业务数据，并接入成都农商银行作为资金供给机构，实现数据互联互通，掌握申贷客户在核心企业历史采购信用情况。此外，政府建立风险补偿金，为信贷风险提供补偿。

4. 服务创新，破解下沉落地"难点"

2017 年，彭州市在成都市统一要求下，在全市 324 个行政村全面建立村级金融服务站。但是，村级金融服务站在运行过程中出现了经费落实难、缺乏自我造血能力、金融服务功能难实现等共性问题。因此，彭州市于 2018 年开始创新探索村站"政府＋市场化"运营模式，并精选了 21 个村站开展试点，不仅覆盖全市 9 个镇和 4 个街道，还拓展到了农产品市场和新型经营主体。同时，"农贷通"的运营主体成都金控征信有限公司为规范试点村的运营管理，聘请本地人员担任专职金融服务联络员并提供有偿服务，通知参与"农贷通"平台的各类金融机构以自愿申请加入和自主选择合作村站的方式加入村站合作共建，每月支付联络员固定薪

---

① 1 亩≈666.67 平方米。

酬加业务拓展费和业务拓展绩效奖励。2020 年试点期间，"农贷通"平台已引入彭州市 10 家银行、2 家保险公司及中国电信集团有限公司、中国银联股份有限公司四川分公司、成都农村产权交易所有限责任公司全面参与村站合作共建。此外，彭州市针对村站的具体位置，提出不同的优化方案，健全村站的多功能服务。村站建于村委会的，可提供融资对接、产权交易、信息采集、耕保金支取、水电气费缴纳等服务；村站建于农产品交易中心的，可提供供应链金融、现金存取、假币鉴定、产权交易等服务；村站建于新型农业经营主体的，可提供"大园区 + 多业主"生产经营融资、仓储金融、农业保险、农村电商、益农信息社等服务。

15.2.4 山东淄博的"农产品数字供应链金融"智慧服务模式

山东淄博市在 2020 年获批以数字农业农村改革为主要内容的全国农村改革试验区任务以来，抓住农业数字革命机遇，在全国率先打造数字农业农村中心城市，以数字化赋能乡村振兴和农业农村现代化，积极建设数字农业先行城市、绿色智慧冷链物流基地、特色农产品"线上 + 线下"双节点城市。淄博市政府与阿里巴巴共同建设阿里数字农业产业中心（山东仓，该仓将成为阿里巴巴全国最大的农产品智能化冷链物流枢纽和全球数字冷库大数据中心），同时引进山东乐物信息科技有限公司，打造农产品产量预测平台、城市共同配送平台、质量追溯信息处理平台等食材供应链一体化信息平台。淄博市打造的新型农业综合体业态，开辟了上接市场、下联农户的直通车，打通了农产品产、供、销、储、运、配等各个环节，线上与线下全渠道的商流、物流、资金流、信息流全面融合互联，实现食材全程标准化、信息化、冷链化供需对接，以数字化方式重构生产、储运、销售诸环节，形成了一整套数字农业标准化、链式化生态体系。同时，淄博市在这种农产品数字供应链新业态的基础上搭建智慧金融平台，构建了"政银保担"对接服务机制、"银农"数字信用体系、融资授信体系，有效解决"银企农"信息不对称以及涉农担保难、贷款难、融资贵等问题。截至 2022 年底，智慧金融综合服务平台认证企业 15 656 家，涉农企业 418 家，入驻金融机构 95 家，发布产品 205个，累计放款金额 662.12 亿元。淄博市借助"数字 + 农业农村"和智慧金融平台的两大举措，形成了以涉农龙头企业主导的"农产品数字供应链金融"智慧服务模式（图 15-4）。

1. 打造智慧金融综合服务平台

淄博市于 2019 年成立国有独资的淄博市智慧金融服务有限公司，并以该公司为建设与运营主体，打造智慧金融综合服务平台，共整合 179 家农业龙头企业和9007 家专业大户、家庭农场的基础数据，对涉农经营主体的精准画像实现金融、

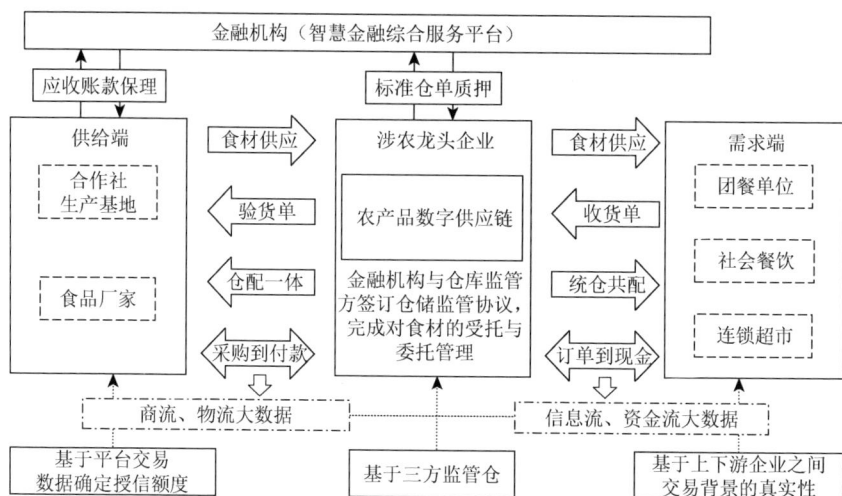

图 15-4　山东淄博的"农产品数字供应链金融"模式

企业、农户数据相连，无缝衔接、无感授信。2021 年，在此基础之上又搭建股权融资服务平台。平台充分利用互联网和大数据技术，整合政府产业政策、金融机构信贷投向、企业融资需求、股权投资机构、中介服务联动等多方信息，构建快速传递、即时交流互动的运行机制，有助于投资方及时掌握经营主体信息和融资需求，以及经营主体及时了解金融政策、信贷产品和投融资服务模式，有效解决双方信息不对称问题，降低沟通成本和融资成本，实现金融需求与金融供给的高效对接。

2. 平台实现金融机构协同

智慧金融综合服务平台积极开发新模块，搭建"线上"业务新流程，专门开发全市融资担保体系业务平台，"银企担"三方信息实时互通。从数据使用安全看，平台属于国有独资企业，经政府授权存储、清洗并运用数据。同时，平台与金融科技公司和金融机构合作，由平台代为存管它们收集的批量数据，并结合自有的数据资源，在平台内进行清洗、加工、生成产品，在平台外进行市场化运用，切实解决了政府与市场在"存数据"与"用数据"之间的矛盾。从认证用户看，淄博市全市银行机构全部接入平台，认证企业稳步增长，基本覆盖了全市优质中小企业，特别是产业集群和上下游企业已有了"拉群"规模，初步形成了产业链内金融创新的环境。

3. 构建数字农业农村大数据应用平台

淄博市共建共享县、镇、村"三位一体"大数据库，实现全县涉农数据资源

"一张图"，将全县农产品种养基地、农产品服务机构和农产品质量监督检测体系纳入平台管理，实现农产品从田间到餐桌的全程数字化监管。在大数据平台推广基础上，淄博市推进"数字菜园"和"数字果园"建设。"数字菜园"2021 年试点期间已完成 8 万亩数字大田建设，通过卫星、物联网设备，实现农作物生长状况、产量预估、病虫灾害等数字化管控。"数字果园"依托现代农业科技服务企业，通过天-空-地一体化信息检测系统，实现对果园的精准化种植、智能化决策、无人化作业和可视化管理。同时，在建设过程中推行"党支部＋合作社（企业）＋基地＋农户"的服务链条和智慧金融综合服务平台"十统一"的服务模式，累计流转土地 16.5 万亩，推进水肥一体化 14 万亩，规划"数字果园"示范园 7 处。

4. 金融服务数字化转型

淄博市智慧金融综合服务平台采用市场化运作、数字化转型的模式，创新构建乡村场景金融，打造数字供应链增信平台，探索破解农业融资难、融资贵、融资烦的新路径。鲁担（山东）城乡冷链产融有限公司启动基于移动冷链设施的数字供应链金融试点，在田间地头布局组合式冷链装备，构建农业数据抓取、应用机制，把市场信号直接传递给农户，有效提升农户抗风险能力，解决了农产品售卖困难的问题。鲁担（山东）数据科技有限公司开发"预审系统""画像系统""惠农云"等大数据工具，上线担保业务管理系统，通过微信小程序缴纳保费，全部流程一网通办，实现批量获客、业务办理、保后管理的标准化、线上化和数字化。山东省农业发展信贷担保有限责任公司以融资担保工具连接金融机构和用户，总体构成数字供应链增信平台，疏通和拓展融资渠道。

15.3　乡村数字金融新模式的成长逻辑

15.3.1　特征属性

通过上述广西田东的"六大体系"协同服务模式、河南兰考的"一平台，四体系"多元化服务模式、四川成都的"双平台，四创新"一站式服务模式以及山东淄博的"农产品数字供应链金融"智慧服务模式四种乡村数字金融新模式的发展历程与主要成效，本章提炼出乡村数字金融新模式的运行机制，如图 15-5 所示：①政府主导打造数字金融平台，并吸引各类市场资源入驻平台。②数字金融平台依托政府与市场，建设信息数据库，并在线下设立普惠金融服务站。③数字金融平台上架各类金融产品与服务，并发布农户金融需求便于对接平台内金融机构。④普通农户、新型农业经营主体、涉农企业以及各类小微企业通过接入数字金融平台，授权数字足迹，实现数据精准画像，促进供需高效匹配。⑤普通农户、新型农业经营主体、涉农企业以及各类小微企业通过线下普惠金融服务站交易，沉淀大量数据，并反馈至数字金融平台。

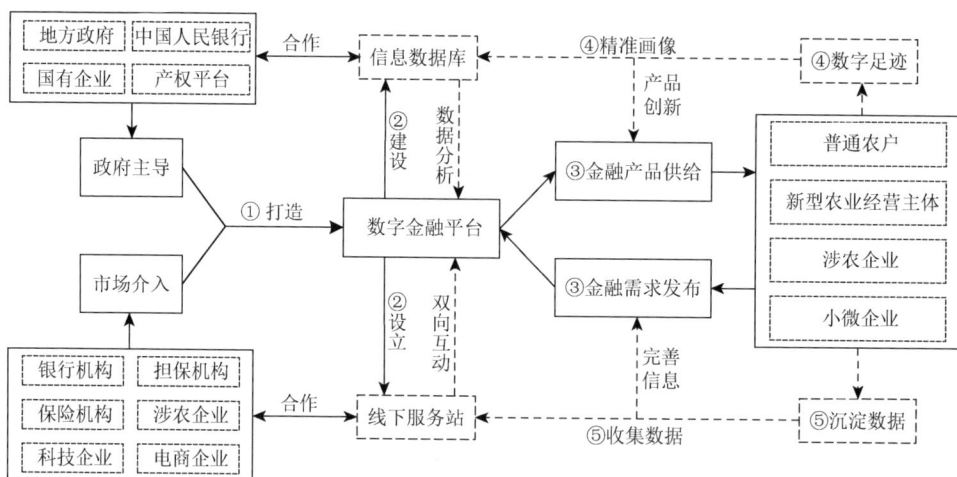

图 15-5　乡村数字金融新模式的运行机制

对比分析广西田东、河南兰考、四川成都、山东淄博的特征属性（表 15-1）可以发现：①田东"六大体系"模式依托三农金融服务室的设立，以金融支农为出发点，支付结算、扶贫信贷、普惠信贷为核心，打造具备政府主导特征的数字金融模式。在该模式下政府主导推进数字普惠金融服务平台的建设，并结合村级三农金融服务室进行金融服务下沉，既能保障乡村信用体系建设，也能够推动线上应用的线下普及化。②兰考"一平台，四体系"模式主要是借助国家普惠金融改革试验区的特殊定位，整合市场资源，打造的"普惠通"APP 数字金融服务平台，并通过平台建立金融超市与普惠金融管理两大功能板块，实现普惠金融服务多元化，以此打造政府与市场合作的数字金融模式。在该模式下政府主导引进各类金融机构入驻平台，市场主导金融机构孵化各类金融产品，提供多元化线上金融服务，既充分调动政府职能，又激活农村金融市场活力。③成都"双平台，四创新"模式通过打造线上线下相结合的"农贷通"平台，以一站式农村数字金融服务为出发点，将数字普惠金融与农业供应链金融相结合，形成政府与市场双轮驱动的数字金融模式。在该模式之下，政府驱动线下平台建设，市场驱动线上平台建设，利用数字技术连接线上线下，各司其职又相互补充，既提高了政府与市场对农村金融的参与度、融合度，也深刻改变了以往传统农村金融市场供需不匹配的情况，有效弥补传统农村金融短板。④淄博"农产品数字供应链金融"模式通过数字农业农村改革试验区的先行先试，引进各类涉农龙头企业和金融科技公司，形成数字农产品供应链新型生产业态，并借助智慧金融平台，打通农户、银行、企业之间的供需桥梁，形成政府搭台与市场运作的数字金融模式，在该模式之下，政府搭建智慧金融综合服务平台，构建农业农村大数据应用平台，基于农业生产和农产品数字供应链的智慧金融服务，既保障农户农产品生产与销售安全，还能够基于链式金融结构满足不同农业主体的金融需求。

表 15-1 乡村数字金融新模式对比分析

模式	广西田东	河南兰考	四川成都	山东淄博
特征属性	政府主导	政府与市场合作	政府与市场双轮驱动	政府搭台与市场运作
模式特性	金融支农	数字普惠金融	普惠+农业供应链金融	农产品数字供应链金融
模式成效	支付结算、扶贫信贷与普惠信贷	普惠金融服务多元化	一站式农村数字金融服务	基于农业生产和农产品数字供应链的智慧金融服务

这四种模式的不同发展特征和地区发展现状都与政府支持政策息息相关，每个地区都有自身的独特路径，因此这四种模式不存在哪种模式更先进，不存在高低对错。广西田东的政府主导模式主要是由于当地经济实力薄弱，农村金融市场发展不完善，唯有政府牵头主导，利用村级金融服务站，才能推动数字金融服务下沉。河南兰考的政府与市场合作模式是由于其特殊的政策定位，促使当地政府与市场共同探索并打造农村数字普惠金融模式，在政策驱使下，政府能够整合区域金融资源，与市场各类金融机构开展一系列合作，打造数字普惠金融平台。四川成都的政府与市场双轮驱动模式是由于其雄厚的经济实力、各部门高度重视与联动、开放的金融环境和高素质金融人才，促使政府与市场紧密合作，共同驱动乡村数字金融模式的创新与发展。山东淄博的政府搭台与市场运作模式是在数字技术与数字场景普及应用的背景下，抓住农业农村数字革命机遇，结合当地独特的农业产业优势，以及阿里巴巴等众多大型金融机构或科技企业的资金注入与技术落地，使得当地政府能够搭好台子，并引进多种市场主体积极运作，共建农产品数字供应链金融智慧服务模式。

15.3.2 成长逻辑

（1）技术创新降低成本和提升服务效率。数字技术的创新发展与广泛应用使农村地区移动互联网基础设施日渐完善，农户信息传递与接收方式发生巨大变化，以往农户被动接收信息的局面被彻底打破，相较于传统信息获取方式单一与时效滞后的特性，数字技术的信息传递速度快且方式多元，使得农户触达金融的方式也发生着深刻改变，获取金融服务不再受时间和空间的制约（黄益平等，2018）。农户使用数字设备产生的数字足迹（刘少波等，2021）有助于数字金融平台高效快捷地获取客户个人情况、交易记录、资产状况等数据，有效降低了信息成本。数字金融平台通过智能大数据技术对平台所积累的海量农户信用信息数据进行筛选、甄别、分析，做到动态监测农户金融需求与金融行为的变化并及时调整对策，从而在一定程度上缓解了以往传统农村金融囿于信息的匮乏性与可得性而造成的供需之间严重的信息不对称，有效降低了农村金融风险的甄别成本。与此同时，海量的数据是人工智能算法分析的基石，数字金融平台通过整合大量农村、农业、新型农业经营主体以及农户的信息，分析其资金特征、场景选择、交易行为、需求偏好、服务评价等现实状况，并提供与之相匹配的更精准、更便捷、更人性化的金融服务与金融产品，从而降低农村金融的创新成本。在数字金融平台与数字技术的深度融合之下，平台运用低成本、高性能、规模化的云计算服务，不仅能提升信息处理的速度、质量和精准度，还可以提升平台金融服务的整体效能，从技术层面降低农村金融机构的运营成本。此外，区块链技术可以让数字金融平台的所有参与方共处一个开放、透明的链式数据库，有助于实现交易的公开、公平、公正，从而实现金融服务的透明化，有效降低农村金融风险的管理成本。

（2）数字村站确保技术创新应用在农村金融落地。随着数字经济与数字金融的发展，传统农村金融服务室的支付结算、现金服务和金融知识宣传功能已不能满足乡村日益增长的数字金融需求，同时数字时代变革所引起的数字鸿沟，又严重阻碍了农村地区数字技术的普及与农村金融的创新（张正平和卢欢，2020；杨嵘均和操远芃，2021）。为此，传统农村金融服务室依托乡村数字金融平台进行改造，逐渐演变为更具现代化、智能化、数字化、服务多元化的数字村站。数字村站的设立确保了以数字技术为依托的数字金融能够在农村金融平稳着陆，利用农村地区局部优势以及更接地气的本土化改造，深刻改变了传统农村金融服务室的功能与属性，可以说，数字村站是乡村数字金融模式得以普及与发展的关键一环。数字村站所提供的服务从以往银行卡助农存取款、人民币真伪识别等传统现金业务，提升为现金存取、线上支付结算、信息采集、融资对接、数字理财、产权交易、农业保险、电商物流、金融需求发布、水电气缴费等综合化数字服务，数字村站的设备也从以往现金、电话和银行卡结算所需要的 POS 机和点钞机升级为能够满足线上支付结算、信息采集、需求发布的智能手机和智能电脑以及银行智能终端。同时，数字村站所对接的金融机构也从单一机构化走向多元平台化，数字村站依托数字金融平台整合的区域金融资源，接入银行、保险、担保等多种金融机构，提供给农户更多优质服务和优惠产品。此外，数字村站协管员打破了以往传统村站管理员"兼职""低收入""金融知识匮乏""专业技能不足"等给人留下的固有印象，由数字金融平台运营主体统筹安排，参与共建平台的各类金融机构给予辅助支持。在平台运营主体与金融机构联合之下，协管员集中学习培训金融专业知识，掌握数字软件操作与硬件安装，不仅有利于数字技术在数字村站的推广，也更有利于提高农户的数字素养与金融素养，切实保障数字技术与数字金融在农村地区稳步发展。

（3）政府主导的动力传导有利于快速成长。纵观上述四种乡村数字金融典型模式，其成长与创新都离不开政府的支持。在模式形成初期，政府协调有关部门推进数字金融平台建设方案，并整合区域金融资源，积极引导各类金融机构与科技企业入驻平台，同时建立农业主体、小微企业以及农户的信用信息数据库，实现大数据精准画像。在此基础上，政府与金融机构合作打造"金融产品超市"与"金融服务超市"，借助用户的精准画像提供与之相对应的产品与服务。此外，政府与科技企业合作参与平台的运营和维护，保障数据安全，避免个人或企业信息泄露。政府、金融机构、科技企业三方共建风险防范机制，共担平台成本与风险。在整个传导过程中，政府积极主动扮演着"搭台子"角色，引导金融机构与科技企业"捧场子"，有效促进数字金融模式的成长与创新。

（4）标准化产品节约了金融市场交易成本。传统农村金融市场囿于严重的信息不对称导致金融产品标准混杂，产品的供给与需求的契合度严重不足。而乡村数字金融平台通过将整个地区的金融资源纳入平台，实现供需信息有效对接，既有助于各类金融机构产品标准化，也有利于积累农业主体、小微企业以及农户的金融大数据，实现供需匹配。数字金融平台通过开设线上金融超市，规范金融产品上架标准，严格执行金融产品上架流程，极大节约了农户的搜寻成本与交易时间。金融机构依托数字金融平台的大数据，实现对客户精准画像，掌握不同对象、不同主体、不同时期的金融需求，并推出相匹配的金融产品，同样节约了金融机构的交易成本，实现产品与服务的供需匹配。

（5）数字金融成为补齐农村金融服务体系短板的关键。随着乡村数字普惠金融的不断发展，数字金融的平台优势、信息优势、成本优势、市场优势不断凸显，其天然的普惠性、可获得性、便利性完美地融入农村金融服务体系之中，其通过建设数据库缓解传统农村金融的信息不对称，通过构建数字金融平台发挥金融机构的规模效应，通过运用云计算技术降低金融机构的运营成本，通过大数据精准画像实现金融供需相匹配。此外，数字金融的线上体系不仅拓宽了传统农村金融的服务边界，还对线下传统农村金融发挥着鲇鱼效应（崔恒瑜等，2021），而传统农村金融通过线下网点布局、村站参与等方式收集信息，反馈至线上平台，并促进平台建设。数字金融和传统金融线上线下的有效结合既健全了农村金融服务体系，也为农村金融市场注入了强大的生命力。

15.3.3　经验总结

通过上述四种乡村数字金融新模式的特征属性以及成长逻辑，可以发现中国特色数字金融服务"三农"的理论探索与创新，为解决困扰全球人类发展的贫困问题贡献了中国智慧和中国方案。数字金融具有"成本低、速度快和广覆盖"的优势，通过互联网、大数据、云计算、人工智能等数字技术，突破了传统农村金融的服务边界，提高了农村地区的普惠金融服务水平，降低了金融服务弱势群体的成本和风险，为普惠金融发展提供了非常好的载体（Björkegren and Grissen，2018；王修华和赵亚雄，2022），同时也为提高农村地区的普惠金融服务水平创造了技术条件，成为农村普惠金融发展的新契机。在此基础上，数字金融服务"三农"创新的适用条件与范围主要有以下五点经验总结。第一，政府对数字金融发展及应用的高度重视，从中央一号文件中强调数字金融赋能乡村振兴，再到地方政府对数字金融平台建设的具体方案，自上而下都保持对数字金融发展的充分肯定以及积极建设。第二，具备乡村数字金融发展的技术支撑能力，包括互联网、大数据、云计算、人工智能等技术，这些技术能够突破传统农村金融的服务边界，提高普惠金融服务水平。第三，具备数字金融发展的农村信息基础设施，包括网络通信基础设施和信息管理系统等，从而为数字金融服务的开展提供有力保障。第四，具备数字金融发展的信用信息基础数据，这些数据为数字金融的精准定价和风险控制提供了基础。第五，具备乡村数字金融发展的企业合作平台，这些平台能够促进金融机构之间的合作和协同，共同提高乡村金融服务水平。

15.4　乡村数字金融新模式的发展障碍

在政府主导力量的不断推进下，乡村数字金融新模式在各个地区得以稳步发展，形成可复制推广的试点经验。但是，通过对广西、河南、山西、四川、重庆、山东等省区市的实地调查发现，对标新时代全面建设中国式现代化，实现农业农村现代化，扎实推进共同富裕的工作要求，乡村数字金融在信息对接与征信数据体系、产品供给与市场需求契合度、村级金融服务站、农业保险支农力度、数字金融人才与农民数字金融素养、各金融主体利益共享和风险共担机制层面仍面临亟待突破的障碍。

15.4.1　乡村信息对接与共享效率不高，征信数据体系仍不完善

一是农村地区金融市场各主体的数据信息多为条线式管理，导致数据资源分割严重，共享与更新的效率低下，并且政府部门与金融市场各主体之间的信息分割明显，共享程度低。究其原因主要是金融市场各主体数据整合能力不足，缺乏统一的数据采集标准和共享机制，由此导致信息更新速度慢、时效性差，不利于政府相关部门实施金融监管。二是基层组织向上级政府汇报数据往往通过数据拷

贝等形式，导致信息对接进度缓慢，信息数据的决策链和协调链较长。三是数字
金融的征信体系仍存在评估排斥，体系建设不完善的问题。虽然整村授信解决了
普通农户的基本信贷获取，但大部分农民合作社、家庭农场、小微企业等新型农
业经营主体仍存在缺乏抵押物与信用信息沉淀等状况，致使金融机构无法有效判
断客户信用状况，存在评估排斥。

15.4.2　乡村数字金融产品供给与市场需求的契合度有待提高

乡村数字金融平台提供的金融产品与服务未能满足与日俱增的市场需求，也
尚未同农业农村发展的多元化与复杂化有效匹配，究其原因在于金融机构尚未能
以市场为导向设计出与农户、小微企业和新型农业经营主体需求相匹配的金融产
品与服务，导致金融助力乡村振兴的功效未能有效发挥。普惠授信作为乡村数字
金融平台的重要产品供给，其与信用体系的结合可以提高农村低收入群体与小微
企业贷款的可得性，线上化申请、办理、支取的特点同样提高了金融服务的效率，
然而现有普惠授信大多以整村授信等方式，以农户个体为借贷对象开展，忽视了
新型农业经营主体的线上融资需求，虽然部分地区的线上渠道已经开通，但大额
融资问题仍然未得到有效解决。以中国农业银行"惠农 e 贷"为例，其贷款额度
最高不超过 50 万元[①]，虽然地区额度存在差异，但线上放款的总体额度仍然不能
满足新型农业经营主体的大额需求。

15.4.3　村级金融服务站公共属性缺乏，服务能力有待提升

数字金融村级服务站参与银行不同导致村站建设标准不统一，公共属性有待
完善。虽然部分地区各行政村已全部建有数字普惠金融服务站，但服务站建设同
时分包给几个主办银行，导致各服务站配备的设备机具不同，服务内容也不尽相
同。而且，数字普惠金融服务站的硬件设施与软件系统更新速度慢。各主办银行
基于自身成本控制，后续建设投入不足，服务功能有待进一步开发。此外，服务
站从业人员在数字金融的业务技能和综合素质方面都有待提高。农村本身金融服
务人才匮乏，而懂数字金融的专业人才更是严重不足，导致各服务站配备的协管
员的专业化程度不高，服务能力有待提升。

15.4.4　农业保险对普惠金融支持乡村振兴的协同不力

农业保险在乡村数字金融体系中的重要性不足，主要的原因在于：一是农业

---

① 数据来源：《惠农 e 贷》，https://www.abchina.com/cn/RuralSvc/Individuals/hned/，2023 年 10 月 27 日。

保险的业务人员配置不足，宣传不到位，业务开展难度大，而且保险产品供给不足，保险公司主动对接小农服务的力度不足。二是农户对农业保险的认识不足、意识不强，导致购买农业保险的积极性不高，只有政府出资补贴才购买，政府不出资就不购买。三是农业保险费率难以确定，费率偏高了，农户接受不了，费率偏低了，保险公司风险大，参与积极性不高。四是农业保险灾后处理的过程中，查勘、定损、理赔难度大。在理赔过程中，往往会出现"农民说赔少了，保险公司说完全按标准理赔了"，双方各执一词的现象。

15.4.5　乡村数字金融人才短缺和农民数字金融素养不足

数字金融人才与农户金融素养、数字素养是推动乡村数字金融发展的重要基石，但数字金融人才短缺导致符合农村金融市场需求的线上金融产品研发不足，同时由于农民数字素养和金融素养不足，对新产品、新服务的接受度并不高。通过课题组的调研发现[①]，农户对数字支付产品的接受程度较高，占总体样本的77.15%，但对于数字信贷、数字理财、数字保险、数字授信金融产品的使用程度并不高，仅占总体样本的 19.03%（温涛和刘渊博，2023）。制约农户使用数字金融产品的影响因素中，"数字金融素养不高（APP 操作难度大）"和"农民认可度和接受度不高"的占比分别高达 36.46%和 21.88%。同时，农户数字素养和金融素养的平均得分分别为 70.97 分和 37.46 分，高中及以下学历的农户数字素养和金融素养得分分别为 65.51 分和 32.61 分，高中以上学历的农户得分分别为 89.35 分和 58.59 分，金融素养与数字素养的差距明显。农民数字素养与金融素养不足将导致数字金融产品与服务的推广受阻，也会使乡村数字金融的发展面临一系列人为资本障碍。

15.4.6　各类金融主体的利益共享和风险共担长效机制尚未建立

传统信贷业务只能由银行自担，从而导致银行对农村金融风险极为敏感。虽然部分地区探索出"政府风险补偿基金、银行、保险公司、担保公司"四方风险分担体系，在这一体系下政府风险补偿基金随着不良率上升而递增，银行分担比率随不良率上升而递减，但体系设计仍然以固定比例为主，模式僵化，同时没有体现各方权责利对等精神。尤其是在县级财政实力弱、资金筹措能力差、风险补偿有限的情况下，如果银行无法打消顾虑，其参与积极性必然不高，担保公司和

---

① 2021 年课题组受农业农村部委托，先后前往重庆、湖南、贵州、四川、云南 5 省（直辖市）对农户、新型农业经营主体、村干部以及金融机构进行了入户调查和访谈，形成了 CRERFS 数据库。

商业保险公司在利益共享机制不健全、制度约束不强和外部风险暴露的时候又通常选择提前退出市场。

15.4.7　乡村数字金融的风险防控、数据安全存在较大隐患

乡村数字金融平台由政府、金融机构以及企业共同参与建设，虽然三方主体风险有所分散，但政府和金融机构往往重视传统金融的风险而缺乏对数字技术风险的把控，致使防范体系不足以应对该类风险的发生。而且，数字金融平台通过数据汇集建设的农村信用信息数据库，涵盖了农户、小微企业和新型农业经营主体的方方面面，然而数据的安全性往往得不到有效的保障，容易造成数据丢失或泄露等问题。此外，乡村数字技术人才的匮乏，导致数据库的维护力度不足，大部分数据都是在首次采集中获取，缺乏后续的跟进采集和数据更新，可能导致数据得不到及时更新，进而产生金融风险。

15.5　乡村数字金融的未来突破

党的二十大报告提出："加快发展数字经济，促进数字经济和实体经济深度融合，打造具有国际竞争力的数字产业集群。"[①]数字经济与农业农村经济相互融合发展能多方位促进农业升级、农村进步和农民发展，通过优化要素合理配置、降低交易成本、创新金融服务模式、实现规模经济效应、有效缓解信息不对称等手段，有助于实现乡村数字金融快速成长，并高效赋能乡村产业发展。

15.5.1　前景展望

我国数字经济对经济增长的动能持续增强，其重要性越发突出。习近平提出"发展数字经济意义重大，是把握新一轮科技革命和产业变革新机遇的战略选择"[②]。2011 年我国数字经济规模从 9.5 万亿元增长到 2021 年的 45.5 万亿元，数字经济占 GDP 的比重由 2005 年的 20.1%提升至 2021 年的 39.8%[③]；而 2021 年，德国、英国、美国数字经济占 GDP 的比重均超过 65.0%[④]，我国数字经济仍有较大发展空间。《中共中央关于制定国民经济和社会发展第十四个五年规划和二〇三五年远景目标

---

① 引自 2022 年 10 月 26 日《人民日报》第 1 版的文章：《高举中国特色社会主义伟大旗帜　为全面建设社会主义现代化国家而团结奋斗》。

② 习近平：《不断做强做优做大我国数字经济》，《求是》，2022 年第 2 期。

③ 数据来源：《中国数字经济发展白皮书（2022 年）》，中国信息通信研究院。

④ 数据来源：《全球数字经济白皮书（2022 年）》，中国信息通信研究院。

的建议》当中提出"推动互联网、大数据、人工智能等同各产业深度融合"和"加快第五代移动通信、工业互联网、大数据中心等建设",随着全面推进乡村振兴与数字乡村战略的不断加深,农村地区数字经济与数字金融建设已经取得了一定成效。从已有成效可以看出,我国农村数字经济有很大潜力,数字金融也将快速发展,促使数字经济与农业农村相互融合发展,实现数字经济与数字金融赋能乡村振兴。

1. 农村数字金融基础设施不断完善

"十三五"期间,工业和信息化部联合财政部组织实施了六批电信普遍服务试点,推进农村及偏远地区网络建设,共支持 13 万个行政村通光纤和 5 万个 4G 基站建设,我国行政村通光纤和通 4G 比例均超过 99%[①],夯实农村地区数字金融基础设施,让城乡互联网接入鸿沟逐步消弭。在脱贫攻坚期间,工业和信息化部与国务院扶贫开发领导小组办公室全面支持基础电信企业面向贫困群众给予资费优惠,面向建档立卡贫困户的优惠举措已超过 1200 万户,其中超过 700 万户享受通信资费 5 折及以下优惠。截至 2021 年 11 月,我国现有行政村已全面实现"村村通宽带",贫困地区通信难等问题得到了历史性解决,工业和信息化部发布的《"十四五"信息通信行业发展规划》提出,到 2025 年实现行政村 5G 通达率达到 80%。

2. 新型农业经营主体信息直报系统规模扩大

为进一步服务新型农业经营主体,农业农村部开发建设了提供信息直报、补贴政策、贷款保险等服务的公益性平台——新型农业经营主体信息直报系统。按照主体直连、信息直报、服务直通、共享共用的理念,农业农村部探索运用互联网、大数据等手段,构建了包括手机 APP 端、政府管理端、银行业务端、保险业务端和社会化服务业务端在内的前后台业务系统,为新型农业经营主体全方位、点对点对接信贷、保险、培训、生产作业、产品营销五大服务。截至 2021 年 7 月,直报系统注册用户 29.7 万家,经认证的新型农业经营主体近 13 万家,入驻的银行、农担等信贷服务机构 55 家,上线 287 款金融产品,累计对接信贷需求 179 亿元,同比增长 75%,实现放款 34 亿元,同比增长 325%[②]。新型农业经营主体信息直报系统建设取得阶段性成效。

3. 农村信用体系建设取得初步成效

中国人民银行按照政府主导、各方参与、服务社会的整体思路,指导各地开

---

① 数据来源:《第 48 次中国互联网络发展状况统计报告》,中国互联网络信息中心研究报告。
② 《对十三届全国人大四次会议第 2167 号建议的答复》,http://www.moa.gov.cn/govpublic/XZQYJ/202107/t20210713_6371729.htm,2021 年 7 月 13 日。

展农户信用信息征集、信用评价、信息应用和数据库建设，引导和推动金融机构、政府部门等制定相关配套政策措施，帮助有信用的农户获得融资支持。截至2020 年 3 月末，全国各地共建设农户信用信息系统 271 个，为 1.88 亿农户建立了信用档案，其中对 1.25 亿农户开展了信用评定。同时，农业农村部积极指导各省（自治区、直辖市）农业农村部门梳理中小微农业企业相关信息，择优向金融机构推荐。截至 2020 年底，已推荐中小微农业企业 10.88 万家，获得授信主体 4.71 万家，授信总额 2334.25 亿元，贷款余额 1776.30 亿元。其中，向中国农业银行推荐农业产业化龙头企业 7000 多家，授信总额 1243 亿元[①]。

4. 农村支付结算体系得到全面支持

农村地区线上线下支付结算体系逐渐完备，得到多方面支持。线下支付结算体系截至 2021 年末，全国共设置助农取款服务点数量 81.1 万个，以银行卡助农取款服务为主体的基础支付服务村级行政区覆盖率达 99.6%，基本消除基础支付服务空白行政村。2021 年，农村地区助农取款服务点共办理支付业务（包括取款、汇款、代理缴费等）合计 4.05 亿笔，金额 3486.8 亿元，办理小额取款、汇款、缴费等基础支付服务，已实现基础支付服务不出村。另外，自 2019 年 11 月起，中国人民银行对所有涉农参与者通过大额支付系统和境内外币支付系统办理业务的手续费减免 10%，其中新疆、西藏地区的参与者减免比例为 20%，有效支持了农村支付结算体系。与此同时，线上移动支付逐渐向县域乡村下沉，便民场景不断拓展。截至2021 年末，全国银行业金融机构共处理农村地区网上支付业务和移动支付业务分别为 111.3 亿笔和 173.7 亿笔；非银行支付机构共处理农村地区网络支付业务 5765.6 亿笔，同比增长 23.45%[①]。此外，线上体系共计开设 249 项县域及农村生活场景、236 项涉农生产场景建设工作，全国县域地区云闪付 APP 累计注册用户达 1.37 亿户。

15.5.2　突破方向

党的二十大报告进一步强调："优化基础设施布局、结构、功能和系统集成，构建现代化基础设施体系。"[②]为针对性破解前述障碍提供了思路。

1. 技术层面

一是政府应大力推进农村移动互联网基础设施建设，加大农村地区网络提速

---

① 数据来源：《中国普惠金融指标分析报告（2021 年）》，中国人民银行金融消费权益保护局。

② 引自 2022 年 10 月 26 日《人民日报》第 1 版的文章：《高举中国特色社会主义伟大旗帜　为全面建设社会主义现代化国家而团结奋斗》。

降费优惠力度，加大投入物联网、云平台体系建设，为金融科技的深度应用和数字乡村建设提供良好的基础服务。二是农村数字金融服务点应加快各类配套设施的建设，提高数字村站的服务能力，从硬件设施上予以支持。三是科技企业应围绕数字普惠金融群体的业务需求、客户定位、风险控制等问题，不断进行技术升级和创新，塑造技术支持路径，监管部门也要对数字金融伪创新进行有效识别，利用科技手段对数字金融犯罪的机构和个人进行及时准确打击。

2. 理论层面

随着国家"三农"工作的重点逐步由脱贫攻坚转移到全面实施乡村振兴战略上来（魏后凯，2020），金融服务"三农"的理论逻辑也将发生适应性改变。乡村要振兴，产业必振兴，现阶段需要更强的产业发展导向，必然要求金融发挥产业适应性并兼顾普惠适应性。同时，信息技术革命打破了传统金融服务的时间壁垒和地点限制，将数字金融服务拓展到广大农村地区，为解决农村金融服务难题提供了重要方向，也为促进农村金融高质量发展提供了重要驱动力。因此，当前农村金融相关理论应基于农业农村现代化的发展框架进行逻辑转换：从金融扶贫理论向"普惠金融＋产业金融"理论转换，从传统农村金融理论向金融科技赋能理论转换，建立符合中国国情的农村金融理论体系，使理论支撑更好地服务乡村振兴战略这一涉及我国农业农村现代化进程和扎实推动共同富裕的重大决策部署和系统性国家工程上面。

3. 数据层面

乡村基层政府要充分认识数据这一生产要素的重要性。首先，政府部门要加强数据采集，构建多元化乡村数据采集渠道，同时保障数据信息的时效性，及时更新，建立健全农村信用信息档案，打破市场主体数据信息鸿沟。其次，监管部门和基层部门要与数字金融平台保障数据确权，建立数据产权与保护机制，加强完善流转与交易机制。最后，乡村各个部门应确保数据安全，基于农业农村信用信息大数据，加强防范庞氏骗局和借用数字经济领域进行的不良投机行为，加强网络空间的安全治理，实现数据这种新型生产要素的安全、公平、高效、合理配置。

4. 平台层面

一是政府要加强线上平台创新，打造线上金融超市，构建以农村金融产品与服务为中心的数字化云平台，提供产品与服务的同时发布金融需求信息，打通农户与金融机构之间供需信息的堵点。二是政府与平台应注重线下数字村站建设，有效把握"熟人社会""村庄共同体"及农户的知识信息能力特点，引导传统金融内嵌于农村社会的角色提供金融服务，建立创新、开放、互联互通的"线上＋线下"农村金融服务体系，确保技术创新应用在农村金融落地。三是政府要有效防止数字平台垄断问题，以及利益分配问题。

5. 产品层面

政府要协同金融机构联合创新，破解传统农村金融产品不标准、不规范以及不满足"三农"资金需求的难题。一是金融机构应设置合理的贷款门槛、优化贷款审批程序、完善产品监管制度，特别是发挥数字信息技术优势，采用电子签名、视频签约、人脸识别等合法形式，推动线上普惠授信完全落地，用数字连接借方和贷方，同时要依托数字金融平台，开设产业融合发展绿色通道，提供跨地域电话支付结算、视频转账等新型服务，促进金融科技、智慧金融在农村金融市场规范发展。二是数字金融平台应立足本地农村金融市场需求创新，提升普惠金融产品与服务创新能力，满足市场多元化需求，将金融科技与本地产业特色相结合，实现金融产品与服务的多样化和实用化，有效对接不同主体、不同行业、不同规模与不同期限的金融需求。三是数字平台与金融机构应联合开发多元化的线上产品，以市场需求为导向推动数字金融服务乡村振兴深度融合，提供适合农村产业发展特点和实际需求的新型保险产品，充分利用大数据、信息化手段创新反担保方式，设计操作简单、交易便捷的数字金融产品与服务，提高乡村数字金融服务效率，降低金融交易成本。

6. 村站层面

数字村站要利用基层信息优势，搜集农户的信用信息大数据及各类金融服务需求，将有效的需求信息反馈至数字平台和金融机构，从而形成"数字平台＋金融机构＋数字村站＋农户"的服务模式，有利于实现线上线下金融产品与服务对"三农"领域的精准对接。为此，要科学建设村站必须重视四个层面的约束。一是要统一建设标准，村级普惠金融服务站数量众多，建设投资大，可以依托商业银行、村镇银行、信用合作社、社会资本等进行资金投入，地方政府财政资金给予合理配套，对于具体建设标准，则应当由各级政府统一规划明确，具体确定相关基础机具设备要求，并委托第三方专营机构进行统一管理和维护。二是要降低金融交易成本，免除农户小额存取款跨行手续费，对新型农业经营主体大额支付手续费按比例给予更多减免，通过规范服务站金融交易、业务监管、网络信息安全等手段降低风险成本。三是要增强服务功能，不断丰富金融服务内容，推动农村地区服务升级，丰富助农取款点服务内容，加快线上网络渠道建设，努力满足农村居民各项基础金融服务需求，实现"基础金融服务不出村、综合金融服务不出镇"。四是要完善村级联动机制，引导驻村干部、村两委及村里经济能人参与服务站工作，鼓励各类金融机构以协议方式积极对接服务站，并给予服务站工作人员一定比例的管理费用。

7. 风控层面

一是政府应建立"技术嵌入、制度约束"的数字金融治理机制，统一数字普惠金融基础设施的建设要求与技术安全标准，防止数字技术滥用和数字平台垄断。二是针对机构行为的审慎性、穿透性设立监管指标，建立数据监管和算法规制的适当实施程序与责任机制，完善风险传导隔离机制及其法律责任。三是政府风险把控的工作框架应涵盖普惠目标治理、数字技术治理与金融市场监管，针对风险监测识别、评估预警和化解处置三个金融风险防控的重要环节，从机构、客户、资金、市场、区域和数据网络空间六个维度，构建覆盖乡村实体经济、线上线下金融服务体系的全面防控区域金融风险工作框架。

综上所述，在全球数字技术革命浪潮下，数字技术与实体经济加速融合，为数字时代重塑经济社会发展格局提供了重要战略机遇。数字金融借助大数据、云计算、人工智能为代表的新一代信息技术在金融领域的广泛应用，正在推动金融业态、金融产品和金融发展模式发生深刻变革。数字金融凭借其门槛低、效率高、覆盖广的数字特性，既可以克服传统金融业务在时间和空间上的依赖，也可以降低交易成本，减少信息不对称，有效解决农村金融的难点、痛点。在数字平台和数字村站双重加持下，数字金融有效整合线上线下金融需求，极大缓解了获取金融产品与服务的信息成本，不断提升金融服务的质量和效率。为此，要加快推动乡村数字金融发展，健全农村金融服务体系，更好地服务全面推进乡村振兴，为实现农民农村共同富裕、实现农业农村现代化、实现中国式现代化提供不可或缺的经验支撑，同时为解决农村金融世界难题贡献中国智慧和中国方案。

参 考 文 献

白重恩，李宏彬，吴斌珍.2012. 医疗保险与消费：来自新型农村合作医疗的证据. 经济研究，（2）：
　　41-53.

白钦先，张坤.2017. 再论普惠金融及其本质特征. 广东财经大学学报，（3）：39-44.

北京大学数字金融研究中心课题组.2017. 数字金融支持实体经济发展. 北京大学数字金融研
　　究中心年度报告.

北京大学数字金融研究中心课题组.2019. 北京大学数字普惠金融指数（2011～2018 年）. 北京
　　大学数字金融研究中心研究报告.

贝多广.2017. 普惠金融国家发展战略：中国普惠金融发展报告（2016）. 北京：经济管理出
　　版社.

蔡栋梁，邱黎源，孟晓雨，等.2018. 流动性约束、社会资本与家庭创业选择：基于 CHFS 数据
　　的实证研究. 管理世界，（9）：79-94.

蔡栋梁，王聪，邱黎源.2020. 信贷约束对农户消费结构优化的影响研究：基于中国家庭金融调
　　查数据的实证分析. 农业技术经济，（3）：84-96.

蔡昉，杨涛.2000. 城乡收入差距的政治经济学. 中国社会科学，（4）：11-22，204.

蔡恒进，郭震.2019. 新时期金融支持民营企业发展的困境及对策. 河南社会科学，（8）：59-64.

曹倩，刘鹏程，王小洁.2016. 消费者第三方支付使用意愿及其影响因素研究：基于 CHFS（2011）
　　调查数据的经验分析. 宏观经济研究，（7）：129-136.

柴时军.2017. 社会资本与家庭投资组合有效性. 中国经济问题，（4）：27-39.

钞小静，沈坤荣.2014. 城乡收入差距、劳动力质量与中国经济增长. 经济研究，（6）：30-43.

陈宝珍，任金政.2020. 数字金融与农户：普惠效果和影响机制. 财贸研究，（6）：37-47.

陈宝珍，余洁，任金政.2021. 数字支付影响农户消费吗？——基于微观调查数据的经验分析.
　　财经论丛，（1）：33-42.

陈斌开，林毅夫.2013. 发展战略、城市化与中国城乡收入差距. 中国社会科学，（4）：81-102，
　　206.

陈斌开，张鹏飞，杨汝岱.2010. 政府教育投入、人力资本投资与中国城乡收入差距. 管理世界，（1）：
　　36-43.

陈长石，刘晨晖.2015. 中国式"金融发展悖论"与私营企业转型投资决策：基于银行资本误配
　　置视角的解析. 经济学动态，（2）：45-55.

陈东，刘金东.2013. 农村信贷对农村居民消费的影响：基于状态空间模型和中介效应检验的长
　　期动态分析. 金融研究，（6）：160-172.

陈刚.2015a. 管制与创业：来自中国的微观证据. 管理世界，（5）：89-99，187-188.

陈刚.2015b. 金融如何促进创业：规模扩张还是主体多样. 金融经济学研究，（5）：29-42.

陈刚，李树.2013. 管制、腐败与幸福：来自 CGSS（2006）的经验证据. 世界经济文汇，（4）：

37-58.

陈耿, 刘星, 辛清泉. 2015. 信贷歧视、金融发展与民营企业银行借款期限结构. 会计研究, (4):
　40-46, 95.

陈国生. 2019. 湖南省农村一二三产业融合发展水平测定及提升路径研究. 湖南社会科学, (6):
　79-85.

陈华平, 唐军. 2006. 移动支付的使用者与使用行为研究. 管理科学, (6): 48-55.

陈梦根, 周元任. 2022. 数字不平等研究新进展. 经济学动态, (4): 123-139.

陈荣达, 林博, 何诚颖, 等. 2019. 互联网金融特征、投资者情绪与互联网理财产品回报. 经济
　研究, (7): 78-93.

陈盛伟, 冯叶. 2020. 基于熵值法和 TOPSIS 法的农村三产融合发展综合评价研究: 以山东省为
　例. 东岳论丛, (5): 78-86.

陈晓洁, 何广文, 陈洋. 2022. 数字鸿沟与农户数字信贷行为: 基于 2019 年欠发达地区农村普
　惠金融调查数据. 财经论丛, (1): 46-56.

陈学云, 程长明. 2018. 乡村振兴战略的三产融合路径: 逻辑必然与实证判定. 农业经济问题, (11):
　91-100.

陈彦斌. 2008. 中国城乡财富分布的比较分析. 金融研究, (12): 87-100.

陈屹立. 2017. 家庭债务是否降低了幸福感? ——来自中国综合社会调查的经验证据. 世界经
　济文汇, (4): 102-119.

陈银娥, 师文明. 2011. 微型金融对贫困减少的影响研究述评. 经济学动态, (4): 130-135.

陈英华, 杨学成. 2017. 农村产业融合与美丽乡村建设的耦合机制研究. 中州学刊, (8): 35-39.

陈莹, 武志伟, 顾鹏. 2014. 家庭生命周期与背景风险对家庭资产配置的影响. 吉林大学社会科
　学学报, (5): 73-80, 173.

陈永伟, 史宇鹏, 权五燮. 2015. 住房财富、金融市场参与和家庭资产组合选择: 来自中国城市
　的证据. 金融研究, (4): 1-18.

陈志武, 巴曙松. 2005. 金融技术: 中国金融市场的深层潜流. 中国发展观察, (3): 32-39.

陈卓, 续竞秦, 吴伟光. 2016. 农村居民主观幸福感影响分析: 来自浙江省 4 县 (市) 的证据. 农
　业技术经济, (10): 38-48.

程莉, 孔芳霞. 2020. 长江上游地区农村产业融合发展水平测度及影响因素. 统计与信息论坛, (1):
　101-111.

程名望, 史清华, Jin Y H, 等. 2015. 农户收入差距及其根源: 模型与实证. 管理世界, (7):
　17-28.

程名望, 张家平. 2019. 互联网普及与城乡收入差距: 理论与实证. 中国农村经济, (2): 19-41.

崔海燕. 2016. 互联网金融对中国居民消费的影响研究. 经济问题探索, (1): 162-166.

崔恒瑜, 王雪, 马九杰. 2021. 数字金融发展能否在农村金融市场发挥 "鲶鱼效应": 来自中国
　农信机构的证据. 经济理论与经济管理, (12): 30-41.

崔红. 2019. 民营经济发展中的政府责任分析. 地方财政研究, (11): 93-98.

崔艳娟, 孙刚. 2012. 金融发展是贫困减缓的原因吗? ——来自中国的证据. 金融研究, (11):
　116-127.

邓向荣, 刘文强. 2013. 金融集聚对产业结构升级作用的实证分析. 南京社会科学, (10): 5-12,
　20.

邓晓娜，杨敬峰，王伟. 2019. 普惠金融的创业效应：理论机制与实证检验. 金融监管研究，（1）：53-68.

丁从明，吴羽佳，秦姝媛，等. 2019. 社会信任与公共政策的实施效率：基于农村居民新农保参与的微观证据. 中国农村经济，（5）：109-123.

丁志帆. 2020. 数字经济驱动经济高质量发展的机制研究：一个理论分析框架. 现代经济探讨，（1）：85-92.

丁志国，徐德财，赵晶. 2012. 农村金融有效促进了我国农村经济发展吗. 农业经济问题，（9）：50-57，111.

董倩. 2018. 我国民营企业对城镇化发展的影响研究：基于优化向量自回归模型. 华东经济管理，（11）：180-184.

杜朝运，丁超. 2016. 基于夏普比率的家庭金融资产配置有效性研究：来自中国家庭金融调查的证据. 经济与管理研究，（8）：52-59.

杜金岷，韦施威，吴文洋. 2020. 数字普惠金融促进了产业结构优化吗？. 经济社会体制比较，（6）：38-49.

杜鹏，韩文婷. 2021. 互联网与老年生活：挑战与机遇. 人口研究，（3）：3-16.

段平忠. 2011. 中国省际间人口迁移对经济增长动态收敛的影响. 中国人口·资源与环境，（12）：146-152.

段永琴，何伦志. 2021. 数字金融与银行贷款利率定价市场化. 金融经济学研究，（2）：18-33.

樊纲，王小鲁，马光荣. 2011. 中国市场化进程对经济增长的贡献. 经济研究，（9）：4-16.

范香梅，刘斌，邹克. 2018. 金融包容、创业选择及收入公平分配研究. 中国软科学，（9）：64-75.

方观富，许嘉怡. 2020. 数字普惠金融促进居民就业吗：来自中国家庭跟踪调查的证据. 金融经济学研究，（2）：75-86.

方能胜，郭福森，路晓蒙. 2022. 数字普惠金融会提高老年人幸福感吗：基于 CHFS 及 DFIIC 数据的实证研究. 财经科学，（8）：32-46.

封思贤，宋秋韵. 2021. 数字金融发展对我国居民生活质量的影响研究. 经济与管理评论，（1）：101-113.

冯贺霞，王小林. 2020. 基于六次产业理论的农村产业融合发展机制研究：对新型经营主体的微观数据和案例分析. 农业经济问题，（9）：64-76.

傅秋子，黄益平. 2018. 数字金融对农村金融需求的异质性影响：来自中国家庭金融调查与北京大学数字普惠金融指数的证据. 金融研究，（11）：68-84.

甘犁，秦芳，吴雨. 2019. 小微企业增值税起征点提高实施效果评估：来自中国小微企业调查（CMES）数据的分析. 管理世界，（11）：80-88，231-232.

高虹，陆铭. 2010. 社会信任对劳动力流动的影响：中国农村整合型社会资本的作用及其地区差异. 中国农村经济，（3）：12-24，34.

葛和平，吴倩. 2022. 数字普惠金融对民营经济高质量发展的影响研究. 经济问题，（11）：27-35.

古家军，谢凤华. 2012. 农民创业活跃度影响农民收入的区域差异分析：基于 1997—2009 年的省际面板数据的实证研究. 农业经济问题，（2）：19-23，110.

顾海峰，高水文. 2022. 数字金融发展对企业绿色创新的影响研究. 统计与信息论坛，（11）：77-93.

关键，马超. 2020. 数字金融发展与家庭消费异质性：来自 CHARLS 的经验证据. 金融经济学研究，（6）：127-142.

郭峰，王靖一，王芳，等. 2020. 测度中国数字普惠金融发展：指数编制与空间特征. 经济学（季刊），（4）：1401-1418.

郭峰，王瑶佩. 2020. 传统金融基础、知识门槛与数字金融下乡. 财经研究，（1）：19-33.

郭华，张洋，彭艳玲，等. 2020. 数字金融发展影响农村居民消费的地区差异研究. 农业技术经济，（12）：66-80.

郭军，张效榕，孔祥智. 2019. 农村一二三产业融合与农民增收：基于河南省农村一二三产业融合案例. 农业经济问题，（3）：135-144.

郭妍，张立光，王馨. 2020. 农村数字普惠金融的经济效应与影响因素研究：基于县域调查数据的实证分析. 山东大学学报（哲学社会科学版），（6）：122-132.

国家发展改革委宏观院和农经司课题组. 2016. 推进我国农村一二三产业融合发展问题研究. 经济研究参考，（4）：3-28.

杭斌，申春兰. 2005. 中国农户预防性储蓄行为的实证研究. 中国农村经济，（3）：44-52.

杭斌，闫娜娜. 2020. 家庭资产、住房信贷与消费者行为：基于微观数据的实证分析. 统计与信息论坛，（4）：105-112.

何广文，刘甜. 2018. 基于乡村振兴视角的农村金融困境与创新选择. 学术界，（10）：46-55.

何广文，刘甜. 2019. 乡村振兴背景下农户创业的金融支持研究. 改革，（9）：73-82.

何宏庆. 2020. 数字金融助推乡村产业融合发展：优势、困境与进路. 西北农林科技大学学报（社会科学版），（3）：118-125.

何婧，蔡新怡，赵亚雄. 2021. 金融渗透、金融获得与农业产业化：来自湖南省 87 个县市的证据. 财经理论与实践，（2）：12-19.

何婧，李庆海. 2019. 数字金融使用与农户创业行为. 中国农村经济，（1）：112-126.

何婧，田雅群，刘甜，等. 2017. 互联网金融离农户有多远：欠发达地区农户互联网金融排斥及影响因素分析. 财贸经济，（11）：70-84.

何立新，潘春阳. 2011. 破解中国的"Easterlin 悖论"：收入差距、机会不均与居民幸福感. 管理世界，（8）：11-22，187.

何启志，彭明生. 2019. 互联网金融对居民消费的影响机理与实证检验. 学海，（3）：146-153.

何秋琴，顾文涛，王利萍. 2018. 我国区域金融发展水平与居民收入不平等：基于初次分配的路径研究. 金融评论，（6）：71-83，122-123.

何兴强，李涛. 2009. 社会互动、社会资本和商业保险购买. 金融研究，（2）：116-132.

何宗樾，宋旭光. 2020a. 数字金融发展如何影响居民消费. 财贸经济，（8）：65-79.

何宗樾，宋旭光. 2020b. 数字经济促进就业的机理与启示：疫情发生之后的思考. 经济学家，（5）：58-68.

何宗樾，张勋，万广华. 2020. 数字金融、数字鸿沟与多维贫困. 统计研究，（10）：79-89.

贺建风，王傲磊，余慧伦. 2018. 社会资本与家庭金融市场参与. 金融经济学研究，（6）：104-116.

洪铮，章成，王林. 2021. 普惠金融、包容性增长与居民消费能力提升. 经济问题探索，（5）：177-190.

胡帮勇，张兵. 2013. 农村金融发展对农民消费影响的动态研究. 西北农林科技大学学报（社会科学版），（1）：34-38，53.

胡滨，程雪军. 2020. 金融科技、数字普惠金融与国家金融竞争力. 武汉大学学报（哲学社会科学版），（3）：130-141.

胡海，庄天慧.2020. 共生理论视域下农村产业融合发展：共生机制、现实困境与推进策略. 农业经济问题，（8）：68-76.

胡日东，钱明辉，郑永冰.2014. 中国城乡收入差距对城乡居民消费结构的影响：基于 LA/AIDS 拓展模型的实证分析. 财经研究，（5）：75-87.

胡荣华，孙计领.2015. 消费能使我们幸福吗. 统计研究，（12）：69-75.

胡振，臧日宏.2017. 金融素养对家庭理财规划影响研究：中国城镇家庭的微观证据. 中央财经大学学报，（2）：72-83.

黄嘉文.2016. 收入不平等对中国居民幸福感的影响及其机制研究. 社会，（2）：123-145.

黄凯南，郝祥如.2021. 数字金融是否促进了居民消费升级？. 山东社会科学，（1）：117-125.

黄亮雄，孙湘湘，王贤彬.2019. 反腐败与地区创业：效应与影响机制. 经济管理，（9）：5-19.

黄倩，李政，熊德平.2019. 数字普惠金融的减贫效应及其传导机制. 改革，（11）：90-101.

黄益平.2017. 数字普惠金融的机会与风险. 新金融，（8）：4-7.

黄益平，黄卓.2018. 中国的数字金融发展：现在与未来. 经济学（季刊），（4）：1489-1502.

黄益平，王敏，傅秋子，等.2018. 以市场化、产业化和数字化策略重构中国的农村金融. 国际经济评论，（3）：7，106-124.

霍晓萍.2019. 创新投入与企业成长：抑制还是促进？. 社会科学家，（2）：38-45.

江红莉，蒋鹏程.2020. 数字普惠金融的居民消费水平提升和结构优化效应研究. 现代财经（天津财经大学学报），（10）：18-32.

江小涓.2021. 数字时代的技术与文化. 中国社会科学，（8）：4-34，204.

江小涓，孟丽君.2021. 内循环为主、外循环赋能与更高水平双循环：国际经验与中国实践. 管理世界，（1）：1-19.

江泽林.2021. 农村一二三产业融合发展再探索. 农业经济问题，（6）：8-18.

姜长云.2016. 推进农村一二三产业融合发展的路径和着力点. 中州学刊，（5）：43-49.

蒋庆正，李红，刘香甜.2019. 农村数字普惠金融发展水平测度及影响因素研究. 金融经济学研究，（4）：123-133.

蒋志辉，马爱艳.2017. 维吾尔族农民工创业意愿影响因素调查. 西北人口，（1）：100-104.

焦瑾璞.2014. 移动支付推动普惠金融发展的应用分析与政策建议. 中国流通经济，（7）：7-10.

焦瑾璞，黄亭亭，汪天都，等.2015. 中国普惠金融发展进程及实证研究. 上海金融，（4）：12-22.

焦瑾璞，王爱俭.2015. 普惠金融：基本原理与中国实践. 北京：中国金融出版社.

今村奈良臣.1996. 把第六次产业的创造作为 21 世纪农业花形产业. 月刊地域制作，（1）：1-6.

雷晓燕，周月刚.2010. 中国家庭的资产组合选择：健康状况与风险偏好. 金融研究，（1）：31-45.

李长娥，谢永珍.2017. 董事会权力层级、创新战略与民营企业成长. 外国经济与管理，（12）：70-83.

李成友，李庆海.2016. 农户信贷需求视角下的信贷配给程度决定分析：基于 OPSS 模型的实证研究. 统计与信息论坛，（6）：106-111.

李成友，孙涛，李庆海.2019. 需求和供给型信贷配给交互作用下农户福利水平研究：基于广义倾向得分匹配法的分析. 农业技术经济，（1）：111-120.

李春涛，闫续文，宋敏，等.2020. 金融科技与企业创新：新三板上市公司的证据. 中国工业经济，（1）：81-98.

李芳. 2014. 互联网金融发展及对我国居民金融理财行为影响分析：柳州视角. 区域金融研究，（11）：52-56.

李继尊. 2015. 关于互联网金融的思考. 管理世界，（7）：1-7，16.

李佳，段舒榕. 2022. 数字金融减轻了企业对银行信贷的依赖吗？. 国际金融研究，（4）：88-96.

李建军，李俊成. 2020. 普惠金融与创业："授人以鱼"还是"授人以渔"？. 金融研究，（1）：69-87.

李健，江金鸥，陈传明. 2020. 包容性视角下数字普惠金融与企业创新的关系：基于中国 A 股上市企业的证据. 管理科学，（6）：16-29.

李江一，李涵，甘犁. 2015. 家庭资产-负债与幸福感："幸福-收入"之谜的一个解释. 南开经济研究，（5）：3-23.

李姣媛，覃诚，方向明. 2020. 农村一二三产业融合：农户参与及其增收效应研究. 江西财经大学学报，（5）：103-116.

李乾，芦千文，王玉斌. 2018. 农村一二三产业融合发展与农民增收的互动机制研究. 经济体制改革，（4）：96-101.

李实. 2022. 充分认识实现共同富裕的长期性. 治理研究，（3）：4-12，124.

李实，朱梦冰. 2022. 推进收入分配制度改革 促进共同富裕实现. 管理世界，（1）：52-62，76.

李树，陈刚. 2012."关系"能否带来幸福？——来自中国农村的经验证据. 中国农村经济，（8）：66-78.

李树，于文超. 2020. 幸福的社会网络效应：基于中国居民消费的经验研究. 经济研究，（6）：172-188.

李涛. 2006. 社会互动、信任与股市参与. 经济研究，（1）：34-45.

李涛，徐翔，孙硕. 2016. 普惠金融与经济增长. 金融研究，（4）：1-16.

李晓，吴雨，李洁. 2021. 数字金融发展与家庭商业保险参与. 统计研究，（5）：29-41.

李晓龙. 2019. 农村金融深化、农业技术进步与农村产业融合发展. 重庆：重庆大学.

李晓龙，陆远权. 2019. 农村产业融合发展的减贫效应及非线性特征：基于面板分位数模型的实证分析. 统计与信息论坛，（12）：67-74.

李晓龙，冉光和. 2019. 农村产业融合发展如何影响城乡收入差距：基于农村经济增长与城镇化的双重视角. 农业技术经济，（8）：17-28.

李晓龙，冉光和. 2021. 数字金融发展、资本配置效率与产业结构升级. 西南民族大学学报（人文社会科学版），（7）：152-162.

李旭洋，李通屏，邹伟进. 2019. 互联网推动居民家庭消费升级了吗？——基于中国微观调查数据的研究. 中国地质大学学报（社会科学版），（4）：145-160.

李媛媛，金浩，张玉苗. 2015. 金融创新与产业结构调整：理论与实证. 经济问题探索，（3）：140-147.

李云新，戴紫芸，丁士军. 2017. 农村一二三产业融合的农户增收效应研究：基于对 345 个农户调查的 PSM 分析. 华中农业大学学报（社会科学版），（4）：37-44，146-147.

李芸，陈俊红，陈慈. 2017. 北京市农业产业融合评价指数研究. 农业现代化研究，（2）：204-211.

连玉君，廖俊平. 2017. 如何检验分组回归后的组间系数差异？. 郑州航空工业管理学院学报，（6）：97-109.

梁榜，张建华. 2018. 中国普惠金融创新能否缓解中小企业的融资约束. 中国科技论坛，（11）：

94-105.

梁榜, 张建华. 2019. 数字普惠金融发展能激励创新吗? ——来自中国城市和中小企业的证据. 当代经济科学, (5): 74-86.

林春, 康宽, 孙英杰. 2019. 普惠金融与就业增加: 直接影响与空间溢出效应. 贵州财经大学学报, (3): 23-36.

林毅夫. 2002. 中国的城市发展与农村现代化. 北京大学学报 (哲学社会科学版), (4): 12-15.

林毅夫, 孙希芳, 姜烨. 2009. 经济发展中的最优金融结构理论初探. 经济研究, (8): 4-17.

林章悦, 刘忠璐, 李后建. 2015. 互联网金融的发展逻辑: 基于金融与互联网功能耦合的视角. 西南民族大学学报 (人文社科版), (7): 140-145.

刘宝华, 罗宏, 周微, 等. 2016. 社会信任与股价崩盘风险. 财贸经济, (9): 53-66.

刘丹, 方锐, 汤颖梅. 2019. 数字普惠金融发展对农民非农收入的空间溢出效应. 金融经济学研究, (3): 57-66.

刘凤委, 李琳, 薛云奎. 2009. 信任、交易成本与商业信用模式. 经济研究, (8): 60-72.

刘海洋. 2016. 农村一二三产业融合发展的案例研究. 经济纵横, (10): 88-91.

刘湖, 张家平. 2016. 互联网对农村居民消费结构的影响与区域差异. 财经科学, (4): 80-88.

刘俊杰, 李超伟, 韩思敏, 等. 2020. 农村电商发展与农户数字信贷行为: 来自江苏 "淘宝村" 的微观证据. 中国农村经济, (11): 97-112.

刘少波, 张友泽, 梁晋恒. 2021. 金融科技与金融创新研究进展. 经济学动态, (3): 126-144.

刘淑春. 2019. 中国数字经济高质量发展的靶向路径与政策供给. 经济学家, (6): 52-61.

刘涛雄, 徐晓飞. 2015. 互联网搜索行为能帮助我们预测宏观经济吗?. 经济研究, (12): 68-83.

刘行, 叶康涛. 2014. 金融发展、产权与企业税负. 管理世界, (3): 41-52.

刘亦文, 丁李平, 李毅, 等. 2018. 中国普惠金融发展水平测度与经济增长效应. 中国软科学, (3): 36-46.

刘兆博, 马树才. 2007. 基于微观面板数据的中国农民预防性储蓄研究. 世界经济, (2): 40-49.

刘忠, 李殷. 2018. "所有制歧视" VS "规模歧视": 谁对企业全要素生产率的危害更大: 基于地区信贷腐败的视角. 当代经济科学, (3): 45-56, 125-126.

卢燕平. 2005. 社会资本与金融发展的实证研究. 统计研究, (8): 30-34.

鲁元平, 王军鹏, 王品超. 2016. 身份的幸福效应: 基于党员的经验证据. 经济学动态, (9): 29-40.

鲁钊阳, 李树. 2015. 农村正规与非正规金融发展对区域产业结构升级的影响. 财经研究, (9): 53-64.

鲁钊阳, 廖杉杉. 2016. P2P 网络借贷对农产品电商发展的影响研究. 财贸经济, (3): 95-108.

陆铭, 陈钊. 2004. 城市化、城市倾向的经济政策与城乡收入差距. 经济研究, (6): 50-58.

陆铭, 李鹏飞, 钟辉勇. 2019. 发展与平衡的新时代: 新中国 70 年的空间政治经济学. 管理世界, (10): 11-23, 63, 219.

罗必良. 2017. 明确发展思路, 实施乡村振兴战略. 南方经济, (10): 8-11.

罗必良, 洪炜杰, 耿鹏鹏, 等. 2021. 赋权、强能、包容: 在相对贫困治理中增进农民幸福感. 管理世界, (10): 166-181, 240.

罗党论, 甄丽明. 2008. 民营控制、政治关系与企业融资约束: 基于中国民营上市公司的经验证据. 金融研究, (12): 164-178.

罗剑朝，曹璨，罗博文. 2019. 西部地区农村普惠金融发展困境、障碍与建议. 农业经济问题，（8）：94-107.

吕学梁，马玉洁. 2020. 住房与家庭投资组合有效性：基于消费和投资双重属性的分析.南方金融，（6）：24-36.

马九杰，亓浩，吴本健. 2020. 农村金融机构市场化对金融支农的影响：抑制还是促进？——来自农信社改制农商行的证据. 中国农村经济，（11）：79-96.

马九杰，吴本健. 2014. 互联网金融创新对农村金融普惠的作用：经验、前景与挑战. 农村金融研究，（8）：5-11.

毛丰付，潘加顺. 2012. 资本深化、产业结构与中国城市劳动生产率. 中国工业经济，（10）：32-44.

孟亦佳. 2014. 认知能力与家庭资产选择. 经济研究，（S1）：132-142.

米运生，李丹. 2009. 资本配置效率、金融服务与城乡收入差距：来自中国的经验证据. 农业经济问题，（1）：86-92.

莫亚琳，张志超. 2011. 城市化进程、公共财政支出与社会收入分配：基于城乡二元结构模型与面板数据计量的分析. 数量经济技术经济研究，（3）：79-89.

南永清，宋明月，肖浩然. 2020. 数字普惠金融与城镇居民消费潜力释放. 当代经济研究，（5）：102-112.

南永清，孙煜. 2020. 消费信贷影响了居民消费行为吗. 现代经济探讨，（7）：10-19.

聂秀华，江萍，郑晓佳，等. 2021. 数字金融与区域技术创新水平研究. 金融研究，（3）：132-150.

欧阳志刚. 2014. 中国城乡经济一体化的推进是否阻滞了城乡收入差距的扩大. 世界经济，（2）：116-135.

裴志军. 2010. 家庭社会资本、相对收入与主观幸福感：一个浙西农村的实证研究. 农业经济问题，（7）：22-29，111.

彭代彦，吴宝新. 2008. 农村内部的收入差距与农民的生活满意度. 世界经济，（4）：79-85.

彭建刚，徐轩. 2019. 农业产业化与普惠金融的耦合关系及协调发展：以湖南省为例. 财经理论与实践，（5）：19-26.

彭克强，刘锡良. 2016. 农民增收、正规信贷可得性与非农创业. 管理世界，（7）：88-97.

齐红倩，李志创. 2018. 我国农村金融发展对农村消费影响的时变特征研究. 农业技术经济，（3）：110-121.

齐红倩，李志创. 2019. 中国普惠金融发展水平测度与评价：基于不同目标群体的微观实证研究. 数量经济技术经济研究，（5）：101-117.

齐明珠，张成功. 2019. 老龄化背景下年龄对家庭金融资产配置效率的影响. 人口与经济，（1）：54-66.

齐文浩，李佳俊，曹建民，等. 2021. 农村产业融合提高农户收入的机理与路径研究：基于农村异质性的新视角. 农业技术经济，（8）：105-118.

钱海章，陶云清，曹松威，等. 2020. 中国数字金融发展与经济增长的理论与实证. 数量经济技术经济研究，（6）：26-46.

钱文荣，郑黎义. 2011. 劳动力外出务工对农户家庭经营收入的影响：基于江西省 4 个县农户调研的实证分析. 农业技术经济，（1）：48-56.

钱雪松，袁峥嵘. 2022. 数字普惠金融、居民生活压力与幸福感. 经济经纬，（1）：138-150.

秦海林，李超伟，万佳乐. 2018. 金融素养、金融资产配置与投资组合有效性. 南京审计大学学报，（6）：99-110.

秦尊文，龙濛. 2013. 测度我国民营经济水平对城镇化率的影响. 江汉论坛，（11）：56-59.

邱晗，黄益平，纪洋. 2018. 金融科技对传统银行行为的影响：基于互联网理财的视角. 金融研究，（11）：17-29.

邱泽奇，张树沁，刘世定，等. 2016. 从数字鸿沟到红利差异：互联网资本的视角. 中国社会科学，（10）：93-115，203-204.

任碧云，李柳颖. 2019. 数字普惠金融是否促进农村包容性增长：基于京津冀2114位农村居民调查数据的研究. 现代财经（天津财经大学学报），（4）：3-14.

邵红伟，靳涛. 2016. 收入分配的库兹涅茨倒U曲线：跨国横截面和面板数据的再实证. 中国工业经济，（4）：22-38.

沈坤荣，谢勇. 2012. 不确定性与中国城镇居民储蓄率的实证研究. 金融研究，（3）：1-13.

沈丽，张好圆，李文君. 2019. 中国普惠金融的区域差异及分布动态演进. 数量经济技术经济研究，（7）：62-80.

沈扬扬，李实. 2020. 如何确定相对贫困标准？——兼论"城乡统筹"相对贫困的可行方案. 华南师范大学学报（社会科学版），（2）：91-101，191.

沈洋，犹雨寒，周鹏飞. 2021. 数字普惠金融对新型城镇化的影响. 金融与经济，（11）：46-53.

沈悦，郭品. 2015. 互联网金融、技术溢出与商业银行全要素生产率. 金融研究，（3）：160-175.

盛明泉，张悦，汪顺. 2021. 数字金融发展能否助推传统工业企业技术创新. 统计与信息论坛，（12）：12-22.

盛天翔，范从来. 2020. 金融科技、最优银行业市场结构与小微企业信贷供给. 金融研究，（6）：114-132.

施卫东，高雅. 2013. 金融服务业集聚发展对产业结构升级的影响：基于长三角16个中心城市面板数据的实证检验. 经济与管理研究，（3）：73-81.

石智雷，谭宇，吴海涛. 2010. 返乡农民工创业行为与创业意愿分析. 中国农村观察，（5）：25-37，47.

司伟. 2021. 经济转型过程中的中国农业农村现代化. 南京农业大学学报（社会科学版），（5）：11-19.

宋全云，吴雨，尹志超. 2017. 金融知识视角下的家庭信贷行为研究. 金融研究，（6）：95-110.

宋瑞. 2014. 时间、收入、休闲与生活满意度：基于结构方程模型的实证研究. 财贸经济，（6）：100-110.

宋晓玲. 2017a. 数字普惠金融缩小城乡收入差距的实证检验. 财经科学，（6）：14-25.

宋晓玲. 2017b. "互联网+"普惠金融是否影响城乡收入均衡增长？——基于中国省际面板数据的经验分析. 财经问题研究，（7）：50-56.

苏岚岚，孔荣. 2019. 农民金融素养与农村要素市场发育的互动关联机理研究. 中国农村观察，（2）：61-77.

苏岚岚，彭艳玲. 2022. 农民数字素养、乡村精英身份与乡村数字治理参与. 农业技术经济，（1）：34-50.

苏毅清，游玉婷，王志刚. 2016. 农村一二三产业融合发展：理论探讨、现状分析与对策建议. 中国软科学，（8）：17-28.

粟芳，邹奕格，熊婧，等. 2020. 互联网金融在中国农村地区的渗透差异及约束. 数量经济技术经济研究，（10）：3-23.

单德朋. 2019. 金融素养与城市贫困. 中国工业经济，（4）：136-154.

孙成昊，谢太峰. 2020. 互联网消费金融影响家庭消费升级的实证检验. 统计与决策，（17）：134-137.

孙从海，李慧. 2014. 互联网金融下家庭金融资产调整趋势与效应分析. 西南金融，（6）：22-24.

孙凤. 2019. 关于消费"升级"与"降级"的几点认识. 人民论坛·学术前沿，（2）：13-19.

孙继国，韩开颜，胡金焱. 2020a. 数字金融是否减缓了相对贫困？——基于 CHFS 数据的实证研究. 财经论丛，（12）：50-60.

孙继国，胡金焱，杨璐. 2020b. 发展普惠金融能促进中小企业创新吗？——基于双重差分模型的实证检验. 财经问题研究，（10）：47-54.

孙晶，李涵硕. 2012. 金融集聚与产业结构升级：来自 2003—2007 年省际经济数据的实证分析. 经济学家，（3）：80-86.

孙武军，林惠敏. 2018. 金融排斥、社会互动和家庭资产配置. 中央财经大学学报，（3）：21-38.

孙英杰，林春. 2018. 普惠金融发展的地区差异、收敛性及影响因素研究：基于中国省级面板数据的检验. 经济理论与经济管理，（11）：70-80.

邝秀军，李树苗，李聪，等. 2009. 中国农户谨慎性消费策略的形成机制. 管理世界，（7）：85-92.

谭涛，张燕媛，唐若迪，等. 2014. 中国农村居民家庭消费结构分析：基于 QUAIDS 模型的两阶段一致估计. 中国农村经济，（9）：17-31，56.

谭燕芝，彭千芮. 2018. 普惠金融发展与贫困减缓：直接影响与空间溢出效应. 当代财经，（3）：56-67.

汤萱，高星. 2022. 数字金融如何促进民营企业成长：基于金融监管与管理者能力的调节效应. 求是学刊，（5）：71-84.

唐仁健. 2021. 扎实推进乡村全面振兴. 求是，（20）：39-44.

唐松，赖晓冰，黄锐. 2019. 金融科技创新如何影响全要素生产率：促进还是抑制？——理论分析框架与区域实践. 中国软科学，（7）：134-144.

唐文进，李爽，陶云清. 2019. 数字普惠金融发展与产业结构升级：来自 283 个城市的经验证据. 广东财经大学学报，（6）：35-49.

陶爱萍，徐君超. 2016. 金融发展与产业结构升级非线性关系研究：基于门槛模型的实证检验. 经济经纬，（2）：84-89.

滕磊，马德功. 2020. 数字金融能够促进高质量发展吗？. 统计研究，（11）：80-92.

田岗. 2005. 不确定性、融资约束与我国农村高储蓄现象的实证分析：一个包含融资约束的预防性储蓄模型及检验. 经济科学，（1）：5-17.

万宝瑞. 2019. 我国农业三产融合沿革及其现实意义. 农业经济问题，（8）：4-8.

万广华，江葳蕤，赵梦雪. 2022. 城镇化的共同富裕效应. 中国农村经济，（4）：2-22.

万广华，张彤进. 2021. 机会不平等与中国居民主观幸福感. 世界经济，（5）：203-228.

万佳彧，周勤，肖义. 2020. 数字金融、融资约束与企业创新. 经济评论，（1）：71-83.

万建华. 2017. 金融业的科技进化. 清华金融评论，（8）：95-97.

王博，张晓玫，卢露. 2017. 网络借贷是实现普惠金融的有效途径吗：来自"人人贷"的微观借贷证据. 中国工业经济，（2）：98-116.

王丹玉，王山，潘桂媚，等. 2017. 农村产业融合视域下美丽乡村建设困境分析. 西北农林科技大学学报（社会科学版），（2）：152-160.

王定祥，李伶俐，吴代红. 2017. 金融资本深化、技术进步与产业结构升级. 西南大学学报（社会科学版），（1）：38-53，190.

王海兵，杨蕙馨. 2018. 中国民营经济改革与发展 40 年：回顾与展望. 经济与管理研究，（4）：3-14.

王海平，周江梅，林国华，等. 2019. 产业升级、农业结构调整与县域农民收入：基于福建省 58 个县域面板数据的研究. 华东经济管理，（8）：23-28.

王吉鹏，肖琴，李建平. 2018. 新型农业经营主体融资：困境、成因及对策：基于 131 个农业综合开发产业化发展贷款贴息项目的调查. 农业经济问题，（2）：71-77.

王佳莹. 2022. 数字普惠金融与新型城镇化建设新动力. 技术经济与管理研究，（8）：78-84.

王婧，胡国晖. 2013. 中国普惠金融的发展评价及影响因素分析. 金融论坛，（6）：31-36.

王乐君，寇广增. 2017. 促进农村一二三产业融合发展的若干思考. 农业经济问题，（6）：3，82-88.

王立国，赵婉妤. 2015. 我国金融发展与产业结构升级研究. 财经问题研究，（1）：22-29.

王丽纳，李玉山. 2019. 农村一二三产业融合发展对农民收入的影响及其区域异质性分析. 改革，（12）：104-114.

王少平，欧阳志刚. 2008. 中国城乡收入差距对实际经济增长的阈值效应. 中国社会科学，（2）：54-66，205.

王书斌，徐盈之. 2016. 信任、初创期企业扩张与市场退出风险. 财贸经济，（4）：58-70.

王曙光，张春霞. 2014. 互联网金融发展的中国模式及其创新. 中国农村金融，（2）：42-43.

王霄，邱星宇，叶涛. 2021. 数字金融能提升民营企业创新吗？——基于动态能力理论的实证研究. 南京财经大学学报，（6）：45-55.

王小华，邓晓雯，周海洋. 2022. 金融科技对商业银行经营绩效的影响：促进还是抑制？. 改革，（8）：141-155.

王小华，韩林松，温涛. 2021b. 惠农贷的精英俘获及其包容性增长效应研究. 中国农村经济，（3）：106-127.

王小华，温涛. 2021. 金融资本集聚与城乡收入差距：新中国成立 70 周年的逻辑验证. 农业技术经济，（8）：4-19.

王小华，温涛，韩林松. 2020. 习惯形成与中国农民消费行为变迁：改革开放以来的经验验证. 中国农村经济，（1）：17-35.

王小华，杨玉琪，程露. 2021c. 新发展阶段农村金融服务乡村振兴战略：问题与解决方案. 西南大学学报（社会科学版），（6）：41-50，257-258.

王小华，张莹，胡大成. 2021b. 数字金融赋能农业农村高质量发展：典型案例、现实困境及机制创新研究. 江南大学学报（人文社会科学版），（3）：18-32.

王小华，周海洋，程琳. 2023. 中国金融科技发展：指数编制、总体态势及时空特征. 当代经济科学，（1）：46-60.

王小鲁，樊纲，胡李鹏. 2019. 中国分省份市场化指数报告（2018）. 北京：社会科学文献出版社.

王小鲁，胡李鹏，樊纲. 2021. 中国分省份市场化指数报告（2021）. 北京：社会科学文献出版社.

王晓青. 2022. 疫情冲击与农村家庭数字金融行为：来自江苏农村家庭金融调查的微观证据. 财贸研究，（6）：65-79.

王馨. 2015. 互联网金融助解"长尾"小微企业融资难问题研究. 金融研究, (9): 128-139.

王兴国. 2016. 推进农村一二三产业融合发展的思路与政策研究. 东岳论丛, (2): 30-37.

王修华, 何梦, 关键. 2014. 金融包容理论与实践研究进展. 经济学动态, (11): 115-129.

王修华, 赵亚雄. 2020. 数字金融发展是否存在马太效应? ——贫困户与非贫困户的经验比较. 金融研究, (7): 114-133.

王修华, 赵亚雄. 2022. 数字金融发展与城乡家庭金融可得性差异. 中国农村经济, (1): 44-60.

王瑶佩, 郭峰. 2019. 区域数字金融发展与农户数字金融参与: 渠道机制与异质性. 金融经济学研究, (2): 84-95.

王一如, 韦宏耀. 2021. 数字金融与家庭资产配置效率: 基于夏普比率的研究. 中国商论, (15): 43-46.

王永仓, 温涛, 王小华. 2021. 数字金融与农户家庭增收: 影响效应与传导机制: 基于中国家庭金融调查数据的实证研究. 财经论丛, (9): 37-48.

王媛媛, 韩瑞栋. 2021. 新型城镇化对数字普惠金融的影响效应研究. 国际金融研究, (11): 3-12.

王兆峰, 刘庆芳. 2021. 中国省域旅游效率空间网络结构演化及其影响因素. 地理科学, (3): 397-406.

王振华. 2014. 城镇化发展、产业结构升级与县域经济增长: 理论与实证. 沈阳: 沈阳农业大学.

魏后凯. 2020. "十四五"时期中国农村发展若干重大问题. 中国农村经济, (1): 2-16.

魏丽萍, 陈德棉, 谢胜强. 2018. 互联网金融投资决策: 金融素养、风险容忍和风险感知的共同影响. 管理评论, (9): 61-71.

魏昭, 蒋佳伶, 杨阳, 等. 2018. 社会网络、金融市场参与和家庭资产选择: 基于 CHFS 数据的实证研究. 财经科学, (2): 28-42.

魏昭, 宋全云. 2016. 互联网金融下家庭资产配置. 财经科学, (7): 52-60.

温涛, 陈一明. 2020. 数字经济与农业农村经济融合发展: 实践模式、现实障碍与突破路径. 农业经济问题, (7): 118-129.

温涛, 陈一明. 2021. "互联网 +"时代的高素质农民培育. 理论探索, (1): 12-21.

温涛, 何茜. 2020. 中国农村金融改革的历史方位与现实选择. 财经问题研究, (5): 3-12.

温涛, 何茜. 2023. 全面推进乡村振兴与深化农村金融改革创新: 逻辑转换、难点突破与路径选择. 中国农村经济, (1): 93-114.

温涛, 刘达. 2019. 农村金融扶贫: 逻辑、实践与机制创新. 社会科学战线, (2): 2, 65-71, 281.

温涛, 刘渊博. 2023. 数字素养、金融知识与农户数字金融行为响应. 财经问题研究, (2): 50-64.

温涛, 冉光和, 熊德平. 2005. 中国金融发展与农民收入增长. 经济研究, (9): 30-43.

温涛, 田纪华, 王小华. 2013. 农民收入结构对消费结构的总体影响与区域差异研究. 中国软科学, (3): 42-52.

温涛, 朱炯, 王小华. 2016. 中国农贷的"精英俘获"机制: 贫困县与非贫困县的分层比较. 经济研究, (2): 111-125.

温忠麟, 叶宝娟. 2014. 中介效应分析: 方法和模型发展. 心理科学进展, (5): 731-745.

温忠麟, 张雷, 侯杰泰, 等. 2004. 中介效应检验程序及其应用. 心理学报, 36: 614-620.

吴金旺, 郭福春, 顾洲一. 2018. 数字普惠金融发展影响因素的实证分析: 基于空间面板模型的检验. 浙江学刊, (3): 136-146.

吴卫星, 付晓敏. 2011. 信心比黄金更重要? ——关于投资者不确定性感受和资产价格的理论分析. 经济研究,(12):32-44.

吴卫星,李雅君.2016. 家庭结构和金融资产配置:基于微观调查数据的实证研究. 华中科技大学学报(社会科学版),(2):57-66.

吴卫星,丘艳春,张琳琬.2015. 中国居民家庭投资组合有效性:基于夏普率的研究. 世界经济,(1):154-172.

吴卫星,汪勇祥,梁衡义.2006. 过度自信、有限参与和资产价格泡沫. 经济研究,(4):115-127.

吴卫星,吴锟,王琎.2018b. 金融素养与家庭负债:基于中国居民家庭微观调查数据的分析. 经济研究,(1):97-109.

吴卫星,吴锟,张旭阳.2018a. 金融素养与家庭资产组合有效性. 国际金融研究,(5):66-75.

吴卫星,易尽然,郑建明.2010. 中国居民家庭投资结构:基于生命周期、财富和住房的实证分析. 经济研究,(S1):72-82.

吴晓晖,叶瑛.2009. 市场化进程、资源获取与创业企业绩效:来自中国工业企业的经验证据. 中国工业经济,(5):77-86.

吴雨,李晓,李洁,等.2021. 数字金融发展与家庭金融资产组合有效性. 管理世界,(7):7,92-104.

吴雨,彭嫦燕,尹志超.2016. 金融知识、财富积累和家庭资产结构. 当代经济科学,(4):19-29,124-125.

武力超,唐露萍,陈熙龙.2014. 民营资本如何助力我国的城镇化进程:基于面板门限模型的微观考察. 经济管理,(1):33-44.

向玉冰.2018. 互联网发展与居民消费结构升级. 中南财经政法大学学报,(4):51-60.

肖卫,肖琳子.2013. 二元经济中的农业技术进步、粮食增产与农民增收:来自2001~2010年中国省级面板数据的经验证据. 中国农村经济,(6):4-13,47.

肖卫东,杜志雄.2019. 农村一二三产业融合:内涵要解、发展现状与未来思路. 西北农林科技大学学报(社会科学版),(6):120-129.

肖作平,张欣哲.2012. 制度和人力资本对家庭金融市场参与的影响研究:来自中国民营企业家的调查数据. 经济研究,(S1):91-104.

谢家智,吴静茹.2020. 数字金融、信贷约束与家庭消费. 中南大学学报(社会科学版),(2):9-20.

谢平,刘海二.2013. ICT、移动支付与电子货币. 金融研究,(10):1-14.

谢平,石午光.2016. 金融产品货币化的理论探索. 国际金融研究,(2):3-10.

谢平,邹传伟.2012. 互联网金融模式研究. 金融研究,(12):11-22.

谢平,邹传伟,刘海二.2015. 互联网金融的基础理论. 金融研究,(8):1-12.

谢绚丽,沈艳,张皓星,等.2018. 数字金融能促进创业吗?——来自中国的证据. 经济学(季刊),(4):1557-1580.

谢雪燕,朱晓阳.2021. 数字金融与中小企业技术创新:来自新三板企业的证据. 国际金融研究,(1):87-96.

谢勇,沈坤荣.2011. 非农就业与农村居民储蓄率的实证研究. 经济科学,(4):76-87.

解维敏,吴浩,冯彦杰.2021. 数字金融是否缓解了民营企业融资约束?. 系统工程理论与实践,(12):3129-3146.

辛馨.2017. 第三方支付与家庭金融资产选择. 北京:中央财经大学.

星焱. 2021. 农村数字普惠金融的"红利"与"鸿沟". 经济学家，（2）：102-111.

徐斌，陈宇芳，沈小波. 2019. 清洁能源发展、二氧化碳减排与区域经济增长. 经济研究，（7）：
　　188-202.

徐晨，蒋艳楠. 2021. 线上购物信息不对称与顾客购买意向相关性分析：基于感知风险视角. 商
　　业经济研究，（11）：85-88.

徐忠，孙国峰，姚前. 2017. 金融科技：发展趋势与监管. 北京：中国金融出版社.

许月丽，孙昭君，李帅. 2022. 数字普惠金融与传统农村金融：替代抑或互补？——基于农户融
　　资约束放松视角. 财经研究，（6）：34-48.

颜建军，冯君怡. 2021. 数字普惠金融对居民消费升级的影响研究. 消费经济，（2）：79-88.

杨歌谣，周常春. 2021. 农村产业融合对农户多维贫困的影响：基于云南省红河州调查实证. 统
　　计与决策，（3）：9-15.

杨晶，丁士军. 2017. 农村产业融合、人力资本与农户收入差距. 华南农业大学学报（社会科学
　　版），（6）：1-10.

杨俊，韩炜，张玉利. 2014. 工作经验隶属性、市场化程度与创业行为速度. 管理科学学报，（8）：
　　10-22.

杨嵘均，操远芃. 2021. 论乡村数字赋能与数字鸿沟间的张力及其消解. 南京农业大学学报（社
　　会科学版），（5）：31-40.

杨伟明，粟麟，孙瑞立，等. 2021. 数字金融是否促进了消费升级？——基于面板数据的证据. 国
　　际金融研究，（4）：13-22.

杨伟明，粟麟，王明伟. 2020. 数字普惠金融与城乡居民收入：基于经济增长与创业行为的中介
　　效应分析. 上海财经大学学报，（4）：83-94.

杨义武，方大春. 2013. 金融集聚与产业结构变迁：来自长三角 16 个城市的经验研究. 金融经
　　济学研究，（6）：55-65.

叶茜茜. 2016. 互联网金融技术创新扩散的空间溢出效应：基于 P2P 网贷数据的实证检验. 中国
　　流通经济，（9）：76-84.

易行健，周利. 2018. 数字普惠金融发展是否显著影响了居民消费：来自中国家庭的微观证据.
　　金融研究，（11）：47-67.

尹振涛，李俊成，杨璐. 2021. 金融科技发展能提高农村家庭幸福感吗？——基于幸福经济学的
　　研究视角. 中国农村经济，（8）：63-79.

尹志超，公雪，郭沛瑶. 2019c. 移动支付对创业的影响：来自中国家庭金融调查的微观证据. 中
　　国工业经济，（3）：119-137.

尹志超，公雪，潘北啸. 2019d. 移动支付对家庭货币需求的影响：来自中国家庭金融调查的微
　　观证据. 金融研究，（10）：40-58.

尹志超，彭嫦燕，里昂安吉拉. 2019a. 中国家庭普惠金融的发展及影响. 管理世界，（2）：74-87.

尹志超，仇化. 2019. 金融知识对互联网金融参与重要吗. 财贸经济，（6）：70-84.

尹志超，宋全云，吴雨. 2014. 金融知识、投资经验与家庭资产选择. 经济研究，（4）：62-75.

尹志超，吴雨，甘犁. 2015. 金融可得性、金融市场参与和家庭资产选择. 经济研究，（3）：87-99.

尹志超，岳鹏鹏，陈悉榕. 2019e. 金融市场参与、风险异质性与家庭幸福. 金融研究，（4）：
　　168-187.

尹志超，张号栋. 2018. 金融可及性、互联网金融和家庭信贷约束：基于 CHFS 数据的实证研究.

金融研究，（11）：188-206.

尹志超，张逸兴，于玖田. 2019b. 第三方支付、创业与家庭收入. 金融论坛，（4）：45-57.

于文超，梁平汉. 2019. 不确定性、营商环境与民营企业经营活力. 中国工业经济，（11）：136-154.

余静文. 2013. 最优金融条件与经济发展：国际经验与中国案例. 经济研究，（12）：106-119.

余涛. 2020. 农村一二三产业融合发展的评价及分析. 宏观经济研究，（11）：76-85.

余文建，焦瑾璞. 2016. 利用数字技术促进普惠金融发展. 清华金融评论，（12）：2.

余新平，熊皛白，熊德平. 2010. 中国农村金融发展与农民收入增长. 中国农村经济，（6）：77-86，96.

臧旭恒，董婧璇. 2020. 电子银行、金融便捷及家庭消费：基于异质性消费者的角度. 山东师范大学学报（社会科学版），（5）：107-124.

战明华，张成瑞，沈娟. 2018. 互联网金融发展与货币政策的银行信贷渠道传导. 经济研究，（4）：63-76.

湛泳，徐乐. 2017. "互联网＋"下的包容性金融与家庭创业决策. 财经研究，（9）：62-75，145.

曾志耕，何青，吴雨，等. 2015. 金融知识与家庭投资组合多样性. 经济学家，（6）：86-94.

张波. 2013. O2O 移动互联网时代的商业革命. 北京：机械工业出版社.

张成思，刘贯春. 2016. 最优金融结构的存在性、动态特征及经济增长效应. 管理世界，（1）：66-77.

张栋浩，王栋，杜在超. 2020. 金融普惠、收入阶层与中国家庭消费. 财经科学，（6）：1-15.

张广胜，王振华. 2014. 县域经济增长中结构红利的测度及决定：基于中国 1820 个县面板数据的实证分析. 经济理论与经济管理，（6）：102-112.

张海洋，韩晓. 2022. 数字金融能缓和社会主要矛盾吗？——消费不平等的视角. 经济科学，（2）：96-109.

张贺，白钦先. 2018. 数字普惠金融减小了城乡收入差距吗？——基于中国省级数据的面板门槛回归分析. 经济问题探索，（10）：122-129.

张珩，罗剑朝，郝一帆. 2017. 农村普惠金融发展水平及影响因素分析：基于陕西省 107 家农村信用社全机构数据的经验考察. 中国农村经济，（1）：2-15，93.

张红宇. 2015. 金融支持农村一二三产业融合发展问题研究. 新金融评论，（6）：148-160.

张欢欢，熊学萍. 2017. 农村居民金融素养测评与影响因素研究：基于湖北、河南两省的调查数据. 中国农村观察，（3）：131-144.

张慧一，张友祥. 2021. 制度变迁、政府作用与民营经济发展：基于非线性面板门限模型的分析. 东北师大学报（哲学社会科学版），（6）：118-124.

张杰，金岳. 2020. 中国实施"国民收入倍增计划"战略：重大价值、理论基础与实施途径. 学术月刊，（10）：41-52.

张军，吴桂英，张吉鹏. 2004. 中国省际物质资本存量估算：1952—2000. 经济研究，（10）：35-44.

张李义，涂奔. 2017. 互联网金融对中国城乡居民消费的差异化影响：从消费金融的功能性视角出发. 财贸研究，（8）：70-83.

张立军，湛泳. 2006. 金融发展影响城乡收入差距的三大效应分析及其检验. 数量经济技术经济研究，（12）：73-81.

张林. 2016a. 中国双向 FDI、金融发展与产业结构优化. 世界经济研究，（10）：111-124，137.

张林. 2016b. 金融业态深化、财政政策激励与区域实体经济增长. 重庆：重庆大学.

张林，罗新雨，王新月. 2021. 县域农村产业融合发展与农民生活质量：来自重庆市 37 个区县的经验证据. 宏观质量研究，（2）：100-113.

张林，温涛. 2019a. 农村金融发展的现实困境、模式创新与政策协同：基于产业融合视角. 财经问题研究，（2）：53-62.

张林，温涛. 2019b. 财政金融服务协同与农村产业融合发展. 金融经济学研究，（5）：53-67.

张林，温涛. 2020. 数字普惠金融发展如何影响居民创业. 中南财经政法大学学报，（4）：85-95，107.

张林，温涛. 2022. 数字普惠金融如何影响农村产业融合发展. 中国农村经济，（7）：59-80.

张林，温涛，刘渊博. 2020. 农村产业融合发展与农民收入增长：理论机理与实证判定. 西南大学学报（社会科学版），（5）：42-56，191-192.

张林，张雯卿. 2021. 普惠金融与农村产业融合发展的耦合协同关系及动态演进. 财经理论与实践，（2）：2-11.

张龙耀，李超伟，王睿. 2021. 金融知识与农户数字金融行为响应：来自四省农户调查的微观证据. 中国农村经济，（5）：83-101.

张龙耀，邢朝辉. 2021. 中国农村数字普惠金融发展的分布动态、地区差异与收敛性研究. 数量经济技术经济研究，（3）：23-42.

张龙耀，张海宁. 2013. 金融约束与家庭创业：中国的城乡差异. 金融研究，（9）：123-135.

张美萱，吴瑞林，张涵，等. 2018. "电子钱包"让人花钱更多？——手机支付的心理账户效应. 心理科学，（4）：904-909.

张维迎，柯荣住. 2002. 信任及其解释：来自中国的跨省调查分析. 经济研究，（10）：59-70，96.

张翔，李伦一，柴程森，等. 2015. 住房增加幸福：是投资属性还是居住属性？. 金融研究，（10）：17-31.

张孝成. 2019-12-25. 解决相对贫困：未来扶贫工作的重心. 学习时报，A5.

张玄，冉光和，陈科. 2020. 金融集聚对区域民营经济成长的空间效应研究. 科研管理，（5）：259-268.

张玄，冉光和，蓝震森. 2017. 金融集聚与区域民营经济成长：基于面板误差修正模型和门槛模型的实证. 经济问题探索，（1）：128-138.

张勋，万广华，吴海涛. 2021. 缩小数字鸿沟：中国特色数字金融发展. 中国社会科学，（8）：35-51，204-205.

张勋，万广华，张佳佳，等. 2019. 数字经济、普惠金融与包容性增长. 经济研究，（8）：71-86.

张勋，杨桐，汪晨，等. 2020. 数字金融发展与居民消费增长：理论与中国实践. 管理世界，（11）：48-63.

张义博. 2015. 农业现代化视野的产业融合互动及其路径找寻. 改革，（2）：98-107.

张永亮. 2020. 金融科技监管的原则立场、模式选择与法制革新. 法学评论，（5）：112-124.

张岳，周应恒. 2021. 数字普惠金融、传统金融竞争与农村产业融合. 农业技术经济，（9）：68-82.

张正平，董晶. 2023. 金融科技赋能农村金融高质量发展的机制与路径. 农业经济问题，（9）：81-95.

张正平，江千舟. 2018. 互联网金融发展、市场竞争与农村金融机构绩效. 农业经济问题，（2）：50-59.

张正平，卢欢. 2020. 数字鸿沟研究进展. 武汉金融，（3）：64-71，84.

张正平，石红玲. 2019. 家庭普惠金融水平对家庭创业决策的影响：基于 CHFS 数据的实证研究.

北京工商大学学报（社会科学版），（1）：93-102.

章成，洪铮，王林. 2021. 农村普惠金融对农业产业化的影响研究. 贵州财经大学学报，（3）：
35-44.

赵佳佳，魏娟，刘军弟，等. 2020. 信任有助于提升创业绩效吗？——基于 876 个农民创业者的
理论探讨与实证检验. 中国农村观察，（4）：90-108.

赵霞，韩一军，姜楠. 2017. 农村三产融合：内涵界定、现实意义及驱动因素分析. 农业经济问
题，（4）：49-57，111.

赵霞，刘彦平. 2006. 居民消费、流动性约束和居民个人消费信贷的实证研究. 财贸经济，（11）：
32-36.

赵晓鸽，钟世虎，郭晓欣. 2021. 数字普惠金融发展、金融错配缓解与企业创新. 科研管理，（4）：
158-169.

郑学党. 2016. 供给侧改革、互联网金融与农业产业化发展. 河南社会科学，（12）：1-7.

周广肃，梁琪. 2018. 互联网使用、市场摩擦与家庭风险金融资产投资. 金融研究，（1）：84-101.

周广肃，孙浦阳. 2017. 互联网使用是否提高了居民的幸福感：基于家庭微观数据的验证. 南开
经济研究，（3）：18-33.

周广肃，谢绚丽，李力行. 2015. 信任对家庭创业决策的影响及机制探讨. 管理世界，（12）：
121-129，171.

周弘. 2015. 风险态度、消费者金融教育与家庭金融市场参与. 经济科学，（1）：79-88.

周弘，张成思，何启志. 2018. 中国居民资产配置效率的门限效应研究：金融约束视角. 金融研
究，（10）：55-71.

周利，冯大威，易行健. 2020. 数字普惠金融与城乡收入差距："数字红利"还是"数字鸿沟".
经济学家，（5）：99-108.

周利，廖婧琳，张浩. 2021. 数字普惠金融、信贷可得性与居民贫困减缓：来自中国家庭调查的
微观证据. 经济科学，（1）：145-157.

周天芸，陈铭翔. 2021. 数字渗透、金融普惠与家庭财富增长. 财经研究，（7）：33-47.

周雨晴，何广文. 2020. 数字普惠金融发展对农户家庭金融资产配置的影响. 当代经济科学，（3）：
92-105.

周泽红，郭劲廷. 2022. 数字经济发展促进共同富裕的理路探析. 上海经济研究，（6）：5-16.

朱桂丽，洪名勇. 2021. 农村产业融合对欠发达地区农户收入的影响：基于西藏 532 户青稞种植
户的调查. 干旱区资源与环境，（1）：14-20.

朱卫国，李骏，谢晗进. 2020. 互联网使用与城镇家庭风险金融资产投资：基于金融素养的中介
效应. 投资研究，（7）：24-39.

朱信凯，徐星美. 2017. 一二三产业融合发展的问题与对策研究. 华中农业大学学报（社会科学
版），（4）：9-12，145.

祝仲坤. 2020. 互联网技能会带来农村居民的消费升级吗？——基于 CSS2015 数据的实证分析.
统计研究，（9）：68-81.

祝仲坤，冷晨昕. 2017. 互联网与农村消费：来自中国社会状况综合调查的证据. 经济科学，（6）：
115-128.

邹伟，凌江怀. 2018. 普惠金融与中小微企业融资约束：来自中国中小微企业的经验证据. 财经
论丛，（6）：34-45.

邹文，刘志铭，杨志江. 2020. 贫富差距、金融市场化与家庭创业选择——基于 CFPS 数据的实证分析. 华南师范大学学报（社会科学版），（2）：102-113，191.

邹新月，王旺. 2020. 数字普惠金融对居民消费的影响研究：基于空间计量模型的实证分析. 金融经济学研究，（4）：133-145.

Abraham F，Schmukler S，Tessada J. 2019. Robo-advisors: investing through machines. World Bank Research and Policy Briefs，（21）：134881-134884.

Ahlstrom D，Bruton G D. 2010. Rapid institutional shifts and the co-evolution of entrepreneurial firms in transition economies. Entrepreneurship Theory and Practice，34（3）：531-554.

Allen F，Qian J，Qian M J. 2005. Law，finance，and economic growth in China. Journal of Financial Economics，77（1）：57-116.

Andrianaivo M，Kpodar K. 2012. Mobile phones，financial inclusion，and growth. Review of Economics and Institutions，3（2）：1-30.

Arcand J L，Berkes E，Panizza U. 2015. Too much finance？. Journal of Economic Growth，20（2）：105-148.

Arrow K J. 1974. The Limits of Organization. New York：W.W.Norton & Company.

Bachas P，Gertler P，Higgins S，et al. 2018. Digital financial services go a long way: transaction costs and financial inclusion. AEA Papers and Proceedings，108：444-448.

Banerjee A V，Newman A F. 1993. Occupational choice and the process of development. Journal of Political Economy，101（2）：274-298.

Bayoumi T. 1993. Financial deregulation and household saving. The Economic Journal，103：1432-1443.

Bazot G. 2018. Financial consumption and the cost of finance: measuring financial efficiency in Europe（1950-2007）. Journal of the European Economic Association，16（1）：123-160.

Beck T，Pamuk H，Ramrattan R，et al. 2018. Payment instruments，finance and development. Journal of Development Economics，133：162-186.

Ben-Ner A，Halldorsson F. 2010. Trusting and trustworthiness: what are they，how to measure them，and what affects them. Journal of Economic Psychology，31（1）：64-79.

Berg T，Burg V，Gomnović A，et al. 2020. On the rise of FinTechs: credit scoring using digital footprints. The Review of Financial Studies，33（7）：2845-2897.

Berkowitz M K，Qiu J P. 2006. A further look at household portfolio choice and health status. Journal of Banking & Finance，30（4）：1201-1217.

Bernheim B D，Garrett D M. 2003. The effects of financial education in the workplace: evidence from a survey of households. Journal of Public Economics，87（7/8）：1487-1519.

Binh K B，Park S Y，Shin B S. 2008. Financial structure does matter for industrial growth: direct evidence from OECD countries. Journal of Money & Finance，22（1）：1-26.

Björkegren D，Grissen D. 2018. The potential of digital credit to bank the poor. AEA Papers and Proceedings，108：68-71.

Blanchflower D G，Oswald A J. 2004. Well-being over time in Britain and the USA. Journal of Public Economics，88（7/8）：1359-1386.

Bloom N，Sadun R，van Reenen J. 2012. The organization of firms across countries. The Quarterly

Journal of Economics, 127（4）: 1663-1705.

Bogan V. 2008. Stock market participation and the Internet. Journal of Financial and Quantitative Analysis, 43（1）: 191-211.

Bonaime A, Gulen H, Ion M. 2018. Does policy uncertainty affect mergers and acquisitions? . Journal of Financial Economics, 129（3）: 531-558.

Bruhn M, Love I. 2014. The real impact of improved access to finance: evidence from Mexico. The Journal of Finance, 69（3）: 1347-1376.

Bruton G, Khavul S, Siegel D, et al. 2015. New financial alternatives in seeding entrepreneurship: microfinance, crowdfunding, and peer-to-peer innovations. Entrepreneurship Theory and Practice, 39（1）: 9-26.

Butler J V, Giuliano P, Guiso L. 2016. The right amount of trust. Journal of the European Economic Association, 14（5）: 1155-1180.

Calcagno R, Monticone C. 2015. Financial literacy and the demand for financial advice. Journal of Banking & Finance, 50: 363-380.

Campbell J Y. 2006. Household finance. The Journal of Finance, 61（4）: 1553-1604.

Campbell J Y, Mankiw N G. 1991. The response of consumption to income: a cross-country investigation. European Economic Review,（4）: 723-767.

Canales R. 2016. From ideals to institutions: institutional entrepreneurship and the growth of Mexican small business finance. Organization Science, 27（6）: 1548-1573.

Cardak B A, Wilkins R. 2009. The determinants of household risky asset holdings: Australian evidence on background risk and other factors. Journal of Banking & Finance, 33（5）: 850-860.

Carroll C D, Samwick A A. 1998. How important is precautionary saving? . The Review of Economics and Statistics, 80（3）: 410-419.

Case A, Deaton A. 2015. Rising morbidity and mortality in midlife among white non-Hispanic Americans in the 21st century. Proceedings of the National Academy of Sciences of the United States of America, 112（49）: 15078-15083.

Chamon M D, Prasad E S. 2010. Why are saving rates of urban households in China rising? . American Economic Journal: Macroeconomics, 2（1）: 93-130.

Chang S, Zhang X B. 2015. Mating competition and entrepreneurship. Journal of Economic Behavior & Organization, 116: 292-309.

Chen B, Stafford F P. 2016. Stock market participation: family responses to housing consumption commitments. Journal of Money, Credit and Banking, 48: 635-659.

Clark A E, Oswald A J. 1996. Satisfaction and comparison income. Journal of Public Economics, 61（3）: 359-381.

Coval J D, Moskowitz T J. 1999. Home bias at home: local equity preference in domestic portfolios. The Journal of Finance, 54（6）: 2045-2073.

Dardanoni V. 1991. Precautionary savings under income uncertainty: a cross-sectional analysis. Applied Economics, 23（1）: 153-160.

Deaton A, Muellbauer J. 1980. An almost ideal demand system. The American Economic Review, 70（3）: 312-326.

Degryse H，Lu L P，Ongena S. 2013. Informal or formal financing? Or borth? First evidence on the co-funding of Chinese firms. CEPR Discussion Paper.

Demirgüç-Kunt A，Klapper L F. 2012. Financial inclusion in Africa: an overview. World Bank Policy Research Working Paper，No.6088.

Diamond D W. 1984. Financial intermediation and delegated monitoring. Review of Economic Studies，51（3）：393-414.

Dohmen T，Falk A，Huffman D，et al. 2010. Are risk aversion and impatience related to cognitive ability? . The American Economic Review，100（3）：1238-1260.

Duncombe R，Boateng R. 2009. Mobile phones and financial services in developing countries: a review of concepts，methods，issues，evidence and future research directions. Third World Quarterly，30（7）：1237-1258.

Easterlin R A. 1974. Does economic growth improve the human lot? Some empirical evidence. Nations and Households in Economic Growth：89-125.

Easterlin R A，McVey L A，Switek M，et al. 2010. The happiness: income paradox revisited. Proceedings of the National Academy of Sciences of the United States of America，107（52）：22463-22468.

Easterlin R A，Morgan R，Switek M，et al. 2012. China's life satisfaction，1990-2010. Proceedings of the National Academy of Sciences of the United States of America，109（25）：9775-9780.

El-Attar M，Poschke M. 2011. Trust and the choice between housing and financial assets: evidence from Spanish households. Review of Finance，15（4）：727-756.

Elhorst J P. 2010. Applied spatial econometrics: raising the bar. Spatial Economic Analysis，5（1）：9-28.

Eshet-Alkalai Y. 2004. Digital literacy: a conceptual framework for survival skills in the digital era. Journal of Educational Multimedia and Hypermedia，13（1）：93-106.

Eysenbach G. 2009. Infodemiology and infoveillance: framework for an emerging set of public health informatics methods to analyze search，communication and publication behavior on the Internet. Journal of Medical Internet Research，11（1）：e11.

Fernandes D，Lynch J G,Jr，Netemeyer R G. 2014. Financial literacy，financial education，and downstream financial behaviors. Management Science，60（8）：1861-1883.

Ferrer-i-Carbonell A，Ramos X. 2014. Inequality and happiness. Journal of Economic Surveys，28（5）：1016-1027.

Fischer M M，Scherngell T，Reismann M. 2009. Knowledge spillovers and total factor productivity: evidence using a spatial panel data model. Geographical Analysis，41（2）：204-220.

Fisman R，Love I. 2003. Trade credit，financial intermediary development，and industry growth. The Journal of Finance，（1）：353-374.

Francis E，Blumenstock J，Robinson J. 2017. Digital credit: a snapshot of the current landscape and open research questions. Center for Effective Global Action White Paper.

Frees E W. 1995. Assessing cross-sectional correlation in panel data. Journal of Econometrics，（2）：393-414.

Frees E W. 2004. Longitudinal and Panel Data: Analysis and Applications in the Social Sciences.

Cambridge: Cambridge University Press.

Friedman M. 1937. The use of ranks to avoid the assumption of normality implicit in the analysis of variance. Journal of the American Statistical Association, 32: 675-701.

Frost J, Gambacorta L, Huang Y, et al. 2019. BigTech and the changing structure of financial intermediation. Economic Policy, 34 (100): 761-799.

Fuster A, Plosser M, Schnabl P, et al. 2019. The role of technology in mortgage lending. The Review of Financial Studies, 32 (5): 1854-1899.

Galor O, Zeira J. 1993. Income distribution and macroeconomics. Review of Economic Studies, 60 (1): 35-52.

Gathergood J, Disney R F. 2011. Financial literacy and indebtedness: new evidence for U.K. consumers. SSRN Working Paper.

Giannetti M, Wang T Y. 2016. Corporate scandals and household stock market participation. The Journal of Finance, 71 (6): 2591-2636.

Gilster P. 1997. Digital Literacy. New York: Wiley Computer Pub.

Glaeser E L, Laibson D I, Scheinkman J A, et al. 2000. Measuring trust. The Quarterly Journal of Economics, 115 (3): 811-846.

Goldsmith R W. 1969. Financial Structure and Development. New Haven: Yale University Press.

Greene W. 2000. Econometric Analysis. New York: Prentice Hall.

Greenwood J, Jovanovic B. 1990. Financial development, growth, and the distribution of income. Journal of Political Economy, 98 (5): 1076-1107.

Grinblatt M, Keloharju M, Linnainmaa J. 2011. IQ and stock market participation. The Journal of Finance, 66: 2121-2164.

Grossman J, Tarazi M. 2014. Serving smallholder farmers: recent developments in digital finance. Focus Note, (94): 1-16.

Guiso L, Jappelli T. 2005. Awareness and stock market participation. Review of Finance, 9 (4): 537-567.

Guiso L, Jappelli T, Terlizzese D. 1996. Income risk, borrowing constraints, and portfolio choice. The American Economic Review, 86 (1): 158-172.

Guiso L, Sapienza P, Zingales L. 2004. The role of social capital in financial development. The American Economic Review, 94 (3): 526-556.

Guiso L, Sapienza P, Zingales L. 2008. Trusting the stock market. The Journal of Finance, 63 (6): 2557-2600.

Guiso L, Sapienza P, Zingales L. 2009. Cultural biases in economic exchange? . The Quarterly Journal of Economics, 124 (3): 1095-1131.

Guo F, Kong S T, Wang J Y. 2016. General patterns and regional disparity of Internet finance development in China: evidence from the Peking University Internet Finance Development Index. China Economic Journal, 9 (3): 253-271.

Gutiérrez-Nieto B, Serrano-Cinca C, de la Cuesta ♯González M. 2017. A multivariate study of over-indebtedness' causes and consequences. International Journal of Consumer Studies, 41(2): 188-198.

Hagerty M R, Veenhoven R. 2003. Wealth and happiness revisited-growing national income does go with greater happiness. Social Indicators Research, 64 (1): 1-27.

Hailu B, Abrha B K, Weldegiorgis K A. 2014. Adoption and impact of agricultural technologies on farm income: evidence from southern Tigray, northern Ethiopia. International Journal of Food and Agricultural Economics, 2 (4): 91-106.

Haliassos M, Michaelides A. 2003. Portfolio choice and liquidity constraints. International Economic Review, 44 (1): 143-177.

Hannig A, Jansen S. 2010. Financial inclusion and financial stability: current policy issues. ADBI Working Paper, No. 259.

Hansen B E. 1999. Threshold effects in non-dynamic panels: estimation, testing, and inference. Journal of Econometrics, 93 (2): 345-368.

He J, Li Q H. 2020. Can online social interaction improve the digital finance participation of rural households? . China Agricultural Economic Review, (2): 295-313.

Hirshleifer D, Teoh S H. 2003. Herd behaviour and cascading in capital markets: a review and synthesis. European Financial Management, 9 (1): 25-66.

Hong H, Kubik J D, Stein J C. 2004. Social interaction and stock-market participation. The Journal of Finance, 59 (1): 137-163.

Honohan P. 2004. Financial development, growth and poverty: how close are the links? . Word Bank Policy Reasearch Working Paper, No.3203.

Huang Y, Chen L, Wei L. 2017. Fin-Tech credit and service quality. Working Paper.

Iwaisako T. 2009. Household portfolios in Japan. Japan and the World Economy, 21 (4): 373-382.

Jiang D L, Lim S S. 2018. Trust and household debt. Review of Finance, 22 (2): 783-812.

Jiang S Q, Lu M, Sato H. 2012. Identity, inequality, and happiness: evidence from urban China. World Development, 40 (6): 1190-1200.

Karaivanov A. 2012. Financial constraints and occupational choice in Thai Villages. Journal of Development Economics, 97 (2): 201-220.

Karlan D, Zinman J. 2010. Expanding credit acccss: using randomized supply decisions to estimate the impacts. The Review of Financial Studies, (1): 433-464.

King R G, Levine R. 1993. Finance and growth: schumpeter might be right. The Quarterly Journal of Economics, 108 (3): 717-737.

Knack S, Keefer P. 1997. Does social capital have an economic payoff? A cross-country investigation. The Quarterly Journal of Economics, 112 (4): 1251-1288.

Knight J, Song L N, Gunatilaka R. 2009. Subjective well-being and its determinants in rural China. China Economic Review, 20 (4): 635-649.

Koenker R, Bassett G. 1978. Regression quantiles. Econometrica, 46: 33-50.

La Porta R, Lopez-de-Silanes F, Shleifer A, et al. 2000. Investor protection and corporate governance. Journal of Financial Economics, 58 (1/2): 3-27.

Lam L T, Lam M K. 2017. The association between financial literacy and Problematic Internet Shopping in a multinational sample. Addictive Behaviors Reports, 6: 123-127.

Lamberton D M. 1998. Information economics research: points of departure. Information Economics and Policy，10（3）：325-330.

Levchenko A A. 2005. Financial liberalization and consumption volatility in developing countries. IMF Staff Papers，（2）：237-259.

Levine R. 1991. Stock markets，growth and tax policy. The Journal of Finance，46：1445-1465.

Levine R. 1997. Financial development and economic growth：views and agenda. Journal of Economic Literature，35（2）：688-726.

Levine R. 2005. Finance and growth：theory and evidence//Handbook of Economic Growth，Amsterdam：Elsevier：865-934.

Levinson A. 2012. Valuing public goods using happiness data：the case of air quality. Journal of Public Economics，96（9/10）：869-880.

Li C S，Lin L Q，Gan C E C. 2016. China credit constraints and rural households' consumption expenditure. Finance Research Letters，19：158-164.

Li J，Wu Y，Xiao J J. 2020. The impact of digital finance on household consumption：evidence from China. Economic Modelling，86：317-326.

Liang P H，Guo S Q. 2015. Social interaction，Internet access and stock market participation：an empirical study in China. Journal of Comparative Economics，43（4）：883-901.

Lins K V，Servaes H，Tamayo A. 2017. Social capital，trust，and firm performance：the value of corporate social responsibility during the financial crisis. The Journal of Finance，72（4）：1785-1824.

Lusardi A，Mitchell O S. 2007. Baby boomer retirement security：the roles of planning，financial literacy，and housing wealth. Journal of Monetary Economics，54（1）：205-224.

Lusardi A，Mitchell O S. 2011. Financial literacy and retirement planning in the United States. Journal of Pension Economics and Finance，10（4）：509-525.

Lusardi A，Mitchell O S. 2014. The economic importance of financial literacy：theory and evidence. Journal of Economic Literature，52（1）：5-44.

Lusardi A，Mitchell O S，Curto V. 2010. Financial literacy among the young. Journal of Consumer Affairs，44（2）：358-380.

Lusardi A，Tufano P. 2015. Debt literacy，financial experiences，and overindebtedness. Journal of Pension Economics and Finance，14（4）：332-368.

MacKerron G. 2012. Happiness economics from 35 000 feet. Journal of Economic Surveys，26（4）：705-735.

MacKinnon D P，Lockwood C M，Hoffman J M，et al. 2002. A comparison of methods to test mediation and other intervening variable effects. Psychological Methods，7（1）：83-104.

Markowitz H. 1952. Portfolio selection. The Journal of Finance，7（1）：77-91.

Martin A，Grudziecki J. 2006. DigEuLit：concepts and tools for digital literacy development. Innovation in Teaching and Learning in Information and Computer Sciences，5（4）：249-267.

Merton R C. 1995. A functional perspective of financial intermediation. Financial Management，24（2）：23-41.

Modigliani F，Brumberg R. 1954. Utility analysis and the consumption function：an interpretation of cross-section data. Franco Modigliani，1（1）：388-436.

Moenninghoff S C，Wieandt A. 2013. The future of peer-to-peer finance. Schmalenbachs Zeitschrift Für Betriebswirtschaftliche Forschung，65（5）：466-487.

Monfort P，Nicolini R. 2000. Regional convergence and international integration. Journal of Urban Economics，48（2）：286-306.

Ng Y K. 2003. From preference to happiness：towards a more complete welfare economics. Social Choice and Welfare，20（2）：307-350.

Noctor M，Stoney S，Stradling R. 1992. Financial literacy：a discussion of concepts and competences of financial literacy and opportunities for its introduction into young people's learning. National Foundation for Educational Research.

Nykvist J. 2008. Entrepreneurship and liquidity constraints：evidence from Sweden. Scandinavian Journal of Economics，110（1）：23-43.

O'Toole C M，Newman C，Hennessy T. 2014. Financing constraints and agricultural investment：effects of the Irish financial crisis. Journal of Agricultural Economics，65（1）：152-176.

Oshio T，Kobayashi M. 2010. Income inequality，perceived happiness，and self-rated health：evidence from nationwide surveys in Japan. Social Science & Medicine，70（9）：1358-1366.

Ozili P K. 2018. Impact of digital finance on financial inclusion and stability. Borsa Istanbul Review，18（4）：329-340.

Pan Y Q，Yang M，Li S B，et al. 2016. The impact of mobile payments on the Internet inclusive finance. Journal of Management and Sustainability，6（4）：97.

Park C Y，Mercado R,Jr. 2018. Financial inclusion，poverty，and income inequality. The Singapore Economic Review，63（1）：185-206.

Pástor Ľ，Veronesi P. 2013. Political uncertainty and risk premia. Journal of Financial Economics，110（3）：520-545.

Pelizzon L，Weber G. 2008. Are household portfolios efficient？An analysis conditional on housing. Journal of Financial and Quantitative Analysis，43（2）：401-431.

Pelizzon L，Weber G. 2009. Efficient portfolios when housing needs change over the life cycle. Journal of Banking & Finance，33（11）：2110-2121.

Pesaran M H. 2004. General diagnostic tests for cross section dependence in panels. Cambridge Working Papers in Economics，University of Cambridge.

Philippon T. 2016. The FinTech opportunity. National Bureau of Economic Research.

Pierrakis Y，Collins L. 2013. Crowdfunding：a new innovative model of providing funding to projects and businesses. SSRN Working Paper.

Ripberger J T. 2011. Capturing curiosity：using Internet search trends to measure public attentiveness. Policy Studies Journal，（2）：239-259.

Rosen H S，Wu S. 2004. Portfolio choice and health status. Journal of Financial Economics，72（3）：457-484.

Rostow W W. 1974. Money and capital in economic development. American Political Science Review，68（4）：1822-1824.

Rowland P F. 1999. Transaction costs and international portfolio diversification. Journal of International Economics，49（1）：145-170.

Rözer J, Kraaykamp G. 2013. Income inequality and subjective well-being: a cross-national study on the conditional effects of individual and national characteristics. Social Indicators Research, 113 (3): 1009-1023.

Sapienza P, Zingales L. 2012. A trust crisis. International Review of Finance, 12 (2): 123-131.

Sarma M, Pais J. 2011. Financial inclusion and development. Journal of International Development, 23 (5): 613-628.

Sharpe W F. 1964. Capital asset prices: a theory of market equilibrium under conditions of risk.The Journal of Finance, 19 (3): 425-442.

Shaw E S. 1973. Financial Deepening in Economic Development. New York: Oxford University Press.

Shum P, Faig M. 2006. What explains household stock holdings?. Journal of Banking & Finance, 30 (9): 2579-2597.

Soman D, Cheema A. 2002. The effect of credit on spending decisions: the role of the credit limit and credibility. Marketing Science, (1): 32-53.

Stutzer A, Frey B S. 2006. Does marriage make people happy, or do happy people get married?. Journal of Socio-Economics, 35 (2): 326-347.

Su L L, Peng Y L, Kong R, et al. 2021. Impact of E-commerce adoption on farmers' participation in the digital financial market: evidence from rural China. Journal of Theoretical and Applied Electronic Commerce Research, 16 (5): 1434-1457.

Suri T, Jack W. 2016. The long-run poverty and gender impacts of mobile money. Science, 354 (6317): 1288-1292.

Thaler R. 1985. Mental accounting and consumer choice. Marketing Science, 4 (3): 199-214.

Tomes N. 1986. Income distribution, happiness and satisfaction: a direct test of the interdependent preferences model. Journal of Economic Psychology, 7 (4): 425-446.

Townsend R M, Ueda K. 2006. Financial deepening, inequality, and growth: a model-based quantitative evaluation. Review of Economic Studies, 73 (1): 251-293.

Tracy J, Schneider H, Chan S. 1999. Are stocks overtaking real estate in household portfolios?. Federal Reserve Bank of New York Current Issues in Economics and Finance, 5 (5): 1-6.

Uslaner E M. 2002. The moral foundations of trust. SSRN Working Paper.

van Nieuwerburgh S, Veldkamp L. 2009. Information immobility and the home bias puzzle. The Journal of Finance, 64 (3): 1187-1215.

van Praag B M S, Baarsma B E. 2005. Using happiness surveys to value intangibles: the case of airport noise. The Economic Journal, 115 (500): 224-246.

van Rooij M, Lusardi A, Alessie R. 2011. Financial literacy and stock market participation. Journal of Financial Economics, 101 (2): 449-472.

Wachter J A, Yogo M. 2010. Why do household portfolio shares rise in wealth?. The Review of Financial Studies, 23 (11): 3929-3965.

Wang H N, Cheng Z M, Smyth R. 2019. Consumption and happiness. Journal of Development Studies, 55 (1): 120-136.

Welter F, Smallbone D. 2014. Institutional perspectives on entrepreneurial behavior in challenging environments. IEEE Engineering Management Review，42（2）：35-50.

Wooldridge J M. 2002. Econometric Analysis of Cross Section and Panel Data. Cambridge：The MIT Press.

Wurgler J. 2000. Financial markets and the allocation of capital. Journal of Financial Economics，（1/2）：187-214.

Yi H，Chen L，Sheng Z，et al. 2008. Fin-Tech credit and service quality. Geneva Financial Research Institute，Working Papers.

Zak P J，Knack S. 2001. Trust and growth. The Economic Journal，111（470）：295-321.

Zeldes S P. 1989. Consumption and liquidity constraints：an empirical investigation. Journal of Political Economy，97（2）：305-346.

Zhao X S，Lynch J G,Jr，Chen Q M. 2010. Reconsidering Baron and Kenny：myths and truths about mediation analysis. Journal of Consumer Research，37（2）：197-206.